es 1259

edition suhrkamp

Neue Folge Band 259

Neue Historische Bibliothek
Herausgegeben von Hans-Ulrich Wehler

Zur historischen »Ortsbestimmung« der Bundesrepublik gehört vielfach die Annahme eines fundamentalen Wandels in der Lage der Arbeiter im Vergleich zum späten 19. und frühen 20. Jahrhundert. Haben sich »der« Arbeiter als sozialer Typ und die »Arbeiterklasse« aufgelöst? In Anlehnung an Max Webers Klassenbegriff fragt das Buch nach Kontinuität oder Diskontinuität in der Klassenlage der gewerblichen Lohnarbeiter seit 1900. Die Daten und Befunde zur demographischen und sozialen Zusammensetzung der Arbeiterschaft, zur Beschäftigungsstruktur, Einkommensentwicklung, Mobilität und Arbeiterkultur verweisen auf einen sozialgeschichtlichen Kontinuitätsbruch in den 1960er Jahren in scheinbar paradoxer Form. Die Arbeiterschaft wurde als soziale Klasse homogener, während der gesellschaftliche Bedeutungsgehalt der Klassenzugehörigkeit abnahm. Dies wird interpretiert nicht als »Verbürgerlichung« der Arbeiterschaft, sondern als »Entproletarisierung« des Arbeiterlebens. Eingebettet in eine fortschreitende Vergesellschaftung durch Ausweitung der Lohnarbeit und Sozialpolitik einerseits und in die Erosion von schichttypischen Lebensstilen und politischen Gesinnungsgemeinschaften andererseits wurden ehemals kollektiv typische Lebensmuster von Arbeitern individualisiert. Dennoch ist der Arbeiter nicht aufgegangen in der Masse der »Arbeitnehmer«. Auch der »wohlhabende Arbeiter« der letzten Jahrzehnte blieb ein Arbeiter.

Josef Mooser, geboren 1946, lehrt als Historiker an der Universität Bielefeld.

Josef Mooser

Arbeiterleben in Deutschland

1900-1970

Klassenlagen, Kultur und Politik

Suhrkamp

edition suhrkamp 1259
Neue Folge Band 259
Erste Auflage 1984

Erstausgabe

Satz und Druck: Wagner GmbH, Nördlingen
Umschlagentwurf: Willy Fleckhaus
Printed in Germany

1 2 3 4 5 6 – 89 88 87 86 85 84

Inhalt

Für Heidrun

Kapitel I
Fragestellung und Begriffe

Mehr als andere Staaten ist die Bundesrepublik seit ihrer Gründung der – in Zeiten schnellen sozialen Wandels verstärkten – Spannung zwischen Kontinuität und Diskontinuität in der Entwicklung der wirtschaftlichen, sozialen, politischen und kulturellen Verfassung ausgesetzt. Denn die Frage nach dem Zusammenhang, nach »partieller Identität« der Gegenwart mit der Vergangenheit[1] reicht ins Zentrum des Selbstverständnisses und der Legitimität von Staat und Gesellschaft. Vor diesem Traditionszusammenhang steht die Katastrophe des Nationalsozialismus. Dessen Herrschaft bedeutete mindestens eine radikale Diskontinuität, den staatlichen Zusammenbruch, und diskreditierte viele Linien der Kontinuität in dieser Geschichte oder setzte sie der Kritik ihrer Legitimität aus. Diese Kontinuitätsfrage prägte unmittelbar die frühen Auseinandersetzungen um die politische und wirtschaftliche Verfassung, und auch heute noch stehen die »Gründerjahre« von 1945 bis 1949 im Mittelpunkt des Streits um »Restauration oder Neubeginn«, der zugleich Stellungnahmen zur gegenwärtigen Verfassung der Bundesrepublik reflektiert.[2] Allerdings wuchs der Kontinuitätsfrage in den beiden letzten Jahrzehnten eine neue Dimension zu. Ging es in der unmittelbaren Nachkriegszeit um die Zukunft der Bundesrepublik, schließt die Frage dreißig Jahre später auch schon ein Stück Vergangenheit dieses Staates und dieser Gesellschaft ein. Damit erledigen oder relativieren sich einige Fragen. Die Mitte der 1950er Jahre noch mutige Diagnose, daß »Bonn nicht Weimar« sei, ist seither »zur Binsenwahrheit geworden«.[3] In der Tat klaffen Demokratie und Gesellschaft nicht mehr soweit auseinander wie in der »Republik ohne Republikaner«, steht der »freiheitlich-demokratischen Grundordnung« keine der großen und wichtigen gesellschaftlichen Gruppen in reaktionärer Feindschaft oder revolutionärer Opposition gegenüber. Die Frage nach der Stabilität der Demokratie richtet sich heute weniger auf die Wirksamkeit der antidemokratischen Traditionen, die den Nationalsozialismus möglich machten, sondern mehr auf die Qualität und Belastbarkeit der politischen Institutionen und der politischen Kultur, die seit den 1950er Jahren entstanden sind. Die Kontinuitätsfrage bezieht sich nicht mehr allein auf die Tiefe des »Zusammenbruchs« von 1945, sondern auch auf die seither zu beobachtenden Veränderungen trotz mancher Kontinuität über die »Stunde Null« hinweg.

In dieser Optik gewinnen neben den Verfassungsfragen nach der institutionellen Ordnung des politischen und wirtschaftlichen Systems, die in den »Gründerjahren« im Vordergrund standen, die sozialgeschichtlichen Fragen an Gewicht. Das legt schon die Alltagserfahrung nahe, die die folgende These der Diskontinuität sicherlich plausibel erscheinen läßt, auch wenn man sie mit einigen Fragezeichen versehen kann: »Soziale Mobilität, Pragmatismus und Arbeitswut, Privatsphäre und Distanz schufen zusammen in wenigen Jahren, was Deutschland nie vorher gekannt hatte: eine bürgerliche Lebensform im westlichen Sinne.« Es hat den Anschein, als veränderte der so beschriebene »Übergang in die Konsumgesellschaft« die Bundesrepublik gegenüber deutschen Traditionen mehr als die fundamentalen institutionellen Eingriffe in der DDR.[4] In mancher Hinsicht scheint der »sozialistische« Teil der (schon ehemaligen?) Nation »deutscher« als der »kapitalistische« geblieben zu sein.

Wie unterscheidet sich also die Gesellschaft der Bundesrepublik von der Gesellschaft des Kaiserreichs, der Weimarer Republik und des »Dritten Reiches«? Oder: Welche Diskontinuität oder »partielle Identität« mit ihren »Vorgängern« weist sie auf? Alle diese Gesellschaften existierten innerhalb eines Zeitraumes, der infolge der Industrialisierung, der politischen Demokratisierung und des kulturellen Wandels eine gewisse Einheit bildet, gekennzeichnet gewissermaßen durch die Kontinuität struktureller Probleme. Dieser Frage soll hier für einen Ausschnitt aus der Gesellschaft nachgegangen werden, am »Fall« der Arbeiterschaft.

Nicht zuletzt durch die Lage der Arbeiter sahen und sehen sich Diagnosen über die sozialgeschichtliche Diskontinuität bestätigt. »Gibt es noch ein Proletariat?« fragte 1962 eine Sendereihe des Bayerischen Rundfunks, worauf die Autoren mit einer Reihe defensiv-kritischer Argumente antworteten, weil die Fragestellung selber erst noch verteidigt und begrifflich präzisiert werden mußte, da – wie man annahm – der Augenschein sie für viele wohl müßig erscheinen lasse.[5]

Selbst Abwehrreaktionen zeugen von einer im kollektiven Gedächtnis eingeschriebenen Geschichte, die auch in ihrer Negation noch präsent ist. Wenigstens in der Erinnerung werden mit jener Frage Assoziationen verbunden wie: krasse, öffentlich sichtbare Ungleichheit, Arbeiterelend, Klassenkampf, Revolution, Kommunismus u. ä., die dem alten Kampf-Begriff des »Proletariats« unterlagen. Fragen und Antworten jener Sendereihe lassen etwas von der zwiespältigen Lage der Arbeiter in der Bundesrepublik erkennen wie auch von der historischen und politischen Hypothek, die das Reden über »die« Arbeiter belastet. Mehr oder weniger scharf kritisierten die Autoren die »schreckliche Dunsthülle der Zufriedenheit mit dem Zustand, wie er ist« (Walter Dirks)[6], und mehr oder weniger deutlich prägte die Trauer über den Verlust der Utopie der alten sozialistischen und christlichen Arbeiterbewegungen den Ton. Einerseits nämlich begründete die beispiellose Anhebung des Lebensstandards den Eindruck, als seien die überkommenen Merkmale des Arbeiterdaseins überwunden. Andrerseits blieb jedoch die Diskriminierung gegenüber anderen Schichten erhalten: die »Entfremdung« der Arbeit selber besteht weiter, und im Bildungsbereich sind die Arbeiter benachteiligt. Dies wurde im Laufe der 1960er Jahre wieder schärfer wahrgenommen und fundierte nicht zuletzt den reformpolitischen Anspruch, der damals die innenpolitische Szene bestimmte. »Die« Arbeiter wurden gewissermaßen neu entdeckt, und mit der Renaissance des Marxismus in der Protestbewegung wurde auch der Kampf-Begriff des Proletariats wiederbelebt. Das blieb freilich eine Geisterbeschwörung, in der sich mehr eine historische Sehnsucht als ein historisches Bewußtsein ausdrückte.[7] Die Arbeiter selber waren davon weitgehend unbeeindruckt. Trotz der »Septemberstreiks« von 1969 wurde die Arbeiterschaft von der Protestbewegung kaum erfaßt, vor allem im Vergleich zu den Arbeitern in anderen europäischen Ländern.

Im Unterschied zu den angedeuteten Reflexionen, die letztlich die historische Entwicklung der Bedeutung und Rolle der (organisierten) Arbeiterschaft in Staat und Gesellschaft betreffen, setzt sich die vorliegende Darstellung ein bescheideneres Ziel. Nicht im Rahmen einer »Klassenanalyse« der kapitalistischen Industriegesellschaft des 20. Jahrhunderts, sondern im Rahmen einer historischen Soziographie, d. h. einer systematisch orientierten »Übersicht über die Lebenslage sozialer Gruppen«[8] sammelt sie Antworten auf die Frage nach Kontinuität und Diskontinuität in der Zusammensetzung und Lage der Arbeiterschaft, im kulturellen und politischen Verhalten der Arbeiter. In welchen Bereichen ihres Lebens gibt es eine »partielle Identität«? Wie und mit welchen Folgen haben sich die seit dem Kaiserreich bestehenden »Zustände bedingenden Zwangs« für Lebensführung und soziale Chancen[9] geändert? – So lauten die Leitfragen der Untersuchung.

Die Ausführungen greifen zurück bis ins Kaiserreich, in die Phase der Hochindustrialisierung, der Konstitution und schnellen Expansion der modernen, durch den Industriekapitalismus geprägten Arbeiterschaft, die auch das Substrat der soziologischen und politischen Begriffsbildung über den Arbeiter ist. Ein kurzer Rückblick auf diese Begrifflichkeit, ihre historischen und theoretischen Zusammenhänge empfiehlt sich, weil sie auch heute noch das Reden über »die« bzw. »den« Arbeiter bestimmt. Zugleich sollen mit diesen knappen begriffsgeschichtlichen und begriffskritischen Überlegungen auch Kriterien für die folgende Darstellung entwickelt und im Umriß die umfassenden gesellschaftlichen Rahmenbedingungen angedeutet werden, welche die strukturtypische Lage der Arbeiter wesentlich geprägt bzw. verändert haben.

Der Begriff »Arbeiter« subsumierte in der zweiten Hälfte des 19. Jahrhunderts als Kollektivbegriff, der schließlich auch sozialrechtliche Gestalt gewann, eine Vielzahl älterer, teils quasi-ständischer Bezeichnungen wie Tagelöhner, Handwerksgehilfe, Fabrikarbeiter, Gesinde und Handarbeiter und meinte den aufgrund eines freien Arbeitsvertrags abhängigen, vorwiegend körperlich tätigen Lohnarbeiter.[10] Diese beiden Aspekte grenzten den »Arbeiter« von zwar handarbeitenden, aber selbständigen Gruppen wie Bauern und Handwerkern ab. Durch diese Unterscheidung verwies der Kollektivbegriff, neben dem die überkommenen Bezeichnungen in der Alltagssprache freilich noch weiterlebten, auch auf etwas Gemeinsames, die Annäherung der Struktur der Lebensbedingungen der traditionellen und neuen Gruppen der unselbständigen Handarbeiter aufgrund der Durchsetzung der Marktwirtschaft und des damit verbundenen freien Arbeitsmarktes. Das war der entscheidende Schritt bei der Entstehung des modernen Lohnarbeiters, bei der Herstellung seiner doppelten Freiheit: der Freiheit der Person und damit der Freiheit zum Vertragsschluß (und das heißt auch zum freien Arbeitsplatzwechsel, zur Koalitionsbildung) neben der Freiheit von Besitz an Produktionsmitteln, die zur abhängigen Beschäftigung zwang.

Die Besitzlosigkeit in diesem Sinn war schon ein Merkmal der bereits im 18. Jahrhundert regional unterschiedlich umfangreichen unterständischen Schichten, die jedoch als Arbeitende einer mehr oder weniger langfristigen herrschaftlichen Abhängigkeit persönlicher Art unterworfen bzw. als hausindustrielle Produzenten in einer ebenso komplexen wie prekären, teils selbständigen, teils unselbständigen Familienwirtschaft tätig waren. Ausschlaggebend für die Entstehung des modernen Lohnarbeiters war daher die Industrialisierung, welche die älteren handwerklichen und hausindustriellen Formen gewerblicher Produktion in den Hintergrund drängte und mit der Entwicklung der technischen Produktivkräfte auch die nicht-industriellen Arbeitsformen sukzessive veränderte. Die Industrialisierung wälzte den Inhalt und die vielfältigen sozialen Zusammenhänge der Arbeit um. Mit der Mechanisierung wandelten sich die Arbeitsformen; mit der Zentralisierung von Arbeitskräften änderte sich der Arbeitsort; die für die vorindustrielle Ökonomie in Landwirtschaft und Gewerbe typische Einheit von Arbeits- und Wohnstätte löste sich auf. Damit wandelte sich die Bedeutung des primären familialen Lebensbereichs, wie andrerseits neue Formen der Abhängigkeit und Herrschaft entstanden. Arbeiter sein: Das hieß im 19. Jahrhundert, diesen Veränderungen stärker ausgesetzt zu sein als andere Gruppen.

Auf die Neuartigkeit, besonders aber auf die von Krisen und Armut gekennzeichnete Durchsetzung jenes Strukturwandels in der gesellschaftlichen Organisation der Arbeit reagierten Zeitgenossen des 19. Jahrhunderts mit der Übernahme eines Begriffs für die Lage der Arbeiter, der in der ersten Hälfte des 19. Jahrhunderts noch weniger die modernen Lohnarbeiter, sondern mehr die durch die Bevölkerungsvermehrung, das »proto-industrielle« Wachstum der gewerblichen Wirtschaft[11] und die Agrarreformen quantitativ vermehrten Schichten unterhalb der Vollbauern und Handwerksmeister bezeichnete: den Begriff des »Proletariats«.[12] Er bezeichnete den Zustand des »Pauperismus«, eines Lebens von der Hand in den Mund auf dem Niveau einer Dürftigkeit, die schnell und leicht zu hilfloser Armut werden konnte. Die Elendsgeschichte wurde somit eine starke Strömung in der Begriffsbildung über die modernen Arbeiter.

Sie ist eingegangen in den Begriff des »Proletariats«, in dessen Zentrum Götz Briefs, ein führender Theoretiker der christlichen Arbeiterbewegung, die »Proletarität« als Lebensschicksal rückte.[13] Sie läßt sich etwa so umreißen: Der Zustand, der für die »Proletarier« genannten pauperisierten Unterschichten des Vormärz noch als vorübergehend erscheinen mochte, der des »Angstarbeiters«[14], der bei angestrengtester Tätigkeit nicht wußte, wovon er in den nächsten Tagen leben sollte, stabilisierte sich für die modernen Lohnarbeiter zur Struktur eines typischen, fast unausweichlichen Lebensschicksals. Die »Proletarität« bedeutete für den Arbeiter, daß er als Besitzloser zum fortgesetzten Verkauf seiner Arbeitskraft genötigt blieb, deren Preis auf dem Arbeitsmarkt bestimmt wurde und dabei in aller Regel nicht die Höhe erreichte, die eine Vermögensakkumulation zur Überwindung der Besitzlosigkeit und damit des proletarischen Status erlaubt hätte. Die »Proletarität« reproduzierte sich auch für die folgende Generation. Innerhalb dieses in sich eingeschlossenen Arbeiterdaseins waren der Arbeitsmarkt und der Betrieb die wesentlichen Determinanten des Lebensschicksals. Sie bestimmten, ob der Arbeiter überhaupt Beschäftigung fand, zu welchem Preis und unter welchen betrieblichen Arbeitsbedingungen. Eine existentielle Unsicherheit und Fremdbestimmung waren daher prägende Faktoren des Arbeiterlebens.

Einige Folgen davon hat bildungsgeschichtlich wirkungsvoll Sombart[15] in einprägsamen negativen Bildern beschrieben: Die »Berufslosigkeit«, sei es infolge des Zwanges zu früher Erwerbstätigkeit als Ungelernter, sei es infolge der Dequalifizierungen oder häufig wechselnder Tätigkeit, so daß der Arbeiter keine im Beruf verbürgte Identität ausbilden konnte; die »Heimatlosigkeit« infolge des Wanderns nach dem Arbeitsplatz, der Fremdheit und des häufigen Wohnungswechsels in den Großstädten; die »Familienlosigkeit« infolge der Trennung von Wohn- und Arbeitsplatz, der Trennung der Familienmitglieder und der Reduktion des häuslichen Lebens auf die elementarsten Reproduktionsfunktionen; schließlich die Abspaltung der Persönlichkeit von dem Inhalt ihrer Arbeit (»Entfremdung«). Für Sombart verbanden sich diese Merkmale des Arbeiterlebens zu einem charakteristischen Lebensweg: »Öde, reizlos, hoffnungslos fließt das ewig gleiche Leben des Proletariers dahin.«[16]

Zweifellos wurde in dieser Begrifflichkeit – bei Sombart noch mehr als bei Briefs – vor allem das schockierend Neue in den Vordergrund gerückt, einzelne Aspekte wurden überzeichnet, andere übersehen und insgesamt bestimmte Arbeitergruppen wie die großstädtischen, hoch mobilen ungelernten Fabrikarbeiter stärker berücksichtigt als andere. Sicherlich waren Facharbeiter auch im Kaiserreich in jenem Sinne weniger proletarisch als Hilfsarbeiter, war der großstädtische Arbeiter größeren Arbeitsmarktrisiken ausgesetzt als der Arbeiter auf dem Land mit einer agrarischen Selbstversorgung. Dennoch drückt die »Proletarität«, die als »sozialwirtschaftlicher Begriff«[17] nicht auf die Elendsgestalt bestimmter Arbeitergruppen fixiert ist, allgemeine, aus der Sozialökonomik des freien Arbeitsmarktes resultierende Merkmale des Arbeiters aus. In seinen wesentlichen, Unsicherheit stiftenden Dimensionen: der Markt- bzw. Konjunkturabhängigkeit der Einkommen, der lebenslangen Dauer und Vererbung der Lohnarbeit und der Fremdbestimmung bei der Arbeit, kennzeichnet der Begriff auf viele Lebensbereiche ausstrahlende und weithin geltende Merkmale der modernen Lohnarbeiter. Dieser unterscheidet sich dadurch sowohl von älteren Formen der Lohnarbeit, etwa vom Typ des Handwerksgesellen, aber bis zu einem gewissen Grad auch von modernen Formen unselbständiger Beschäftigung vom Typ des Angestellten und Beamten, deren Lage sich durch eine geringere Unsicherheit und Beschränktheit der sozialen Chancen auszeichnet. Der Begriff der »Proletarität« soll daher im folgenden als Strukturbegriff verwendet werden, in dessen Definition die Steuerungs- und Sicherheitssysteme des Sozialstaates noch nicht enthalten sind. Gerade deshalb liefert er auch Kriterien, Veränderungen in der Lage der Arbeiter zu bestimmen.

Der Begriff des »Proletariats« bezeichnete freilich immer schon mehr als eine Typik der sozialen Lage von Individuen. Er enthielt auch eine bewußtseinssoziologische Dimension, das teils zugeschriebene, teils vorhandene Wissen des »Proletariats« über seine Lage und den Willen zu deren Veränderung. Schon das »Proletariat« des Vormärz wurde als solches bezeichnet, weil man einen Bewußtseinswandel der vorindustriellen Unterschichten, ihre Auflehnung gegen die traditionelle Autorität und ein Schwinden ihrer politischen Passivität bemerkte.[18] Das hat sich fortgesetzt in der kollektiven Bezeichnung der Arbeiter, in der immer auch die Position der Arbeiterschaft in Staat und Gesellschaft reflektiert wird. Im Blick auf die überkommene »ständische« Gesellschaft forderte in der Mitte des 19. Jahrhunderts diese Position zu charakteristisch widerspruchsvollen Formulierungen heraus. Riehl begriff die Arbeiterschaft wie das neue Wirtschaftsbürgertum als »Mächte der Bewegung« im Gegensatz zu den »Mächten der Beharrung« aus Adel und Bauerntum. Sozial verortete er die Arbeiter in dem noch unfertigen »Vierten Stand«, dem »Stand der Standeslosen«, und rechnete insbesondere das »Proletariat der Fabrikarbeiter« zu jenem »unendlichen Kapitel von den modernen Halbheiten«, während er andrerseits hoffte, daß es durch sozialpolitische Maßnahmen wie die Bildung patriarchalischer Betriebsfamilien gesellschaftlich zu integrieren sei und so als Korporation wiederum zur Auflösung des revolutionär gefährlichen »Vierten Standes« beitrage: »Man müßte den vierten Stand bekämpfen und auflösen – durch die Arbeiter.«[19]

Diese konservative Verortung der Arbeiterschaft als »Arbeiterstand« wurde wirksam in der christlich-sozialen Bewegung. Die »Standwerdung« der Arbeiter zielte auf die Anerkennung als gleichberechtigter Stand innerhalb einer »sozialen Volksgemeinschaft«. Vor allem seit die christliche Arbeiterbewegung gegenüber der Kirche selbständiger wurde, bedeutete dies jedoch weit mehr als eine patriarchalische Anerkennung. Dieses »Standesbewußtsein« behauptete die politische Selbsttätigkeit der Arbeiter, ihren »Berufsstolz«, ihre »Berufsfreudigkeit« und »Selbstachtung« als Arbeiter und näherte sich so zwar nicht dem theoretisch formulierten, wohl aber dem praktisch wirksamen »Klassenbewußtsein«.[20] Insofern nahm der Begriff des »Arbeiterstandes« auch Elemente des oppositionellen Begriffs der »Arbeiterklasse« auf, mit dem die Position der Arbeiterschaft revolutionär bestimmt wurde. Wenigstens gilt das für das deutsche Sprachgebiet, in dem dieser Begriff eng mit der Marxschen Kapitalismustheorie verbunden ist. Mit ihr und der Wirkung des Marxismus in der Arbeiterbewegung wurde der Begriff theoretisch und normativ in einem Maße aufgeladen, daß sich eine etwas ausführlichere Skizze empfiehlt.

Die wesentlichen Momente der marxistischen Begriffsbildung lassen sich folgendermaßen bestimmen:[21]

1. Die durch das Produktionsverhältnis determinierte Klassenbildung. Im (Ver-)Kauf der Arbeitskraft des Lohnarbeiters konstituieren sich zwei ökonomische Klassen, die sich durch den Besitz bzw. Nicht-Besitz von Produktionsmitteln unterscheiden,

aber durch das kapitalistische Produktionsverhältnis, die Herstellung von Waren durch die Verwendung von Lohnarbeit, miteinander verbunden sind.

2. Die arbeitswerttheoretische Grundlegung der Ausbeutung der »produktiven« Lohnarbeit. Im Rahmen des freien Marktes für die Produktionsfaktoren Kapital, Arbeit und Boden wird die Arbeitskraft eine Ware wie jede andere, obwohl sie als »lebendiges Arbeitsvermögen« erst die »Werte« schafft, die der »Arbeitgeber« unter dem Imperativ der Selbsterhaltung zu einem höheren Preis verkauft als die von ihm gekaufte Arbeitskraft (»Mehrwert«).

3. Die mit der strukturellen Dynamik der kapitalistischen Produktionsweise sich entwickelnde »Klassengesellschaft« und der »Klassenkampf«. Mit der Ausweitung der kapitalistischen Produktionsweise geht eine strukturelle Proletarisierung einher, das absolute und relative Wachstum der Lohnarbeiter auf Kosten der Selbständigen, so daß eine duale Klassenstruktur einen immer größeren Teil der Gesellschaft erfaßt. Das kapitalistische Produktionsverhältnis wird zur wichtigsten Schichtungsdeterminante, die vorher vielfältig und nach anderen Prinzipien geschichtete Gesellschaft wird zu einer dichotomischen »Klassengesellschaft«. Damit verbunden ist eine Polarisierung und Verschärfung des Gegensatzes zwischen den beiden Hauptklassen, der »Bourgeoisie«, der Klasse der Produktionsmittel Besitzenden, und der Arbeiterklasse. Einerseits führt die ökonomische Entwicklung zur Konzentration des Besitzes an Produktionsmitteln und damit an ökonomischer Macht über die Lohnarbeiter; andrerseits bewirkt die krisenhafte Durchsetzung dieser Entwicklung eine »Verelendung« der Arbeiterklasse, d. h. eine absolute oder relative Intensivierung der Proletarität, die daher nicht innerhalb einer durch die kapitalistische Wirtschaft bestimmten Gesellschaft, sondern nur im politischen »Klassenkampf« zu überwinden ist.

4. Die identitäts- und geschichtsphilosophische Begründung des Klassenantagonismus. Mit der Denkfigur des »notwendigen« Zusammenhangs von Sein und Bewußtsein wird unterstellt, daß die Arbeiter ihre kollektiv typische Lage als Lohnarbeiter erkennen; sie werden von der ökonomisch konstituierten »Klasse an sich« zur sozialen »Klasse für sich«, die ein Bewußtsein ihres gemeinsamen Interesses gegenüber der Bourgeoisie und ihrer sozialen und kulturellen Einheit besitzt. Die Arbeiterklasse ist insofern nicht nur eine soziale Schicht, die sich aus verschiedenen Berufs-

gruppen zusammensetzt, sondern eine Schicht, deren Selbstbewußtsein der Tendenz nach mehr als »naturwüchsige« Gemeinsamkeiten aufweist, nämlich ein »Klassenbewußtsein«, das die historische Position und Rolle bzw. »Mission« der Klasse in der gesellschaftlichen Entwicklung zum Inhalt hat.

5. Mit dem Klassenbewußtsein schafft sich die Arbeiterklasse zur Durchsetzung ihrer Interessen eigene Organisationen der Selbsthilfe wie Gewerkschaften und Vereine, besonders aber eine politische Partei, die nicht nur konkrete, »unmittelbare« Interessen, sondern auch und vor allem das »grundlegende« Interesse der Arbeiterklasse an einer revolutionären Aufhebung der kapitalistischen Produktionsverhältnisse verfolgt. Der Begriff der »Arbeiterklasse« (oder der äquivalente Begriff des »Proletariats«) schließt daher eine bestimmte politische Programmatik ein: die Herstellung sozialistischer Produktionsverhältnisse durch die Vergesellschaftung der Produktionsmittel und einer direkten Demokratie, die über eine Form der repräsentativen politischen Partizipation hinausgeht. Oder wie Rosa Luxemburg 1902 gegen die Bestrebungen zur politischen »Neutralisierung« der gewerkschaftlichen Arbeiterbewegung sagte: »Der Begriff des Proletariats gibt zugleich in diesem einen Wort die ganze Gesellschaftsanschauung des Sozialismus wieder, der die Sozialdemokratie in den Parlamenten nicht schlechthin ›Arbeiterpolitik‹, sondern nur solche Arbeiterpolitik machen läßt, die sich in der Richtung des Klassenkampfcharakters der Partei bewegt.«[22] Es ist daher kaum zuviel gesagt: »In Wahrheit drückt der Marxsche Begriff des Proletariats die Utopie aus, daß auf den Kapitalismus der freien Konkurrenz in einem kurzen Übergang unmittelbar der Kommunismus folgen würde.«[23]

6. Innerhalb der so bestimmten Arbeiterklasse, die nach ihrer ökonomischen Begründung die gesamte Lohnarbeiterschaft umfaßt, kommt gleichwohl den Arbeitern in der »großen Industrie« die Hauptrolle zu. In ihrer Lage konzentrieren sich in besonderer Weise der Herrschaftscharakter der Industriearbeit und die Dynamik der kapitalistischen Industriewirtschaft: die Unternehmenskonzentration, der technologische Wandel der Arbeit und die krisenhafte Durchsetzung dieser Entwicklung. Mit dem Wachstum der Großindustrie steigt gleichzeitig die volkswirtschaftliche und politische Bedeutung der Industriearbeiter. In diesem Sinne und in der Absicht, einen politischen Führungsan-

spruch zu begründen, beantwortete etwa auch Lenin 1921 die Frage sehr deutlich: »Was ist das Proletariat? Das ist die Klasse, die in der Großindustrie arbeitet.«[24]

Der marxistische Begriff der »Arbeiterklasse« ist mithin bestimmt durch die »politische Ökonomie«, aber auch – so der Untertitel des Marxschen »Kapital« – durch die »Kritik der politischen Ökonomie«, d. h. durch die Kritik der kapitalistischen Produktionsverhältnisse. Insofern ist er auch ein geschichtsphilosophisch konstruierter und von den politischen Revolutionen des 18. und 19. Jahrhunderts geprägter Begriff. Er ist sowohl ein Erklärungs- als auch ein Deutungsbegriff, der politische Ansprüche und Legitimationen enthält. Diese wurden in der obigen Skizze deshalb betont, weil die Doppelform des Begriffs in der Geschichte der Arbeiterschaft, der Beziehung zwischen Kapital und Arbeit und der Industriewirtschaft immer problematischer wurde. Ihn historisch zu relativieren beinhaltet die Feststellung, daß er mit dem gesellschaftlichen Strukturwandel veraltet ist. An ihm festzuhalten, impliziert ein ideologisch verzerrtes Verständnis dieses Strukturwandels und damit auch eine unzureichende Analyse der Geschichte der Arbeiter. Dennoch bleibt er aus mehreren Gründen ein wichtiger Ausgangspunkt für Reflexionen über die Entwicklung der modernen Arbeiterschaft in Deutschland.

1. Im Begriff »Arbeiterklasse« sind Aussagen über den Zusammenhang zwischen ökonomisch bestimmter Lebenslage, Interessen und Wertorientierungen enthalten, die sich auf einen fundamentalen Konflikt und die gesellschaftliche Anerkennung und Eingliederung einer mit der Industrialisierung neu entstehenden gesellschaftlichen Großgruppe beziehen. Diese Probleme stellten sich im 19. Jahrhundert weit schärfer als heute, da nicht nur Institutionen der Konfliktregulierung weithin fehlten, sondern die Ungleichheit zwischen Kapital und Arbeit auch mit ständischer, vorindustrieller Ungleichheit verknüpft war. Daraus entsprang eine »fundamentalistische Tönung« des ökonomischen Klassenkonflikts[25], die das »Kampfwort von der ›Befreiung der Arbeiterklasse‹«[26] mit zusätzlicher Erfahrung sättigte.

2. Der normative Gehalt des Begriffs »Arbeiterklasse« ist selbst ein Moment in der Geschichte der Arbeiterschaft. Dies war und ist besonders in Deutschland der Fall, wo vor dem Ersten Weltkrieg der Marxismus mit der Arbeiterbewegung stärker verbun-

den war als in anderen Ländern, wo nach 1918 die sozialistische Arbeiterbewegung im Namen des Marxismus in folgenreicher Weise politisch gespalten wurde und wo seit 1945 mit der nationalen Spaltung die politische Spaltung der Arbeiterbewegung zu einem Bestandteil der weltpolitischen Systemkonkurrenz wurde.

3. Schließlich ist dem marxistischen Klassenbegriff auch noch seine Kritik verpflichtet. Der so vielfältige wie tiefgreifende Wandel der kapitalistischen Industriegesellschaften besonders nach dem Zweiten Weltkrieg ist »theoretisch amorph«.[27] Dieser Wandel wurde am einprägsamsten in der Auseinandersetzung mit Marx beschrieben und blieb theoretisch am deutlichsten in der Abgrenzung des »Nicht-Mehr«. Gerade die wohl populärste Vorstellung über die Geschichte der Arbeiter, die »Verbürgerlichung des Proletariats«, beruht implizit auf der (zurückgewiesenen) marxistischen Tradition.

Die Kritik am Marxschen Begriff der Arbeiterklasse konzentrierte sich einerseits auf die mit ihm gesetzte Klassenstruktur und andererseits auf die soziale Lage der Arbeiter. Unter anderen hat Theodor Geiger die »Klassengesellschaft im Schmelztiegel« beschrieben, einen Prozeß der Auflösung und Durchkreuzung der Klassenstrukturen nach dem Ersten Weltkrieg, den Helmut Schelsky später besonders im Hinblick auf die Schichtungsstruktur und schichttypischen sozialen Lagen auf die griffige Formel von der »nivellierten Mittelstandsgesellschaft« brachte. Ralf Dahrendorf betonte gegen die Marxsche Theorie des revolutionären Klassenkampfes die Entwicklung neuer Stabilitätsbedingungen und die Änderung der Konfliktstruktur zwischen Arbeitern und Unternehmern durch die soziale Erweiterung der staatsbürgerlichen Gleichheitsrechte. Einige wichtige Elemente des umfassenden wirtschaftlichen, sozialen und politischen Wandels der kapitalistischen Industriegesellschaften im 20. Jahrhundert lassen sich diesen einflußreichen Autoren zufolge etwa wie folgt charakterisieren.[28]

Der Wandel im Beschäftigungssystem, die starke Zunahme der Angestellten und Beamten, hat zwar die besitzlose Klasse der Unselbständigen vergrößert; diese wurden aber kein Teil der Arbeiterklasse, da sie nicht nur »subjektive«, sondern auch »objektive« Merkmale von den Arbeitern unterscheiden: die nicht-manuelle Arbeit oder gar – wie bei der »Intelligenz« – die privilegierte

Tätigkeit als »Sinnproduzent«; eine größere soziale Sicherheit und die Teilhabe an betrieblicher oder politischer Macht. Solche Unterschiede zwischen den Lohn- und Gehaltsempfängern haben sich in den letzten Jahrzehnten zwar verringert, selbst heute sind sie jedoch nicht verschwunden. Sie haben insbesondere in der Zwischenkriegszeit das Bewußtsein des Unterschiedes und Gegensatzes zwischen den Arbeitern und Angestellten bzw. Beamten bestimmt. Andrerseits nahm die innere Differenzierung der »Arbeitnehmer« auch durch Prozesse der beruflichen »Requalifizierung« innerhalb der Arbeiterschaft zu. Zusammen mit der Selbstbehauptung des »alten« Mittelstandes wurde mit der Entwicklung des »neuen« Mittelstandes der Prozeß der Ausbildung der dualen Klassengesellschaft abgebrochen und – unter den besonderen Bedingungen der großen Macht vorindustrieller und ständischer Traditionen in der deutschen Industrialisierung – auch der Klassenantagonismus zwischen Bourgeoisie und Arbeiterklasse durchkreuzt von dem Zweifrontenkampf des Mittelstands gegen den modernen Kapitalismus und die Arbeiterschaft.

Mit der Organisationsbildung in der Wirtschaft und der Erweiterung der politischen zu sozialen Gleichheitsrechten wurde der sozusagen klassische Klassengegensatz auch strukturell eingeschränkt und eingegrenzt: durch die zunehmende Trennung von Eigentümer- und Leitungsfunktionen in den Unternehmen; durch die »Institutionalisierung des Klassengegensatzes« (T. Geiger) und damit seine Entschärfung in den rechtsförmigen, auf Teilhabe beruhenden und auf den Kompromiß zielenden Regelungen des Tarifvertragswesens und der Betriebsverfassung; aufgrund der Beschneidung der Dispositionsfreiheit der Eigentümer an Produktionsmitteln durch den Interventions- und Sozialstaat, der mit der politischen Demokratisierung und d. h. auch mit dem politischen Machtgewinn der Arbeiterschaft verstärkt ausgebaut wurde.

Mit diesen Strukturveränderungen in der Wirtschafts- und Sozialverfassung war eine Anhebung des Lebensstandards verbunden, die durch den Sozialstaat gestützt wurde. Gewissermaßen in sie eingebaut – und gefördert durch die Kriege und Inflationen – war eine umfangreiche soziale Mobilität, in der einerseits viele Arbeiter einen individuellen und die Arbeiter und Angestellten insgesamt einen kollektiven Aufstieg, die Gruppen des ehemaligen Besitz- und Bildungsbürgertums aber einen kollektiven Abstieg, eine Deklassierung erfuhren. In dieser Mobilität, die nach Schelsky »zur flüssigen Struktur der Gesellschaft selbst« wurde, setze sich ein »relativer Abbau der Klassengegensätze« durch bzw. eine »soziale Nivellierung in einer verhältnismäßig einheitlichen Gesellschaftsschicht, die ebensowenig proletarisch wie bürgerlich« ist.[29] Die auffälligste Gemeinsamkeit in der »nivellierten Mittelstandsgesellschaft« ist ein strukturell gleicher Konsum- und Lebensstil, der sich nur graduell nach der Einkommenshöhe unterscheidet. Da alles eine Frage des Geldbeutels ist, sei, so hat Geiger geschlossen, die Stellung als Verbraucher »entscheidend« geworden für den sozialen Status, während die Kraft des Produktionsverhältnisses als Schichtungsdeterminate verblaßt sei.[30]

Weniger im Sozialrecht, das unter dem Oberbegriff »Arbeitnehmer« bei freilich zunehmender rechtlicher Annäherungstendenz noch zwischen Arbeitern, Angestellten und Beamten unterscheidet[31], als im politischen Sprachgebrauch und zum Teil in der Klassifikationssprache der Statistik wurden und werden jene Prozesse auch terminologisch ratifiziert. Man spricht heute überwiegend vom schichten-indifferenten »Arbeitnehmer« und weniger von Arbeitern usw. Damit hat sich, unter der Erosion seines schichtenspezifischen Gehalts, ein schon in den 1840er Jahren auftauchender Begriff durchgesetzt, der ehemals in charakteristisch abgeschwächter Form die Abhängigkeit des Arbeiters bezeichnete und bald die arbeitswerttheoretische Kritik herausforderte.[32] Die Organisationsbildung auf dem Arbeitsmarkt und die »Institutionalisierung des Klassengegensatzes« machten diesen Begriff auch für die Wissenschaften verwendbar: In der Übernahme gewerkschaftlicher Ziele und Methoden seitens der Angestellten und der interessenpolitischen Verbandsbildung unter den Beamten erblickten Lederer und Marschak schon in den 1920er Jahren das Aufgehen des »neuen Mittelstandes« in einer »einheitlichen Arbeitnehmerschicht«.[33] Nicht zuletzt haben auch die Gewerkschaften selber diesen Begriff übernommen, da sie sich nicht nur als Vertreter der Arbeiter, sondern aller »Arbeitnehmer« verstanden und insbesondere in der Form der Einheitsgewerkschaft auch verstehen müssen.

Ist daher heute der Begriff »Arbeiter« soziologisch leer geworden? Ist die Arbeiterschaft aufgegangen in der Masse der »Arbeitnehmer«, die unter den Bedingungen einer langen Prosperität, der

Verkürzung der Arbeitszeit bei gleichzeitig zunehmender Heteronomie, Routinisierung und Inhaltsleere der Arbeit angeblich weniger im beruflichen Status, sondern mehr in der »Kultivierung prestigeträchtigen Freizeitverhaltens« ihre soziale Identität findet?[34] Ist der »neue Arbeiter«[35], der durch individuellen Wohlstand, durch die Automatisierung in seiner beruflichen Tätigkeit requalifizierte und sozial aufgestiegene Arbeiter von den anderen Gruppen der abhängig Beschäftigten in einer gehaltvollen Weise nicht mehr zu unterscheiden?

Diese Fragen fordern zum Vergleich der sozialen Lage der einzelnen Beschäftigtengruppen heraus. Angesichts der Komplexität eines solchen, noch dazu historisch erweiterten, Vergleichs werden sie in dieser Darstellung einseitiger analysiert: durch eine Untersuchung der Lage der Arbeiter, in die ein Vergleich mit anderen Gruppen zwar so weit wie möglich aufgenommen, aber nicht ins Zentrum gerückt wird. Die Analyse ist daher nicht auf den historischen Ursprung des »neuen Arbeiters« gerichtet, sondern stellt die Frage – in einer Perspektive a quo –: Wie »alt« oder »neu« ist der »neue Arbeiter«? Das heißt z. B. im einzelnen: Welche Änderungen bewirkte der Wandel industrieller Arbeitsformen im Berufsleben der Arbeiter? Wie hat sich mit den steigenden Einkommen ihre Lebenshaltungsform verändert? Haben die Aufstiegschancen der Arbeiter in nicht-manuelle, besser bezahlte und mit einem höheren Prestige versehene Berufsgruppen zugenommen? Welche soziale und politische Bedeutung – wie sie sich im Organisations- und Wahlverhalten äußert – hat die Zugehörigkeit zur Arbeiterschaft? Offensichtlich zielen diese Fragen nicht nur auf die Lage und Chancen des einzelnen Arbeiters, sondern auf die kollektiv typische Lage. In den Annahmen über den »neuen Arbeiter« wird daher folgerichtig auch die These vertreten, daß dieser »weniger klassenbewußt als selbstbewußt« und durch »privatisierte Einstellungen« geprägt sei.[36]

Mit den einzelnen Fragen nach Veränderungen in Lage und Verhalten der Arbeiter sollen daher auch immer Überlegungen zur inneren Differenzierung der Arbeiterschaft als Gesamtheit verbunden werden. Sind in all den Prozessen des gesellschaftlichen Wandels die Lebensbedingungen, Lebensformen und Verhaltensweisen der Arbeiter gleichartiger geworden oder haben sich größere Unterschiede herausgebildet? Ist die Arbeiterschaft in diesem Sinne homogener oder heterogener geworden?

Die vorliegende Darstellung nimmt deshalb auch das Problem der Klassenbildung der Arbeiterschaft auf. Sie orientiert sich dabei jedoch nicht am politisch und normativ aufgeladenen Marxschen Begriff der »Arbeiterklasse« und dem mit ihm gesetzten geschichts-theoretischen Rahmen. Er wurde durch die angedeuteten strukturellen Wandlungsprozesse der kapitalistischen Industriegesellschaften zunehmend in Frage gestellt; seine die historische Wirklichkeit aufschließende Kraft reicht zwar noch zur begrenzten Kritik an überzogenen Schlußfolgerungen aus jenen Prozessen (wie sie in den 1950/60er Jahren verbreitet waren), aber nicht mehr – wie er es beansprucht – zur Analyse der ›ganzen‹ Wirklichkeit der Sozialstruktur.[37] Damit ist jedoch die Problemstellung selber noch nicht erledigt. Denn mögen die genannten Wandlungsprozesse die soziale Wirksamkeit der Marktkräfte auch reduziert und einige Marxsche Annahmen über die Entwicklung der kapitalistischen Industriegesellschaften falsifiziert haben, so haben sie doch keine »klassenlose Gesellschaft« geschaffen. Die Entdeckungsfahrt auf der Suche nach dem »neuen Arbeiter« endete bisher eher ernüchternd. Die Phänomene der sozialen Ungleichheit lohnen immer noch die Frage nach den marktökonomisch bestimmten sozialen Lagen und den damit zusammenhängenden Folgen für soziale Chancen und Verhaltensweisen.

Anders als die Marxsche Klassenbegrifflichkeit scheint angesichts der strukturellen Wandlungen der inhaltlich neutrale und teleologisch nicht fixierte Begriff der »sozialen Klasse« von Max Weber empirisch angemessener für eine Reflexion über die Entwicklung der modernen Arbeiterschaft. Weber definierte ihn als die »Gesamtheit derjenigen Klassenlagen, zwischen denen ein Wechsel persönlich (und) in der Generationenfolge leicht möglich ist und typisch stattzufinden pflegt«.[38] Diese etwas spröde Definition hat man dahingehend interpretiert, daß sich »soziale Klassen« vor allem über Mobilitätsprozesse konstituieren, in denen Individuen bzw. Familien sich gegen andere abschließen und so eine identifizierbare gesellschaftliche Gruppe bilden, in der sich Lebenserfahrungen zwischen den Generationen reproduzieren und die insofern eine gewisse Homogenität ihrer Erfahrung auszeichnet. Als empirische Indikatoren werden insbesondere die intergenerationelle berufliche Mobilität und das Heiratsverhalten benutzt.[39] Der Begriff »Klassenlage« bezeichnet die »typische Chance der Güterversorgung, der äußeren Lebensstellung (und) des inneren Lebensschicksals ..., welche aus Maß und Art der Verfügungsgewalt (oder des Fehlens solcher) über Güter oder Leistungsqualifikationen und aus der gegebenen Art ihrer Verwertbarkeit für die Erzielung von Einkommen oder Einkünften innerhalb einer gegebenen Wirtschaftsordnung folgt«. Innerhalb der gleichen Klassenlage unterscheidet Weber zwischen Besitzklassen und Erwerbsklassen, von denen jene sich unter Umständen, diese sich aber notwendig auf dem Markt bilden. Die Arbeiter stellen insofern eine Erwerbsklasse dar, als ihre Lage primär durch die »Chancen der Marktverwertung von Gütern und Leistungen« bestimmt wird.[40] Obwohl danach eine Vielzahl von »Klassenlagen« – z. B. differenziert nach beruflicher Qualifikation, Geschlecht, Organisationsmacht, Herkunftsbedingungen – anzunehmen ist und insofern der Zusammenhang zwischen der Erwerbsklasse und der sozialen Klasse undeutlich bleibt[41], legen andere Definitionselemente in Webers Klassenbegrifflichkeit nahe, als eine Dimension in der Bildung der »sozialen Klasse« auch die strukturtypische Agglomeration und Wirkung von Marktlagen der »Erwerbsklasse« zu begreifen. Daran dachte Weber wahrscheinlich, als er neben dem Kleinbürgertum, der »besitzlosen Intelligenz und Fachgeschultheit« und den durch Besitz und Bildung Privilegierten die »Arbeiterschaft als Ganzes« zur sozialen Klasse erklärte – jedoch mit dem Zusatz: »je automatisierter der Arbeitsprozeß wird«. Er hatte dabei – wie Marx – das »Problem der Klasseneinheit des Proletariats trotz seiner qualitativen Differenzierung« als Erwerbsklasse vor Augen; die Einheit sah er maßgeblich gefördert durch die Zurückdrängung unterschiedlicher Qualifikationen infolge angelernter Maschinenarbeit. Den daran anschließenden Satz, daß die Realisierungschancen des ehemals von den Arbeitern selbstverständlich angestrebten Übergangs ins selbständige Kleinbürgertum »immer geringer werden«[42], kann man kausal bzw. konsekutiv lesen: Weil die Arbeitsformen und Qualifikationen sich ändern, sich vom Handwerk entfernen, wird der Übergang schwieriger, oder allgemeiner: Eine sich ausbreitende spezifische Dimension der (Erwerbs-)Klassenlage beeinflußt auch die Mobilitätschancen und fördert damit indirekt die Bildung der »sozialen Klasse«.[43]

Im folgenden soll also »Klasse« i. S. von »sozialer Klasse« verstanden werden: als eine auf der Grundlage ähnlicher bzw. ähnlicher werdender ökonomischer und sozialer Lagen sich vergesellschaftende Großgruppe, die sich durch annähernd gleiche Interessen, Lebensformen, Verhaltensweisen, eine spezifische Interaktionsdichte und ähnliche Wertorientierungen auszeichnet. Die Homogenität bzw. die prozessuale Homogenisierung von sozialen Lagen usw. auf der einen Seite oder deren Heterogenität bzw. Heterogenisierung auf der anderen Seite werden dabei als wesentliche Faktoren des Klassenbildungsprozesses begriffen. Als Möglichkeit in ihm eingeschlossen, aber nicht notwendig in ihm kulminierend ist ferner die Ausbildung gemeinsamer Organisationen zur Durchsetzung und Behauptung der von anderen Klassen unterschiedenen Interessen der Klassenmitglieder. Klassenbildung wird hier nicht als ein systemisch gegebener, sondern als ein fundamental historischer Prozeß verstanden, der niemals abgeschlossen ist, rückläufig sein oder das ›Gesicht‹ der Klasse selber verändern kann.

Selbstverständlich kann hier – schon aus Gründen der Quellenlage und des Forschungsstandes – der historische Prozeß der Bildung und Rückbildung der Klassen nicht in der ganzen Vielzahl der Aspekte und Dimensionen verfolgt werden. Insbesondere müssen mit dem schon erwähnten Verzicht auf den systematischen Vergleich mit anderen gesellschaftlichen Gruppen die Unterschiede und Gegensätze zu diesen blaß bleiben, obwohl diese ihrerseits als Bedingung der Erfahrung von Ungleichheit ein wichtiger Faktor in der Klassenbildung sind.

Entsprechend der allgemeinen Fragestellung nach Kontinuität und Diskontinuität in Lage und Verhalten der Arbeiter in der Bundesrepublik werden Vergleiche mit den Arbeitern in der DDR, die sich angesichts der Bedeutung der Wirtschaftsverfassung und Geschichte der deutschen Arbeiterbewegung für die Arbeiter aufdrängen, nicht angestellt; sie werden nur dort kurz aufgenommen, wo die offensichtlich andere Entwicklung in der DDR wichtige Rückwirkungen auf die Arbeiter in der Bundesrepublik hatte.

Obwohl die jüngste Vergangenheit nicht gänzlich ausgespart bleibt, bildet den chronologischen Fluchtpunkt der Darstellung etwa das Jahr 1970. Zum einen sind häufig keine jüngeren Daten vorhanden, zum anderen bildet die ökonomische Krise seit 1973/74 einen Einschnitt. Seither haben sich einige Trends der wirtschaftlichen und sozialen Entwicklung gegenüber den früheren Jahrzehnten geändert. Dieser Wandel bleibt jedoch nicht etwa deshalb im Hintergrund, um möglicherweise keinen Schatten auf die Jahrzehnte der Prosperität fallen zu lassen, sondern infolge des historischen Charakters der Untersuchung. Als solche zielt diese nicht auf die Lage der Arbeiter in einer kapitalistischen Industriegesellschaft allgemein, sondern spezifisch auf ihre Lage in der Bundesrepublik im Vergleich zu den früheren Epochen der neueren deutschen Geschichte. Dafür sind aber jene Jahrzehnte zentral. In ihnen entwickelte sich auch eine verfassungs- und sozialpolitische Identität der Bundesrepublik sowie ein Lagebewußtsein und Verhalten der Arbeiter, die einen Maßstab und prägende Voraussetzungen für künftige Entwicklungen darstellen.

Kapitel II
Die Arbeiterschaft als Erwerbsklasse

1. Quantitative Entwicklung und sektorale Verteilung

Ein Blick[1] auf den absoluten Umfang und die relativen Anteile der Arbeiter an der Erwerbsbevölkerung (vgl. Tabelle 1)[2] zeigt, daß die »Arbeiterfrage« in der zweiten Hälfte des 19. Jahrhunderts auch aus dem schnellen Wachstum der Gruppe der Lohnarbeiter resultierte. Innerhalb einer Generation hat sich vor dem Ersten Weltkrieg insbesondere die Zahl der Arbeiter in Industrie und Handwerk mehr als verdoppelt, so daß diese 1907 gut die Hälfte aller Arbeiter stellten. Seit dem Anfang des 20. Jahrhunderts entwickelte sich ihre Zahl deutlich langsamer, im Unterschied zum schnellen, kontinuierlichen und insbesondere nach 1950 sich beschleunigenden Wachstum der Angestellten und Beamten. Seit Anfang der 1960er Jahre ist eine zahlenmäßige Schrumpfung der Arbeiterschaft festzustellen, die noch viel deutlicher ist, wenn man nur die deutschen Arbeiter berücksichtigt. Rechnet man die ausländischen Arbeiter ab, dann ist die Zahl der deutschen Arbeiter zwischen 1961 und 1977 von 13,1 Mio. auf 9,4 Mio., also um 30%, zurückgegangen.[3] Heute stellen nicht mehr die Arbeiter, sondern die Angestellten und Beamten die knappe Mehrheit der Lohnabhängigen bzw. unselbständig Beschäftigten, während im Kaiserreich der Status des Unselbständigen außerhalb der familienwirtschaftlichen Betriebseinheiten mit der Zugehörigkeit zur Arbeiterschaft fast identisch war.

Das verlangsamte Wachstum bzw. die abnehmende Zahl der Arbeiter war verbunden mit ihrer zunehmenden Konzentration in Industrie und Handwerk. Grob gerechnet, waren vor dem Ersten Weltkrieg etwa die Hälfte, in der Zwischenkriegszeit etwa zwei Drittel und in den 1960er Jahren knapp drei Viertel der Arbeiter im produzierenden Gewerbe[4] tätig. Darin spiegelt sich einerseits die Zunahme der nicht-manuellen Berufe im tertiären Sektor, in dem die Arbeiter stets eine vergleichsweise geringe (und abnehmende) Rolle spielten[5], und andrerseits das Verschwinden der Landarbeiter wider. Diese machten 1907 mit 3,4 Mio. 21% aller Arbeiter aus, 1950 mit 1,1 Mio. immerhin noch fast 11%, wäh-

Tabelle 1: Umfang, Entwicklung und Zusammensetzung der unselbständig Beschäftigten, jeweils Männer und Frauen, in Mio. bzw. Prozent, 1882-1977

	1882	1895	1907	1925	1939	1950	1961	1970	1977
1. Angestellte und Beamte aller W.B.	0,31	1,12	2,08	5,53	6,52	4,40	7,10	9,70	11,38
2. Arbeiter aller W.B.	10,70	12,38	15,14	16,03	17,58	11,23	13,48	12,58	11,07
3. Arbeiter in Industrie/Handwerk	4,10	5,90	8,46	10,27	11,23	7,12	9,73	9,11	7,92
4. Industriearbeiter im engeren Sinne*	–	–	6,24	7,82	–	4,16	6,67	6,47	–
5. Anteil aller Arbeiter an den Erwerbstätigen	66,1	57,6	55,2	50,1	50,8	50,9	50,9	47,4	41,2
6. Anteil aller Arbeiter an Lohnabhängigen insgesamt	97,2	91,7	87,9	74,3	72,9	71,8	65,5	55,7	49,3
7. Anteil der Arbeiter in Industrie und Handwerk an Gesamtheit der Arbeiter	38,3	47,6	55,9	64,1	63,9	63,4	72,2	72,4	71,5

* Arbeiter in Betrieben des Wirtschaftsbereiches (W.B.) Industrie/Handwerk mit mehr als 10 Beschäftigten.

Quellen:

1882: G. Hohorst u. a., Sozialgeschichtliches Arbeitsbuch. Materialien zur Statistik des Kaiserreichs 1870-1914, München, S. 67.

1895-1970: D. Petzina, Die deutsche Wirtschaft in der Zwischenkriegszeit, Wiesbaden 1977, S. 181.

1977: Stat. Jb. BRD 1978, S. 92, 95.

Zeile 4: Für 1907 und 1925 errechnet nach den Betriebszählungen (örtl. Einheiten) in: StDR, Bd. 213/2, S. 70 ff. (1907) und StDR, Bd. 413/2, S. 12 ff. (1925). Für 1950 bis 1970 errechnet nach IMSF, Teil II/1, S. 219.

rend die 219 000 Landarbeiter im Jahre 1977 nur mehr eine marginale Arbeitergruppe darstellten (2%).[6] Während diese, für die Rekrutierung besonders der ungelernten gewerblichen Arbeiter ehemals bedeutsame Berufsgruppe mit dem Strukturwandel der Landwirtschaft sich fast völlig auflöste, wurde eine andere traditionsreiche Arbeitergruppe seit den 1960er Jahren durch den industriellen Strukturwandel halbiert. Infolge der Verwendung anderer Energieträger und der verstärkten Mechanisierung des Bergbaus ging zwischen 1950 und 1970 die Zahl der Bergarbeiter von rund 550 000 auf 234 000 zurück.[7] Die Bergarbeiter, einst eine für die Industrialisierung ebenso wie für den industriekapitalistischen Konflikt symbolträchtige Gruppe[8], haben diese Bedeutung in den letzten Jahrzehnten an die Arbeiter der modernen Wachstumsindustrien abgetreten, d. h. an die Arbeiter der chemischen, der Metall-, elektrotechnischen und feinmechanischen Industrie. Diese besonders nach dem Zweiten Weltkrieg stark expandierenden Industriezweige – Grundlage und Symbol des »Wirtschaftswunders« – vereinigen heute etwa die Hälfte aller im Gewerbe Beschäftigten auf sich; 60% der Arbeiter im produzierenden Gewerbe oder 35% der Arbeiter sämtlicher Wirtschaftsbereiche waren 1970 in jenen Industriezweigen tätig.[9]

Mit der starken sektoralen Konzentration gewann die Arbeiterschaft im Hinblick auf ihren beruflichen Tätigkeitsbereich einheitlichere Züge. Dennoch machen die Industriearbeiter im engeren Sinne – die Arbeiter im Wirtschaftsbereich Industrie und Handwerk außerhalb des Baugewerbes und des Handwerks[10] – heute wie in der Weimarer Republik nur etwa die Hälfte aller Arbeiter aus. Selbst die Umschichtung der Beschäftigungsstruktur und die sektorale Konzentration haben die in der marxistischen Theorie wichtigste Arbeitergruppe in ihrer relativen Größe kaum anwachsen lassen. Entgegen allen Untergangsprognosen hat sich das Handwerk auch in der Bundesrepublik wieder stabilisiert und seinen Beschäftigungsanteil sogar leicht erhöht.[11]

Obgleich die Zahlen einen rückläufigen Anteil der Arbeiter an allen Erwerbstätigen dokumentieren und insofern die aus dem sektoralen Wandel der Beschäftigungsstruktur und dem technologischen Wandel resultierenden Prognosen über den Bedeutungsschwund der Arbeiter bestätigen, bildeten sie bis in die jüngste Vergangenheit dennoch die stärkste Gruppe innerhalb der Erwerbstätigen. Das tritt deutlicher hervor, wenn man nur die männlichen Erwerbstätigen berücksichtigt und damit angesichts der Besonderheiten der Frauenerwerbstätigkeit einen realistischeren Indikator für die aus der beruflichen Stellung resultierende sozio-ökonomische Gliederung der Bevölkerung gewinnt. Danach waren trotz der Expansion der nicht-manuellen Berufe 1970 noch mehr als die Hälfte der männlichen Erwerbstätigen (53,7%) Arbeiter – immerhin ein Anteil, welcher der im öffentlichen Bewußtsein sich ausbreitenden Wahrnehmung einer »Dienstleistungsgesellschaft« entgegensteht.[12]

2. Zusammensetzung nach Geschlecht, Alter und Nationalität

Aus dem Bündel der die Lage der Arbeiter beeinflussenden sozialen Merkmale sollen hier solche vorgestellt werden, die sich im Unterschied zu Merkmalen wie Herkunft, Qualifikation, betrieblichen und Wohnmilieus – auf die später eingegangen wird – durch eine vergleichsweise hohe statistische Vergleichbarkeit auszeichnen, vor allem aber dadurch, daß sie in relativ hohem Maße marktunabhängige, ihrerseits die Marktchancen der Arbeitskräfte bestimmende Faktoren sind. Geschlecht, Alter und nationale Herkunft waren und sind Merkmale grober, aber gleichwohl nachhaltiger Differenzierung, da sie auf äußerst stabilen und komplexen gesellschaftlichen und politischen Rollen aufbauen.

Die Arbeiterschaft ist traditionell weit überwiegend männlich. Der Anteil der Arbeiterinnen an der Gesamtheit der Arbeiterschaft ist im Kaiserreich und besonders im Gefolge des Ersten Weltkriegs mit der generellen Erhöhung der Frauenerwerbsquote leicht gestiegen[13], hat sich seither aber bei einem Anteil von etwa 30% eingependelt. Mit der Expansion des tertiären Sektors und dessen großem Angebot an Angestelltenpositionen für Frauen ging er seit den 1950er Jahren leicht zurück (vgl. Tabelle 2). Von der Ausweitung der weiblichen außerhäuslichen Berufsarbeit war die Arbeiterschaft in ihrer geschlechtsspezifischen Zusammensetzung also nicht betroffen, da die Frauen überwiegend und zunehmend in nicht-manuellen Berufen tätig wurden bzw. tätig sind. 1925 waren ca. 25%, 1970 fast die Hälfte aller Angestellten Frauen. Zwei Drittel der weiblichen Angestellten waren 1966 aber in den unteren Leistungsgruppen IV und V beschäftigt und stell-

Tabelle 2: Struktur und Entwicklung der weiblichen Erwerbspersonen und Arbeiterinnen (in Mio. bzw. Prozent), 1882-1977

	1882	1907	1925	1939	1950	1961	1970	1977
1. Weibliche Erwerbspersonen überhaupt	5,05	8,5	11,5	12,7	8,5	9,9	9,6	10,1
2. Arbeiterinnen aller Wirtschaftsbereiche	2,94	3,27	4,99	5,27	3,43	3,93	3,51	3,14
3. Arbeiterinnen in Industrie und Handwerk	0,54	1,46	2,21	1,96	1,40	2,08	2,04	–
4. Anteil der Arbeiterinnen an weiblichen Erwerbspersonen (%)	–	–	43,4	41,5	40,4	39,7	36,5	31,3
5. Anteil der Arbeiterinnen in Industrie und Handwerk an Gesamtzahl der Arbeiterinnen (%)	18,4	44,6	44,3	37,2	40,8	52,9	58,1	–
6. Anteil der Arbeiterinnen an Gesamtheit der (männlichen und weiblichen) Arbeiter (%)	27,5	21,6	31,1	30,0	30,5	29,2	27,9	28,4
7. Frauenerwerbsquote	24	31	36	36	31	33	30	31

Quellen:
Zeile 1: IMSF, Bd. II/2, S. 185; für 1977: Stat. Jb. BRD 1978, S. 92.
Zeile 2: 1882: Hohorst u. a., S. 67. 1907: StDR, Bd. 211, S. 204 ff. (nur c-2 und c-3 Personen). 1925-1939: Bajohr, S. 21 ff. (jeweils einschl. der Frauen in häuslichen Diensten). 1950-1970: IMSF, Bd. II/2, S. 188. 1977: Stat. Jb. BRD 1978, S. 92.
Zeile 3: 1882-1939: wie Zeile 2. 1950-1970: IMSF, Bd. II/2, S. 203.
Zeile 4: Der Anteil für 1882 und 1907 unrealistisch, da die mithelfenden weiblichen Familienangehörigen sehr unvollständig erfaßt wurden; vgl. Bajohr, S. 17 ff.
Zeile 6: Errechnet aus Zeile 2 in Tabelle 1 und Tabelle 2.
Zeile 7: Frauenerwerbsquote = Anteil der erwerbstätigen Frauen an der weiblichen Bevölkerung. 1882-1939: Bajohr, S. 18; 1950: IMSF, Bd. II/2, S. 185; 1961-1970: Soziologischer Almanach, S. 48; 1977: Stat. Jb. BRD 1978, S. 91.

ten damit drei Viertel der Gesamtheit der Angestellten in diesen Leistungsgruppen.[14] Neben den bedeutsamen Unterschieden infolge der nicht-manuellen Tätigkeiten und aufgrund der familienzyklisch bestimmten Berufsdauer stellt das Gros der weiblichen Angestellten hinsichtlich des Einkommens und der Heteronomie am Arbeitsplatz sicherlich die der Arbeiterschaft am nächsten stehende Gruppe der sehr heterogenen Angestelltenschaft dar.

Aufgrund des in etwa stabilen Anteils der Arbeiterinnen an der Gesamtheit der Arbeiterschaft hat sich ihre absolute Zahl nach dem gleichen Muster verändert wie die der männlichen Arbeiter. Auch sie ist rückläufig, durch das starke Einströmen der ausländischen Arbeiterinnen sogar noch etwas stärker als die Zahl der männlichen Arbeiter – um 33 bzw. 29% zwischen 1961 und 1977[15] –, und wie diese konzentrierten sich auch die Arbeiterinnen zunehmend auf den Wirtschaftsbereich Industrie und Handwerk. Außer der Landarbeiterin verschwand insbesondere das Dienstmädchen als Typus einer traditionellen Arbeiterin.[16] Innerhalb des industriellen Sektors blieb die Struktur der Beschäftigung von Arbeiterinnen bemerkenswert und charakteristischerweise stabil. Vom Ersten Weltkrieg abgesehen, als die Frauen verstärkt für die Rüstungsindustrie rekrutiert wurden – im Zweiten Weltkrieg gab es infolge der Heranziehung von Kriegsgefangenen, KZ-Häftlingen und Fremdarbeitern nichts Vergleichbares –, erfolgte mit Ausnahme der Entwicklung in der elektrotechnischen Industrie kaum ein wesentlicher Wandel in der branchenspezifischen Verteilung (vgl. Tabelle 3). Mit der Schrumpfung der älteren, schon in der frühen Industrialisierung ausgebildeten, typisch »weiblichen« Industrien wie der Textil- und Bekleidungsindustrie, vollzog sich eine Umschichtung der industriellen Arbeiterinnenbeschäftigung auf die expandierende elektrotechnische Industrie, die als Schrittmacherin der Rationalisierung vor allem un- und angelernte Arbeiterinnen einstellte. Allein diese Branche erhöhte ihren Anteil an der Beschäftigung von Industriearbeiterinnen wesentlich von 4,7% im Jahre 1925 auf 27,2% im Jahre 1970. Dabei vollzog sich auch eine gravierende Verschiebung des Arbeiterinnenanteils an der branchenspezifischen geschlechtsmäßigen Zusammensetzung der Arbeiterschaft insgesamt. Von den modernen Wachstumsindustrien wurde nur die elektrotechnische Industrie zunehmend eine »weibliche« Industrie, während die traditionellen »Frauenindustrien« bei einem zurückgehenden Beschäfti-

Tabelle 3: Branchenspezifische Verteilung der Arbeiterinnen und jeweiliger Anteil an der Gesamtheit der Arbeiter im produzierenden Gewerbe, 1925-1970

	Absolute Verteilung (in 1000)		Anteil an der Gesamtheit der Arbeiterinnen		Anteil der Frauen an der Arbeiterschaft	
	1925	1970	1925	1970	1925	1970
Produzierendes Gewerbe insgesamt	1934,4	1977,8	100	100	25,7	28,9
davon:						
– Textil	556,9	236,4	28,6	11,8	58,6	58,2
– Bekleidung	449,5	300,7	23,1	15,0	52,5	86,5
– Nahrung und Genuß	225,7	180,9	11,6	9,0	27,9	34,9
– Elektrotechnik, Feinmechanik, Optik	92,1	542,8	4,7	27,2	22,6	41,4
– Metallerzeugung und Fahrzeugbau	160,4	232,2	8,2	11,6	8,9	9,6
– Chemie	53,6	94,5	2,7	4,7	21,9	25,0

Berechnet jeweils für Industrie und Handwerk ohne Bergbau, Energiewirtschaft und Baugewerbe. 1925 für Arbeiter(innen) im Haupt- und Nebenberuf.

Quellen:

1925: StDR, Bd. 413/2, S. 174 f. 1970: Stat. Jb. BRD, 1973, S. 192 f.

gungsanteil diesen Charakter bewahrten, teils sogar noch stärker ausprägten.

Die branchenspezifische Kontinuität der Frauenarbeit einerseits und die zwischen Männern und Frauen sektoral- und statusspezifisch unterschiedliche Entwicklung der abhängigen Berufsarbeit andrerseits tradiert auch ältere geschlechtsspezifische Berufsrollen und darüber hinaus geschlechtsspezifische Strukturen der Arbeitsteilung überhaupt.[17] Die früher überwiegende Beschäftigung von Frauen in der Textil- und Bekleidungsindustrie behauptete eine besondere Nähe der beruflichen Tätigkeit zu den haushälterischen Fertigkeiten des Nähens usw. und gründete in der historisch gewachsenen, im Kaiserreich noch weit verbreiteten verlagsmäßigen Organisation jener Branchen[18], die durch die hausindustrielle Tätigkeit der Frauen die Doppelrolle der Frau als Erwerbstätige und Hausfrau und Mutter besonders begünstigte. Sofern diese Doppelrolle eine insgesamt reduzierte, überwiegend transitorische Bedeutung der Berufsarbeit für die Frauen impliziert, war und ist ihre berufliche Qualifikation im Durchschnitt geringer als die der Männer, so daß sie nur zu entsprechenden Positionen Zugang haben, die sich in bestimmten Industriezweigen konzentrieren. Daneben verband sich die Frauenerwerbstätigkeit mit den weiblichen Rollenklischees der Dienstleistung, Pflege u. ä. Selbst als Arbeiterinnen sind Frauen – entsprechend ihrer geringen Qualifikation – weniger in der unmittelbaren Herstellung, sondern überwiegend mit Hilfsleistungen wie Transportieren, Verpacken, Reinigen usw. beschäftigt.[19] Insofern trug vielleicht der Charakter der Frauenarbeit indirekt selbst wiederum bei zur skeptischen Haltung der Männer gegenüber der weiblichen Berufsarbeit und der dadurch möglichen Frauenemanzipation. Obwohl der technische Wandel die körperlichen Arbeitsanforderungen reduzierte und damit auch ein traditionelles Unterscheidungsmerkmal zwischen Männer- und Frauenarbeit abschwächte, haben die aus den Geschlechterrollen abgeleiteten unterschiedlichen Tätigkeitsbereiche eine mögliche Gleichheit infolge gleicher Arbeits(platz)erfahrungen blockiert oder wenigstens erschwert. Die wahrscheinlich auch heute im Vergleich zu anderen Schichten bei Arbeitern noch weiter verbreitete ambivalente bis ablehnende Haltung gegen die Berufsarbeit verheirateter Frauen – entgegen der faktischen Zunahme der außerhäuslichen Erwerbstätigkeit der Arbeiterehefrauen! – gründet womöglich auch in jener Diskrepanz zwischen Männer- und Frauenarbeit. Stärker freilich wirkte wohl das im männlichen Selbstverständnis tief verankerte Selbstbild und Selbstwertgefühl, das sich auf die Ernährerrolle des »pater familias« stützte.[20]

Während das Geschlecht hauptsächlich den Zugang zu beruflichen Positionen bestimmt und als differenzierendes Merkmal sich durch eine große Kontinuität auszeichnet, beeinflußt das *Alter* in vielfältigerer Weise die Zusammensetzung und Lage der Arbeiter. Die altersbedingten Wirkungen auf die Lage des Arbeiters unterliegen einem bedeutenden Prozeß allmählichen Wandels. Besonders in der entstehenden und schnell expandierenden Industrie des Kaiserreichs spiegelt der Altersaufbau der industriellen Arbeiterschaft den umfassenden, ungleichgewichtigen und spannungsvollen Prozeß der kapitalistischen Industrialisierung wider.[21] Das wohl gravierendste Problem war dabei der alternde Arbeiter. Mit dem vierten Lebensjahrzehnt verschlechterte sich – infolge einer Rückstufung und damit eines Einkommensverlustes oder des Verlustes der Arbeit überhaupt – dessen Lage durch den körperlichen Verschleiß zusehends. Wohl nur wenigen gelang es, das durch den Übergang in eine selbständige Position als Handwerker oder Kleinbauer zu kompensieren.[22] Die steil abfallende Lebensverdienstkurve bzw. die Altersarmut war eine der zentralen, düsteren Arbeitererfahrungen. Die insgesamt jüngere Industriearbeiterschaft vor dem Ersten Weltkrieg – sowohl im Vergleich zu den Selbständigen als auch zu den Landarbeitern[23] – ist sicherlich eine Folge des schnellen industriellen Wachstums und der dadurch nötigen Rekrutierung von Arbeitern; daneben enthält sie aber auch Hinweise auf die altersbedingte Auslese und Belastung und den altersspezifischen Wechsel besonders zwischen der Industrie und der Landwirtschaft. Der Altersaufbau der Arbeiterschaft spiegelt so die Latenz einer industriellen Reservearmee unter der Landbevölkerung und damit die nur unvollständige Durchsetzung der industriellen Lohnarbeit als das gesamte Leben prägendes Schicksal wider. Bis zu einem gewissen Grade war das Land sowohl die »Kinderstube« als auch das »Altenheim« für die städtische Industrie.[24] Zwei große Veränderungen haben sich im Hinblick auf die Altersstruktur seit den 20er Jahren durchgesetzt: eine Angleichung des Alters zwischen den Arbeitern und Angestellten sowie zwischen Männern und Frauen und damit verbunden eine Zunahme des Anteils von Älteren (vgl. Tabelle 4).

Tabelle 4: Altersgliederung der Arbeiter und Angestellten in Industrie und Handwerk (1882–1939) bzw. aller Wirtschaftsbereiche (1939–1970), in Prozent

	Altersgruppe	1882	1907	1925	1939	Altersgruppe	1939	1961	1970
Arbeiter/Männer	unter 25	–	39,0	41,6	23,1	unter 25	23,3	29,7	21,0
	25-50	–	51,5	43,8	61,0	25-45	53,6	40,8	52,8
	über 50	9,2	9,6	14,6	15,6	über 45	23,0	29,3	26,3
Arbeiter/Frauen	unter 25	–	60,7	55,9	34,0	unter 25	43,4	36,2	27,1
	25-50	–	32,1	37,0	56,6	25-45	40,5	38,0	42,2
	über 50	5,4	7,2	7,1	9,5	über 45	16,1	25,7	30,8
Angestellte/Männer	unter 25	–	25,0	24,1	13,0	unter 25	16,2	19,4	14,6
	25-50	–	63,1	58,3	68,0	25-45	58,2	45,3	54,5
	über 50	–	11,9	17,6	19,0	über 45	25,6	35,3	30,9
Angestellte/Frauen	unter 25	–	63,7	60,9	49,5	unter 25	45,3	49,6	35,3
	25-50	–	34,1	36,5	46,8	25-45	43,3	31,8	39,5
	über 50	–	2,2	2,6	3,7	über 45	11,4	18,6	25,2

Quellen:
1882: StDR, Bd. 211, S. 188 (nur Altersgruppe der über 50jährigen vergleichbar).
1907/1925: Ebd., Bd. 408, S. 192 (Arbeiter), S. 145 (Angestellte, einschl. der Beamten in Industrie und Handwerk).
1939: Ebd., Bd. 556/2, S. 2 ff.
1961/1970: Wirtschaft und Statistik, 1973, S. 592.

Eine kontinuierliche Angleichung des Alters zwischen Arbeitern und Angestellten ist nur bei den Männern festzustellen. 1925 waren bei den Männern 39% der ersteren, aber nur 25% der letzteren jünger als 25 Jahre, 1939 nur mehr 23,1% bzw. 13% und 1970 nur noch 21% bzw. 14,6%. Bei den Frauen dagegen hat sich mit der starken Expansion der weiblichen Angestelltentätigkeit die altersspezifische Zusammensetzung der beiden Statusgruppen in der Zwischenkriegszeit zunächst polarisiert. Trotz gleicher Tendenzen zur Alterung wuchs der Anteil der über 25jährigen bei den Arbeiterinnen schneller als bei den weiblichen Angestellten. Nach dem Zweiten Weltkrieg hat sich dieser Unterschied wieder eingeebnet; gleichwohl waren 1970 die weiblichen Angestellten im Durchschnitt noch jünger als die Arbeiterinnen. Der Unterschied zur Entwicklung bei den Männern bis 1939 spiegelt die transitorische Bedeutung der Frauenarbeit wider; die statusgruppenspezifische Entwicklung bei den Frauen dagegen scheint ein Indiz für die phasenverschobene Durchsetzung des gleichwohl übergreifenden Wandels der Frauenarbeit im 20. Jahrhundert, nämlich die Zunahme der außerhäuslichen Frauenarbeit durch die zunehmende Verweildauer im Beruf.[25] Bei den Arbeiterinnen setzte sich die kontinuierlicher werdende Berufstätigkeit früher und in besonders starkem Maße in der Zwischenkriegszeit durch. Das gründete sowohl in der Zwangslage der Kriegerwitwen als auch in der Arbeitslosigkeit der Männer, welche die Arbeiterehefrau zum Mitverdienst nötigte.[26]

Die Angleichung der geschlechtsspezifischen Altersstruktur ist innerhalb der Arbeiterschaft stärker ausgeprägt als unter den Angestellten. War im Kaiserreich die Arbeiterin in Industrie und Handwerk typischerweise jung und ledig, ist heute das Gegenteil der Fall. Obwohl sich bei den weiblichen Angestellten eine ähnliche, aber weniger umfassende Entwicklung vollzogen hat, scheint insbesondere die Herkunft der Angestellten diese in geringerem Maße zur Berufsarbeit zu nötigen, wenn sie verheiratet sind und Kinder haben. Arbeiterinnen sind häufiger mit weniger gut verdienenden Arbeitern verheiratet als weibliche Angestellte.[27]

Die wichtigste Ursache des übergreifenden Alterungsprozesses ist sicherlich die demographische Entwicklung, die Abnahme der Bevölkerungsdynamik nach dem »demographischen Übergang« seit den 1920er Jahren und die damit verbundene Alterung der

Bevölkerung insgesamt. Daneben verschoben die Kriegsverluste und Kriegsfolgen jeweils ruckartig die altersspezifische Zusammensetzung. In Verbindung mit dem Strukturwandel im agrarischen Sektor schwand die alte ländliche Reservearmee, die vormals immer wieder relativ junge Arbeitskräfte gestellt hatte. Damit wurde auch der im Kaiserreich noch relativ häufige lebenszyklische Wechsel zwischen Industrie und Landwirtschaft, zwischen unselbständigem und selbständigem Status blockiert.

Die Wirkung des Alterungsprozesses war und ist daher ein sozialgeschichtlich sehr komplexer und folgenreicher Prozeß der lebensgeschichtlichen Verwurzelung und Stabilisierung des in zunehmendem Umfang durch die Industrie geprägten Arbeiterlebens. Ein immer größerer Teil der Arbeiter war einer immer länger währenden industriellen Sozialisation ausgesetzt. In der lebensgeschichtlich dauerhafteren und gleichzeitig sich weiter verbreitenden industriellen Lohnarbeit ist auch eine Angleichung der Lebenserfahrungen der Arbeiter enthalten und insofern eine Homogenisierung der Arbeiterschaft insgesamt. Gleichzeitig wurde in diesem Prozeß das Problem der Sicherung des älteren Arbeiters (aber auch des Angestellten) sozialpolitisch dringender, da seine Arbeitsmarktlage sich kaum gebessert hat. Die eher altersunspezifischen Leistungserwartungen gefährden auch heute ältere Arbeiter in besonderem Maße. Erst in jüngster Zeit jedoch, seit Mitte der 1960er Jahre, wurde darauf sozialpolitisch stärker reagiert: durch Änderungen im Sozialversicherungssystem (flexible Altersgrenze), durch besondere Kündigungs- und Rationalisierungsschutzabkommen im Rahmen von Tarifverträgen und zuletzt durch die verstärkte Diskussion einer notwendigen »Humanisierung der Arbeitswelt«, die über die klassischen Arbeitsschutzmaßnahmen hinaus auf eine allgemeine Reduktion der – sich altersspezifisch kumulierenden – Belastung und besonders auf Anpassungen zwischen Anforderungsprofilen und Alter zielt.[28] Insofern förderte der Alterungsprozeß auch den Prozeß der sozialpolitischen Normierung des kapitalistischen Wirtschaftssystems.

Schließlich ist noch auf ein besonderes Indiz der altersspezifischen Zusammensetzung der Arbeiterschaft hinzuweisen. Der stark rückläufige Anteil männlicher und weiblicher Arbeiter unter 25 Jahren zwischen 1961 und 1971 ist außer demographischen Konstellationen auch durch den Zustrom der ausländischen Arbeiter begründet. Diese sind im Durchschnitt zwar jünger als die deutschen – daher das relative Anwachsen der mittleren Altersgruppe –, aber doch selten jünger als 25 Jahre.[29] Der wichtigere Effekt war wohl eine altersgruppenspezifische Umschichtung von Arbeitern in Angestelltenpositionen[30], und insofern ist jener rückläufige Anteil auch ein Indiz für die altersspezifische Schrumpfung der Arbeiterschaft. Während es dem schon in das Berufsleben eingegliederten Arbeiter nur schwer möglich ist, aus der Position des Arbeiters aufzusteigen, ist es für die Jungen infolge der Verbesserung des Bildungssystems leichter, gleich auf einer anderen Statusebene in das Berufsleben einzusteigen oder durch Weiterbildung aufzusteigen. Bis zu einem gewissen Grade war offensichtlich mit der Expansion des Bildungssystems seit den 1960er Jahren unter den Jüngeren eine Art Flucht aus der Arbeiterschaft verbunden.

Das ist schon ein Hinweis auf die besondere Wirkung der *nationalen Zusammensetzung* der bundesrepublikanischen Arbeiterschaft. Mit der seit 1959 bis zum Anwerbestopp 1973 schnell und kontinuierlich ansteigenden Zahl der ausländischen Arbeiter haben diese einen Umfang und eine Bedeutung erreicht, die den Ausländeranteil in früheren Zeiten in den Schatten stellt und erstmals die Lage der deutschen Arbeiter nachhaltig veränderte. Auch im Kaiserreich war die Zahl der ausländischen Arbeiter schnell angestiegen, von etwa 150 000 im Jahre 1880 auf 1 Mio. im Jahre 1907, darunter ca. 300 000 Polen.[31] 1907 war daher ihr Anteil an der Gesamtheit der Arbeiter im Reich so hoch wie 1964 (6,4%). Nach 1918 ging ihre Zahl infolge der stagnierenden und krisenhaften ökonomischen Entwicklung auf weniger als 500 000 zurück und stieg erst wieder – von der besonderen Gruppe der ausländischen Zwangsarbeiter während des Zweiten Weltkriegs sei hier abgesehen[32] – mit dem Boom seit Mitte der 1950er Jahre. 1970/71 stellten die fast 2 Mio. ausländischen Arbeiter in der Bundesrepublik 16% aller Arbeiter.

Außer ihrer quantitativen Bedeutung hat sich auch das Sozialprofil der ausländischen Arbeiter in wesentlicher Hinsicht verändert, was z. T. neue Integrationsprobleme geschaffen hat. Die ausländischen Arbeiter vor dem Ersten Weltkrieg wanderten überwiegend aus den Nachbarländern des Reiches ein; die Polen kamen zumeist aus den östlichen Provinzen Preußens und hatten damit auch Staatsbürgerrechte. Die »Gastarbeiter« der 1960er und

1970er Jahre jedoch kamen überwiegend aus den armen Regionen Süd- und Südosteuropas mit weit stärkeren sozialen und kulturellen Unterschieden zwischen Herkunfts- und Arbeits- bzw. Aufenthaltsland. Im Kaiserreich war ein großer Teil von ihnen noch in der Landwirtschaft tätig (ca. 25%), daneben vor allem im Bergbau und in der Bauwirtschaft. Seit den 1960er Jahren dagegen wurden die ausländischen Arbeiter weit überwiegend für die Industrie rekrutiert und zu bedeutenden Teilen in technisch hochentwickelte Produktionsabläufe gestellt, die gegenüber ihrer Herkunft eine ganz andere Arbeitserfahrung bedeuten und insofern das alte Problem der Anpassung an industrielle Arbeit komprimieren und verschärfen.[33] Endlich ist der saisonale Charakter der Ausländerarbeit, wie er im Kaiserreich besonders in der Landwirtschaft und im Baugewerbe üblich war, stark zurückgegangen; wie bei den Polen um 1900 verstärkt sich bei den Gastarbeitern vor allem in jüngster Zeit ein Trend zur Seßhaftigkeit in der Bundesrepublik.[34]

Damit stabilisiert sich auch sozial der zunächst ökonomisch begründete Prozeß der Bildung einer neuen Unterschicht bzw. der »Unterschichtung«: die einwandernden Arbeiter nehmen die untersten Positionen ein, die bisher Einheimische besetzt hatten, wodurch diesen ein Aufstieg ermöglicht wird.[35] Offenbar hat sich dies – im Unterschied zur Schweiz, wo der Ausländeranteil an der Arbeiterschaft fast doppelt so groß wie in der Bundesrepublik ist – für die deutschen Arbeiter noch weniger im Hinblick auf den intragenerationellen Aufstieg, sondern mehr auf die einkommensrelevante Branchenmobilität und den intergenerationellen Aufstieg von Arbeiterkindern ausgewirkt. Wie im Kaiserreich sind die ausländischen Arbeiter vorwiegend in an- und ungelernten Positionen tätig. 1968 waren in solchen Positionen 78% der männlichen und 97% der weiblichen ausländischen Arbeiter in der Industrie; die entsprechende Verteilung der Gesamtheit der Industriearbeiter, einschließlich der deutschen, betrug dagegen nur 43% bzw. 94%. Daneben sind die »Gastarbeiter« relativ häufig in ökonomisch eher stagnierenden Branchen wie dem Bergbau und dem Textilgewerbe beschäftigt, in jüngster Zeit auch verstärkt im Dienstleistungsgewerbe und überproportional in Branchen mit körperlich besonders schwerer und schmutziger, dadurch auch teilweise sozial diskriminierter Arbeit wie im Bergbau, im Baugewerbe und im Verkehrswesen.[36]

Außer diesen Merkmalen der ungelernten Arbeiter, die nicht zuletzt aus ihrer Herkunft aus agrarischem Milieu resultieren, wiederholen die ausländischen Arbeiter auch Merkmale der Lebensweise, wie sie für die früheren ausländischen Arbeiter und darüber hinaus für die aus der Landwirtschaft in die Industrie strömenden Arbeiter insgesamt charakteristisch waren. Ähnlich wie bei den polnischen Bergarbeitern um 1900 ist bei den ausländischen Arbeitern eine – in der jüngsten Zeit offenbar schwächer gewordene – Rückorientierung ins Herkunftsmilieu stark verbreitet, die eine extrem »instrumentelle« Einstellung zur Lohnarbeit und den Lebensbedingungen am Arbeitsort bedingt. Durch großen Konsumverzicht bewirkte höhere Sparquoten als bei deutschen Arbeitern sollen später eine selbständige Existenz in den Heimatländern ermöglichen. Andrerseits werden daher, freilich auch gedrängt durch relativ niedrige Löhne und soziale Diskriminierung, Lebens- und besonders Wohnbedingungen hingenommen, die an die Arbeiter im Kaiserreich erinnern. Wie diese wohnen die ausländischen Arbeiter heute, wenn auch bei insgesamt erhöhtem Niveau, in kleineren, oft schlechteren und dennoch teureren Wohnungen.[37]

Den deutschen Arbeitern bieten die ausländischen in mancher Hinsicht ein Abziehbild der Lage ihrer Vorfahren. Anscheinend erkennen jedoch nur wenige darin ihre eigene Geschichte. Nationale und soziokulturelle Überheblichkeit, Vorurteile und Ressentiments erweitern in starkem Maße die ökonomisch begründeten Unterschiede zwischen deutschen und ausländischen Arbeitern. Gegentendenzen wie die solidarische Kooperation am Arbeitsplatz, die gewerkschaftliche Organisation und die partielle individuelle Angleichung kultureller Standards[38] haben die Barrieren für eine Integration noch nicht überwinden können. Die ausländischen Arbeiter bilden heute eine »neue Unterschicht« in der Arbeiterschaft wie in der Gesamtgesellschaft, deren soziale Eingliederung bzw. Toleranz eine neue Herausforderung darstellt. Bei allen Ähnlichkeiten mit der Lage der polnischen Arbeiter im Kaiserreich sind die Bedingungen ihrer sozialen Integration doch sehr anders. Trotz der nationalen Spannungen hat die allgemeine Umbruchsituation der Industrialisierung die Unterschiede und Spannungen insofern auch wieder reduziert, als polnische und deutsche Arbeiter mit den gleichen neuen Problemen konfrontiert waren. Heute dagegen ist angesichts der größeren wirtschaftlichen und sozialen Unterschiede zwischen dem »Aufenthaltsland« und der Heimat der ausländischen Arbeiter ihre Fremdheit tiefer und ihre Randstellung schärfer ausgeprägt und zählebiger. Auch der längere Aufenthalt hat bislang bezeichnenderweise weniger zur Integration, sondern mehr zur Gettobildung oder zur soziokulturellen Diffusion »zwischen den Welten« beigetragen. Das gründet auch darin, daß besondere Integrationsfaktoren wie politische Rechte und gleiche Konfessionen (noch) fehlen. Die »zentrale Rolle« der katholischen Kirche bei der Eingliederung der polnischen Arbeiter[39] kann sich nicht wiederholen, auch wenn sich die Kirche heute in besonderer Weise um die katholischen »Gastarbeiter« bemüht. Ganz abgesehen davon, daß keine deutsche Kirche die islamischen Arbeiter in sich aufnehmen kann, hat die Religion auch in der deutschen Gesellschaft nicht mehr die prägende und Gemeinsamkeit stiftende Bedeutung wie um die Jahrhundertwende.

Alter, Geschlecht und Nationalität sind sehr stabile Faktoren der inneren Differenzierung der Arbeiterschaft, deren Wirksamkeit bis heute zu sozialpolitischen Reaktionen nötigt. Im folgenden sollen dagegen solche Faktoren betrachtet werden, deren differenzierende Kraft durch den industriellen Prozeß stark verändert worden ist.

3. Betriebliche Agglomeration und Urbanisierung

Großbetrieb und Großstadt waren symbolische Repräsentanten des tiefgreifenden Wandels der Arbeits- und Lebensbedingungen im Gefolge der Industrialisierung. Im Unterschied zu der anhaltenden, säkularen Umschichtung der Beschäftigten von der Landwirtschaft in Industrie, Handel usw. schwächte sich der Prozeß der Herausbildung dieser typisch modernen Milieus des industriellen Arbeitslebens nach einer Phase stürmischer Entwicklung jedoch wieder ab.

Obgleich die in der Dynamik des kapitalistischen Wirtschaftssystems enthaltene Konzentration des Kapitals und damit das relative Wachstum der größeren Unternehmen je länger desto mehr alle Wirtschaftsbereiche erfaßte, war dieser Konzentrationsprozeß in Industrie und Handwerk am stärksten ausgeprägt. 1970 waren von der Gesamtheit der Erwerbstätigen noch ca. 10,5 Mio.

(43%) in Klein- und Mittelbetrieben mit weniger als 50 Personen beschäftigt; dagegen waren in solchen Betrieben nur 3,7 Mio. (30%) der Erwerbstätigen im produzierenden Gewerbe (einschließlich des Baugewerbes) tätig.[40] Innerhalb des Wirtschaftsbereiches Industrie und Handwerk (ohne Bergbau) schwächte sich die beeindruckend schnelle Zunahme der Großbetriebe im Kaiserreich nach dem Ersten Weltkrieg ab und beschleunigte sich erst wieder in der Boomphase der 1950er Jahre, nachdem unmittelbar nach dem Zweiten Weltkrieg die industrielle Arbeitslosigkeit sowie die besonderen Chancen im Baugewerbe die Beschäftigtenkonzentration in den Klein- und Mittelbetrieben kurzfristig und vorübergehend erhöht hatten. In diesen Betriebstypen arbeiteten folgende Anteile der Beschäftigten in Industrie und Handwerk: 1882 = 77,2%; 1907 = 57,2%; 1925 = 53,2%; 1939 = 41,8%; 1950 = 46,5%; 1961 = 32,3%; 1970 = 29,8%.[41]

Gegenüber der Gesamtheit der Beschäftigten waren die Arbeiter seit der Industrialisierung immer schon stärker in größeren Betrieben konzentriert. Im Bereich von Industrie und Handwerk waren 1907 nurmehr 43% in Klein- und Mittelbetrieben, also 57% in Großbetrieben mit mehr als 50 Personen beschäftigt, ein Anteil, der seither nur noch geringfügig zunahm bzw. sogar stagnierte (vgl. Tabelle 5). Seit den 1920er Jahren und besonders seit den 1950er Jahren ist der Konzentrationsprozeß der Arbeiterbeschäftigung mit einer Polarisierung der Verteilung auf die Betriebsgrößenklassen verbunden. Vor allem auf Kosten der mittleren Betriebe stiegen die Beschäftigtenanteile der handwerklichen Klein- und der industriellen Riesenbetriebe mit mehr als 1000 Personen. Dieser scherenförmigen Entwicklung lagen zwei ökonomische Prozesse zugrunde: die starke Expansion des Handwerks, besonders des Bau- und Reparaturhandwerks[42] einerseits, das zunehmende Gewicht der modernen Wachstumsindustrien, der Metall-, elektrotechnischen und chemischen Industrie andrerseits, für die – neben dem Bergbau – seit ihrer Entstehung der Groß- bzw. Riesenbetrieb typisch war.

Innerhalb der gewerblich-industriellen Arbeiterschaft, die heute 70% aller Arbeiter umfaßt, hat sich also trotz der enormen Konzentration des Kapitals keine entsprechende Konzentration der Arbeiter auf die großen Betriebseinheiten vollzogen. Eher im Gegenteil hat sich eine stärkere Differenzierung innerhalb der Arbeiterschaft mit der unterschiedlichen Entwicklung der betrieblichen

Tabelle 5: Verteilung der (männlichen und weiblichen) Arbeiter in Industrie und Handwerk nach Betriebsgrößenklassen, 1907-1970

	Absolute Verteilung (in Mio.)				Relative Verteilung		
Betriebsgrößenklasse	1907	1925	Betriebsgrößenklasse	1970	1907	1925	1970
bis 10 Personen	1,71	1,58	bis 10 Personen	2,79	21,4	16,8	30,6
11- 50 Personen	1,72	1,71	10- 49 Personen	0,57	21,6	18,2	6,3
51- 200 Personen	1,97	2,07	50-499 Personen	2,38	24,8	22,1	26,1
201-1000 Personen	1,74	2,17	500-999 Personen	0,84	21,8	23,1	9,2
51-1000 Personen	3,71	4,24	50-999 Personen	3,22	46,6	45,2	35,3
über 1000 Personen	0,82	1,87	über 1000 Personen	2,52	10,3	19,8	27,7
Insgesamt	7,96	9,40		9,10	100	100	100

Erfaßt ist jeweils der Wirtschaftsbereich Industrie und Handwerk einschl. Bergbau, Energiewirtschaft und Baugewerbe. Die Arbeiterzahlen weichen aufgrund des anderen Status der Betriebszählung von den in Tab. 1 genannten Zahlen, denen die Berufszählungen zugrundeliegen, ab.

Quellen:

1907: StDR, Bd. 213/2, S. 70 ff.;

1925: Ebd., Bd. 413/2, S. 12 ff. (örtliche Einheiten).

1970: IMSF, Bd. II/1, S. 228 (Umrechnung dieser Angaben für die Industriearbeiter im engeren Sinne auf die Gesamtheit der Arbeiter in Industrie und Handwerk).

Arbeits- und Sozialmilieus herausgebildet. Der industrielle Großbetrieb ist seit dem späten 19. Jahrhundert der Ort der technischen Rationalisierung und sozialen Disziplinierung der Arbeit, verbunden mit nur ihm möglichen finanziellen Gratifikationen und gewissen Aufstiegschancen im Rahmen der betrieblichen Sozialpolitik. Besonders in den letzten Jahrzehnten wurden die industriellen Großbetriebe zu Zentren der zunehmenden Verbreitung besonders belastender Arbeitszeitformen wie der Schicht- und Nachtarbeit; 1979 fiel Nachtarbeit in über 40% der Betriebe mit mehr als 50 Beschäftigten, aber nur in 8% der kleineren Betriebe in der Industrie an.[43] Ebenso wurde in den Großbetrieben die Trennung von Eigentümer- und Leitungsfunktionen üblich und damit ein weniger personengebundenes Verhältnis zwischen Betriebsleitung und Arbeitern, das nicht zuletzt die Rolle der Gewerkschaften oder Arbeitervertreter etwas erleichtert. In den handwerklichen Gewerbebetrieben hat sich dies alles nicht oder weniger und langsamer durchgesetzt. Insbesondere haben hier ältere Arbeitsformen und die patriarchalische Kontrolle durch den »Herrn im Haus« bis zu einem gewissen Grade überdauert. Mögen sich mit der Mechanisierung auch des Handwerks die Arbeitsformen zunächst ein Stück weit der Industrie angeglichen haben, hat andrerseits die Entwicklung gerade der expansiven Handwerkszweige doch wieder den unterschiedlichen Charakter der Arbeit verstärkt. Im Reparatur- und Installationshandwerk gewann die Arbeit überwiegend Züge einer Dienstleistung. Die Kraftfahrzeugmechaniker, Elektriker usw. entfernen sich, trotz ihrer handwerklichen Fachausbildung, vom Typ des »produktiven«, unmittelbar Gegenstände herstellenden Arbeiters. Auf der anderen Seite haben jedoch auch die an hochtechnisierten und arbeitsteilig organisierten Produktionsanlagen tätigen großbetrieblichen Industriearbeiter diesen Charakter in mehr oder weniger starkem Maße verloren. Über eine fast gegensätzliche Funktion der Arbeitertätigkeit und über stark unterschiedliche betriebliche Milieus hinweg liegt darin auch wieder eine Form der Angleichung im Verhältnis des Arbeiters zu seiner Arbeit.

Ein anderer Strang der Entwicklung der betrieblichen Milieus hat die Unterschiede zwischen dem Groß- und Kleinbetrieb jedoch eher verstärkt. Die betrieblichen Mitbestimmungsmöglichkeiten – nach verschiedenen Anläufen und Formen vor dem Ersten Weltkrieg – wurden seit dem Betriebsrätegesetz von 1920 am ehesten im Großbetrieb voll wirksam. Dieses Gesetz beschränkte die Möglichkeit der betrieblichen Interessenorganisation auf Betriebe mit mehr als zwanzig Arbeitnehmern, was erst im Betriebsverfassungsgesetz von 1952/1972 auf Betriebe mit mehr als fünf Arbeitnehmern ausgedehnt wurde. Das neueste über die Betriebsräteverfassung hinausgehende Mitbestimmungsgesetz von 1976 ist dagegen auf Riesenunternehmen mit mehr als 2000 Arbeitnehmern beschränkt, während das Montanmitbestimmungsgesetz von 1951 schon für Unternehmen mit mehr als 1000 Arbeitnehmern gilt.

Die Entwicklung der Betriebsverfassung[44] hat den spezifischen Herrschaftscharakter des industriellen Großbetriebs eingeschränkt, freilich erst nach einer langen Zeit scharfer Auseinandersetzungen und einer Phase des Rückschlags, der Unterdrückung betrieblicher Rechte im »Dritten Reich«. Nicht zuletzt aufgrund dieser Erfahrungen, von denen sich die durch die Montan-Mitbestimmung veränderten Bedingungen nach dem Zweiten Weltkrieg abhoben, haben Hüttenarbeiter im Ruhrgebiet den Großbetrieb dem Kleinbetrieb vorgezogen. Für sie bot der Großbetrieb mehr Arbeitsplatzsicherheit, zusätzliche Einkommen aus den betrieblichen Sozialleistungen, vor allem aber auch eine individuell größere Unabhängigkeit des Arbeiters. Im Unterschied zur unmittelbaren persönlichen Kontrolle in den Kleinbetrieben haben die Arbeiter die mit der Mechanisierung verbundene, in die technischen Aggregate selber eingelassene Arbeitsplanung als eine neue Form der Selbständigkeit erfahren, solange sich über diese nicht eine harte betriebspolitische Kontrolle von oben lagerte.[45] Auf eine insgesamt und vergleichsweise positive Einstellung zum Großbetrieb läßt auch die Verweildauer in den Betrieben schließen. 1970 waren in Kleinbetrieben 24% der Arbeiter und Angestellten mindestens fünfzehn Jahre im Betrieb, in den Riesenbetrieben mit mehr als 1000 Beschäftigten dagegen 62%.[46] Dieser Unterschied – möglicherweise auch bedingt durch den häufigeren Arbeitsplatzverlust infolge der Kurzlebigkeit vieler Kleinbetriebe – weist hin auf den besonders nach einer handwerklichen Lehre häufigen Wechsel vom Klein- in den Großbetrieb, so daß die differenzierende Wirkung der ungleichen betrieblichen Sozialmilieus lebensgeschichtlich gebrochen und damit im Hinblick auf die gruppenspezifische Lage von Arbeitern verwischt oder abgemildert wird.

Die *Urbanisierung* der Industrie und der Arbeiterschaft, insbesondere die Wanderung der Arbeiter in die Großstädte, war angesichts der Wohnungsnot und der hier konzentrierten politischen Arbeiterbewegung eine der zentralen zeitgenössischen Erfahrungen im Kaiserreich. Ähnlich wie die Betriebsgrößenentwicklung verzögerte sich der Urbanisierungsprozeß seit den 1920er Jahren. Die im Kaiserreich typische Umschichtung der Bevölkerung auf dem Wege der Massenwanderung von ländlichen in großstädtische Gemeinden hat seither – bei einem eher stagnierenden Anteil der Großstädte mit mehr als 100 000 Einwohner – die relative Auffüllung der mittleren und kleineren Städte abgelöst. Einem beschleunigten extensiven Städtewachstum in der Hochindustrialisierung folgte ein langsamerer Prozeß der intensiven infrastrukturellen Urbanisierung in den kleineren Gemeinden, der sich in Stadtregionen besonders verdichtete und die im Kaiserreich noch stark unterschiedlichen sozialräumlichen Profile zwischen ländlich-kleinstädtischen und großstädtischen Gemeinden nivellierte.

Der Anteil der in Großstädten wohnenden Arbeiter (aller Wirtschaftsbereiche) stagniert daher seit den 1920er Jahren. Zwischen 1907 und 1925 stieg dieser Anteil noch von 21,3% auf 27,5%, während er zwischen 1950 und 1970 bei 28,4% bzw. 28,7% lag.[47] Auf der anderen Seite schrumpfte der Anteil der in ländlich-kleinstädtischen Gemeinden wohnenden Arbeiter zwischen 1925 und 1970 von 58,5% auf 51,0%, wobei sich die entsprechend stärkere Konzentration auf die Mittelstädte mit 20 000 bis 100 000 Einwohnern hauptsächlich seit den 1950er Jahren vollzog. Darin spiegeln sich auch die Migrationen der ehemaligen Flüchtlinge, die in der unmittelbaren Nachkriegszeit in den ländlichen Zonen angesiedelt wurden und später zu einem Teil in die größeren Städte abwanderten. Berücksichtigt man noch den relativ zunehmenden Anteil der Arbeiter in Industrie und Handwerk an der Gesamtheit der Arbeiter, dann reflektieren sowohl die Stagnation als auch die Verschiebung der Anteile der Arbeiter in den Gemeindeklassen den nach dem Zweiten Weltkrieg beschleunigten Prozeß der intensiven infrastrukturellen Urbanisierung. Auch heute lebt daher ein nicht genau eruierbarer, aber doch nicht zu unterschätzender Teil von Industriearbeitern in ländlichen Gemeinden mit weniger als 2000 Einwohnern. Vermutlich machten 1970 die in diesem Sinne »ländlichen« Arbeiter in Industrie und

Handwerk etwa 15% der Gesamtheit dieser Arbeitergruppe aus, während sich im Kaiserreich ihr Anteil an dieser Gruppe zwischen 35% und 25% bewegte.

Das Bild einer beachtlichen Kontinuität des Arbeiterwohnens auf dem Land ist jedoch bis zu einem gewissen Grade oberflächlich und entsteht zu einem Teil aus den Kriterien der Gemeindestatistik, der die politischen Gemeindegrenzen zugrundeliegen, wodurch sehr verschiedene Gemeindetypen als gleiche erfaßt werden. Tatsächlich ist (und war auch schon im Kaiserreich) der Urbanisierungsgrad der Arbeiterschaft infolge der Ausbildung und Verdichtung von Stadtregionen größer, die auch »kleine« Gemeinden enthalten, welche nicht mehr als »ländlich« zu bezeichnen sind. Gemessen am Beschäftigungsort waren 1969 mehr als die Hälfte (53%) der Arbeiter in Stadtregionen tätig[48], während nur etwa 28% in Großstädten wohnten. Obwohl diese Zahlen kategorial nicht vergleichbar sind, weisen sie auf die enorme Pendlermobilität hin, die gerade unter Arbeitern weiter verbreitet ist als unter anderen Gruppen.[49]

Bedeutsamer ist aber der mit der Umschichtung des Beschäftigungssystems verbundene Wandel der kommunalen Sozialstruktur selber, der angesichts der starken Schrumpfung der landwirtschaftlich Erwerbstätigen und der Zunahme der Erwerbstätigen im großstädtisch konzentrierten Dienstleistungsgewerbe besonders die kleinen und großstädtischen Gemeinden erfaßte (vgl. Tabelle 6). Zugespitzt gesagt, wurden die kleinen Gemeinden eher zu Arbeitergemeinden, während die größeren Städte zu einer Domäne der Angestellten und Beamten wurden. Diese Verschiebung in der sozialen Zusammensetzung der Gemeinden hat außer der Einebnung schichttypischer Lebensstile zur Erosion kommunalspezifischer Formen der sozialen Schichtung beigetragen. Mit dem relativen Rückgang der Selbständigen in den kleineren Gemeinden wurde auch die Bedeutung des Besitzklassenunterschiedes geringer; der besitzende Mittelstand bestimmt nicht mehr in so starkem Maße das soziale Milieu wie ehedem. Andrerseits verblaßte, insbesondere seit dem Verschwinden vieler Arbeiterviertel infolge der Zerstörung im Zweiten Weltkrieg, der »proletarische« Charakter vieler Großstädte. Nicht zuletzt in dieser zunehmenden sozialen Durchmischung der Gemeinden als Ort der alltäglichen Lebenswelt und in der relativen Annäherung ihrer sozialen Zusammensetzung gründet wohl auch die Wahrnehmung einer

Tabelle 6: Sozialstruktur in Gemeinden unterschiedlicher Größe, 1925–1970

Gemeinde-klassen	Jahr	Absolute Verteilung (in 1000) Selbst./Mithelfende	Angestellte/Beamte	Arbeiter	Anteile innerhalb der Gemeindeklassen Selbst./Mithelfende	Angestellte/Beamte	Arbeiter
unter 20 000	1925	8 764	1 778	9 171	44,4	9,0	46,6
	1950	5 190	1 704	6 394	39,0	12,8	48,2
	1970	3 216	3 354	6 072	25,4	26,5	48,1
20 000–100 000	1925	644	975	2 278	16,5	25,0	58,5
	1950	443	818	1 650	15,2	28,1	56,7
	1970	551	1 948	2 445	11,1	39,4	49,5
über 100 000	1925	1 292	2 521	4 586	15,4	30,0	54,6
	1950	811	1 879	3 185	13,8	32,0	54,2
	1970	768	3 507	3 460	9,9	45,3	44,8

Quellen:
1925: StDR Bd. 408, S. 119. Arbeiter einschl. der Hausgewerbetreibenden, Heimarbeiter und Hausangestellten berechnet.
1950/1970: IMSF, Bd. II/1, 188 f.

aufgelösten »Klassengesellschaft«. Zu dieser gehörte nämlich auch die Erfahrung der öffentlich sichtbaren typischen Ungleichheit im Alltagsleben, wie z. B. der besondere Tisch für die Bauern im dörflichen Wirtshaus, das exklusive Kaffeehaus für die Honoratioren der kleineren Städte oder die kraß unterschiedlichen Wohngebiete in den Großstädten.

Schwerer zu bestimmen ist jedoch, wieweit sich der Wandel im Beschäftigungssystem nicht nur auf die soziale Zusammensetzung der Gemeinden, sondern auch auf quasi-öffentliche Lebensformen in den kleineren Einheiten der Wohngebiete niedergeschlagen hat. Die »Nachbarschaft«, der Verkehrskreis aus kleinen Hilfeleistungen und stereotyper, aber verpflichtender Geselligkeit im Alltag und Festtag, ist auch heute noch in kleinen Gemeinden am sichtbarsten, obwohl sie auch in städtischen Arbeiterwohngegenden nicht fehlt.[50] Da die Intensität des nachbarlichen Umgangs sich aus vielen Quellen sozialer Vertrautheit speist, die nicht zuletzt eine lokale Stabilität voraussetzen, ist die verbreitete Meinung über die Erosion der Nachbarschaft wahrscheinlich nicht unbegründet, mag sie sich oft auch auf ein idealisiertes Bild der »Gemeinschaft« der Nachbarn in früherer Zeit stützen. Die räumliche und soziale Mobilität, die Erweiterung des individuellen Lebenshorizonts durch die Verkehrsmittel und Massenmedien u.a. haben die soziale Dichte der lokalen Verkehrskreise sicherlich gelockert.

Eine soziologisch konkretere Bestimmung der Lebensmilieus der Arbeiter verlangt daher eine Berücksichtigung weiterer Faktoren, insbesondere eine Verknüpfung der Indikatoren für die betrieblichen und außerbetrieblichen Milieus. Aber schon die Frage, wie sich die Betriebsgrößenklassen auf die Gemeinden verteilen, läßt sich nicht beantworten, da die Betriebs- und Gemeindestatistiken nicht aufeinander beziehbar sind. Jene Konkretion soll daher später unter Benutzung weiterer Indikatoren, die zunächst besser für sich darzustellen sind, auf dem Weg einer Typologie des Arbeiterlebens in Großstadt und Provinz versucht werden.

4. Ausbildung, Qualifikation und Beruf

Angesichts der Bedeutung des Berufes für Einkommen, gesellschaftliche Anerkennung und Lebensschicksal ist das Verhältnis der Arbeiter zum Beruf vermutlich dasjenige Merkmal, das sie am wirkungsvollsten von den anderen Erwerbstätigen unterschied und trotz zunehmender beruflicher Ausbildung immer noch unterscheidet. Die »Berufslosigkeit« des modernen Industriearbeiters galt im 19. Jahrhundert als ein wesentliches Kennzeichen seiner »Proletarität«, in der sich hauptsächlich drei, durch die Industrialisierung hervorgerufene Probleme kristallisierten: Die Ausbildung des Arbeiters oder sein Zugang zum Beruf; die berufsspezifische Tätigkeitsform, die durch den technischen und organisatorischen Wandel der Industriearbeit einem ständigen Prozeß der Umschichtung und Differenzierung ausgesetzt ist und insofern die Übereinstimmung zwischen Ausbildung und Beruf gefährdet sowie darüber hinaus den Beruf als sozialpsychisch wirksame »Vergegenständlichung der eigenen Subjektivität durch Arbeit«[51] entwertet; und schließlich das daraus folgende Berufsschicksal des Arbeiters, seine berufs- bzw. qualifikationsspezifische Lage auf dem Arbeitsmarkt. Aus diesem äußerst komplexen Problembündel, das mit der Frage nach dem Zusammenhang von Industriearbeit und Arbeiterbewußtsein einen locus classicus der Arbeitergeschichte darstellt, können hier nur einige Aspekte entwickelt werden.

a) Berufliche Bildung der Arbeiter

Zweifellos kann man davon ausgehen, daß Umfang und Qualität der beruflichen Ausbildung der männlichen Arbeiter seit dem Kaiserreich stetig zugenommen haben. Dafür sprechen einerseits die rückläufigen Anteile der Männer ohne Lehrabschluß bzw. die zunehmenden Anteile derjenigen, die außer der Volksschule noch eine gewerbliche Lehre absolvierten, und der institutionelle Ausbau des beruflichen Bildungswesens wie die Anhebung des Elementarunterrichts andrerseits. Am Ende des Kaiserreichs waren jene beiden Gruppen immerhin noch fast gleich stark: 37,6% der Männer des Geburtsjahrganges 1901 hatten nur einen Volksschulabschluß, 38,4% noch zusätzlich eine gewerbliche Lehre. Im Geburtsjahrgang 1911, der Mitte der 1920er Jahre ins Berufsleben eintrat, betrug der Anteil der letzteren schon 52%. Seit der Weltwirtschaftskrise sank dieser wieder, teils infolge der Arbeitslosigkeit, teils infolge des Einströmens in die nationalsozialistische Bürokratie. Nach dem Zweiten Weltkrieg stieg jedoch für den Jahrgang 1931 der Anteil der Männer mit einer gewerblichen Lehre noch einmal auf 59,5%. Seither geht er leicht zurück: Im Geburtsjahrgang 1946 absolvierten noch 55,2% eine gewerbliche Lehre, während nur mehr 10,8% bloß einen Volksschulabschluß hatten. In diesem Jahrgang, der Anfang der 1960er Jahre ins Berufsleben eintrat, spiegelt sich der Wandel im Beschäftigungssystem auch in der Ausbildungsquote wider: in der Zunahme kaufmännischer Lehren und insbesondere im verstärkten Andrang auf die allgemeinbildenden Schulen.[52]

Die berufliche Bildung der Frauen entwickelte sich nicht derart kontinuierlich, so daß ihre Benachteiligung 1970 noch deutlich zu erkennen war. Damals hatten nur 19% der Männer im Alter zwischen 30 und 50 Jahren, aber fast 35% der kontinuierlich erwerbstätigen Frauen dieser Altersgruppe keine berufliche Ausbildung; einschließlich der nicht kontinuierlich erwerbstätigen Frauen hatten 1970 mehr als die Hälfte (56,1%) der Frauen in der genannten Altersgruppe keine abgeschlossene Lehre.[53] In den letzten zwanzig Jahren ist jedoch der Ausbildungsrückstand der jüngeren Frauen bedeutend geringer geworden.[54]

Trotz der ansteigenden allgemeinen Ausbildungsquote blieb ein altes Problem der Berufsbildung der Arbeiter erhalten, die Anpassung der Ausbildungsqualität an den mit dem technologischen Wandel sich ändernden Inhalt der Berufsarbeit. Bedingungen, Formen und Folgen der Berufsausbildung sind daher seit dem späten 19. Jahrhundert ein Dauerproblem, das sich in Phasen beschleunigten technologischen Wandels verschärft. Dies war zuletzt in den 1960er Jahren der Fall. Im Rahmen der allgemeinen Bildungsreform wurde damals auch das überkommene System der beruflichen Bildung einer umfassenden Kritik unterzogen, die erneut Probleme der kapitalistischen Verwertung der Arbeitskraft aufwarf, die Spannung zwischen der Arbeit als konkret-nützlicher Tätigkeit und als Kostenfaktor der Unternehmen. Die Lehrzeit wurde als »Leerzeit« dargestellt, in der weniger für die Zukunft ausgebildet, sondern eher eine billige Arbeitskraft verwertet werde. Insbesondere schien die noch weit verbreitete Ausbildung in den handwerklichen Klein- und Mittelbetrieben überholt, da diese sich an einem falschen Berufsbild orientiere. Das »Handwerk als Leitbild der Berufserziehung« biete, wurde argumentiert, jeweils eine zu geringe allgemeine Qualifikation und eine zu enge praktische Ausbildung und bereite daher nicht oder nur unzureichend für die neuen Tätigkeiten in der Industrie vor.[55]

Die Bildungsreformpolitik richtete sich in ihrer Praxis dann jedoch mehr auf die allgemeinbildenden Schulen. Dabei wurde zwar über die schulische Ausbildung der beruflich-soziale Aufstieg der Arbeiterkinder gefördert, das System der beruflichen Qualifikation der Arbeiter selber dagegen wurde durch das Berufsbildungsgesetz von 1969 nicht wesentlich verändert. Dieses Gesetz koppelte weiterhin – bei mancher Erweiterung der überbetrieblichen, öffentlich-staatlichen Regelungskompetenzen – die Ausbildung der Lehrlinge an das duale System des Zusammenwirkens von betrieblicher und schulischer Ausbildung und hat insbesondere durch eine Beschränkung seines Geltungsbereichs nicht in die Ausbildungsverhältnisse im Handwerk eingegriffen.[56] Der Druck auf dem Arbeitsmarkt hat seither das Problem der Arbeiterausbildung eher noch erschwert. Sie blieb an die aktuellen Qualifikationsbedürfnisse der Betriebe gebunden, die ihrerseits durch Rationalisierungsmaßnahmen den Anteil und Status von Facharbeitern zu reduzieren suchten und dadurch bei den potentiellen Facharbeitern das Streben nach einer höheren, über den Arbeiterstatus hinausführenden Qualifikation indirekt förderten.[57] Die auch unabhängig davon vorhandene Bewegung nach einer Überwindung des Arbeiterstatus durch Bildung, wie es als Ziel für ihre Kinder vielen Eltern vor Augen stand, erhielt zusätzlichen Auftrieb. Andrerseits aber wurde mit der Expansion der nicht-manuellen Berufsqualifikation angesichts der Beschäftigungsstagnation im tertiären Sektor ein Verdrängungswettbewerb auf Kosten der qualifizierten Arbeiter und eine neuerliche Dichotomisierung von Hand- und Kopfarbeit eingeleitet, mit der sich – wie das französische Beispiel plausibel macht – nicht zuletzt eine an das Bildungssystem gekoppelte Bürokratisierung der betrieblichen Verhältnisse und damit auch eine stärkere Diskriminierung der Arbeiter verbinden kann.[58] Im überaus komplexen Zusammenhang zwischen Bildungssystem, Beschäftigungsstruktur und Arbeitsmarkt sind, scheint es, auch heute noch die Arbeiter die schwächste Gruppe.

Nutzen und Kosten des traditionellen Berufsbildungssystems für die Arbeiter sind angesichts der gering entwickelten empirischen Forschung nicht leicht abzuwägen.[59] Das »duale System« kennzeichnet bis heute ein sehr kompliziertes Kompetenzsystem, in dem die historisch tradierte Handwerkslehre, das historisch spannungsvolle Verhältnis zwischen Industrie und Handwerk und die seit den 1870er Jahren in Fortbildungs- und Fachschulen sich allmählich ausbreitende berufliche Allgemeinbildung aufgehoben sind. Nach mehreren Anläufen wurden diese Stränge 1897/1908 in Novellen zur Gewerbeordnung institutionalisiert und damit die formalen Grundzüge der beruflichen (Erst-)Qualifikation festgelegt: die betriebliche Ausbildung durch einen Handwerksmeister in Verbindung mit dem obligatorischen Besuch der Fortbildungs- bzw. Berufsschule. Die in diesen Novellen nicht berücksichtigte Industrielehre wurde sukzessive von den Industrie- und Handelskammern geregelt und zwischen diesen erst 1935 vereinheitlicht. Erst 1938 wurde die Industriefacharbeiterprüfung der handwerklichen Gesellenprüfung rechtlich gleichgestellt. Die heute übliche Berufsschulpflicht auch ohne einen Ausbildungsvertrag wurde in den meisten Ländern außerhalb Preußens 1919 eingeführt; Preußen folgte 1923 mit einer aus Geldnot den Kreisen überlassenen Berufsschulpflicht, so daß in den 1920/30er Jahren noch keineswegs alle Jugendlichen eine Berufsschule besuchten.[60] Erst das Reichsschulpflichtgesetz von 1938 vervollständigte und vereinheitlichte die (dreijährige) Berufsschulpflicht. Die vorliegenden Informationen stützen den Eindruck, daß in der Zwischenkriegszeit und insbesondere nach 1933 das berufliche Bildungswesen materiell bedeutend ausgebaut wurde. Auch wenn der Nationalsozialismus dabei weniger seine ideologischen Ziele durchsetzen konnte, sondern in die überlieferten Bahnen eingebunden blieb und nur die früheren Entwicklungstendenzen fortsetzte, verfehlte die noch dazu propagandistisch überhöhte Aktivität (»Reichsberufswettkampf«) wahrscheinlich nicht eine gewisse Wirkung bei den Arbeitern.[61] Die schon älteren Tendenzen zur Differenzierung und Erweiterung des Berufschulsystems wurden seit den 1960er Jahren mit dem Ausbau von Berufsfachschulen verschiedenen Typs verstärkt fortgesetzt. Dabei wurden insbesondere eine breitere berufliche Allgemeinbildung und die Durchlässigkeit zwischen dem Berufsbildungssystem und dem System der allgemeinbildenden Schulen angestrebt. 1975/76 besuchten etwa 30% der Schüler beruflicher Schulen solche Berufsfachschulen.[62]

Für die Arbeiter ist aber noch der Besuch der »alten« Berufsschule neben der Lehre und Arbeit im Betrieb typisch. Sowohl Effizienz wie Mängel dieses Ausbildungssystems gründen in drei Prinzipien, die »funktionale« und »extra-funktionale« Fertigkeiten zu verschmelzen suchen: die Verbindung von betrieblich spezialisierter und allgemeiner technischer Lehre, von Ausbildung und konkreter Arbeit und von fachlicher Ausbildung und betrieblicher Sozialisation.[63] Diese praxisorientierte Integration von Ausbildungszielen hat einerseits den Typus des Facharbeiters geschaffen mit einem relativ hohen Grad »extra-funktionaler« Fertigkeiten, mit einem beruflichen Leistungsbewußtsein, einem gewissen Maß beruflicher Identifikation, mit Bereitschaft zur Weiterbildung und mit begrenzten Aufstiegschancen im Betrieb. Andrerseits aber hat sie eine gewisse Ausbildungsdisparität zwischen Industrie und Handwerk strukturell begründet und das Problem der »Facharbeiterlücke« nicht gelöst, die der schnelle technologische Wandel der industriellen Arbeitsformen und -inhalte gegenüber handwerklichen Arbeitsformen aufriß. Insbesondere die technologisch fortgeschrittenen Industrien klagen daher seit ihrer Entwicklung zu modernen Wachstumsbranchen fast ständig über einen Facharbeitermangel. Nur sehr große Unternehmen waren jedoch bereit, diesen durch eine qualitätvolle Ausbildung selbst zu beheben. Obwohl es bei weitem nicht alle Ausgebildeten beschäftigen konnte und kann, blieb das Handwerk die größere »Schule der Industrie«[64], trotz der frühen Ansätze und schnellen Ausbreitung der Fabriklehre seit der Jahrhundertwende. Auch diese ließ häufig zu wünschen übrig und wurde von Großbetrieben aus allgemeinen Kostengründen und konjunkturellen Erwägungen beschränkt.[65] 1907 wurden in Preußen zwei Drittel der 450 000 gewerblichen Lehrlinge im Handwerk ausgebildet, 1910 in Baden noch 60 bis 70% und 1925 im ganzen Reich etwa die Hälfte (54%) von einer Million Lehrlinge. In der Weltwirtschaftskrise, als die Industrieunternehmen an der Ausbildung sparten, erhöhte sich die Ausbildungsquote des Handwerks für das Reich auf 74%. In der Bundesrepublik waren 1970 von 780 000 Jugendlichen in gewerblichen Lern- und Anlernverhältnissen 420 000, also, wie 1925, 54% im Handwerk beschäftigt. Auch in den 1960/70er Jahren folgte das Ausbildungsangebot in der Industrie leicht den konjunkturellen Schwankungen, während sich das Handwerk eher antizyklisch verhielt.[66]

Die Ausbildungsdisparitäten zwischen Industrie und Handwerk müssen freilich nicht in jedem Berufsfeld gegeben sein. Vor allem im internationalen Vergleich schneidet das deutsche »duale System« der Arbeiterberufsbildung nicht schlecht ab; danach gewährt es ein relativ hohes Niveau berufsfachlicher Qualifikation bei einer relativ großen Homogenität der Qualifikation des »Gesamtarbeiters«.[67] Seine Leistungsfähigkeit und Elastizität entsprangen möglicherweise gerade den dem Handwerk verbundenen »extra-funktionalen« Aspekten der beruflichen Sozialisation. Aufgrund seines Berufs- und Leistungsbewußtseins konnte der noch handwerkliche, »klassische Facharbeiter« sich leicht selber zum »polyvalenten Facharbeiter neuen Typs« ändern.[68] Neben der Überbrückung der Facharbeiterlücke durch technische Rationalisierungsmaßnahmen und den dadurch geschaffenen Typus des angelernten Arbeiters hat so auch die Anpassungs- und Umstellungsbereitschaft der Facharbeiter selber den Wandel der Berufsinhalte bewältigt. Gegenüber Ländern wie Frankreich, die ein Berufsbildungssystem neben dem allgemeinen Schulsystem nicht kennen und wo die Stufen des Bildungssystems relativ starr auf die betriebliche Hierarchie durchschlagen, stechen weiter die Chancen des kleinen Aufstiegs infolge der beruflichen Qualifikation und damit einer gewissen Verringerung sozialer Ungleichheit hervor. Tatsächlich war vor allem die Facharbeiterausbildung die Grundlage für die Mobilität von Söhnen ungelernter Arbeiter.[69]

Gleichwohl ist festzuhalten, daß viele Arbeiter im dualen, stark handwerklich bestimmten System der Berufsausbildung einen hohen Preis zahlten. Für viele war und ist sie eine »Ausbildung zur Umschulung«: 20% der Lehrlinge, die 1969 eine Lehre abgeschlossen hatten, waren ein Jahr später ungelernte Arbeiter.[70] Etwa gleich hoch war 1971 der Anteil der »Dequalifizierten« an der Gesamtheit der männlichen verheirateten Arbeiter, d. h. derjenigen, die nicht mehr in ihrem Ausbildungsberuf, sondern als Un- oder Angelernte tätig waren.[71] Zwar kann ein solcher Wechsel auch Chancen der Einkommensverbesserung enthalten; insgesamt aber ist das Risiko des sozialen Abstiegs im sehr häufigen Wechsel des Betriebs nach der Ausbildung groß, in dem sich die Diskrepanz zwischen Ausbildungs- und Beschäftigungssystem ausgleicht.[72] Das ist um so härter, als die Reichweite der betrieblichen Qualifizierung von angelernten Arbeitern in der Regel gering ist und nur selten zum Aufstieg in Facharbeiterpositionen führt.[73] Darin kommt eine durch die Institutionalisierung des Berufsbildungssystems auch verfestigte Koppelung von Ausbildung und betrieblicher Position zum Ausdruck. Eine Aufschlüsselung der Männer in abhängiger Erwerbstätigkeit nach Ausbildung und beruflicher Stellung im Jahre 1971 zeigt deutlich, daß eine Arbeiterausbildung zwar keine qualifizierten Positionen garantiert, daß diese selber in der Regel aber nur mit entsprechenden Ausbildungsvoraussetzungen erreicht werden. Männer mit Volksschulabschluß ohne Lehre erreichten nur in acht Prozent der Fälle qualifizierte Arbeiterpositionen, dagegen in zehn Prozent der Fälle untere Positionen in nicht-manuellen Berufen; 81% dieser Männer blieben in un- und angelernten manuellen Tätigkeitsbereichen. In diesen Positionen landeten andrerseits 19% der Männer mit Volksschulbildung und gewerblicher Lehre, während 61% qualifizierte Arbeiterpositionen und noch 18% untere und mittlere Angestellten- und Beamtenpositionen erreichten. Umgekehrt waren 91% der Facharbeiterpositionen und 67% der Meisterpositionen von Männern mit einer gewerblichen Lehre besetzt, nur 4% bzw. 11% von solchen ohne Lehre. Darüber hinaus unterstreicht jene Aufschlüsselung die Bedeutung weiterführender Bildungsabschlüsse überhaupt. Selbst ohne Lehre führen diese in der Regel in nicht-manuelle Positionen, zu einem bedeutenden Teil sogar in solche höherer Qualifikation.[74]

Welche Wirkungen hatte die Entwicklung der beruflichen Bildung auf die qualifikationsspezifische Zusammensetzung der Arbeiterschaft? Diese Frage läßt sich unter strengen methodischen Prämissen schwer oder überhaupt nicht beantworten. Die Kategorien der Berufszählungen sind unterschiedlich und lassen sich im Hinblick auf die geläufige Unterscheidung nach gelernten, an- und ungelernten Arbeitern nicht oder nur mit Einschränkungen vergleichen. Ein Rückgriff auf die Entwicklung der Berufe oder Berufsgruppen ist hier zudem nicht möglich. Dennoch wird man eine negative Aussage riskieren können. Die berufliche Bildung hat sicherlich beigetragen zur Reduktion des Anteils der Ungelernten. Entgegen der in der Industriesoziologie seit der Jahrhundertwende diskutierten Dequalifikation der Industriearbeiter haben die besonders in den 1920er Jahren und in den Jahrzehnten nach dem Zweiten Weltkrieg beschleunigt expandierende Technisierung und Rationalisierung der industriellen Produktion die äußere Gestalt der qualifikationsspezifischen Zusammensetzung der Arbeiterschaft weit weniger stark verändert, als vielfach erwartet wurde. Dafür ist nicht zuletzt der Anteil der Ungelernten in Industrie und Handwerk ein Hinweis. Auf die Gesamtheit der männlichen und weiblichen Arbeiter bezogen (nur Industrie und Handwerk) betrug dieser 1895 = 35%, 1907 = 41%, 1925 = 34%; zwischen 1950 und 1971 dagegen fiel der Anteil der Ungelernten auf etwa 20 bis 25%.[75] Das war deswegen kein trivialer Effekt der zunehmenden Ausbildungsquote, da mit dem Ausbau des Berufsbildungssystems auch die Zahl der Ausbildungsberufe zugenommen hat. Ehemals un- und angelernte Tätigkeiten wurden so zu Facharbeiterberufen aufgewertet. In letzter Zeit erfolgte diese Art von Professionalisierung durch Vereinheitlichung und Anhebung der Qualifikationen mit der Absicht, die Attraktivität des Berufs zu heben, z. B. bei den Kraftfahrern und Hafenarbeitern. Sie können sich seit 1974 bzw. 1976 mit der Anerkennung als Ausbildungsberuf zu Facharbeitern qualifizieren.[76]

Eine andere Folge der Entwicklung der beruflichen Bildung war die Vertiefung der geschlechtsspezifischen und nationalen Differenzierung der Arbeiterschaft. Den Prozeß der Qualifizierung der männlichen Arbeiter begleitete die »zunehmende Abwälzung von Arbeitslast vom Kern der Industriearbeiterschaft auf die schwächsten Beschäftigungsgruppen, nämlich deutsche Frauen und ausländische Arbeitskräfte«.[77] Offenbar erfolgte die »Dequalifizierung« weniger durch die Verdrängung oder Rückstufung der Facharbeiter, sondern mehr durch die zusätzliche Rekrutierung jener Gruppen.[78] Die qualifikationsspezifische Zusammensetzung im Jahr 1970 spiegelt das deutlich wider (vgl. Tabelle 7). Rund 60% der ungelernten Arbeiter waren damals Frauen und Ausländer. Hauptsächlich waren es deutsche Arbeiterinnen, deren Ausbildungsrückstand sich kraß als ungleiche Verteilung in gelernte und ungelernte Positionen niedergeschlagen hat: Mehr als jede zweite deutsche Arbeiterin, aber nur jeder fünfte deutsche männliche Arbeiter war als Ungelernter tätig. Im Vergleich zum Jahr 1925 hat sich damit für die Arbeiterinnen kaum etwas geändert; bei den Männern dagegen ist der Anteil der Ungelernten von 34% auf 20% gesunken.

Die zunehmende Berufsausbildung der männlichen Arbeiter hatte daher auch einen Schichtungseffekt innerhalb der Arbeiter-

Tabelle 7: Zusammensetzung der Arbeiterschaft (aller Wirtschaftsbereiche) nach Qualifikation, Geschlecht und Nationalität (in 1000 und Prozent), 1925-1970

I. a) Verteilung auf Qualifikationsgruppen 1925

	Männer		Frauen		Gesamt	
Arbeiter in charakteristischen Berufen	5073	54	962	39	6 035	51
Betriebshandwerker	1080	12	86	4	1 166	10
Übrige Arbeiter	3223	34	1402	57	4 625	39
Summe	9376	100	2450	100	11 826	100
b) Zusammensetzung der Qualifikationsgruppen 1925						
Arbeiter in charakteristischen Berufen	84		16		100	
Betriebshandwerker	93		7		100	
Übrige Arbeiter	70		30		100	
Summe	80		20		100	
Qualifikationsgruppen 1925 in anderer Zusammenfassung						
Gelernte und qualifiziert Angelernte	6153	66	1048	43	7201	61
Ungelernte	3223	34	1402	57	4625	39

II. a) Verteilung auf Qualifikationsgruppen 1970

	Deutsche		Ausländer		Gesamt
	Männer	Frauen	Männer	Frauen	
Gelernte/Facharbeiter	4301	365	275	14	4 955
Angelernte	1955	1033	500	165	3 653
Ungelernte	1564	1642	475	291	3 972
Summe	7820	3040	1250	470	12 580
Gelernte/Facharbeiter	55	12	22	3	39
Angelernte	25	34	40	35	29
Ungelernte	20	54	38	62	32
Summe	100	100	100	100	100
b) Zusammensetzung der Qualifikationsgruppen 1970					
Gelernte/Facharbeiter	87	7	6	0	100
Angelernte	53	28	14	5	100
Ungelernte	39	41	12	7	100
Summe	62	24	10	4	100

Quellen:

1925: StDR, Bd. 408, S. 180 (Arbeiter sämtlicher Wirtschaftsbereiche, aber ohne Landwirtschaft).
1970: Eigene Umrechnung der Angaben zum Qualifikationsprofil deutscher Arbeiter 1971 und ausländischer Arbeiter 1968 auf die Gesamtheit der erwerbstätigen Arbeiter 1970. Jene Angaben bei: K. U. Mayer, Soziale Ungleichheit u. Mobilität, in: Zapf (Hg.), Lebensbedingungen, S. 182 f., IMSF, Teil II/2, S. 244.

schaft. Die »obere« Schicht der Gelernten und Facharbeiter wurde 1970 fast ausschließlich von deutschen Männern gebildet, die mittlere Schicht der Angelernten nur mehr zur Hälfte und die Unterschicht der Ungelernten nur mehr zu 40%. 1925 dagegen waren noch etwa zwei Drittel der ungelernten Arbeiter deutsche Männer. Die deutsche männliche Arbeiterschaft zeichnet heute daher eine höhere soziale Homogenität aus als noch in der Zwischenkriegszeit. In großer Mehrheit mit einem gelernten Beruf, in einer etwas kleineren Mehrheit auch in Facharbeiterpositionen beschäftigt und daher auf einem besseren Arbeitsplatz, nicht selten auch mit einem höheren Einkommen und nicht zuletzt als die Kerntruppe der Gewerkschaften: so stehen sie der knappen Mehrheit der An- und Ungelernten in der Arbeiterschaft insgesamt gegenüber. Die deutschen Facharbeiter grenzen sich um so mehr als eine Oberschicht ab, als die Masse der anderen Arbeiter sich aus untereinander mehrfach geschiedenen Gruppen zusammensetzt und insgesamt die qualifikationsbedingte Kluft größer wurde durch das ansteigende Niveau der Ausbildung und qualifizierten Tätigkeit einerseits, das Einströmen der ausländischen Arbeiter andrerseits.

Diese Effekte zeigen, daß der Zugang zu Berufspositionen in der Arbeiterschaft heute wie im Kaiserreich ein harter Prozeß der »Auslese und Anpassung«[79] ist, in dem die schlechteren Positionen heute eher noch deutlicher an strukturell schwache Gruppen fallen. In dieser Perspektive hatte die »Unterschichtung« durch die ausländischen Arbeiter seit den 1960er Jahren nicht nur exogene Gründe. Sie wurde durch sie zwar stark gefördert, die Struktur der Unterschicht hatte aber auch endogene Ursprünge in der sozial und institutionell determinierten ungleichen Umverteilung der sich verändernden Arbeitslast.

b) Entwicklung der Arbeit und Differenzierung der Arbeiterschaft

Sehr früh verbanden sich mit der Entwicklung der industriellen Arbeit an und mit Maschinen prinzipielle Aussagen über die Lage der Arbeiter und Prognosen über deren Entwicklung, unter denen sich seit dem späten 19. Jahrhundert zwei konträr gegenüber stehen: die pessimistische These der Dequalifizierung und die optimistische These der Requalifizierung. Konservative wie revolutionäre Deutungen der Fabrikindustrie standen schon in der Mitte des 19. Jahrhunderts im Bann der technisch und arbeitsorganisatorisch bedingten Aufhebung der Selbständigkeit bei der Arbeit und ihrer Entleerung als sinnhaftem, psychisch besetztem Gestaltungsprozeß.[80] Dagegen wurde mit der Verbreitung komplexerer Maschinen die Erwartung verknüpft, daß gerade dadurch die monotone und ungelernte Arbeit verschwinde, da sie von Maschinen übernommen werde, während andrerseits die Arbeit mit den Maschinen wieder höher qualifizierte Arbeitskräfte erfordere.[81] Aus dem fast unübersehbaren Problembereich sollen wenigstens einige grobe Indikatoren zur Rationalisierung[82] der Arbeit für eine Konkretisierung und Prüfung jener gegensätzlichen Thesen vorgestellt werden.

Der Blick auf die dramatischen Gipfelpunkte der technischen oder einer branchenspezifisch schnellen Entwicklung trübt anscheinend leicht die Sicht auf die gleichsam träge, weniger entwikkelte Ebene, die gleichwohl die Arbeitsbedingungen großer Gruppen, ja der Mehrheit bestimmt. Ähnlich wie Sombart erstaunt war über zahlreiche Großbetriebe ohne Motorenbenutzung am Vorabend des Ersten Weltkriegs (besonders in der Verbrauchsgüterindustrie[83]), könnte man sich angesichts der kulturkritischen Stilisierung der jeweils neuesten Technik wundern, wie wenige Arbeitsplätze automatisiert sind. Nach einer auf die Gesamtheit hochgerechneten Stichprobenerhebung über die Tätigkeitsmerkmale von Arbeitern waren 1969 56% der Arbeiter sämtlicher Wirtschaftsbereiche unmittelbar in der Produktion tätig, dagegen 70% der Arbeiter im »produzierenden Gewerbe«, d. h. im engeren Bereich von Industrie und Handwerk.[84] Auch hier blieb also noch ein bedeutender Anteil von Tätigkeitsbereichen, die der Produktion vor- und nachgelagert sind; die eher qualifizierten Verrichtungen des Reparierens, Kontrollierens und Leitens waren dabei etwas weniger häufig (12,5% der Gesamtheit der Arbeiter im produzierenden Gewerbe) als die eher unqualifizierten Arbeiten des Transportierens, Reinigens usw. An mehr oder weniger komplexen Fertigungsmaschinen oder Anlagen arbeiteten insgesamt 4,1 Mio. oder 33% der Arbeiter aller Wirtschaftsbereiche. An halb- oder vollautomatischen Anlagen waren nur 1,7 Mio. oder 14% tätig, von denen wiederum 770 000 allein mit der Überwachung der Maschinen beschäftigt waren. Von der Automatisierung war 1969 also erst eine Minderheit von 14%

aller Arbeiter erfaßt bzw. etwa 25% der Produktionsarbeiter im engeren Bereich von Industrie und Handwerk. Nur eine noch einmal um die Hälfte kleinere Gruppe war von körperlicher Arbeit weitgehend entlastet. Vergleiche machen die relative Bedeutung dieser technisch avancierten Arbeitergruppen etwas deutlicher. Das relative Gewicht der Automationsarbeiter war 1969 gleich groß wie das der Transportarbeiter. Der Anteil von schwer körperlich Arbeitenden war dagegen doppelt so groß wie die 7% der von körperlicher Arbeit entlasteten Überwachungsarbeiter.[85] Die Automationsarbeiter sind in bestimmten Industriezweigen konzentriert, ähnlich wie die Bandarbeiter in der Metall- und Automobilindustrie und darüber hinaus in der chemischen Industrie. In den beiden letztgenannten Industriezweigen machten 1976 die Bandarbeiter 11% bzw. 25% der jeweils branchenbeschäftigten Arbeiter aus. Auf die Gesamtheit der Arbeiter (alle Wirtschaftsbereiche) bezogen, stellte im Jahre 1972 aber auch diese Gruppe, in der das Extrem der Arbeits-Rationalisierung nicht selten in »industrielle Aggression« umschlägt, nur eine Minderheit von 5% dar, die sich bezeichnenderweise geschlechtsspezifisch deutlich unterschied: 3% aller männlichen, aber 13% aller weiblichen Arbeiter standen am Fließband.[86]

Die Reichweite des technischen Wandels auf das Sozialprofil der Arbeiter ist also, entgegen voreiligen Prognosen über Tendenzen der Automatisierung, begrenzt; selbst in den technisch am weitesten entwickelten Arbeitsaggregaten überdauern zu bedeutenden Teilen die traditionellen industriellen Arbeitsformen der einfachen Handarbeit, der Teilarbeit und der qualifizierten Arbeit mit Werkzeugmaschinen. »Die Arbeitsplatzstruktur ist durchweg ›konservativer‹ als der Mechanisierungsgrad«.[87] Damit hat sich auch ein sehr traditionelles Merkmal der Arbeiter erhalten: die Identität ihrer Tätigkeit mit körperlicher Arbeit, allerdings bei einer durchschnittlichen Abnahme der physischen Belastung zugunsten einer zunehmenden psychischen Beanspruchung durch die mit der Technisierung und Rationalisierung verbundene Standardisierung, Parzellierung und heteronome Organisation der Arbeit bei einer Beschleunigung des Arbeitsrhythmus.

Die aus der Organisation resultierende Intensivierung der Arbeit bei einer äußerlich nur wenig veränderten Qualifikationsstruktur war und ist die wichtigere Folge der Rationalisierung. Einige Hinweise darauf geben die Verbreitung spezifischer Arbeitszeitregelungen und Lohnformen. Beide erfaßten einen weiteren Kreis von Arbeitern als die technische Rationalisierung in Form der Automation. 1972 waren 15,8% aller Arbeiter auch in Nachtarbeit und 11,8% auch in Sonn- bzw. Feiertagsarbeit tätig, womit das ganze Ausmaß der Schichtarbeit noch gar nicht vollständig erfaßt war.[88] Noch weiter verbreitet waren leistungs- bzw. ergebnisbezogene Lohnformen, Akkord- und Prämiensysteme, die wie die Schichtarbeit seit den späten 1950er Jahren deutlich zugenommen haben. 1972 wurden im produzierenden Gewerbe 38% der männlichen und 50% der weiblichen Arbeiter in Leistungsanreizsystemen entlohnt. Überdurchschnittlich verbreitet waren diese Lohnformen, die mit der Kapitalintensität eng zusammenhängen, naturgemäß in den technisch fortgeschrittensten Branchen wie im Maschinen- und Fahrzeugbau und in der elektrotechnischen Industrie.[89] Obwohl historisch vergleichbare Daten fehlen und die Formen der Arbeits-Rationalisierung historisch unterschiedlich sind, darf man annehmen, daß »das ungeheure Wachstum der produktiven Leistungen« in den »anormalen« Jahren des Wirtschaftswachstums zwischen 1950 und 1970[90] auch einen in seiner Breite und Intensität beschleunigten Technisierungs- und Rationalisierungsschub für die Arbeiter bedeutete.[91]

Wie haben sich damit das Profil der Facharbeiter und die qualifikations- und tätigkeitsspezifische Differenzierung der Arbeiterschaft verändert? Obwohl es noch sehr schwer ist, die historischen Veränderungen im Qualifikationsprofil der Facharbeiter genauer zu bestimmen, kann man doch einige Wandlungen in einer groben Typologie umreißen. Einmal hat sich das technische Niveau ihrer Tätigkeit erhöht und ihre Vielseitigkeit verbreitert. Der Typ des »polyvalenten Facharbeiters« trat an die Stelle des »klassischen Facharbeiters«, der mit der Beherrschung eines Berufes eine lebenslang halbwegs gleichartige Tätigkeit ausübte und mit seinem Beruf an vielen Stellen des Produktionsprozesses Verwendung fand.[92] Er wechselte eher die Stelle als den Beruf, während der »polyvalente« Facharbeiter in seiner Vielseitigkeit eher den Beruf als die Stelle wechselt. Nicht zu Unrecht hat man den häufig kulturkritisch dämonisierten »Maschinenmenschen« als den »intelligenten und kenntnisreichen Arbeiter« bezeichnet, dessen »Potenz nicht in der Muskulatur, sondern hinter der Schädeldecke (steckt)«.[93] Zum andern jedoch sank die Position des »normalen« Facharbeiters. Wenn auch nicht, wie häufig vorausgesagt, der fachlich qualifizierte Arbeiter überhaupt, war doch der handwerkliche Facharbeiter alten Typs das Opfer der Rationalisierung. Bis auf gewisse Spezialisten, die bis in die 1950er Jahre den Status eines hochqualifizierten Handwerkers in der Fabrik behielten[94], verloren mit der Massenfertigung, der arbeitsteiligen Parzellierung und Planung der Produktion die Facharbeiter ihr in den Fabriken des Kaiserreichs nicht selten großes Maß an umfassenden Fertigkeiten, komplexen Arbeitsverrichtungen und Autonomie in der Arbeitsgestaltung.[95] Die Verknüpfung dieser drei Dimensionen begründete ihr spezifisches Leistungs- und Statusbewußtsein, so daß sie sich – wie die Arbeiter bei Bosch 1910 – gegen eine heteronome und restriktivere Arbeitsplanung mit einer charakteristischen Begründung zur Wehr setzten: »Kollegen, die schon einige Jahre im Betrieb sind, sollen auf einmal nichts mehr können, dabei ist dieser Herr Norz (Betriebsingenieur) nicht im Stande, praktisch auch nur das geringste zu leisten.«[96] Die der Arbeitsplanung entspringenden Spannungen und Konflikte sind trotz der fortschreitenden Rationalisierung und betrieblichen Kompensationen wie dem Vorschlagswesen bis heute nicht verschwunden. Da die Rationalisierung nie die postulierte Durchsichtigkeit der »wissenschaftlichen Betriebsführung« erreichte, sondern eine »merkwürdige Mischung von Rationalisierung und Willkür« blieb, haben sie sich in den verschwiegenen »Tricks« niedergeschlagen, die Bestandteile des alltäglichen Tauziehens in der Betriebshierarchie um die Arbeitsgestaltung sind.[97]

Gegenüber dieser die Masse der Facharbeiterschaft ergreifenden Tendenz entwickelte sich jedoch auch eine neue Arbeiterelite. Da der Technisierungsprozeß die schon qualifizierteren Varianten der Industriearbeit stärker veränderte als die weniger qualifizierten, entstand an technisch fortgeschrittenen Produktionsanlagen eine Arbeitergruppe, die durch umfassendere Qualifikationen, geringere Belastungen, höhere Dispositionschancen und durch mehr Möglichkeiten informeller Kontakte zu den Arbeitskollegen aus der Arbeiterschaft herausragt.[98] Bei diesen Arbeitern (Anlagenkontrolleuren u.ä.) setzen sich bis zu einem gewissen Grade einige Züge der alten handwerklichen Arbeiterelite fort, die aufgrund ihrer fast monopolartigen Fertigkeiten eine stark privilegierte Gruppe war.[99] Von dieser unterscheidet sich aber die neue Arbeiterelite durch die geschlossene Technisierung des Arbeitsprozesses, die keine unmittelbar produktbezogenen Arbeitsverrichtungen mehr kennt und daher, bei aller Entlastung von körperlicher Arbeit, unter Umständen doch wieder spezifische Belastungen unbestimmter Art aktualisiert, nämlich ein Wechselbad von Unter- und Überforderung, verbunden mit der Angst, im entscheidenden Augenblick zu versagen, da die technischen Anlagen nicht mehr direkt kontrollierbar sind (»Gehen im dunklen Wald«).[100]

Selbst innerhalb der Gruppe der industriellen Facharbeiter waren Technisierung und Rationalisierung der Arbeit also kaum eindeutig wirksam. Statt von einer alternativen oder auch phasentypischen[101] Entwicklung zur De- oder Requalifizierung ist wohl angemessener von einer typisch ungleichmäßigen Entwicklung der Arbeitsplatzstruktur und damit der Qualifikationsniveaus zu sprechen. Folglich ist die qualifikations- und tätigkeitsspezifische Differenzierung der Arbeiterschaft bedeutend heterogener geworden. Diese Heterogenisierung überwiegt vermutlich die Tendenz zur Homogenisierung, die in der Einschränkung von Arbeitsautonomie infolge der heteronomen Arbeitsplanung liegt. Da sie dem Ausmaß, der Intensität und der Schnelligkeit des technischen Wandels entsprang, bewirkte die Heterogenisierung wahrscheinlich eher eine horizontale als eine vertikale Differenzierung in der Arbeiterschaft. Die Entwicklung verlief unterschiedlich zwischen Industrie und Handwerk sowie zwischen einzelnen Industriebranchen und Betriebsgrößen, so daß gleiche »äußere« Merkmale der Qualifikation sich mit sehr verschiedenen Inhalten füllten.[102] Arbeiter jeder Qualifikationsstufe in hochtechnisierten Branchen und Großbetrieben mit Schichtarbeit – die die Technik und »Wirtschaftlichkeit« der Maschinenanlagen erzwingen – unterscheiden sich in ihrer Tätigkeit und deren sozialen Folgen häufig von kleinbetrieblichen Arbeitern insgesamt stärker als die Arbeiter verschiedener Qualifikationsstufen innerhalb einer Branche und eines Betriebes.

Eingebettet in diese horizontale Differenzierung ist jedoch auch eine vertikale infolge der Entstehung einer neuen Arbeiterelite, eine branchen- und betriebsinterne »Polarisierung« der Arbeiterqualifikationen.[103] Während aber fraglich bleibt, wie verbreitet und dauerhaft diese Differenzierung ist, da sie der technischen Entwicklung unterliegt, hat sich der allgemeine Unterschied zwischen Gelernten und Ungelernten zweifellos vertieft. Dabei verschränkten sich die endogenen Momente der zunehmenden Berufsausbildung und des ansteigenden technischen Niveaus der Qualifikationen mit dem exogenen Moment der veränderten Zusammensetzung der ungelernten Arbeiterschaft durch Frauen und Ausländer. Der Abstand in der fachlichen Qualifikation wurde größer, insbesondere aber die allgemeinste Gemeinsamkeit ausgehöhlt, ein etwa gleiches Niveau der elementaren kulturellen Fähigkeiten. Dieses neue Gefälle, auch das aus der kulturellen Andersartigkeit zwischen deutschen und ausländischen Arbeitern resultierende Vorurteil hat zwei Dimensionen, die sich wechselseitig verstärken und den Qualifikationsunterschied mindestens teilweise zu einem ethnisch-kulturellen Problem verändern. Einmal werden die ausländischen Arbeiter nach ihrer Herkunft und ihren Fertigkeiten doppelt diskriminiert. Nach der Selbsteinschätzung ihrer Position unter deutschen Kollegen befragt, klagen sie am häufigsten über die Unterschätzung ihrer Kompetenz, die Behinderung im Zugang zu qualifizierteren Tätigkeiten und die Überlassung der schmutzigsten Arbeiten. Daß dabei gerade die »einfachen« deutschen Arbeiter die Ausländer behandeln, »als stünden sie noch eine Stufe unter ihnen«[104], läßt erkennen, daß dadurch zum andern auch eine spezifische Problemlage der deutschen ungelernten Arbeiter entstanden ist: die zusätzliche Prestigeminderung ihrer Tätigkeit, die offenbar durch Vorurteilsbildung kompensiert wird. Wenn die hieraus entspringenden Spannungen öffentlich noch wenig artikuliert werden, gründet das neben anderem wohl auch darin, daß ein großer Teil der deutschen ungelernten Arbeiterschaft von Frauen, und das heißt auch: von einer gesellschaftlich konfliktschwachen Gruppe, gebildet wird.

c) Arbeiterberuf und Lebensschicksal

Abgesehen von der Tendenz zur »Unterschichtung« ist die Reichweite und Durchschlagskraft der neueren Differenzierungs- und Homogenisierungstendenzen schwer zu bestimmen, da historisch vergleichbare Daten und Hinweise sich nur auf das äußerliche Merkmal des Qualifikationsstatus beziehen lassen. Immerhin zeigen auch sie, daß die qualifikationstypische Lage von Arbeitergruppen immer noch eine bedeutende Rolle für die innere Schichtung der Arbeiterschaft spielt. Die verschieden qualifizierten Arbeiterberufe prägen immer noch recht unterschiedlich die Lebenslage und das Lebensschicksal bzw. die sozialen Zwänge und Chancen der Arbeiter.

Die Ausweitung industrieller Arbeitsbedingungen, eine gewisse Angleichung infolge der heteronomen Planung der Arbeitsvollzüge hat qualifikationstypische Einstellungen zur Arbeit nicht verdrängt. Die Feststellung einer alle industriellen Arbeitergruppen übergreifenden, vorwiegend instrumentellen Haltung, orientiert am Maß der Belastungen und Gratifikationen[105], erscheint fragwürdig. Der Gesamtzusammenhang der Lebenslage wird trotz höherer Einkommen und reduzierter Arbeitszeit doch noch wesentlich vom Arbeitsinhalt unterschiedlich geprägt, so daß restriktive Arbeitssituationen nicht durch Freizeit zu kompensieren sind. Auch die arbeitsfreie Zeit wird von denjenigen intensiver und sinnerfüllter genutzt, die, wie qualifizierte Arbeiter, noch mehr Chancen der subjektiven Identifikation mit ihrer Arbeit haben.[106]

Weiter zeigt die subjektive Beurteilung verschiedener Aspekte der beruflichen Tätigkeit die noch große Bedeutung der Qualifikationsunterschiede. Ein Berufsbewußtsein, durch das ehemals sich besonders der handwerkliche Facharbeiter auszeichnete, scheint auch heute weiter verbreitet zu sein, als populäre Meinungen über das »Job-Bewußtsein« erwarten lassen (vgl. Tabelle 8). Zwar stehen für alle Arbeiter – wie auch für die Angestellten und Beamten – berufsunspezifische Faktoren wie Betriebsklima und soziale Sicherheit klar im Vordergrund. In dieser Priorität schlägt sich die gemeinsame Lage der auf dem Arbeitsmarkt besitzlosen und im Betrieb abhängigen »Arbeitnehmer« augenfällig nieder. Nach dieser konstitutiven Gemeinsamkeit differenzieren sich die subjektiven Prioritäten jedoch offenbar nach dem Grad der inhaltlichen Qualifiziertheit der Arbeit. Facharbeiter bewerten die Anerkennung der (bzw. ihrer!) Leistung, die Selbständigkeit bei der Arbeit und die Chancen der Identifikation mit dem Beruf deutlich höher als die anderen Arbeiter. Kaum unterscheiden sie sich in der Gewichtung der Freizeit (d. h. implizit auch der Arbeitszeit) und der Einkommen. Bei den an- und ungelernten Arbeitern ist der Rang dieser Dimensionen aber mit gleichgewichtigen Dimensionen des Arbeitsbewußtseins weniger stark verbunden als bei den Facharbeitern. Das deutet darauf hin, daß bei ihnen eine instrumentelle Arbeitseinstellung häufiger ist. Auf der anderen Seite bleibt jedoch auffallend, daß mehr als die Hälfte

Tabelle 8: Die subjektive Bedeutung von Dimensionen der beruflichen Tätigkeit nach der Stellung im Beruf (Prozent der Befragten), 1973

Einfache Angestellte/ Beamte		Facharbeiter		Übrige Arbeiter	
1. Gutes Betriebsklima	(87)	Gutes Betriebsklima	(84)	Gutes Betriebsklima	(81)
2. Sichere Berufsstellung	(79)	Sichere Berufsstellung	(77)	Sichere Berufsstellung	(77)
3. Selbständige Arbeit	(75)	Anerkennung der Leistung	(72)	Geregelte Freizeit	(70)
Interessante Tätigkeit	(76)	Geregelte Freizeit	(72)		
4. Anerkennung der Leistung	(72)	Interessante Tätigkeit	(69)	Anerkennung der Leistung	(66)
Beruf, der eigenen Neigungen und Fähigkeiten entspricht	(70)	Hohes Einkommen	(68)	Hohes Einkommen	(65)
Gute Aufstiegsmöglichkeiten	(70)	Selbständige Arbeit	(67)		
5. Hohes Einkommen	(63)	Beruf, der eigenen Neigungen und Fähigkeiten entspricht	(64)	Interessante Tätigkeit	(58)
Geregelte Freizeit	(65)	Gute Aufstiegsmöglichkeiten	(62)	Selbständige Arbeit	(57)
6. Beruf, in dem man etwas leisten kann	(56)	Beruf, in dem man etwas leisten kann	(56)	Beruf, der eigenen Neigungen und Fähigkeiten entspricht	(52)
Viel Kontakt zu anderen Menschen	(54)	Beruf, der anerkannt und geachtet ist	(52)	Gute Aufstiegsmöglichkeiten	(52)

Quelle:
Ballerstedt u. Glatzer, S. 213. Frage: »Hier steht Verschiedenes über die berufliche Arbeit. Suchen Sie bitte heraus, was Sie persönlich an einem Beruf für ganz besonders wichtig halten.« Die Zahlen in Klammern geben jeweils die prozentuale Häufigkeit der Nennungen an. Die Angaben gelten für Männer und Frauen in den jeweiligen Gruppen. Aufgenommen wurden nur diejenigen Dimensionen, die jeweils von mehr als der Hälfte genannt wurden.

auch der fachlich nicht qualifizierten Arbeiter Selbständigkeit bei der Arbeit, eine »interessante Tätigkeit« und die Übereinstimmung des Berufs mit den eigenen Neigungen und Fähigkeiten für »besonders wichtig halten«, während eine Vielzahl von Arbeitsplätzen bei Arbeitern dieser Gruppe einer solchen Wertschätzung nicht entsprechen dürfte. Drückt sich darin der neuerdings diskutierte »post-materialistische« Anspruch auf eine sinnerfüllte Arbeit aus? Bemerkenswert ist in diesem Zusammenhang jedenfalls die deutliche anspruchsvollere Gewichtung jener beruflichen Dimensionen bei den im Durchschnitt besser ausgebildeten Angestellten und Beamten. Das ist auch ein Hinweis auf die durch die allgemeinen Bildungsqualifikationen bestimmte Differenzierung der Gesamtheit der »Arbeitnehmer«. Dabei stehen nach diesem Kriterium die Facharbeiter den Angestellten und Beamten näher als den un- und angelernten Arbeitern.[107]

Ferner korrelieren auch spezifische lebensgeschichtliche Belastungen wie die Instabilität des Arbeitsplatzes und des Berufs mit der Qualifikation. An- und ungelernte Arbeiter waren 1966 deutlich kurzfristiger im selben Unternehmen beschäftigt als Facharbeiter.[108] Wie im Kaiserreich besteht auch heute noch ein enger Zusammenhang zwischen steigender Qualifiziertheit und Berufsbeständigkeit. Bis zum Zeitpunkt einer Befragung im Jahre 1968 hatten ihren Beruf noch nicht gewechselt: Facharbeiter mit überdurchschnittlicher Qualifikation zu 74%; Facharbeiter mit durchschnittlicher Qualifikation zu 60%; angelernte Arbeiter zu 32% und ungelernte Arbeiter zu 41%. Die unterschiedliche Häufigkeit des Berufswechsels (auch des mehrmaligen) war zwischen den Arbeitergruppen stärker ausgeprägt als zwischen den Facharbeitern und Angestellten, die je nach Qualifikation zu 67 bis 70% eine berufliche Kontinuität hatten. Der besonders häufige und oft mehrmalige Berufswechsel der angelernten Arbeiter zeigt, daß diese Arbeitergruppe, wie Alfred Weber schon 1910 betont hat, der technologischen und sozialen Dynamik des industrie-kapitalistischen Produktionsprozesses am stärksten ausgesetzt war und ist.[109] Nicht zuletzt schlägt sich dies nieder in ihrem höheren Risiko des Arbeitsplatzverlustes.[110]

Schließlich bestimmt die durch eine Berufsbildung vermittelte Ausgangsqualifikation auch deutlich die häufig erwarteten Aufstiegsmöglichkeiten während des Berufslebens. Solche Chancen bestanden für gelernte und Facharbeiter im Zeitraum von 1939 bis

1971 in beträchtlichem Maße, dagegen sehr viel weniger für an- und ungelernte Arbeiter. In diesem Zeitraum, der die Kriegsfolgen und einen beschleunigten Wandel des industriellen Systems seit den 1950er Jahren einschloß, blieben nur gut die Hälfte der Facharbeiter (56,1%), aber fast drei Viertel der Un- und Angelernten (72,4 bzw. 72,8%) im gleichen beruflichen Status als Facharbeiter usw.[111] Der häufigere Berufs- und Arbeitsplatzwechsel der weniger Qualifizierten war deshalb zum größten Teil nicht mit einer Statusverbesserung i. S. einer »Karriere« verbunden, sondern war eher eine Notwendigkeit, aufgrund des industriellen Wandels einen neuen Arbeitsplatz zu suchen. Auf eine gewisse Karriere konnte dagegen die Mehrzahl der intragenerationell mobilen Facharbeiter zurückblicken. Von den 43,9% Mobilen erlitten 11% einen Abstieg in un- und angelernte Positionen (3,7 bzw. 7,3%); 8,3% aber machten sich selbständig[112], 13,2% stiegen in den Bereich der einfachen und mittleren Angestellten (einschließlich angestellter Werkmeister) auf, und 3,7% wurden Vorarbeiter oder Meister. Faßt man die beiden letzteren Positionsbereiche als die typischen Mobilitätsbereiche der Arbeiter über den Arbeiterstatus hinaus, dann gelang 16,9% der Facharbeiter, aber nur 8,7% der Angelernten und 5,8% der Ungelernten ein beruflicher Aufstieg innerhalb des Bereichs abhängiger Arbeit. Beamtenpositionen erreichten ebenso wie höhere Angestelltenpositionen nur sehr wenige (am ehesten auch wieder Facharbeiter), und selbst die Verbesserung zum Facharbeiter gelang innerhalb des Berufslebens nur sehr wenigen un- und angelernten Arbeitern (2,5 bzw. 4,6%).

So schwierig auch die Qualifikationslinie innerhalb der Arbeiterschaft zu ziehen ist, so deutlich agglomerieren sich an dieser Linie noch immer eine Vielzahl sozialer Unterscheidungsmerkmale, die sich über die genannten hinaus auf die Entlohnung, die Herkunft, die Mobilitätschancen und das soziale Ansehen beziehen. Die Facharbeiter zeigten häufig eine sehr große Distanz und ein Überlegenheitsgefühl gegenüber den »Hilfsarbeitern«[113] – nicht zuletzt im Organisationsverhalten –, so daß man fast versucht ist, von einer Wiederholung der sozialen Trennung durch Hand- und Kopfarbeit innerhalb der Arbeiterschaft zu sprechen. Andrerseits stachelten die diskriminierenden Unterschiede zwischen Gelernten und Ungelernten aber auch die Mobilität innerhalb der Arbeiterschaft an. Die Facharbeiterschaft ist bis heute die wichtigste Zielgruppe des Aufstiegs der Söhne von ungelernten Arbeitern.

Endlich ist gegenüber der bisher hervorgehobenen Differenzierung durch Beruf und Qualifikation jedoch noch festzuhalten, daß trotz aller traditionellen und neuen Unterschiede zwischen den Arbeitern und den positiven Wandlungen in ihrem Berufsleben sich nicht nur graduelle Differenzen in den berufsbedingten Restriktionen und Chancen im Vergleich zu anderen Beschäftigtengruppen erhalten haben. Wenigstens infolge eines elementaren Merkmals sind heute wie früher Arbeiter fast absolut »anders«: In der Körperlichkeit ihrer Arbeit liegt immer noch ein sehr viel höheres Maß an Arbeitslast, an physischer Belastung und insbesondere auch an gesundheitlicher Gefährdung. Ein Arbeiterberuf ist deutlich anstrengender und gefährlicher als ein Angestelltenberuf (vgl. Tabelle 9). Es verwundert daher nicht, daß 1978 in einer Repräsentativbefragung 30% der Arbeiter, aber »nur« 13% der

Tabelle 9: Belastungsfaktoren am Arbeitsplatz von Arbeitern und Angestellten, 1978

Grundgesamtheit: Beschäftigte Arbeiter und Angestellte	Gesamt	Arbeiter	Angestellte
Körperlich schwere Arbeit	28%	50%	8%
Akkord- und Schichtarbeit	13%	25%	1%
Eintönigkeit, keine interessante Tätigkeit	13%	20%	7%
Unbequeme, verkrampfte Körperhaltung	22%	27%	17%
Hohes Arbeitstempo, Streß	55%	54%	55%
Geistige Anspannung, ständige Konzentration	70%	56%	82%
Unfallgefahr	37%	60%	16%
Schmutz, Nässe, Kälte, Hitze, verunreinigte Luft	32%	57%	9%
Lärm	37%	57%	20%
Dämpfe, Gase	27%	44%	12%
Wind und Wetter	19%	31%	8%

Quelle:
Bundesministerium für Arbeit und Sozialordnung Hg., Bürger u. Sozialstaat, Bonn 1980, S. 93 (Repräsentativbefragung).

Angestellten und 8% der Beamten sagten, aus gesundheitlichen Gründen lieber eine andere Tätigkeit ausüben zu wollen, wenn sie wählen könnten.[114] Nicht zuletzt zeigt das Ausmaß der vorzeitigen Pensionierung infolge von Berufs- und Erwerbsunfähigkeit die unterschiedliche Verteilung der Härten des Arbeitslebens. Trotz verbesserter Arbeitsschutzmaßnahmen und des Rückgangs von Arbeitsunfällen seit den 1960er Jahren, der sich in einer Abnahme der Frühinvalidität spiegelt, gründete 1972 in der Angestelltenrentenversicherung jeder dritte, in der Arbeiterrentenversicherung aber jeder zweite Neuzugang in einer Berufs- und Erwerbsunfähigkeit.[115] Mag auch der Arbeitsalltag nicht mehr wie im Kaiserreich die alltägliche Lebenszeit fast gänzlich aufzehren, ist er doch auch heute noch die Quelle der unmittelbarsten Erfahrung der Ungleichheit zwischen dem Leben von Arbeitern und anderen Gruppen. Diese Kontinuität und die Arbeitslast sollte man nicht vergessen bei dem offensichtlich diskontinuierlichsten Moment in der Geschichte der Arbeiter in den letzten hundert Jahren, der spektakulären Einkommensentwicklung in den letzten Jahrzehnten.

5. Einkommen und Lebenshaltung

a) Entwicklung der Löhne – generationentypische Erfahrungen

Gegenüber der Gemengelage von Kontinuität, langfristiger Verschiebung und eher stillschweigenden Wandlungsprozessen in der Zusammensetzung der Arbeiterschaft, in den beruflichen Lagen und Arbeitsformen ist die Entwicklung der Einkommen und der Lebenshaltung sicherlich das offensichtlichste und vielleicht wirksamste Phänomen der Diskontinuität in der Arbeitergeschichte. Die absolut und relativ historisch vergleichslos schnelle Entwicklung des Wohlstands ist die zentrale Erfahrung der westdeutschen Bevölkerung seit den 1950er Jahren, an der auch die Arbeiter teilhatten. Das »Wirtschaftswunder« wurde zu einer Quelle der politischen Stabilität. Im Unterschied zu Weimar gewann die Bundesrepublik durch den ökonomischen Erfolg an Legitimität, insbesondere auch infolge der andersartigen wirtschaftlichen Entwicklung in der DDR. Der Antikommunismus der allermeisten Arbeiter hat sich zwar nicht erst im »Wirtschaftswunder« gebildet, wurde von diesem aber gleichsam täglich neu genährt. Die Verbesserung der Lebenshaltung wurde und wird auch von denen anerkannt, die daraus nicht – wie es schon früh und vor dem starken Wandel in den 1960er Jahren in der öffentlichen Meinung der Bundesrepublik geschah – die historische Überwindung der alten »Klassengesellschaft« folgerten und vor einer Überschätzung des Wandels warnten.[116]

Die Veränderung wurde um so dramatischer erfahren, als sie auf das feststehende und besonders durch die Weltwirtschaftskrise neu aktualisierte Bild von der Elendsgestalt des Arbeiters traf. Tatsächlich sind die Löhne seit Mitte der 1950er Jahre mit einer Schnelligkeit auf ein Niveau gestiegen, das alle vorangegangenen Verbesserungen weit in den Schatten stellt. Von den 80er Jahren des 19. Jahrhunderts bis 1970 hat sich der durchschnittliche Reallohn der Industriearbeiter mehr als verdreifacht. Ungeachtet methodischer Schwierigkeiten bei einer vergleichbaren Bestimmung des Reallohns läßt sich festhalten, daß der Hauptteil der Veränderungen in die Jahrzehnte nach dem Zweiten Weltkrieg fällt. Bei einer insgesamt steigenden, »nur« durch die tiefgehenden Rückschläge der Inflation bis 1923, der Krise nach 1928/29 und der unmittelbaren Nachkriegszeit nach 1945 unterbrochenen Tendenz zur Erhöhung der Reallöhne der Industriearbeiter wuchs der Index zwischen 1888 (= 100) und 1939 (= 157) nur um die Hälfte, während er sich allein in den 15 Jahren von 1950 (= 150) bis 1965 (= 333) mehr als verdoppelte.[117]

Dieses Bild wird historisch konkreter und generationentypisch erfahrungshaltiger, wenn man nicht einen übergreifenden, sondern einen epochenspezifisch gewichteten Index betrachtet (vgl. Tabelle 10). Er zeigt ein stark unterschiedliches Wachstum der Löhne. Während sie sich im Kaiserreich innerhalb von gut vierzig Jahren knapp verdoppelten, konnten die Arbeiter in den Jahren der Zwischenkriegszeit nur mühsam das Lohnniveau der Vorkriegszeit halten, bei einem lang anhaltenden Rückschlag zwischen 1929 und 1937 und einer leichten Erhöhung bis zum Ausbruch des Zweiten Weltkriegs. Nach der Überwindung der Hungerjahre der Nachkriegszeit erlebten die Arbeiter dagegen ein beispiellos beschleunigtes Ansteigen der Löhne. Diese verdreifachten sich innerhalb von zwanzig Jahren und stiegen von Jahr zu Jahr mit Ausnahme der Rezession von 1966/67. Zusammen mit dem Ausbau des Sozialstaates erfüllte diese vergleichslos schnelle

Tabelle 10: Epochenspezifischer Index der Reallöhne von gewerblichen Arbeitern

Kaiserreich (a)		Weimarer Republik/ »Drittes Reich« (b)		Bundesrepublik (c)	
1895 = 100		1928 = 100		1962 = 100	
Jahr	Index	Jahr	Index	Jahr	Index
1871	66	1913/14	97	1950	53,2
1875	87	1925	81	1952	59,4
1880	79	1928	100	1954	65,8
1885	88	1929	102	1956	73,1
1890	96	1930	96	1958	77,3
1895	100	1931	91	1960	86,3
1900	111	1932	86	1962	100,0
1905	114	1933	89	1963	103,7
1910	119	1934	94	1964	109,3
1913	125	1935	92	1965	116,5
		1936	95	1966	118,8
		1937	98	1967	116,6
		1938	105	1968	122,7
		1939	110	1969	132,4
		1946	65	1970	145,4
		1947	61		
		1948	72		
		1949	89		
		1950	112		
		1954	134		

Quellen:

a) A. Desai, Real Wages in Germany, 1871-1913, Oxford 1968, S. 36. Löhne von allen nicht-landwirtschaftlichen Arbeitern, Effektivlöhne, Tages-, Wochen- und Jahresverdienste.

b) G. Menges u. H. Kolbeck, Löhne u. Gehälter nach den beiden Weltkriegen, Meisenheim 1958, S. 31. Löhne nur von Industriearbeitern einschließlich der Bergarbeiter.

c) Petzina, Wirtschaft, S. 189. Löhne von Industriearbeitern einschließlich der Bauarbeiter, Effektivlöhne, Bruttowochenverdienste.

und ungeahnte Entwicklung einerseits das Grundbedürfnis der Arbeiter nach sozialer Sicherung, begründete andrerseits aber auch eine generationentypisch unterschiedliche Erfahrung, die wahrscheinlich zum ersten Mal die intergenerationelle Kontinuität spezifischer Arbeitererfahrungen verblassen ließ. Während ältere Arbeiter im Jahr 1975 jene Entwicklung mit Zufriedenheit registrierten und dabei besonders frühere Verhältnisse zum Maßstab nahmen – »an dem Leben, was vorher war, was ein Arbeiter hatte« –, stand bei den jüngeren, den 25- bis 35jährigen Arbeitern, die Erfahrung der Diskontinuität im Vordergrund. Mit Stolz hoben sie hervor, relativ kurzfristig etwas geschaffen und dabei mehr erreicht zu haben als ihre Eltern – eine Wahrnehmung, welche die älteren Arbeiter nicht kannten, die für die jüngeren jedoch ein Beweis für ihre individuelle Leistung war.[118] Es ist nicht abzusehen, wie weit dieses infolge des schnellen Wandels traditionslose individualistische Leistungsdenken durch spätere Erfahrungen modifiziert wird oder doch so stabil bleibt, daß es einen massenrelevanten dauerhaften Bruch mit den traditionellen, eher kollektiven gesellschaftlichen Wahrnehmungsmustern der Arbeiter begründet und damit auch normative Grundlagen der alten Arbeiterbewegung hinter sich läßt. Nicht zuletzt wirkte sich in der Haltung der Jüngeren auch das arbeitsfriedliche Klima aus. Im Unterschied zur Weimarer Republik und zu den anderen europäischen Ländern waren in den Jahrzehnten der Prosperität Arbeitskämpfe selten. In der Bundesrepublik wurden bis 1975 zwar – im Hinblick auf Beteiligung und Dauer – sehr große, aber nur wenige Streiks geführt.[119]

Der Erfahrung der jüngeren Arbeitergeneration lagen noch zwei weitere Elemente der Prosperität seit den 1950er Jahren zugrunde, welche die Einzigartigkeit dieser Jahrzehnte unterstreichen: die Reduktion der Arbeitszeit und das Fehlen von Arbeitslosigkeit. Krisen- und konjunkturell bedingte Kurzarbeitszeiten einmal außer acht gelassen, kann man zugespitzt sagen: Das alte Ziel der Arbeiterbewegung, die Verkürzung der Arbeitszeit zugunsten einer Freizeit, die mehr beinhaltet als die Erholung der Arbeitskraft, wurde für viele erst seit den späten 1950er Jahren erreicht. Zwar lag nach 1918 die Arbeitszeit nicht mehr über dem Vorkriegsniveau von 50 bis 60 Stunden wöchentlich, und die Errungenschaft der Novemberrevolution, der gesetzliche Achtstundentag, blieb trotz Modifikationen die Grundlage der Arbeitszeitregelungen. Die durchschnittliche effektive Wochenarbeitszeit lag nach 1918 bis zum Ausbruch des Zweiten Weltkrieges sogar unter 48 Stunden. Zugleich waren allerdings die Anteile von Arbeitern in vielen Industriezweigen beträchtlich (20% bis 50%), die in den späten 1930er Jahren länger als 48 Stunden arbeiteten.[120] Angesichts der wirtschaftlichen Lage bedeutete diese kürzere Arbeitszeit jedoch wenig mehr als eine vermehrte Gelegenheit zum notwendigen Nebenverdienst. Für den Großteil der Arbeiter war – so wie 1921 – in der ganzen Zwischenkriegszeit die »Freizeit« ausgefüllt durch zusätzliche, oft landwirtschaftliche Lohnarbeit, durch Arbeit auf der eigenen Parzelle oder handwerkliche Neben- und Schwarzarbeit.[121] Erst seit den späten 1950er Jahren, nach der Zeit des »Wiederaufbaus« mit überlangen Arbeitszeiten[122], vermehrte sich bei steigenden Löhnen die tatsächlich arbeitsfreie Zeit. 1957 wurde die tarifliche Wochenarbeitszeit von 48 auf 45 Stunden verkürzt und in den 1960er Jahren bewegte sie sich auf die 40-Stunden-Woche bei fünf Arbeitstagen zu, die Anfang der 1970er Jahre weithin durchgesetzt war. Die tatsächliche Arbeitszeit war freilich häufig länger, da das »Wirtschaftswunder« und der Wohlstand der Arbeiter nicht zuletzt auch Überstunden zu verdanken war. Mit der Senkung der tariflichen Arbeitszeit haben sich zwischen 1958 und 1970 die bezahlten wöchentlichen Mehrarbeitsstunden im Durchschnitt der gesamten Industrie von 2,4 auf 4,5 Stunden fast verdoppelt.[123] Trotz der schwierigen Bestimmung der »wirklichen« Arbeitszeit und ihrer Abgrenzung von der Freizeit[124] läßt sich festhalten, daß seit den 1950er Jahren die Masse der Arbeiter zunehmend Zeit gewann, die nicht mehr allein durch Mühsal, sondern auch durch Muße bestimmt war, und das heißt auch: mehr Gelegenheit für ein Privatleben und den Genuß ihrer Leistung.[125]

Die Vollbeschäftigung seit etwa 1960 war eine andere Voraussetzung des selbstsicheren, individuell optimistischen Erfolgsbewußtseins der jüngeren Arbeitergeneration in der erwähnten Befragung von 1975. Anders als den Älteren fehlte ihnen die Erfahrung der Arbeitslosigkeit als eines kollektiven Problems der Arbeiterschaft. Verarmung, Unsicherheit, Zukunftsangst, die persönlichkeitsgefährdende Lähmung des Leistungsbewußtseins – diese nachhaltigen Wirkungen von Arbeitslosigkeit waren für die älteren Arbeiter typische Erfahrungen ihrer Jugendzeit nach dem Ersten Weltkrieg. Die sozialpsychische Wirkung der Arbeitslosigkeit in der Frühzeit der Bundesrepublik ist dagegen kaum mit derjenigen in der Weimarer Republik zu vergleichen. In den frühen 1950er Jahren war sie eine Erfahrung noch ausstehender Wiedereingliederung in das Erwerbsleben bei einer schnell expandierenden Wirtschaft; in den 1920er Jahren hingegen war die Arbeitslosigkeit eine Erfahrung zunehmender Ausgliederung aus einer stagnierenden Wirtschaft, die besonders in der Weltwirtschaftskrise eine demoralisierende Zukunftsangst freisetzte. Die große Krise hatte einen Zustand ins freilich fast Unermeßliche gesteigert, der seit dem Kriegsende nur zu vertraut und gegenüber dem Kaiserreich relativ neu war: ein breiteres Ausmaß und eine zunehmende Dauer der Erwerbslosigkeit infolge der ökonomischen Stagnation und gleichzeitigen Rationalisierung. Fast in jedem Jahr der Weimarer Republik lag die Arbeitslosenquote deutlich über derjenigen des Kaiserreichs. Selbst nach der Stabilisierung seit 1924 waren mit Ausnahme von 1925 immer weit mehr als 1 Mio. Arbeitslose gemeldet. Die Weltwirtschaftskrise mit schließlich über 6 Mio. statistisch erfaßten Arbeitslosen im Jahre 1932 – die Höhe der Dunkelziffer ist unbekannt! – stellte einen Einbruch dar, der in der akuten Verarmung und Verelendung an die vormärzlichen Hungerkrisen von 1830/31 und 1846/47 erinnert und infolge seiner Dauer vielleicht noch schwerwiegender war als die letzten großen Krisen der alten Agrargesellschaft. So sehr die Krise alle Schichten der Bevölkerung ergriff, so sicher hat sie die Arbeiterschaft am schwersten getroffen. Da die Arbeitslosen meist verheiratet waren und die Arbeitslosigkeit der Frauen durch ihren Rückzug in die Familie häufig verdeckt blieb, ist die Quote der männlichen Arbeitslosen ein realistischerer Indikator für die Reichweite der Erwerbslosigkeit. Im Juni 1933, als die Krise ihren tiefsten Punkt schon überschritten hatte, waren noch 36% der Arbeiter gegenüber 24% der Angestellten erwerbslos. Im Wirtschaftsbereich Industrie und Handwerk war die Arbeitslosigkeit überdurchschnittlich weit verbreitet: 42% der Arbeiter und 33% der Angestellten waren ohne Beschäftigung.[126]

In mancher Hinsicht stellt die Arbeitslosigkeit in den Endjahren der Weimarer Republik eine epochale Zäsur und Wende in der sozialpolitischen Geschichte der Arbeiterschaft dar. Mit ihr verband sich neben massenhafter Not eine schwere Niederlage der Arbeiterbewegung, die nach dem Verbot der Organisationen und der Verfolgung der Mitglieder im ständig lauernden nationalsozialistischen Terror präsent war und die für viele im politisch kontrollierten Zugang zu Arbeitsplätzen eine wiederholte, gleichsam hinuntergeschluckte persönliche Demütigung darstellte, auch wenn sie keiner unmittelbaren Verfolgung ausgesetzt waren.[127] Sie grub sich tief in die Arbeitermentalität ein. Das Sicherheitsbedürfnis der Arbeiter – wie der anderen Schichten –, das nach dem Krieg stark hervortrat, entsprang auch der Erinnerung an jene Jahre. Auf der anderen Seite offenbarten diese auch eine konzeptionelle Krise der Arbeiterbewegung, ja der Sozialpolitik überhaupt, insofern die Sozialpolitik von der Wirtschaftspolitik zerrüttet oder unmöglich gemacht wurde. Die Krise brachte die Sozialdemokratie in die »höchst ambivalente Position«, ein »Arzt und Erbe (am Krankenlager des Kapitalismus)« zu sein, wie der Gewerkschaftsführer Fritz Tarnow sagte[128], der jedoch aus seiner traditionsbestimmten marxistischen Diagnose des sich scheinbar bestätigenden Zusammenbruchs des kapitalistischen Wirtschaftssystems keine Therapie entwickeln konnte. Auf dieses Dilemma spitzte sich nun die alte Spannung zwischen Reformpolitik und Revolutionserwartung zu, der eine Trennung von Sozial- und Wirtschaftspolitik entsprochen hatte. Diese wurde in den Krisenjahren weder von der SPD noch von den anderen Parteien, wohl aber von den Freien Gewerkschaften überwunden, die mit dem Arbeitsbeschaffungsprogramm (WTB-Plan) von 1932 sich endgültig von der (liberalen und) marxistischen Grundannahme eines »objektiven« Krisenmechanismus lösten. In dieser »epochemachenden Bedeutung des WTB-Plans« kündigte sich eine neue, um eine »aktive Wirtschaftspolitik« ergänzte Sozialpolitik an.[129]

Seither wurde die Sozialpolitik, verbunden mit der Ausdehnung ihrer Leistungsbereiche, von einer schichttypischen Kompensationspolitik zu einem zunehmend wichtigen Element der allgemeinen Verfassungspolitik. Nach 1933 bestand sie freilich neben der Arbeitsbeschaffung hauptsächlich in der bloßen Propaganda der »Volksgemeinschaft«, welche die Arbeiterschaft integrieren sollte, das zentrale Problem der Verbesserung ihrer Lage aber nicht einlöste, sondern dafür pathetisch stilisierte Schein- und Ersatzlösungen wie die »Betriebsgemeinschaft«, »Kraft durch Freude« und »Schönheit der Arbeit« anbot.[130] Außer der Zerstörung institutioneller Kernstücke der Sozialpolitik (Kollektives Arbeitsrecht, Aushöhlung der Arbeitslosenversicherung) gingen bei einer Erhöhung der Abgaben in den 30er Jahren die Sozialleistungen sogar absolut und relativ zurück. Dagegen wurde im »Sozialstaat« der Bundesrepublik die institutionelle Struktur der Sozialpolitik unter Anerkennung und Einschluß der Gewerkschaften erneut und zum Teil stärker verfassungspolitisch gesichert als in der Weimarer Republik. Schon 1950 war das Niveau der staatlichen Sozialausgaben absolut und relativ fast doppelt so hoch wie 1925/1929. Die seither noch stärker angewachsenen Sozialleistungen haben arbeitertypische Lebensrisiken wirksam eingedämmt.[131] Zweifellos ist der Ausbau des Sozialstaates der am eindeutigsten politisch zurechenbare Faktor in der Lage der Arbeiter der vergangenen hundert Jahre und wohl die hauptsächlichste Quelle ihrer Loyalität zum politischen System der Bundesrepublik. Begreiflicherweise haben die Arbeiter eine überdurchschnittlich positive Einstellung zum »Wohlfahrtsstaat«.[132]

Angesichts der historisch beispiellosen Anhebung der materiellen Lage der Arbeiter seit den 1950er Jahren sind folgende Fragen von besonderem Interesse: Welche traditionellen Lebenshaltungs- und Erwerbsformen der Arbeiterfamilie haben sich aufgelöst bzw. erhalten? Hat sich die Einkommensdifferenzierung innerhalb der Arbeiterschaft und der Einkommensabstand zur Angestelltenschaft verändert? Wie haben sich die Einkommen der Arbeiter in ihrem Lebenszyklus entwickelt?

b) Lebenshaltung und Erwerbsformen der Arbeiterfamilie

Ein Überblick über eine annähernd vergleichbare Aufschlüsselung der Ausgaben für den privaten Verbrauch in Arbeiterhaushalten (vgl. Tabelle 11) zeigt, daß erst mit der Anhebung der Einkommen seit den 1950er Jahren die Arbeiterfamilien die Enge einer Lebensführung verlassen konnten, in der die unmittelbare Reproduktion den größten Teil der Ausgaben verschlang. Während bis 1950 mehr als 75% des Budgets für Nahrung, Kleidung und Wohnung (einschließlich Energie) ausgegeben werden mußte, betrug der Anteil für diese Ausgaben 1973 nur mehr 60%. Insbesondere sank der Ausgabenanteil für Nahrungsmittel, bei einer gleichzeitigen Verbesserung ihrer Qualität.[133] Die Verschiebungen in der Ausgabenstruktur erfolgten hauptsächlich zugunsten der Haushaltsausstattung und der Kommunikationsmittel, des Autos und der Massenmedien. Der absolut bedeutendste Schub in der Versorgung mit diesen Symbolen des Wohlstands

Tabelle 11: Ausgabenstruktur für den privaten Verbrauch in Arbeiterhaushalten, 1907-1973

Aufwendungen für	1907	1927	1937	1950/51	1962/63	1973
1. Nahrungs- und Genußmittel	48,8	56,5	54,8	55,0	47,1	31,0
2. Kleidung	12,1	12,3	10,8	11,7	12,3	10,6
3. Wohnungsmiete	16,3	12,6	14,8	11,0	9,6	13,8
4. Elektrizität, Gas, Energie	4,5	4,8	5,5	6,0	4,5	5,3
5. Übrige Güter f. d. Haushalt	6,1	5,4	5,2	6,3	9,9	12,4
6. Verkehrsmittel, Nachrichten	1,5	1,2	1,7	2,0	6,1	13,7
7. Körper- und Gesundheitspflege	2,8	1,7	1,7	2,0	3,1	3,0
8. Bildung/Unterhaltung	5,9	4,2	3,7	5,0	6,0	7,3
9. Persönliche Ausstattung, sonstige Güter	2,0	1,3	1,8	1,0	1,4	2,9
Insgesamt	100	100	100	100	100	100

Quellen:
1907-1962/63: Sieben Jahrzehnte Wirtschaftsrechnungen in der amtlichen Statistik, in: Wirtschaft u. Statistik 1969, S. 592-95, hier S. 594. 1973: Wirtschaft u. Statistik 1977, S. 240-47. Die Spalte von 1973 ist mit den anderen nur annähernd vergleichbar. Ihr liegt das *monatliche* Einkommen eines durchschnittlichen Arbeiterhaushaltes zugrunde, den anderen das Jahreseinkommen von Arbeitern mit unterdurchschnittlichem Einkommen.

erfolgte in den 1960er Jahren. Zwischen 1962 und 1973 wurde auch in Arbeiterhaushalten das Fernsehgerät, der Fotoapparat, der Kühlschrank usw. zur Regel, während 1962 erst etwa die Hälfte der Arbeiterhaushalte im Besitz dieser Güter waren. Im selben Zeitraum stieg der Anteil der Autobesitzer in der Arbeiterschaft von 22% auf 66%. Das war insofern von eminenter gesellschaftlicher Bedeutung, als damit schichttypische Ungleichheiten in der Ausstattung mit Konsumgütern stark reduziert wurden. Besonders das Auto war anfangs der 1960er Jahre noch ein mittelständisches Wohlstandssymbol. 67% der Selbständigen und jeweils 40% der Angestellten und Beamten, aber nur 22% der Arbeiter besaßen 1962 ein solches. 1973 waren die Anteile gleichartiger: 80% der Selbständigen, 84% der Beamten, 73% der Angestellten und 66% der Arbeiter waren Autobesitzer. Von den typischen Massenkonsumgütern ist heute nur das Telefon noch schichtenspezifisch verbreitet, das nur von einem Drittel der Arbeiterhaushalte, aber von mehr als zwei Dritteln der Haushalte in anderen Schichten benutzt wird.[134]

Selbst wenn man die zwischen den Schichten fortdauernden relativen Unterschiede im quantitativen und qualitativen Konsumniveau sowie die Gruppe derjenigen Arbeiter berücksichtigt, die von der Wohlstandswelle nicht berührt wurden, bleibt doch als wichtiger sozialgeschichtlicher Befund die Tatsache, daß mit der Anhebung der Einkommen nicht nur die vorher für viele Arbeiter typische drückende Not überwunden wurde, sondern daß darüber hinaus die Masse der Arbeiter ein Einkommen erreichte, das einen gewissen Spielraum materieller Disposition ermöglichte, der auch ein Stück Freiheit beinhaltet. Gegenüber der mehr oder weniger triftigen Kritik an der Scheinfreiheit der Konsumsphäre ist daran zu erinnern, daß sich mit dem besseren Essen, der besseren Kleidung und Wohnung usw. auch ein Selbstwertgefühl verbindet, das zum Abbau des alten »proletarischen« Minderwertigkeitsgefühls beiträgt, welches nicht zuletzt durch die Dürftigkeit der materiellen Lebensumstände genährt wurde. Daneben ermöglichte der errungene Lebensstandard eine individuelle Bewegungsfreiheit und Lebenschancen über den alltäglichen Kreis von Arbeit und Familie hinaus, die früher für die Arbeiter kaum gegeben waren. Charakteristisch dafür ist die Urlaubs- und Erholungsreise, die ehemals nur dem wohlhabenden Bürgertum möglich war, heute aber auch bald jedem zweiten Arbeiter erschwinglich ist.[135] Bei diesen hat sich über lange Zeit ein Bedürfnis kumuliert, das erstmals durch die KdF-Reisen im Nationalsozialismus bis zu einem gewissen Grade befriedigt wurde, wobei diese Reisen wohl die einzige tatsächlich populäre Maßnahme des Regimes waren und bemerkenswerterweise offenbar gerade deshalb durch die Teilnehmer ihrer ideologisch-propagandistischen Intention wenigstens teilweise beraubt wurden.[136]

Der historisch neue ökonomische Spielraum der Arbeiterfamilie wird noch durch zwei Momente deutlicher: die zunehmende Sparquote und Eigentumsbildung in der Arbeiterschaft, die, in wie bescheidenen Grenzen auch immer, bedeuten, daß der arbeitertypische Charakter des »Habenichts« verblaßte. Dieser Prozeß vollzog sich neben oder gleichsam unterhalb der zunehmenden Konzentration des Produktivvermögens. Wesentlich gestützt durch die staatliche Sparförderung hat sich die Sparquote, d. h. der Anteil der Ersparnisse am verfügbaren Nettoeinkommen, von durchschnittlich 5,6% im Jahre 1955 auf 12,5% im Jahre 1974 mehr als verdoppelt. Das bedeutet gegenüber den Sparquoten von 1-2% in den Jahren 1907 bzw. 1927 eine nicht unbeträchtliche stille Vermögensbildung, da dieses Sparen weniger das nur zu bekannte Zurücklegen eines Notgroschens war, der bei der nächsten Krankheit oder Arbeitslosigkeit wieder aufgezehrt wurde. Das Sparen diente nun überwiegend dem Ausbau des Lebensstandards. Immerhin für 11% der im Jahre 1975 befragten Arbeiter hieß das: sparen für den Bau bzw. Umbau eines Hauses.[137] Schon im Besitz eines Wohnhauses, das Arbeiter noch mehr wünschen als Angehörige anderer Schichten[138], waren 1977 immerhin 39% der Arbeiterfamilien, während weitere 4% eine Eigentumswohnung besaßen, zusammen also 43% über Wohnungseigentum verfügten. Das ist eine beträchtliche Steigerung selbst gegenüber 1968, als 32% der Arbeiterhaushalte ein solches hatten. 1950 waren dagegen erst 6% im Besitz eines Wohnhauses, eine Quote, die wohl auch den Anteil der Hausbesitzer unter den Arbeitern in früheren Zeiten annähernd wiedergibt.[139] Allerdings hat sich in jener prozentualen Steigerung auch der quantitative Rückgang der Arbeiter niedergeschlagen.

Insgesamt sollte man jedoch diesen Vermögens- und Besitzstand, so sehr er gegenüber früheren Arbeitergenerationen absticht, nicht überschätzen. Der Hausbesitz stellt in der Regel einen Gebrauchswert dar, der kaum zusätzliches Einkommen abwirft und hauptsächlich bei Arbeitern in kleinen Gemeinden verbreitet ist. Auch die Sparguthaben hielten sich in Grenzen und hätten 1969 nur eine kurzfristige Sicherheit durch Vermögen von 2,1 Monaten gewährt.[140] Damals hatte nur eine kleine Gruppe mehr als 5000 DM gespart (etwas mehr als das Dreifache des durchschnittlichen Nettoeinkommens eines Arbeiterhaushaltes im Jahr 1970 von ca. 1519 DM), nämlich 13,6% der jüngeren Vorstände eines Arbeiterhaushalts (25 bis 35 Jahre), und 27,1% der älteren (55 bis 65 Jahre).[141] Seither mögen infolge der forcierten Sparförderung die Beträge zugenommen haben; die relativ geringen Differenzen in der altersgruppenspezifischen Höhe der Sparguthaben[142] zeigen jedoch, daß der jeweilige, gesellschaftlich präformierte Lebensstandard die im Laufe des Arbeitslebens erreichten Einkommen weitgehend aufzehrt. Gerade wenn man betont, daß die traditionelle Enge und proletarische Dürftigkeit der Lebenshaltung der Arbeiter verschwunden ist, muß man unterstreichen, daß der relative Wohlstand einem angestrengten Arbeitsfleiß, nicht zuletzt Überstunden und Schwarzarbeit, vor allem aber der Gesamtleistung der Arbeiterfamilie zu verdanken ist.

Der Diskontinuität des Lebensstandards steht eine soziale Kontinuität gegenüber, die zentrale Bedeutung der Arbeiterfamilie für die Sicherung des Lebensstandards. Obgleich nicht mehr so eindeutig wie für das Kaiserreich die Rede davon sein kann, daß selbst bei geringsten Ansprüchen der Lohn des Familienvaters zum Unterhalt der Familie typischerweise nicht ausreicht, zeigt ein Vergleich der monatlichen Nettoeinkommen der Haushaltsvorstände mit den Armutsvorstellungen in der Bevölkerung bzw. der staatlichen Sozialpolitik doch eine beträchtliche Grauzone der Knappheit. Im Jahr 1971 schätzte die Bevölkerung den Mindestbetrag für eine vierköpfige Familie auf monatlich 1113 DM, wogegen der Sozialhilfesatz für eine solche Familie 917 DM betrug.[143] Im selben Jahr erreichte dagegen ein deutlich über dem selbstgeschätzten Mindestbedarf liegendes monatliches Nettoeinkommen von 1200 DM nur eine Minderheit von 11,5% der männlichen Haushaltsvorstände in Arbeiterhaushalten, während eine relativ große Gruppe von 28% mit weniger als 800 DM noch klar unter dem Betrag der Sozialhilfe lag.[144] Wenn diese Zahlen auch nicht vollständig aufeinander beziehbar sind, da die Haushaltsvorstände nicht unbedingt auch Familienväter sein müssen und unter Umständen Einzelhaushalten vorstehen, weisen sie doch darauf hin, daß in den Arbeiterfamilien das Einkommen des Mannes allein in der Regel nicht den üblichen Lebensstandard gewährleistet, sondern im Durchschnitt nur einen Anteil von etwa 65% erreicht.[145] So scheint sich bis 1970 gegenüber dem Jahre 1909, aus dem halbwegs vergleichbare Angaben vorliegen, nur wenig verändert zu haben. Kurz vor dem Ersten Weltkrieg, schon nach den Lohnsteigerungen seit den 1870er Jahren, war nur eine Minderheit hochqualifizierter Facharbeiter wie Schriftsetzer und Former in der das Ansehen fördernden Lage, mit ihrem Lohn allein die Familie ernähren zu können. Im Durchschnitt der Gelernten erbrachte der Hauptverdienst der Männer nur 82% des Familieneinkommens, bei Ungelernten nur 75%.[146] Nach diesen Ziffern wäre der Einkommensbeitrag der Männer sogar relativ gesunken. Allerdings ist die Differenz zu einem großen Teil irreführend. Der Einkommensbeitrag der Frauen in den Arbeiterfamilien des Kaiserreichs in Form des »Nebenerwerbs« war nämlich nur schwer meßbar und wurde bei Befragungen u. U. auch verschwiegen, da Männer wie Frauen »sich selbst wohlhabender und sozial höherstehend dünken, wenn die Männer wenigstens nach außen alleinige Ernährer der Familie zu sein scheinen«.[147] Tatsächlich drückt jene Anteilsdifferenz zwischen 1909 und 1970 eher die fundamental veränderte Form der Tätigkeit von Arbeiterehefrauen aus, während die Bedeutung ihres Beitrags gleich groß geblieben ist. Neben den Sozialeinkommen wird das relativ hohe Konsumniveau und besonders die Besitzbildung zu wichtigen Teilen erst durch die Erwerbstätigkeit der Frau ermöglicht.[148]

Im Kaiserreich bestand der Einkommensbeitrag der Arbeiterfrau überwiegend in der möglichst sparsamen und d. h. arbeitsaufwendigen Hausarbeit, oftmals verbunden mit der Bestellung des Gartens bzw. der Ackerparzelle, hausindustrieller Tätigkeit oder gelegentlicher Lohnarbeit als Zugeherin, Wäscherin usw. oder auch mit der »selbständigen« Tätigkeit als Hausiererin und Händlerin. Die komplexe, auf vielfältigen Einkommensquellen des »Nebenerwerbs« beruhende Familienwirtschaft der vorindustriellen ländlichen Unterschichten scheint sich in der städtischen Arbeiterschaft länger und in größerem Ausmaß erhalten zu haben als die Berufszählungen deutlich machen.[149] Seit dem Ersten Weltkrieg hat dagegen die außerhäusliche, regelmäßigere »hauptberufliche« Erwerbstätigkeit der Ehefrauen kontinuierlich zugenommen, nicht zuletzt unter dem Druck der Arbeitslosigkeit der

Männer. 1925 waren 23,4% der Arbeiterehefrauen hauptberuflich erwerbstätig, charakteristischerweise überproportional Ehefrauen von Landarbeitern (45,1%) oder von Arbeitern in Niedriglohnbranchen wie der Textilindustrie (41,4%). Unterdurchschnittlich häufig waren die Frauen der gutverdienenden Bergarbeiter (10%) und der Arbeiter in der Metallindustrie (14 bis 22% je nach Branche) berufstätig. In den 1950er Jahren stieg die Quote berufstätiger Arbeiterehefrauen schnell an, von 15,5% im Jahre 1950 auf 32,3% im Jahre 1957, und hat sich danach fortschreitend erhöht auf 46,2% im Jahre 1969. Dabei hat insbesondere auch die Erwerbstätigkeit verheirateter Frauen mit Kindern stark zugenommen. Waren 1957 erst 23% von diesen berufstätig, so 1966 schon 31,2%; 1971 dagegen waren von Frauen mit jeweils zwei Kindern zwischen 6 und 15 Jahren erwerbstätig: 30,7% der Frauen von Facharbeitern; 35,3% der Frauen von angelernten und 43,7% der Frauen von ungelernten Arbeitern. Offensichtlich erfolgt heute eine relativ schnelle Rückkehr ins Berufsleben nach der Phase der Kleinkinderpflege. Die den für 1971 genannten Erwerbsquoten entsprechenden Erwerbsquoten von Ehefrauen mit zwei Kindern unter sechs Jahren waren deutlich niedriger, aber immer noch erstaunlich hoch, nämlich 17% bei Frauen von Facharbeitern, 18,1% bei Frauen von angelernten und 26,7% bei Frauen von ungelernten Arbeitern.[150]

Bei einer fortdauernd starken Belastung dieser Frauen infolge ihrer Doppelrolle hat sicherlich die Mechanisierung und funktionale Reduzierung der Hausarbeit diesen Anstieg der Berufstätigkeit gefördert. Vorsicht scheint jedoch gegenüber der Überlegung angebracht, daß ihm auch eine bewußt positive Haltung zur Frauenemanzipation durch Berufsarbeit zugrundeliegt. Deutlicher noch als die gruppentypisch unterschiedlichen Erwerbsquoten der Ehefrauen zeigen einkommens- und schichtenspezifische Vergleiche dieser Quoten den wirtschaftlichen Druck hinter der Berufstätigkeit der Arbeiterfrau. 1969 war eine solche in den unteren Einkommensgruppen der Arbeiterschaft überdurchschnittlich häufig, nahm mit steigendem Verdienst des Mannes ab und war bei Spitzenverdienern überhaupt nicht mehr üblich. Ein umgekehrtes Bild zeigten die anderen Gruppen der Erwerbstätigen. Bei den Selbständigen, Beamten und Angestellten war die Berufstätigkeit der Ehefrau in den oberen Einkommensgruppen, wenngleich auch weniger häufig als in den unteren, deutlich weiter verbreitet als bei den Arbeitern. Verdiente ein Arbeiter mehr als 2000 DM, verdiente die Ehefrau nur noch in 19,4% der Familien mit; bei gleichem Einkommen betrug dieser Anteil bei den Angestellten 34,0%, bei den Beamten 35% und bei den Selbständigen 39,2%.[151]

Dieser Befund spiegelt auch die unterschiedliche Funktion und Wertschätzung der Frauenarbeit in den gesellschaftlichen Schichten wider. Sie war in den oberen, insbesondere akademisch gebildeten Schichten verbreiteter, weil sie die finanziellen Möglichkeiten hatten, die Frau von der Hausarbeit zu entlasten und unter diesen Umständen die Berufstätigkeit der Selbständigkeit und Selbstverwirklichung der Frau dienen konnte. Entsprechend stieß dies auch auf eine positive Einstellung der Männer. In auffälligem Gegensatz dazu hat sich die Berufsausübung der Arbeiterehefrauen offensichtlich gegen den psychischen Widerstand oder die nur widerwillige, von den Umständen erzwungene Duldung der Männer durchgesetzt. Interviews von 1929 und 1957 zeigen ziemlich übereinstimmend, daß eine große Mehrheit von mehr als zwei Dritteln der befragten Arbeiter die Berufstätigkeit der Ehefrauen sowohl allgemein als auch ihrer eigenen mehr oder weniger deutlich ablehnte. In der Hauptsache gründete sich diese Haltung auf die Sorge um die Familie, die Kinder und auf das Wunschbild des pater familias (»Wer verdient, wird bedient«).[152] Auch wenn sich diese Haltung mit dem großen Einstellungswandel gegenüber der Selbständigkeit der Frau seit den 1960er Jahren abgeschwächt hat[153], bleibt doch eine bemerkenswerte Ambivalenz. Die Entproletarisierung der Lebenshaltung der Arbeiterfamilie hat einerseits den männlichen Traum der Arbeiterehrbarkeit, den Stolz darauf, daß man die Berufsarbeit der Frau »nicht nötig« habe, nicht erfüllt; andrerseits aber hat sich die Lage für die Arbeiterfrau auch nicht eindeutig verbessert. Wie im Kaiserreich steht sie auch nach hundert Jahren primär unter dem Druck einer auf die Familie gerichteten Arbeitsanstrengung.[154] Während sie sich ehemals als Hausfrau und Gelegenheitsarbeiterin abmühte, um das Überleben in der Dürftigkeit zu sichern, leistet sie heute als Hausfrau und Berufstätige einen notwendigen Beitrag zur Erhaltung eines relativ gehobenen Lebensstandards.

c) Entwicklung der Einkommensdifferenzierung

Die Lohn- und Einkommensdifferenzierung innerhalb der Arbeiterschaft wird von vielen Faktoren bestimmt, deren Interdependenz sich vor allem in der standort- und branchenspezifischen qualifikationstypischen Zusammensetzung der Arbeiterschaft und der betrieblichen Personalpolitik niederschlägt. Trotz der fast unübersehbaren Formen und konjunkturellen Verläufe kann man im großen Überblick doch eine Angleichung der ehemals überaus unterschiedlichen Löhne festhalten.[155] Die fortschreitende Industrialisierung produzierte auch eine Transformation der Angebots- und Nachfragestruktur auf dem Arbeitsmarkt, die nivellierend auf die Löhne wirkte. Die Urbanisierung glich die Lebensbedingungen und damit die notwendigen Reproduktionskosten der Arbeitskraft an. Die Ausbreitung der allgemeinen und beruflichen Bildung erhöhte und egalisierte innerhalb gewisser Grenzen das Qualifikationsniveau, während die Technisierung und Standardisierung der (Massen-)Produktion in breiten Bereichen einen Bedeutungsschwund herausragender Qualifikationen nach sich zog. In die gleiche Richtung der Nivellierung wirkte die Institutionalisierung des industriellen Konflikts und die Organisation der Arbeitsmarktparteien, vor allem die Ausbreitung des Tarifwesens über fast alle Gewerbe und Industrien, Regionen und Qualifikationsgruppen. Nicht zuletzt diese Institutionalisierung seit dem Ersten Weltkrieg hat eine in ihren Relationen sehr stabile »quasi-politische Lohnstruktur«[156] geschaffen, die jedoch von den einzelnen Unternehmen durch die betriebliche Sozialpolitik unterlaufen wurde und dadurch alte Differenzierungen erhielt oder neue schuf. Diese Überlegungen sollen durch einige Hinweise auf bestimmte Abstände oder Spannweiten zwischen den Löhnen und die gruppentypische Verteilung von Einkommen kurz illustriert werden.

Die durch Konjunkturen und Krisen modifizierte, langfristig gleichwohl deutliche Tendenz zur Annäherung der Löhne spiegelt der komplexeste Indikator für die Lohnstruktur, die Spannweite der Löhne zwischen den industriellen Branchen, wider (vgl. Tabelle 12 a).[157] Außer den genannten allgemeinen Bedingungen kommt darin besonders die Wirkung der sich ausbreitenden Mechanisierung zum Ausdruck: Die Facharbeiterlöhne haben sich stärker angenähert als die Löhne der ungelernten Arbeiter. Das

Tabelle 12: Spannweite der Löhne in der Industrie, 1913-1978

a) Lohn des Arbeiters der jeweiligen Gruppe in der Branche mit den niedrigsten Löhnen in Prozent des Lohnes der Branche mit den höchsten Löhnen (nur männliche Arbeiter)

b) Lohn des ungelernten Arbeiters in Prozent des Lohnes des Gelernten bzw. des Facharbeiters innerhalb der angegebenen Branchen bzw. der Gesamtindustrie (jeweils männliche Arbeiter)

Jahr	Facharbeiter	Ungelernte	Alle Arbeiter	Jahr	Metallverarbeitende Industrie	Textilindustrie	Gesamtindustrie
1913	40	53	–	1913	64	77	61
1925	60	61	–	1925	67	87	76
1930	56	57	–	1930	75	84	79
1939	60	57	–	1939	74	84	79
1951	79	70	75	1951	77	81	78
1961	–	–	76	1961	–	–	81
1972	74	64	72	1972	79	84	80
1978	67	63	64	1978	80	82	85

Quellen:
1913-1939: G. Bry, Wages in Germany 1871-1945, Princeton 1960, S. 110, 365. 1951: Stat. Jb. BRD, 1952, S. 424 ff.; Gleitze, S. 58.
1961: Stat. Jb. BRD, 1963, S. 500. 1972: Ebd., 1973, S. 478. 1978: Wirtschaft u. Statistik 1979, S. 203+.
Zugrunde liegen jeweils die Bruttostundenlöhne. In Tabelle 12 b sind unter der metallverarbeitenden Industrie in den Jahren 1972/78 folgende Industriezweige zusammengefaßt: Stahl- und Leichtmetallbau, Maschinen-, Straßenfahrzeug-, Schiff- und Luftfahrzeugbau, Elektrotechnische Industrie, Feinmechanische sowie Optische und Uhrenindustrie, Stahlverformung und die Herstellung von Büromaschinen bzw. EDV-Anlagen (nur 1978).

verweist auf die branchenübergreifende Angleichung des Facharbeiterstatus infolge der Technisierung und Rationalisierung. Erst in jüngster Zeit öffnete sich die Schere wieder mit dem überdurchschnittlichen Anstieg der Löhne in der Energiewirtschaft. Der Vergleich der Löhne zwischen Gelernten bzw. Facharbeitern und Ungelernten innerhalb bestimmter Industriezweige (vgl. Tabelle 12 b) läßt daneben auch branchenspezifische Marktsituationen hervortreten. In einer Hochlohnbranche wie der Metallindustrie haben sich auf einem höheren Niveau stärkere Lohnunterschiede zwischen den Arbeitern länger erhalten als in einer Niedriglohnbranche wie der Textilindustrie. Innerhalb der Gesamtindustrie blieb, bei leichten Annäherungen in den 1920er und 1970er Jahren, die Lohnspanne zwischen den Fach- und Hilfsarbeitern seit dem großen Schub im Zuge der Ausbreitung des Tarifwesens nach der Revolution von 1918 eher stabil.[158] Eine vergleichbare Kontinuität von Lohnunterschieden innerhalb der Arbeiterschaft – bei einer ähnlich stetigen, aber schwachen Tendenz zur Annäherung – stellt nur noch der unterschiedliche Lohn für Männer und Frauen dar. In der viele Frauen beschäftigenden Textilindustrie betrug im Jahre 1913 innerhalb der gleichen Qualifikationsgruppen bei den Gelernten der Frauenlohn 78% des Männerlohns, bei den Ungelernten dagegen 84%. Nach einem leichten Aufholen der gelernten Arbeiterinnen in den 1920er Jahren und der ungelernten nach dem Zweiten Weltkrieg hat sich an der geschlechtsspezifischen Lohndifferenz wenig geändert (vgl. Tabelle 13).[159]

Außer dieser Kontinuität, der die differenzierende Wirkung der beruflichen Ausbildung und das Bleigewicht der traditionellen Frauenrolle zugrunde liegt, ist noch auf eine Nivellierung von Lohndifferenzen hinzuweisen, welche die Angleichung der Lebensbedingungen zum Ausdruck bringt. In den 1880er Jahren verdiente ein großstädtischer Maurer noch bis zu einem Drittel mehr als ein Maurer in der Kleinstadt. Dieser Unterschied hat sich bis zum Ersten Weltkrieg stärker verringert (auf 22%) als in den 1920er Jahren (17% Differenz im Jahre 1929). 1950 bestand noch ein etwa gleich großer Lohnunterschied für ländlich-kleinstädtische und großstädtische Arbeiter insgesamt; jene verdienten nur 80% der letzteren.[160] Mit der infrastrukturellen Urbanisierung haben sich die gemeindegrößenspezifischen Lohndifferenzen wohl weiter angeglichen, da mit dem großen Strukturwandel in der Landwirtschaft seit den 1950er Jahren nicht zuletzt die Parzellen-

Tabelle 13: Geschlechtsspezifische Lohndifferenz in der Textilindustrie (Frauenlohn in Prozent des Männerlohnes innerhalb der jeweiligen Qualifikationsgruppe, gemessen an Bruttostundenlöhnen), 1913-1978

Jahr	Gelernte	Ungelernte
1913	78	84
1926	82	82
1932	84	79
1943	84	78
1951	(71)*	75
1972	82	84
1978	84	86

* enthält auch Löhne für angelernte Arbeiter/innen.

Quellen:
1913-1943: Bry, S. 98. 1951: Stat. Jb. BRD, 1952, S. 425. 1972: Ebd., 1973, S. 478. 1978: Wirtschaft u. Statistik, 1979, S. 203+.

wirtschaft der ländlichen Arbeiter verschwand, die früher die monetären Lebenshaltungskosten und damit auch die Löhne in ländlich-kleinstädtischen Gebieten relativ niedrig gehalten hat.

Überblickt man die Entwicklung der Lohndifferenzen, dann war die Zeit des Übergangs vom Kaiserreich in die Weimarer Republik von 1913 bis in die 20er Jahre die Periode des stärksten Schubs der Angleichung der Löhne. Die Prosperitätsphase nach dem Zweiten Weltkrieg hat kurzfristig weniger nivellierend gewirkt, auch wenn die im Industrialisierungsprozeß angelegten Faktoren der Lohnangleichung weiter wirksam waren. Neben der Inflation tritt damit ein Faktor der Nivellierung besonders hervor: die Institutionalisierung des industriellen Konflikts mit der Organisation der Arbeitsmarktparteien und der Ausbreitung des Tarifwesens.[161] Diese Steuerungsinstitutionen des Arbeitsmarktes haben seither wohl eher zu einer Stabilisierung der noch bestehenden Lohndifferenzen als zu ihrem Abbau beigetragen.

Die Vermachtung des Arbeitsmarktes bedingte eine Einschränkung unternehmerischer Autonomie in der Lohnpolitik, die angesichts einer bedeutenden Angleichung betriebsgrößenspezifischer Löhne[162] zu einer Lohndifferenzierung mittels betrieblicher Sozialpolitik herausforderte. Nach frühen Anfängen in den Großunternehmen, besonders auf dem Gebiet des Werkswohnungsbaus und des betrieblichen Versicherungswesens, expandierte nach dem Ersten Weltkrieg die betriebliche Sozialpolitik in Verbindung mit der »wissenschaftlichen Betriebsführung«, die ein Teil der Rationalisierung war.[163] Dabei wurde auch das Ziel verfolgt, die Arbeiter an den Betrieb zu binden mit zusätzlichen materiellen Gratifikationen für die »Betriebstreue« und sozialen Einrichtungen besonders für die Arbeiterfrauen und Arbeiterfamilien. Nach 1933 wurden betriebliche Leistungszulagen angesichts der eingefrorenen Tarifverträge und der staatlichen Lohnpolitik zu einem wichtigen Mittel der unternehmerischen Lohnpolitik. Natürlich konnten große Unternehmen solche Leistungen eher anbieten als kleine. Man darf daher davon ausgehen, daß seither die betriebsgrößenspezifische Einkommensdifferenzierung in der Arbeiterschaft sich verstärkt hat, besonders seit den 1950er Jahren, als die Unternehmen unter den Bedingungen der Vollbeschäftigung eine betriebliche Stabilisierung vor allem der gelernten Arbeiter anstrebten. Obwohl zwischen 1951 und 1966 die zusätzlichen betrieblichen Sozialleistungen in allen Unternehmen stiegen, vergrößerte sich der Abstand zwischen den kleinen und großen Unternehmen beträchtlich. Erhielt 1951 ein Arbeiter in einem Betrieb mit weniger als 100 Beschäftigten noch knapp die Hälfte der Sozialleistungen, die ein Großbetrieb mit mehr als 1000 Beschäftigten für einen Arbeiter aufwandte, erhielt er 1966 nur mehr ein Drittel der Gratifikationen in den letzteren Unternehmen.[164] Mittlerweile haben die »freiwilligen Sozialleistungen« der großen Unternehmen auch in ihrer absoluten Höhe eine nicht mehr zu unterschätzende Bedeutung erlangt, zumal sie heute noch einen so wichtigen Faktor wie die (zusätzliche) Altersversicherung einschließen. Um so gravierender wird daher die betriebsgrößenspezifische Differenzierung der Arbeiter (bzw. aller Arbeitnehmer) in solche, die diese Leistungen erhalten, und solche, die sie nicht erhalten. Trotz einer bedeutenden Ausweitung der betrieblichen Altersversorgung in den kleineren Unternehmen zwischen 1973 und 1976 bestand im letzteren Jahr in diesem Leistungsbereich noch ein beträchtliches Gefälle zwischen den großen und kleineren Unternehmen. Während von der Gesamtheit der in den letzteren (weniger als 100 Beschäftigte) erwerbstätigen Arbeitnehmern nur 23% eine Altersversorgung erhielten, war eine solche in den Großunternehmen (mehr als 1000 Beschäftigte) fast die Regel; 89,5% der Arbeitnehmer in diesen Unternehmen bezogen eine betriebliche Altersrente, wobei die Angestellten etwas besser gestellt waren als die Arbeiter.[165]

Die genannten Tendenzen der Angleichung bzw. der Differenzierung von Lohn- und Einkommensstrukturen spiegeln sich in der Einkommensschichtung der Arbeiterschaft insofern wider, als beträchtliche Überschneidungen zwischen den Qualifikationsgruppen festzustellen sind (vgl. Tabelle 14 a). Die qualifikationsbestimmte Lohndifferenz ist zwar in der Einkommensstufung noch erkennbar. Dennoch ist (oder bleibt) ein beträchtlicher Teil von qualifizierten Arbeitern in gleichen Einkommensgruppen wie die unqualifizierten. Nur die »Arbeiterelite« der Vorarbeiter und Meister, bei der sich außer der Position noch das Alter niederschlägt, ist klar abgehoben. Die Masse der Arbeiter zeichnet sich dagegen durch eine relative Homogenität ihrer Einkommen aus. Für die meisten von ihnen bildete 1971 ein monatliches Nettoeinkommen von 1200 DM »eine Art Schallmauer«,[166] welche die Facharbeiter zwar öfter durchbrachen als die nicht- bzw. dequalifizierten Arbeiter, aber doch nicht in einem gruppentypisch weit größeren Ausmaß. Der Eindruck relativer Homogenität der Arbeitereinkommen wird noch deutlicher bei einem Blick auf die Zusammensetzung der Arbeiterschaft nach Einkommensgruppen (vgl. Tabelle 14 b). Wenn auch in den Gruppen mit einem hohen Einkommen über 1200 DM die qualifizierten Arbeiter überwogen, bildeten die Unqualifizierten doch noch einen nennenswerten Teil dieser insgesamt kleinen Gruppe gut verdienender Arbeiter. Auf der anderen Seite war in der Gruppe der wenig verdienenden Arbeiter eine beträchtliche Zahl von Facharbeitern. Wahrscheinlich sind in der relativen Homogenität wie der Streuung der Einkommen auch Faktoren wie das Alter, Akkordarbeit und Überstunden wirksam, die als Begründung für Einkommenschancen aber ihrerseits eher homogenisierend wirken, da sie unter Umständen für jeden Arbeiter erreichbar oder zumindest nicht an eine bestimmte berufliche Qualifikation gebunden sind.

Die Einkommensschichtung im Jahre 1971 ernüchtert allzu positive Vorstellungen über den »Wohlstand« in der Arbeiterschaft. Der bedeutende Anteil von nicht- bzw. dequalifizierten Arbeitern mit einem Einkommen von weniger als 800 DM (unter denen freilich auch Einzelverdiener sind) weist darauf hin, daß der im Vergleich zur Gesamtbevölkerung fast doppelt so große Anteil der Arbeiterbevölkerung in Haushalten mit einem Einkommen

Tabelle 14: Einkommensschichtung der Arbeiter und unteren Angestellten/Beamten, Mikrozensus, 1971

a. Monatliches Nettoeinkommen der männlichen Haushaltsvorstände (in %)

	K.A.	bis 800	800-1200	1200-1800	über 1800	N (= 100)
Unqualifizierte Arbeiter	1,1	41,6	51,7	5,5	0,1	14 758
Dequalifizierte Arbeiter	1,1	33,1	57,4	8,2	0,3	11 473
Qualifizierte Arbeiter	0,9	22,2	64,9	11,4	0,5	28 944
Vorarbeiter, Meister	0,7	9,3	55,9	31,9	2,5	4 823
Arbeiter insg.	0,1	28,0	59,5	11,0	0,5	59 998
Ausführende Angestellte u. Beamte mit Volksschule/ohne u. mit gewerblicher Lehre	1,2	10,6	57,8	28,3	2,0	11 635
Ausführende Angestellte u. Beamte mit Volksschule u. kaufmänn. Lehre	1,4	9,4	51,6	34,3	3,2	5 102
Ausführende Angestellte u. Beamte mit mittleren Bildungsabschlüssen	1,4	5,6	42,0	43,5	7,4	8 751
Ausführende Angestellte u. Beamte insgesamt	1,3	8,7	51,1	34,7	4,1	25 488

b. Zusammensetzung der Arbeiterschaft nach Einkommensgruppen

	K.A.	bis 800	800-1200	1200-1800	über 1800	Arbeiter insgesamt
Unqualifizierte Arbeiter	27,1	36,5	21,3	12,3	5,5	24,6
Dequalifizierte Arbeiter	20,1	22,6	18,4	14,3	10,5	19,1
Qualifizierte Arbeiter	46,9	38,2	52,6	50,0	46,5	48,2
Vorarbeiter, Meister	5,8	2,7	7,5	23,4	37,5	8,0
	100	100	100	100	100	100

K.A. = Keine Angabe

Dequalifizierte Arbeiter = Arbeiter mit einem gelernten Beruf, der aber nicht mehr ausgeübt wird.

Quelle: Handl u. a., Klassenlagen, S. 237.

unter der »milden relativen Armutsgrenze« vor allem in diesen Arbeitergruppen zu suchen ist, besonders in der Phase der Familiengründung und bei kinderreichen Familien. 1969 lebten immerhin 21,2% der Arbeiterbevölkerung (gegenüber 12,4% der Gesamtbevölkerung) in Haushalten mit einem Einkommen unterhalb jener »milden« Armutsgrenze, d. h. mit einem Einkommen von weniger als 60% des durchschnittlichen Nettoeinkommens der privaten Haushalte.[167] Auf der anderen Seite wird deutlich, daß trotz der enormen Lohnsteigerung der im Vergleich zu anderen Schichten »wohlhabende« Arbeiter eher eine Ausnahmefigur ist, beschränkt auf eine Minderheit von Facharbeitern; allein die schon immer herausgehobene, aber kleine Gruppe der Vorarbeiter und Meister verdiente in gruppentypisch größerem Ausmaß (34,4%) über 1200 DM, ein Einkommen also, das von der Gesamtheit der männlichen Haushaltsvorstände nur 27%, aber z. B. 52% der kleineren Selbständigen (mit bis zu 9 Mitarbeitern) und 91% der leitenden Beamten und Angestellten mit höheren Bildungsabschlüssen erreichten.[168]

Nur die Vorarbeiter und Meister, die selber oft im Status eines Angestellten beschäftigt sind, haben in ihrem Einkommen auch mit den Angestellten gleichgezogen (vgl. Tabelle 14 a). Bei den anderen Arbeitern hat sich der Einkommensabstand zu diesen jedoch deutlicher erhalten, als man nach den starken Annäherungen der durchschnittlichen Arbeiter- und Angestellteneinkommen in den Nachkriegsjahrzehnten gegenüber den 1920er und 1930er Jahren erwarten würde. Das Aufholen der durchschnittlichen Arbeitereinkommen von 57% der Angestellteneinkommen im Jahre 1925 auf 82% im Jahre 1970[169] ist in erster Linie wohl eine Folge der Zunahme unterer Einkommensgruppen in der Angestelltenschaft. Aber auch die ausführenden Angestellten (und Beamten) unterschieden sich 1970 noch beträchtlich von den Facharbeitern. Die untere Einkommensgruppe wurde von ihnen weniger, die obere dagegen stärker besetzt. Mit steigender Ausbildung nahmen diese Unterschiede noch weiter zu. Mehr als 1200 DM verdienten 12% der Facharbeiter, aber rund 50% der Angestellten und Beamten mit einem mittleren Bildungsabschluß. Allerdings ist der gesellschaftlichen Erfahrung die Annäherung der Einkommen von Arbeitern und Angestellten insofern stärker präsent, als ein großer Teil von ihnen ökonomisch gleichgestellt ist und einen weitgehend identischen Lebensstil hat.

Gegenüber den Prozessen der Angleichung der Einkommen innerhalb der Arbeiterschaft und im Vergleich zu den Angestellten, ist der Prozeß der Abschwächung, ja Aufhebung lebenszyklischer Einkommensdisparitäten bei den Arbeitern stärker ausgeprägt und für die soziale Sicherung von elementarer Bedeutung. Die nach dem vierzigsten Lebensjahr je nach Qualifikation mehr oder weniger stark abfallende Lebensverdienstkurve oder der Verlust der relativ besser bezahlten Arbeitsplätze überhaupt, die familienzyklische Verarmung in der Phase des Heranwachsens der Kinder und die mangelnde Sicherheit bei Krankheit und Alter waren wesentliche Erscheinungen der »Proletarität«, der Unsicherheit des Lebensschicksals und des Abstiegs in sozial demütigende Hilflosigkeit.[170] Die Anstrengungen zur Kompensation dieser Risiken haben – neben betrieblichen Einrichtungen – spezifische Einrichtungen des kollektiven Lebens der Arbeiter stimuliert, wie die Hilfskassen, Konsumvereine und die »halboffene proletarische Familienstruktur«, in der die Schlafgänger und Untermieter das Einkommen ergänzten. Vor allem aber diente die gewerkschaftliche Arbeiterbewegung in hervorragendem Maße auch der sozialen Sicherung der Arbeiter. Trotz der in dem Jahrzehnt vor 1914 stark gestiegenen Ausgaben der Freien Gewerkschaften zur Unterstützung von Streiks und Lohnbewegungen sind in diesem Zeitraum ihre Ausgaben für vielfältige Beihilfen noch stärker angewachsen. Im Jahr 1913 gaben sie 16,6 Mill. Mark für Streikunterstützungen, aber fast das Doppelte, 31,2 Mill. Mark, für die Linderung proletarischer Lebensrisiken aus. Der Großteil davon entfiel auf die elementaren Risikobereiche Arbeitslosigkeit (37%), Krankheit (43%), Umzüge sowie Not- und Sterbefälle (9%); der Rest setzte sich zusammen aus Beihilfen für Arbeitsplatzsuche, bei Invalidität, Aussperrung und Ausgaben für den Rechtsschutz.[171]

Diese Aktivität verweist auch auf die nur bescheidene Wirksamkeit der staatlichen Sozialpolitik im Kaiserreich, so richtungsweisend und herausragend sie im Vergleich mit anderen Ländern auch war.[172] Sie erfaßte zwar einen großen Teil der Bevölkerung, aber mit keineswegs ausreichenden Sicherungsleistungen. Insbesondere die Altersversicherung war angesichts der rechtlichen Regelungen wenig wirksam. Die hohe Altersgrenze von 70 Jahren (ab 1916 dann: 65 Jahre) als Voraussetzung der Rente ließ bei der durchschnittlich niedrigeren Lebenserwartung viele gar nicht in deren Genuß kommen. Aber selbst wenn dies der Fall war, betrug 1912 die Altersrente nur etwa ein Sechstel des durchschnittlichen Arbeiter-Jahresverdienstes.[173] In der Weimarer Republik wurde die Sozialversicherung zwar institutionell und materiell ausgebaut, vor allem durch das Arbeitslosenversicherungsgesetz von 1927; die ökonomische Stagnation und vor allem die Inflation und Weltwirtschaftskrise zerrütteten aber die Leistungsfähigkeit, so daß am Ende der Republik wahrscheinlich mehr Menschen von der Fürsorge leben mußten als in der Vorkriegszeit. Selbst 1929, auf dem Höhepunkt des Ausbaus der Sozialversicherung zwischen den Kriegen, blieben viele Rentner arm: 30% der Rentner in den Städten und 22% auf dem Land erhielten eine zusätzliche Unterstützung, weil ihre Renten unter den Fürsorgesätzen lagen. Weiteren 20% der Rentner stand nur deshalb keine Fürsorgeunterstützung zu, weil sie außer der Rente noch ein Arbeitseinkommen bezogen.[174] Angesichts solcher sozialer Lagen ist die Feststellung wohl nicht übertrieben, daß erst die sich gegenseitig verstärkenden Effekte der Tarif- und Sozialpolitik sowie der Lohnsteigerung und Vollbeschäftigung seit den 1950er Jahren den vielleicht wichtigsten Wandel in der materiellen Lage der Arbeiter bewirkt haben: die »soziale Sicherheit« im Lebenszyklus. Nicht zuletzt wurde damit auch – neben den fortbestehenden graduellen Unterschieden – ein ehemals wichtiger Unterschied zwischen Arbeitern und Angestellten abgebaut. Insbesondere der Wandel in der sozialen Sicherung des Alters mit der Dynamisierung der Renten ist nicht nur ein relativer, sondern ein absoluter. Es ist nicht unwahrscheinlich, daß auch heute noch die Erinnerung an die Probleme bei der Altersversorgung die Vorstellung vom »sozialen Fortschritt« bestimmt, wenn dieser primär als die Sicherung der Renten und Arbeitsplätze verstanden wird.[175]

Da das Tarifrecht keine Veränderung der Löhne nach Erreichung der höchsten tarifmäßigen Altersstufe – die bei Arbeitern schon mit 23 Jahren beginnt – vorsieht, variieren die Arbeitseinkommen altersspezifisch nur geringfügig, hauptsächlich infolge der im Alter abnehmenden Akkordarbeit.[176] So sank – nach einer Untersuchung im Jahre 1966 – zwar nach der Heirat, als Kleinkinder versorgt werden mußten, das Pro-Kopf-Einkommen der Familie etwa 10% unter den Durchschnitt. Anders als im Kaiserreich folgte dieser Phase nach dem 45. Lebensjahr jedoch keine abschüssige Entwicklung, sondern eine aufsteigende; das Pro-Kopf-Einkommen in den Familien nahm zu.[177] Darin spiegelt sich der Auszug der Kinder aus der Familie[178], aber auch eine gewisse wirtschaftliche Sicherheit im Alter, worauf die mit dem Alter zunehmende Höhe der Sparguthaben gleichfalls hinweist. 1966 betrug innerhalb der jungen Arbeiterhaushalte (Haushaltsvorstand zwischen 25 und 35 Jahren) der Anteil derjenigen mit einem Sparvermögen von weniger als 2000,– DM 63,1%, derjenigen mit einem Sparguthaben von mehr als 5000,– DM dagegen 13,6%. Mit zunehmendem Alter verschob sich dies. Innerhalb der alten Arbeiterhaushalte betrug der Anteil derjenigen mit einer Sparsumme von weniger als 2000,– DM noch 41,9%, der Anteil mit einer Summe von mehr als 5000,– DM 27,1%.[179] Mögen diese Ersparnisse auch gering sein und noch einmal darauf verweisen, daß sich die wirtschaftliche Lage und Sicherheit der Arbeiter auf einem eher bescheidenen Niveau hält, so indizieren sie aber doch auch die weitgehende Abwesenheit früherer Altersnot.

Einen wesentlichen Anteil an diesem historisch neuen Grad der sozialen Sicherheit hat die Sozialpolitik, die seit den 1950er Jahren – forciert durch die Herausforderung des Wiederaufbaus und der Eingliederung der Flüchtlinge – institutionell wie materiell tiefgreifend verändert und erweitert wurde. Von größter Bedeutung für die Arbeiter war dabei die dynamische Anpassung der Renten an das Wirtschaftswachstum bzw. die Lohnsteigerungen durch das Rentengesetz von 1957. Außer den klassischen sozialpolitischen Leistungsbereichen der Alters-, Invaliden-, Kranken- und Arbeitslosenversicherung wurden darüber hinaus die Leistungen für Familie und Wohnen, die berufliche Qualifikation und die Sparförderung verbessert. Aus diesen Leistungen resultiert ein in der Regel direkt verfügbares Sozialeinkommen. Bei einer Steigerung der Leistungen des Sozialbudgets von 62,8 Mrd. im Jahr 1960 über 153,5 Mrd. im Jahr 1969 auf 353,8 Mrd. im Jahr 1976 bewegte sich der Anteil der Ausgaben für jene Sozialeinkommen von 19,6% auf 27,7% und schließlich 24,4%.[180] Obwohl die Leistungen nicht schichtenspezifisch bestimmt sind, erhalten die Arbeiter infolge geringerer Verdienste im Durchschnitt relativ mehr als die Angehörigen anderer Schichten. 1978 war der Anteil der Sozialeinkommen in den Arbeiterhaushalten fast doppelt so hoch wie in den Haushalten der Angestellten und erreichte fast ein

Tabelle 15: Monatlich verfügbares Haushaltseinkommen und Anteil des Sozialeinkommens, 1978

	Haushaltseinkommen	davon Sozialeinkommen	Personen je Haushalt
Arbeiter	2645 DM	18 %	3,1
Angestellte	3075 DM	10 %	2,9
Beamte	3065 DM	6 %	2,9
Landwirte	4430 DM	7 %	3,9
Sonstige Selbständige	7605 DM	3 %	3,7

Quelle:
Süddeutsche Zeitung vom 7. 8. 1979. Summe der Nettoeinkommen aller Haushaltsangehörigen im Durchschnitt der jeweiligen Schichten.

Fünftel des verfügbaren Einkommens (vgl. Tabelle 15).

In dieser überdurchschnittlichen sozialstaatlichen Unterstützung ist freilich auch die Arbeitslosenunterstützung eingeschlossen. Aber auch ohne die im Aggregat enthaltene Arbeitslosenunterstützung stellen die Sozialeinkommen einen bedeutenden Faktor in vielen Arbeiterhaushalten dar. Hat der Sozialstaat auch kaum zu einer Umverteilung der Einkommen und Vermögen geführt und insofern keine größere Gleichheit geschaffen, so bewirkte er doch gesellschaftspolitisch wichtige Korrekturen im Grad der Ungleichheit zwischen Erwerbstätigen und Nicht-Erwerbstätigen, hauptsächlich Rentnern. Das heißt aber auch, daß typische Lebensrisiken der Arbeiter, die infolge ihrer relativ niedrigen Erwerbseinkommen nur geringe Mittel für die private Vorsorge aufbringen konnten, ausgeglichen wurden. Immerhin wurde im Jahr 1978 die Zahl der Rentnerhaushalte mit einem Einkommen von weniger als 1000 DM durch die Sozialeinkommen auf einen Anteil von 39,6% aller Haushalte dieser Gruppe reduziert; allein aufgrund der Erwerbs- und Vermögenseinkommen hätte dieser Anteil 78,7% betragen.[181]

In historischer Perspektive sind solche Zahlen auch ein Hinweis darauf, daß vom Wirtschaftswachstum alleine die soziale Sicherung für alle nicht zu erwarten ist. Erst die sozialstaatliche Intervention – allerdings auf der Grundlage des Wirtschaftswachstums – hat sie entscheidend gefördert, mit einem säkularen Erfolg der Sicherung politischer Stabilität nach dem Zweiten

Weltkrieg. Die gegenwärtige, häufig erstaunlich unpräzise öffentliche Diskussion über die Grenzen des Sozialstaats sollte wohl stärker berücksichtigen, daß die Sozialleistungen kein Volk von Rentiers geschaffen haben, sondern überwiegend elementare Sicherungsfunktionen erfüllen und darüber hinaus jene Grenzen nicht nur durch sozialpolitische Marksteine im engeren Sinne, sondern auch durch verfassungspolitische im weiteren Sinne bestimmt werden.[182] Das Schicksal der Sozialpolitik in der Weimarer Republik bleibt eine Mahnung und Herausforderung.

6. Zwischenbilanz

Läßt sich aus den umrissenen Elementen der sozialen Zusammensetzung und Lage der Arbeiterschaft eine wachsende Einheit der Arbeiterschaft als Erwerbsklasse, eine Homogenisierung ihrer Klassenlagen ablesen? Wurden die Marktchancen und Arbeitsbedingungen gleichartiger? Eine zusammenfassende Antwort kann nicht eindeutig ausfallen. Im Prozeß des wirtschaftlichen Strukturwandels, der demographischen Entwicklung sowie der Technisierung und Rationalisierung der Industrie waren homogenisierende Tendenzen sicher wirksam. Sie förderten die relative Konzentration der Arbeiterschaft im Wirtschaftsbereich »Industrie und Handwerk«, die Verbreitung und Stabilisierung lebenslanger Lohnarbeit und damit für die größte Gruppe innerhalb der Arbeiterschaft die Angleichung einiger Bedingungen ihres Arbeitslebens. Zweifellos prägen die im Kaiserreich infolge ihrer historischen Neuartigkeit hervorgehobenen Züge des modernen Arbeiters – die Beschäftigung in Großbetrieben, Maschinenarbeit und das Leben in Großstädten – heute stärker als um die Jahrhundertwende die Lage der Arbeiter. In Verbindung mit der politischen Normierung und Organisierung des Arbeitsmarktes haben sich die im späten 19. Jahrhundert noch großen Lohndifferenzen verringert. Diese Tendenzen der Homogenisierung hoben jedoch die alten Differenzierungslinien nicht auf. Die Angleichung erfolgte mehr in einer gleichsam massenhaften Wanderung – über die traditionellen Grenzen hinweg, die dabei teilweise auch an Trennschärfe eingebüßt haben. Das gilt besonders für die berufliche und qualifikationsspezifische Lage der männlichen Arbeiter, bei denen Ausmaß und Niveau der beruflichen Bildung zugenommen, während mit der Rationalisierung die Prägekraft der Unterschiede zwischen Gelernten und Ungelernten abgenommen haben.

Daneben erhielt sich aber die Bedeutung älterer Differenzierungslinien, während andere sich verstärkten oder neu entstanden. Sehr stabil blieb im Hinblick auf Beschäftigungsstruktur und Lohnunterschiede die geschlechtsspezifische Differenzierung der Arbeiterschaft. Der wohl mächtigste Faktor der Heterogenisierung von Klassenlagen war aber der ungleichmäßige industrielle Wandel selber. Die Entwicklung von Technologie, Rationalisierung, betrieblicher Sozialpolitik und Mitbestimmung wurde branchen- und betriebsgrößenspezifisch sehr unterschiedlich wirksam, so daß sich Arbeitsbedingungen, Qualifikationsniveaus und Einkommenschancen zwischen klein- und großbetrieblichen Milieus eher polarisierten als annäherten. Gleichzeitig erfaßten aber auch innerhalb der fortgeschrittenen Industriezweige und Unternehmen jene Entwicklungen nicht alle Arbeiter gleichartig. Daneben blieb, im Gegensatz zur verbreiteten kulturkritischen Stilisierung der »Entfremdung« durch industrielle Arbeit, die Reichweite des Einflusses von Mechanisierung, Automatisierung und extremer Partialisierung der Arbeitsvollzüge auf die Arbeitsbedingungen begrenzt. Neuartig war schließlich seit den 1960er Jahren in Ausmaß und Wirkung die innere Differenzierung entlang der Qualifikationslinie durch den Zustrom der ausländischen Arbeiter. Die dadurch ausgelöste »Unterschichtung« der deutschen Arbeiterschaft hat die Bedeutung unterschiedlicher Qualifikationen durch die national-kulturelle Distanz nicht nur vertieft, sondern auch verändert. Die Lage der alten Unterschicht der ungelernten Arbeiter gewann Züge eines gesellschaftlichen Gettos, wodurch die Homogenität der übrigen deutschen Arbeiter indirekt gefördert wurde.

Eher als eine Gewichtung zwischen den Tendenzen der Homogenisierung bzw. Heterogenisierung von Klassenlagen in der Arbeiterschaft ist die Markierung eines zeittypischen Entwicklungsschubes möglich. Insgesamt gründeten jene Tendenzen zwar auf der prozessualen Kontinuität der Industrialisierung, Urbanisierung und Sozialpolitik (im weiteren Sinne der Intervention in das Marktgeschehen); trotz spezifischer Phasen der Beschleunigung oder Stagnation vor 1945 ließ aber erst die Konstellation der allseitigen Entwicklung und Kumulation ihrer Wirkungen nach dem Zweiten Weltkrieg die Kontinuität in eine Diskontinuität umschlagen. Ihren Ausdruck fand diese Diskontinuität im historisch vergleichslos ansteigenden Lebensstandard der Arbeiter und in einem wesentlichen Fortschritt ihrer sozialen Sicherung. Aufbauend auf strukturellen Dispositionen der Entwicklung der Arbeitsproduktivität, den zwingenden Bedingungen des gesellschaftlich-politischen Wiederaufbaus nach dem Zusammenbruch des Nationalsozialismus, der Integration der Vertriebenen und Flüchtlinge und der Herausforderung durch die kommunistische Systemkonkurrenz infolge der nationalen Teilung, wurde die Diskontinuität jedoch erst aufgrund des ungeahnten Wirtschaftswachstums möglich. Insofern erfolgte der sozialgeschichtliche Kontinuitätsbruch nicht im Jahre 1945, sondern etwa in den 1960er Jahren, dessen politisch-symbolischer Ausdruck vielleicht der Eintritt der SPD in die »Große Koalition« war.

In dieser Perspektive läßt sich sagen: Die Arbeiterschaft in der Bundesrepublik ist eine andere als in den vergangenen Epochen der jüngsten deutschen Geschichte. Die Diskontinuität in der Gesamtheit ihrer Lage enthält jedoch Elemente der Kontinuität, so daß man hinzufügen muß: Die Arbeiter sind Arbeiter geblieben. Trotz bedeutender Annäherungen zwischen den Schichten der abhängig Erwerbstätigen sind sie nicht in der Masse der »Arbeitnehmer« aufgegangen. In dem trotz aller Einschränkungen der unternehmerischen Verfügungsfreiheit noch kapitalistischen Beschäftigungssystem, dem die meisten Arbeiter unterliegen, haben sich strukturtypische Merkmale des Arbeiterdaseins erhalten, wenn diese auch der alten Elendsgestalt der »Proletarität« entkleidet sind: die Körperlichkeit der Arbeit, ein überdurchschnittliches Maß an Arbeitsbelastung und Abhängigkeit am Arbeitsplatz, relative Einkommensrückstände, nicht zuletzt die berufliche Lage und das damit zusammenhängende Beschäftigungsrisiko. Andrerseits hat der Strukturwandel der kapitalistischen Industriewirtschaft, die zunehmende Verbreitung nicht-manueller Arbeit, das relative Gewicht der Arbeiterschaft reduziert, freilich nicht aufgehoben. Diese Entwicklung, getragen von Technik und Wissenschaft als Produktivkräften, hat in der jüngsten Vergangenheit eine absolute Schrumpfung der Arbeiterschaft eingeleitet.

In wichtigen Hinsichten läßt sich mithin durchaus noch in historisch-soziologisch gehaltvoller Weise von einer Arbeiterschaft sprechen, auch wenn grundlegende Merkmale und Probleme der Lohnarbeit heute nicht mehr in dem Maße arbeiterspezifisch sind wie im späten 19. Jahrhundert. Die »proletarische« Lage dauernder und fremdbestimmter Lohnarbeit und marktabhängiger Einkommen wurde auch für die mit dem wirtschaftlichen Strukturwandel seit etwa 1900 stärker als die Arbeiter zunehmende Gruppe der Angestellten bestimmend, während gleichzeitig die Sicherungs- und Steuerungssysteme des Sozialstaats und der Organisation des Arbeitsmarktes die fundamentale Unsicherheit der »Proletarität« stark eingeschränkt oder aufgehoben haben. Insofern hat sich die soziale Lage der Vielzahl einzelner Arbeiter entproletarisiert.

Wie hat sich damit und durch andere Entwicklungen die kollektiv typische Lage der Arbeiter in der Gesellschaft verändert? Hat ihre Einheit als »soziale Klasse«, die den Zeitgenossen vor dem Ersten Weltkrieg weithin selbstverständlich war, zu- oder abgenommen? Wie entwickelten sich im wirtschaftlichen Strukturwandel, mit der Steigerung des Lebensstandards und den politischen Katastrophen und Krisen des 20. Jahrhunderts soziale Chancen, Verhaltensweisen und politische Einstellungen der Arbeiter? Diesen Fragen soll im folgenden Kapitel, am Beispiel der Mobilität, an einigen Aspekten der Arbeiterkultur und der Bindung der Arbeiter an Parteien und Gewerkschaften, nachgegangen werden.

Kapitel III

Die Arbeiterschaft als soziale Klasse

1. Mobilität und Klassenbildung

Die soziale Mobilität, der Wechsel von Individuen zwischen bestimmten sozialen Positionen, von denen angenommen wird, daß sie hierarchisch geordnet und durch unterschiedliche soziale Lagen und ein spezifisches Ansehen ausgezeichnet sind, ist der »locus classicus« der empirischen Forschung zur Klassenbildung. Formen typischer Mobilität lassen Annahmen zu über die Gemeinsamkeit von Lebenserfahrungen, Erwartungen und sozialen Chancen, während das Ausmaß der Mobilität die Reichweite und Dauer solcher Gemeinsamkeiten aufzeigt und einen Maßstab für die »Offenheit« einer Gesellschaft bildet. Insofern berührt die Mobilität grundlegende liberale Normen der gesellschaftlichen Ordnung, die seit den Revolutionen und Reformen des 18. und 19. Jahrhunderts nicht mehr durch die geburtsständische Festlegung der Lebenschancen, sondern durch die Freiheit und Gleichheit der Chancen von Individuen bestimmt sein soll.

Als Indikatoren klassenbildender Mobilität gelten die Herkunft der Angehörigen einer bestimmten Großgruppe, ihre beruflichen Chancen und die Heirat. Die Herkunft prägt Fähigkeiten, Orientierungen und Erwartungen; der Beruf hat als Einkommensquelle und Feld gesellschaftlicher Erfahrung einen hohen Einfluß sowohl auf die individuelle »Karriere« (intragenerationelle Mobilität) als auch auf das soziale Schicksal der Kinder einer Familie (intergenerationelle Mobilität); durch die Heirat schließlich werden z. B. Verwandtschaftsbeziehungen und damit ein wichtiger Teil des alltäglichen, meinungsbildenden und -stabilisierenden Verkehrskreises gestiftet (konnubiale Mobilität). Diese drei Dimensionen der Mobilität bilden wesentliche Lebensbereiche ab und erlauben in ihrer typischen Ausprägung Rückschlüsse auf die soziale Nähe zwischen Angehörigen verschiedener Gruppen und Generationen. Ihre Messung enthält jedoch gerade im historischen Vergleich eine Vielzahl methodischer Probleme. Dennoch soll im folgenden mit den üblichen Kategorien des Vergleichs der beruflich-sozialen Positionen zwischen Vätern und Söhnen bzw.

zwischen den Heiratspartnern ein Überblick über die genannten Dimensionen der Mobilität gegeben werden, der sich besonders an zwei Leitfragen orientiert: Hat die Mobilität der Arbeiter zugenommen, und welche Wirkungen hatte sie auf die soziale Homogenität der Arbeiterschaft?[1]

a) Soziale und regionale Herkunft

Die soziale Herkunft bzw. Rekrutierung der Industriearbeiter zog in der Durchsetzungsphase der modernen Industrie vielfältige Probleme der beruflichen und gesellschaftlichen Anpassung an die Arbeits- und Lebensbedingungen in Fabrik und Stadt nach sich. In der Hauptsache schlugen sich darin die wirtschaftlichen und kulturellen Spannungen zwischen Arbeits- und Lebensformen der vorindustriellen und industriellen sozialen Gruppen nieder.[2] Solche zeit- und regionalspezifisch unterschiedlichen Spannungen sind zu berücksichtigen gegenüber einem groben, infolge der Rückprojektion allzu glatten, aber dennoch illustrativen Überblick über die soziale Herkunft der männlichen Arbeiter, der gewonnen wurde aufgrund einer 1975 durchgeführten Befragung der über 25jährigen nach den Berufen ihrer Väter und Großväter. Die »Zustromquoten« in Tabelle 16 geben den Anteil der verschiedenen Herkunftsschichten innerhalb einer Geburtsgruppe der Fach- bzw. anderen Arbeiter an.[3]

Die männliche (deutsche) Arbeiterschaft rekrutierte sich, wie Tabelle 16 zeigt, bis in die 1970er Jahre bei einem bemerkenswert stabilen Verteilungsmuster aus allen Schichten. Sowohl bei den Facharbeitern als auch bei den »anderen«, un- und angelernten Arbeitern war und ist die Selbstrekrutierung aus der Gesamtheit der Arbeiterschaft mit rund zwei Dritteln die Regel. Dabei stellten die vor- und nicht-industriellen Unterschichten, die Landarbeiter, Hausgewerbetreibenden und handwerklichen Arbeiter auch nach der Entstehung eines »geborenen« Industrieproletariats noch ein bedeutendes Reservoir für die Industriearbeiter.[4] Bis in die 1950er Jahre bildeten Bauern und gewerblich Selbständige das größte Potential der Fremdrekrutierung, während es seither von den Angestellten und Beamten gestellt wird. Allerdings war die Rekrutierung aus der Bauernschaft auch in der jüngsten Vergangenheit bedeutender, als es in Tabelle 16 erscheint, da diese die ausländischen Arbeiter, welche häufig aus einem kleinbäuerlichen

Tabelle 16: Soziale Herkunft von Facharbeitern und anderen Arbeitern (Zustromquoten), 1850/79-1940/49

Geburtszeitraum der Söhne Schicht des Vaters	1850-79	1880-89	1890-99	1900-09	1910-19	1920-29	1930-39	1940-49
a) *Facharbeiter*								
Facharbeiter	41	41	40	44	42	41	44	45
Andere Arbeiter	21	20	25	22	24	21	22	21
Bauern	24	24	20	17	15	18	11	7
Selbst./Freie Berufe	6	10	8	8	9	10	8	7
Angestellte/Beamte	8	5	7	9	10	10	15	20
N (= 100)	183	355	418	600	785	599	533	349
b) *Andere Arbeiter*								
Facharbeiter	6	9	10	12	15	17	21	19
Andere Arbeiter	64	62	63	55	52	43	52	55
Bauern	26	22	21	21	18	27	16	11
Selbst./Freie Berufe	2	5	5	6	8	4	2	5
Angestellte/Beamte	2	3	2	6	8	9	9	11
N (= 100)	160	246	251	387	405	261	182	102

Quelle:
G. Kleining, Soziale Mobilität in der Bundesrepublik Deutschland, I: Klassenmobilität in: KZfSS 29. 1975, S. 97-121, hier S. 119 ff. Eigene Berechnung; infolge von Auf- bzw. Abrundung addieren sich die Prozentzahlen nicht immer genau auf 100.

Milieu stammen, nicht erfaßt; davon ist besonders die Zusammensetzung der un- und angelernten Arbeiterschaft betroffen. In der nur in den Geburtsjahrgängen 1920-29 unterbrochenen kontinuierlichen Verschiebung der schichtenspezifischen Anteile an der Rekrutierung der Arbeiterschaft spiegelt sich natürlich der umfassende sozialökonomische Strukturwandel und die mit diesem verbundene Verschiebung der relativen Anteile der sozialen Schichten an der Gesamtgesellschaft wider. Insbesondere ging die Rekrutierung aus den besitzenden Schichten, den Bauern und Selbständigen zurück: Vor dem Ersten Weltkrieg stammte fast jeder dritte Arbeiter, in der Zwischenkriegszeit noch jeder vierte, in den sechziger Jahren nur noch etwa jeder siebte Arbeiter aus diesen Schichten. Nur der Zustrom der Vertriebenen und Flüchtlinge nach 1945, die zu einem bedeutenden Teil aus den weniger industrialisierten östlichen Gebieten stammten, führte noch einmal, besonders bei den un- und angelernten Arbeitern, zu einem verstärkten Zustrom aus der Bauernschaft (vgl. die Geburtsjahrgänge 1920-29 in Tabelle 16).

Die Rekrutierung der Arbeiterschaft zeigt bis heute gruppentypische Ausprägungen, die etwas aussagen über ihre innere Schichtung und die unterschiedliche Fähigkeit der Facharbeiter und der »anderen« Arbeiter, ihre Söhne in andere Positionen zu plazieren. Die gruppenspezifische Selbstrekrutierung der un- und angelernten Arbeiter ist deutlich größer als diejenige der Facharbeiter. Daneben zeigt auch die Fremdrekrutierung charakteristische Unterschiede. Seit der Jahrhundertwende rekrutieren sich die Un- und Angelernten deutlich stärker aus der Bauernschaft als die Facharbeiter, während diese selber häufiger aus der Schicht der Angestellten und Beamten kommen. Bei jenen tradierten sich daher länger herkunftsbedingte Anpassungsprobleme an die abhängige Erwerbsarbeit.

Bis heute kristallisiert sich an der Qualifikationslinie innerhalb der Arbeiterschaft auch eine Ungleichheit der Herkunft heraus. Die Nicht-Facharbeiter kommen häufiger aus sozial niedrigeren Schichten oder aus der industriefremden Bauernschaft, deren Abkömmlinge infolge des Strukturwandels der bäuerlichen Landwirtschaft[5] nicht selten auch noch die Erfahrung einer Deklassierung von ehemals Besitzenden mitnehmen. Im Muster dieser unterschiedlichen Herkunft ist nur eine schwache Tendenz der Angleichung enthalten. Zunehmend, im besonderen Ausmaß nach dem Zweiten Weltkrieg, rekrutierten die Un- und Angelernten sich auch aus Söhnen von Facharbeitern, während der Anteil der Söhne der Unqualifizierten an der Facharbeiterschaft eher stabil blieb. Da die intergenerationelle Mobilität ein anderes Bild zeigt (vgl. Tabelle 17, S. 114, spiegelt sich darin vor allem die Verschiebung in der Zusammensetzung der männlichen Arbeiterschaft: Infolge einer absoluten Schrumpfung der Nicht-Qualifizierten erhöhte sich der relative Anteil der Söhne von Facharbeitern, während aus demselben Grunde der zunehmende Aufstieg der Söhne von Un- und Angelernten in Facharbeiterpositionen sich nicht in einem größeren Anteil an der Zusammensetzung der Facharbeiter niederschlug.

Die Unterschiede in der Herkunft unterstreicht noch eine andere Linie der inneren Differenzierung der Arbeiterschaft. Wie die männlichen un- und angelernten Arbeiter stammen die typischerweise unqualifizierten Arbeiterinnen überwiegend aus Familien ungelernter Arbeiter und von Bauern.[6] Die Arbeiterin hat daher auch in der Regel keine Berufsausbildung, muß aber infolge familialer Verpflichtungen gleichwohl eine wenig qualifizierte und schlecht bezahlte Arbeit annehmen. Bei ihr kumulieren sich negative Bedingungen, die sie sowohl von ihren männlichen Kollegen, die überwiegend Facharbeiter und eher selten Söhne eines Ungelernten sind, unterscheiden als auch von den weiblichen Angestellten, die nur in wenigen Fällen Töchter von Nicht-Facharbeitern und Bauern sind.

Die problemstiftende und verhaltensprägende Kraft der sozialen Herkunft wird in den groben Kategorien des Überblicks in Tabelle 16 nicht deutlich. Ein klareres Bild davon würden gruppenspezifisch und regional aufgeschlüsselte Daten liefern, die jedoch teils nicht vorhanden, teils nur mit großer Umständlichkeit zu präsentieren sind. Einige Ergebnisse lassen sich dennoch festhalten. Sofern die Rekrutierung der industriellen Arbeiterschaft mit Wanderung verbunden war, zog sie – je nach dem Typ der Wanderung – auch schichtenunspezifische Probleme der Anpassung an die veränderte Umwelt nach sich. Neu in die fernen Großstädte ziehende Landarbeiter und Kleinbauern wurden gleichermaßen berufsfremd tätig und waren von den Wohnungsproblemen besonders stark betroffen. Dagegen schwächte sich für beide als Nahwanderer oder Pendler die Herausforderung zur sozialen und kulturellen Anpassung ab, da sie in die angestammten ländlichen Sozialformen mindestens teilweise integriert blieben. Wie Mobilitätsstudien und das begrenzte Ausmaß der Urbanisierung der Arbeiter annehmen lassen[7], bildeten diese Arbeiter auch in der Zeit der Massenwanderung vor dem Ersten Weltkrieg die Mehrheit. Andrerseits jedoch konnte die schichtenspezifische Herkunft eine unterschiedliche Orientierung als Arbeiter zeitigen. Kleinbauern(söhne) stellten sich nicht selten auf eine Rückkehr aufs Land ein, blieben emotional auf ihre agrarische Berufsrolle fixiert und entwickelten daher – ähnlich den ausländischen Arbeitern in den 1960er Jahren – ein überwiegend »instrumentelles« Verhältnis zum Inhalt und den Bedingungen ihrer Arbeit, was insbesondere ihre gewerkschaftliche Organisierbarkeit hemmte.[8] Umgekehrt ermöglichte für die Landarbeiter(söhne) die städtische Industrie eine neue Lebensweise, mit geringeren sozialen Kontrollen und häufig einem höheren Lebensstandard. Die unzureichenden Einkommen auf dem Land und die im Vergleich weit höheren Löhne in der Stadt haben sie dorthin ziehen lassen. Vor dem Hintergrund ihrer Herkunft mochten sie daher zufrieden erscheinen, »wenn sie sich Zigaretten kaufen können«, wie ein gelernter Arbeiter verächtlich schrieb,[9] dabei aber verschwieg, daß dies ein demonstrativer Konsum war, da die Zigarette ein modisches Symbol gehobenen Lebensstandards war. Die ungelernten Arbeiter aus der ländlichen Unterschicht akzeptierten im Kaiserreich die schmutzigsten, einförmigsten, und körperlich schwersten Arbeiten, zu denen die Arbeiter städtischer Herkunft nicht mehr selbstverständlich bereit waren und aufgrund ihrer beruflichen Ausbildung auch weniger bereit sein mußten. Mindestens zeitweilig von einer ungewöhnlichen Fügsamkeit, waren jene noch in den 1920er Jahren unter bestimmten Umständen eine disponible Reservearmee.[10] Die Spannungen zwischen Zuwanderern und städtisch-ansässigen, auch eher organisierten Arbeitern, wie sie die Streikgeschichte zeigt, waren daher nicht verwunderlich.

Die herkunftstypischen Anpassungsprobleme und Orientierungsdimensionen sind in den letzten Jahrzehnten zwar nicht gänzlich verschwunden, haben aber an Bedeutung stark eingebüßt. Die Angleichung der Lebensbedingungen zwischen Stadt und Land und die Ausbreitung des Berufsbildungssystems haben die milieuspezifischen Unterschiede in den lebensgeschichtlichen Voraussetzungen der Arbeiter abgeschwächt. Damit wurden auch sozialtypische Differenzierungen, ja Diskriminierungen innerhalb der Arbeiterschaft abgebaut, was jedoch nicht schon von selber die Homogenisierung der »sozialen Klasse« förderte. Vor allem für die ungelernten Arbeiter war und ist heute mit der Angleichung der Anfangsbedingungen in besonderem Maße eine individuell deklassierende Erfahrung verbunden. Da sie mit dem Schrumpfen der Landarbeiterschaft selber in weit stärkerem Maße als früher aus Familien un- und angelernter gewerblich-industrieller Arbeiter stammen, fehlt ihnen das ehemals – innerhalb bestimmter Grenzen – positive Kontrasterlebnis. Im Vergleich mit den Gelernten nehmen sie daher nur ein Defizit wahr, die fehlende berufliche Bildung bzw. den diskriminierenden Status des »bloßen« Arbeiters. Bei allgemeiner Schulpflicht und gleichen Zugangschancen im Ausbildungssystem erscheint das Defizit jedoch weniger im Lichte kollektiver sozialer Ungleichheit, sondern mehr als Folge individuellen Versagens, dessen entscheidende Etappen schon in der Jugendzeit liegen. Übrig bleibt nicht selten eine verbitterte Gleichgültigkeit und Resignation, die durch eine inhaltsarme, wenig anerkannte Arbeit immer wieder neu genährt wird und dadurch schließlich sich zu einem anspruchsarmen, privat isolierten Leben verhärtet, das auch die Selbstzurechnung zur Arbeiterschaft als sozialem Kollektiv erschwert. Die Gewerkschaftszugehörigkeit ist dafür ein gewisses Indiz. Wie im Kaiserreich und in den 1920er Jahren waren die Ungelernten auch in den 1960er Jahren eine deutlich unterrepräsentierte Minderheit in den Gewerkschaften.[11]

Der Kontinuität in der schichtenspezifischen Rekrutierung und der darin enthaltenen Abschleifung sozialtypischer Voraussetzungen der Herkunft stand besonders in der unmittelbaren Nachkriegszeit, aber auch noch in der Boomphase der 1950er Jahre eine dramatische Diskontinuität der regionalen Herkunft gegenüber, die für die sozialpolitische Geschichte und die Entwicklung der politischen Einstellungen in der Bundesrepublik eine kaum zu überschätzende Bedeutung hat. Obwohl die Arbeiterschaft auch in der Phase der Hochindustrialisierung im Kaiserreich regional sehr mobil war, war die politisch erzwungene bzw. geförderte Fernwanderung und Umsiedlung in der Endphase des Zweiten Weltkriegs und in den Jahren danach sowohl in der Art wie im Umfang der »Wanderung« beispiellos. Die Vertriebenen aus den deutschen Ostgebieten, die vertriebenen Auslandsdeutschen und die Flüchtlinge erst aus der SBZ, dann aus der DDR stellten 1960 etwa 40% aller in der Bundesrepublik Beschäftigten. Zweifellos strömte der größere Teil der 4,7 Mio. Vertriebenen und der 1,8 Mio. Flüchtlinge bis 1961 in die Arbeiterschaft bzw. wurde dorthin abgedrängt.[12] Ein bedeutender Teil der Vertriebenen (38%) war schon Arbeiter, während die Selbständigen und mithelfenden Familienangehörigen, die in ihrer eher kleingewerblich-agrarischen Heimat 33% der vertriebenen Erwerbspersonen ausmachten, weitestgehend in abhängige Positionen deklassiert wurden; 1955 waren nur noch 8% der Vertriebenen Selbständige bzw. mithelfende Familienangehörige.[13] Soweit die Zahlen eine Kalkulation erlauben, setzte sich in den 1950er Jahren die Gesamtarbeiterschaft zu etwa 25-30% aus Vertriebenen und Flüchtlingen zusammen, d. h. etwa zu drei Mio. aus Menschen[14], die vom Krieg besonders hart getroffen, aus ihren sozialen Bindungen herausgerissen worden waren und vor einer Fülle von Problemen der Integration und sozialen Identitätsfindung in der neuen Umgebung standen. In einzelnen Branchen und Regionen wie im Bergbau des Ruhrgebietes wurden durch ihren Zustrom die Belegschaften stark vermischt. Sie setzten sich bis zur Hälfte aus berufsfremden Flüchtlingen zusammen.[15] Gegenüber der abnehmenden Wanderung nach dem Ersten Weltkrieg war das für die Belegschaften eine neue Erfahrung, die jedoch vorbereitet wurde durch die »Fremdarbeiter« und Gefangenen-Arbeiter während des Krieges.

Die soziale Entwurzelung und der Vermögensverlust haben eine »Proletarisierung« verursacht, die – auch wenn die Vertriebenen und Flüchtlinge im Hinblick auf ihre Erfahrungen, Kenntnisse und Erwartungen nicht mit der entstehenden Industriearbeiterschaft des 19. Jahrhunderts zu vergleichen sind – doch einige Merkmale der »Proletarität« des späten 19. Jahrhunderts wiederholte und die bis in die 1950er Jahre die Vertriebenen von der einheimischen Bevölkerung unterschied. Der Anteil von Lohnabhängigen war unter ihnen größer, berufsfremde Tätigkeiten häufiger, nicht zuletzt in schlechter bezahlten und wenig angesehenen Berufen; Vertriebene waren überproportional Gelegenheits-, Bau- und sonstige Außenarbeiter. Die Arbeitslosigkeit war unter ihnen größer und ihre Wohnverhältnisse waren schlechter als bei den Einheimischen. Im Verein mit ethnischen und politischen Vorurteilen besonders in den ländlichen Wohngebieten schienen manchem Zeitgenossen die Vertriebenen und Flüchtlinge ein

»neues Proletariat« zu bilden.[16]

Es kam bekanntlich anders. Das »neue Proletariat« war eine der vielen vorschnellen Prognosen über den Wandel der Arbeiterschaft. In der raschen Integration der Vertriebenen, auch soweit sie in die Arbeiterschaft eingingen, waren neben den allgemeinen Faktoren noch einige besondere wirksam, die verhinderten, daß sich eine neue Subgruppe in der Arbeiterschaft und eine längere und konfliktreiche Phase der Adaption und Integration wie im 19. Jahrhundert ausbildete. Eine hochentwickelte Industrie absorbierte in einer außergewöhnlichen Boomphase alle Arbeitskräfte bei steigenden Löhnen, und ein forciert ausgebautes System der Sozialleistungen, teils mit besonderen Gratifikationen für die Vertriebenen und Flüchtlinge, erleichterte die Überwindung der Not. Zudem brachten diese vielfach eine hohe Qualifikation und lange Erfahrung in industriell-gewerblicher Arbeit mit. Nur der allerdings beträchtliche Teil ehemaliger Landarbeiter, selbständiger Bauern und Handwerker und der mithelfenden Angehörigen – mindestens eine Mio. bis 1950 – stand unter zusätzlichen Anpassungsproblemen.[17] Der Zustrom der Vertriebenen hat daher das soziale Profil der Arbeiterschaft wenig verändert, weit stärker dagegen ihr kulturelles und politisches Profil. Die schnelle und erfolgreiche Integration war in erster Linie eine eigene Leistung der Vertriebenen, Resultat einer ungeheuren Anstrengung, nach dem Verlust fast sämtlicher Existenzgrundlagen wieder Fuß zu fassen.[18] Das förderte und prägte eine individuelle Arbeitsmotivation und ein individualistisches Leistungsdenken neben den kollektiven und organisierten Anstrengungen der Arbeiterschaft zur Verbesserung ihrer Lage. Unter den Bedingungen des individuellen Neuanfangs lagen die eigene und die Leistungsbereitschaft der Familie näher als die Orientierung an der Gewerkschaft. Das mag, da die Existenzlage auch der nicht-vertriebenen Arbeiter häufig nicht wesentlich anders war, das distanziertere Verhältnis zur Gewerkschaft begründet haben, das später zu beobachten ist. Darüber hinaus hat die Vertreibung durch kommunistische Machthaber dem Antikommunismus eine lebensgeschichtlich weit verbreitete Glaubwürdigkeit verschafft. Wenn die Vertriebenen und Flüchtlinge insgesamt durch ihre Verhaltensweisen und Einstellungen einen »Modernisierungsschub unter konservativem Vorzeichen« begünstigten[19], hatten daran auch viele Arbeiter einen beträchtlichen Anteil.

b) *Intergenerationelle und intragenerationelle berufliche Mobilität*

Wie der Veränderung des Beschäftigungssystems, der Schrumpfung des primären und dem Wachstum des tertiären Sektors für den Wandel der Rekrutierung der Arbeiterschaft die größte Bedeutung zukam, so hat man infolge des gleichen Strukturwandels eine signifikante Vermehrung der Chancen zum beruflichen Aufstieg aus der Arbeiterschaft angenommen. Insbesondere wurde damit auch die Vorstellung verbunden, die alte »Klassengesellschaft« habe sich aufgelöst in eine »offene«, durch Chancengleichheit geprägte Gesellschaft; die Mobilität habe das »Eingeschlossensein im Arbeiterdasein« aufgebrochen. Eben dies, oder die »Vererbung« der proletarischen Lage, galt auch als ein Kennzeichen der »Proletarität«, und als Folge davon hat man die Entstehung eines systemoppositionellen Klassenbewußtseins und einer klassenspezifischen Arbeiterkultur durch die beschränkten oder blockierten Aufstiegschancen der Arbeiter erklärt.[20]

Gegenüber diesen Vorstellungen ist sowohl vor einer Über- als auch einer Unterschätzung der Mobilitätschancen der Arbeiter (Söhne) zu warnen. Die Abstromquoten in Tabelle 17 geben an, wieviele der Söhne von Facharbeitern usw. wiederum Facharbeiter oder Angestellte usw. wurden. Sie zeigen, daß auch im Kaiserreich ein Aufstieg aus der Arbeiterschaft nicht selten war, daß andrerseits aber auch nach dem Zweiten Weltkrieg der Verbleib in der Arbeiterschaft deutlich überwog. Die »Vererbung« des Arbeiterstatus, sei es als Facharbeiter oder als un- oder angelernter Arbeiter, bewegte sich bei Söhnen von Facharbeitern zwischen 68% um 1900 und 56% in den 1950/60er Jahren, dagegen zwischen 83% um 1900 und 81% nach 1945 bei den Söhnen von un- und angelernten Arbeitern. Die zunehmenden Möglichkeiten, die Herkunftsschicht zu verlassen, förderten die Ausweitung der Angestellten- und Beamtenpositionen, während der Übergang in selbständige, meist handwerkliche Berufe und in die Landwirtschaft zurückging. Die Wende sowohl in der Öffnung neuer wie in der relativen Abschließung alter Aufstiegspositionen erfolgte schon kurz vor dem Ersten Weltkrieg, verstärkte sich aber nach diesem, als die Geburtsjahrgänge 1900 und folgende in das Berufsleben eintraten.

Im Rahmen des übergreifenden sozialökonomischen Struktur-

Tabelle 17: Intergenerationelle berufliche Mobilität der Söhne von Facharbeitern und anderen Arbeitern (Abstromquoten), 1850/79-1940/49

Zielgruppe	Facharbeiter		Andere Arbeiter		Angestellte u. Beamte		Selbständige/freie Berufe		Bauern		N (= 100)	
Geburtszeitraum	a	b	a	b	a	b	a	b	a	b	a	b
1850-79	53	22	7	59	21	15	15	3	4	2	142	176
1880-89	59	26	9	57	17	12	10	3	5	2	246	268
1890-99	59	33	9	49	23	11	7	5	3	2	287	318
1900-09	60	30	11	48	23	16	4	4	2	2	442	438
1910-19	51	36	9	41	31	19	8	4	0	0	649	518
1920-29	51	37	9	33	32	27	7	2	0	1	477	342
1930-39	55	43	9	35	30	17	5	3	0	1	426	269
1940-49	50	46	6	35	39	17	5	3	0	0	313	162

a = Söhne der Facharbeiter
b = Söhne der anderen Arbeiter
Quelle: wie Tabelle 16

wandels stellten drei Umstände noch besondere Impulse für den Aufstieg von Arbeitersöhnen dar. Einmal erreichten mit der Aufblähung staatlicher und verbandlicher Bürokratien im »Dritten Reich« auch Arbeitersöhne Positionen im Angestellten- und Beamtenbereich, die sie offenbar wenigstens bis zu einem gewissen Teil auch über den »Zusammenbruch« hinwegretten konnten.[21] Stärker wirkten zum anderen aber vermutlich die Verluste im Zweiten Weltkrieg und der Boom in den 1950er Jahren als Sogkräfte. Die Verluste erleichterten den Aufstieg besonders für die »weißen« Jahrgänge 1901-1913, während für die nachfolgenden der wirtschaftliche Aufschwung die Tür offen hielt.[22] Den letzten und jüngsten Anstoß gab die Bildungsreformpolitik seit den 1960er Jahren, woraus in besonderem Maße wahrscheinlich die Söhne der un- und angelernten Arbeiter und der »Arbeiterelite« (Vorarbeiter, Meister) Vorteile zogen. Nach dem Mikrozensus von 1971, also noch vor den möglichen Wirkungen der Bildungsreform, waren 15,4% der Söhne von Ungelernten und 23,4% der Söhne von Angelernten Angestellte und Beamte (überwiegend im unteren und mittleren Bereich) geworden. Nach einer Erhebung von 1978 dagegen waren 29,7% der Söhne von un- und angelernten Arbeitern in solchen Positionen, dabei noch vermehrt in solchen des gehobenen und höheren Dienstes. Damit ist das Verhältnis zwischen Söhnen dieser Arbeiter und Facharbeitersöhnen ausgeglichen, die bis 1978 zu 29,5% Angestellte und Beamte geworden waren, gegenüber 30,7% nach dem Mikrozensus von 1971. Drastisch erhöht hat sich noch einmal die vormals schon hohe Aufstiegsquote der Söhne der »Arbeiterelite«: 1971 waren 45,2% von diesen Angestellte und Beamte, 1978 dagegen 63,3%, die Hälfte davon im gehobenen und höheren Dienst; nur jeder dritte Sohn war noch Arbeiter.[23]

Diese Daten weisen darauf hin, daß die Bildungspolitik der letzten 15 Jahre – soweit das schon erkennbar ist[24] – die Mobilitätschancen der Arbeitersöhne gefördert hat. Charakteristischer als die Zunahme des Aufstiegs ist vielleicht die nennenswerte Durchbrechung seiner bis dahin eng begrenzten Reichweite. Während bis 1970 die Söhne meist nur mittlere Angestellten- und Beamtenpositionen erreichten, ermöglichte die Öffnung des Bildungssystems größere Sprünge. Ein Indikator dafür ist der Anteil der Arbeiterkinder unter den höheren Schülern und Studenten. Zwischen 1930 und 1975 stieg ihr Anteil unter den höheren Schülern von 6% auf 18%.[25] Wie die parallelen Ziffern für die Studenten zeigen, fiel die größte Steigerung dabei in die Zeit der Bildungsreformen. Der Anteil von Arbeiterkindern unter den Studenten blieb bei einer reichlichen Verdoppelung der absoluten Studentenzahlen zwischen 1911/13 und 1951/52 fast gleich (3% bzw. 4%), erhöhte sich bei einer nochmaligen Verdoppelung der Zahl der Studenten bis 1967/68 nur leicht auf 6,9%, stieg aber danach vergleichsweise dramatisch an. 1969 kamen 11,2%, 1975 schon 18,8% der Studienanfänger aus Arbeiterfamilien.[26] Immerhin bedeutete das, daß 1975 28% der über 15jährigen Kinder aus Arbeiterfamilien Schüler oder Studierende waren, gegenüber nur 8% im Jahre 1961. Nach diesem Indiz haben in den beiden letzten Jahren die Arbeiterfamilien ihr Bildungsverhalten am stärksten geändert, ohne aber damit zu den Angestellten und Beamten aufzuschließen. Auch in den Familien dieser Gruppen stieg zwischen 1961 und 1975 jener Anteil der Kinder auf Gymnasien oder Hochschulen von 31% auf 52% bei den Angestellten und von 36% auf 62% bei den Beamten.[27] Während die höhere Ausbildung in diesen Schichten fast zur Regel geworden ist, blieb sie bei den Arbeitern – ähnlich wie den Bauern – eine Ausnahme, die jedoch so häufig ist, daß sie keine »Sensation« mehr darstellt.[28]

Mögen durch die Bildungspolitik vorwiegend die Bildungschancen der Mädchen und Frauen aus der Mittel- und Oberschicht verbessert worden sein – ein historisch bemerkenswerter Abbau traditioneller gesellschaftlicher Barrieren bleibt doch festzuhalten. Dabei wirkte sich auch eine Erosion des alten proletarischen Minderwertigkeitsgefühls gegenüber der höheren Bildung aus, die in der jüngsten Zeit nur noch selten als »abweichendes Verhalten« von der angeblichen »Bildungsabstinenz der Arbeiter« sanktioniert wurde.[29] Im Gegenteil erstrebten sowohl ältere als auch jüngere Arbeiterväter – häufiger als sie es realisieren konnten – höhere Schulabschlüsse für ihre Kinder. Dabei spielte bei den älteren die Enttäuschung über den Arbeiterberuf, die mit ihm erfahrene Belastung, Abhängigkeit und relative Entwertung durch die Rationalisierungsschübe die Hauptrolle, bei den jüngeren hingegen, die nur auf die Jahre der Prosperität zurückblickten, ein noch ungebrochenes Leistungs- und Erfolgsbewußtsein. Beide trafen sich in dem alten Wunsch, daß »die Kinder es besser haben«, d. h. keine Arbeiter mehr werden sollten.[30] Allerdings kollidierte dieser Wunsch schon bald mit der gesamtwirtschaftlichen und bildungspolitischen »Tendenzwende« seit etwa Mitte der 70er Jahre. Fortab wurde die Koppelung von höheren Bildungsqualifikationen mit höheren Berufspositionen weniger selbstverständlich, und in einer ratlosen öffentlichen Diskussion über die Diskrepanzen zwischen Beschäftigungs- und Ausbildungssystem, über die Entwertung der Bildungsabschlüsse durch ihre »Inflationierung« wurde der Aufstieg über Bildung möglicherweise demotiviert, zumal hinter ihm die alten Erwartungen über Einkommens-, Sicherheits- und Prestigegarantien standen, die die Hochschule traditionell vermittelte. Die Spannungen im Bildungssystem wirken offenbar wieder sozial selektiv, so daß die vorzeitigen Abgänge von höheren Schulen bei Arbeiterkindern als »unverhältnismäßig hoch« beobachtet wurden.[31] Nicht zuletzt zeigen sich darin die Anpassungsprobleme des individuellen Aufstiegs und die schichtenspezifisch schlechteren Voraussetzungen im familiären Bildungsmilieu,[32] die gerade in der Bildungs- und Arbeitsmarktkonkurrenz das Gewicht der Herkunft spürbar werden lassen.

Es muß offen bleiben, ob die Bildungsreform, trotz bedeutender Anstöße, die Gesellschaft der Bundesrepublik für die Arbeiterkinder offener gemacht, d. h. ihre Mobilitätschancen erhöht hat über jenes seit dem 19. Jahrhundert eher stagnierende Niveau hinaus.[33] Dafür ist nicht entscheidend der Umfang des intergenerationellen Wechsels im beruflichen Status, den die Abstromquoten zeigen, sondern die Chance zur Erringung bestimmter Positionen im Vergleich zwischen Abkömmlingen verschiedener sozialer Gruppen. Statistische Indikatoren für eine solche Chancengleichheit zeigen in den 1960er Jahren eine so markante Chancenungleichheit[34], daß Skepsis gegen einen wesentlichen Abbau von Mobilitätsbarrieren durch die Bildungsreform angebracht ist. Hohe Mobilitätsbarrieren in diesem relativen Sinn lagen für Arbeitersöhne auch nach dem Zweiten Weltkrieg im Übergang zu allen Gruppen der Selbständigen, zu den freien Berufen und den gehobenen und höheren Positionen der Angestellten und Beamten. Diese an die alte Bürgerlichkeit erinnernden sozialen Gruppen waren für sie so gut wie ganz verschlossen. Eine niedrigere Mobilitätsbarriere lag im Übergang zu den mittleren Angestellten und Beamten, mit Ausnahme für Söhne von Facharbeitern und Meistern, die solche Berufe relativ einfach erreichten. Der Wechsel in Positionen einfacher Angestellter und Beamter war dagegen nur mehr für Söhne ungelernter Arbeiter schwer. Umgekehrt lag auch eine (schwache) Barriere im Abstieg der Söhne von Angelernten, Facharbeitern und Meistern zu Ungelernten. Diese waren bemerkenswerter Weise nach den Selbständigen und höheren Angestellten und Beamten die sozial geschlossenste Gruppe. Einen eindeutigen sozialen Abstieg haben (Fach-)Arbeitersöhne also relativ selten erlebt.

Auch das deutet darauf hin, daß die in ihrem Umfang beträchtliche intergenerationelle berufliche Mobilität im wesentlichen durch den Wandel im Beschäftigungssystem ermöglicht wurde. Dabei hat sich das schon im 19. Jahrhundert beobachtbare Muster des intergenerationellen Aufstiegs durchgehalten: ein stufenweiser Aufstieg innerhalb der Arbeiterschaft und von den höchsten Arbeiterpositionen ein Wechsel in (auf einer angenommenen Skala) nächstliegende Nicht-Arbeiterberufe.[35] Vor dem Ersten Weltkrieg bedeutete das vornehmlich einen Übergang in das selbständige gewerbliche Kleinbürgertum, dann in die industriellen Büroberufe und schließlich in die aufgrund ihrer Sicherheit besonders begehrten niederen Beamtenpositionen. Beispielsweise wurden in der Stadt Eßlingen im 19. Jahrhundert 30% bis 40% der Söhne von qualifizierten Textil- und Metallarbeitern Handwerker und zwischen 5% und 13% fanden im öffentlichen Dienst Beschäftigung. In Bielefeld erreichten zwischen 1830 und 1910 12% der Söhne gelernter Arbeiter Positionen in der gewerblichen Mittelschicht, meist ebenfalls als Handwerksmeister. Stärker innerhalb der industriellen, auch betrieblichen Hierarchie stiegen dagegen als Zeichner, Techniker und Bürobeamte die (nach 1880 geborenen) Söhne Kruppscher Stammarbeiter auf, was etwa jedem vierten gelang.[36] Hier zeichnet sich der Aufstiegsweg über die Arbeiterschaft hinaus ab, der mit dem industriellen Strukturwandel typisch wurde. In den Geburtsjahrgängen 1920 bis 1936 wurden (bis 1971) 19% der Söhne von Facharbeitern und 31,3% der Söhne von Meistern mittlere und gehobene Angestellte, während mittlere und gehobene Beamtenpositionen nur 5,3% bzw. 6,9% erreichten oder erstrebten; kleine gewerblich Selbständige wurden 6,5% bzw. 8,2%.[37]

Umfangreicher und damit soziologisch bedeutsamer für die Gesamtmobilität der Arbeiter in der Vergangenheit war aber der »kleine« Aufstieg innerhalb der Arbeiterschaft. Die Lehre und der Facharbeiterberuf war angesichts der großen Zahl ständig neu zuströmender Ungelernter der typische Mobilitätsweg für den Arbeitersohn. Er wurde, je nach der lokal-regionalen Industrie- und Arbeitsmarktstruktur, schon im 19. Jahrhundert häufiger zurückgelegt, als die Ziffern in Tabelle 17 ausweisen. Offenbar begünstigte eine lokale Arbeitsmarktkonkurrenz zwischen Industriezweigen mit unterschiedlichen Qualifikations- und Lohnniveaus wie in der Textil- und Metallindustrie den Aufstieg zum gelernten Arbeiter besonders. In Bielefeld und Eßlingen, wo diese Situation gegeben war, blieb im 19. Jahrhundert etwa die Hälfte der Söhne unqualifizierter Arbeiter nicht mehr in der Position ihrer Väter. In eher monoindustriellen Standorten wie der Kleinstadt Borghorst in Westfalen (Baumwollindustrie) und in Bochum (Bergbau und Hüttenindustrie) gelang dagegen nur bis zu einem Viertel der Söhne von Ungelernten ein solcher Aufstieg.[38] In der mit der fortschreitenden Industrialisierung sich erweiternden Komplexität des Arbeitsmarktes, besonders aber mit der Verbesserung des Berufsbildungssystems hat dieses Bedingungsgefüge der Mobilität seine regionalen Besonderheiten zunehmend verloren. Unter diesen Voraussetzungen wurde in den letzten Jahrzehnten die auch prestigeträchtige Qualifikationslinie innerhalb der Arbeiterschaft individuell massenhaft überschritten. Die Diskriminierung der Ungelernten stachelte die Mobilität an. »Für den Jungen habe ich mir aber geschworen« (!), sagte 1960 ein angelernter Textilarbeiter, »daß aus dem was wird, daß er einen Beruf kriegt.«[39] Der Sohn hatte dazu um so günstigere Chancen, als die ausländischen Arbeiter in die unqualifizierten Positionen nachrückten. Mit der »Unterschichtung« hat diese Positionsverbesserung noch einmal kräftig zugenommen. Nach einer Erhebung von 1978 waren nur mehr 20,6% der Söhne von un- und angelernten Arbeitern in der gleichen Position wie ihre Väter; 45,9% waren gelernte und Facharbeiter, 2,4% Meister und Vorarbeiter, 19,2% kleine und mittlere Angestellte und Beamte und 10,5% gehobene und höhere Angestellte und Beamte geworden.[40]

Die bisher geschilderte intergenerationelle Mobilität enthält nicht die Gesamtheit der möglichen beruflichen Statusveränderungen der Arbeiter. Teilweise in sie eingeschlossen – je nach dem lebensgeschichtlichen Zeitpunkt des Vergleichs zwischen Vater und Sohn –, teilweise aber davon unabhängig ist die *intragenerationelle* berufliche Mobilität, d. h. der Auf- oder Abstieg innerhalb des Berufslebens zwischen zwei definierten Zeitpunkten. Diese beiden Formen zu unterscheiden lohnt sich, da ihnen relativ verschiedene Erfahrungen und Leistungen zugrundeliegen. Bei der intergenerationellen (Aufstiegs-)Mobilität steht oft die Anstrengung der Familien dahinter, es für die Kinder »besser« zu machen, ihnen durch die Ausbildung oder andere Hilfen einen anderen Einstieg in das Berufsleben zu ermöglichen. Bei der intragenerationellen oder »Karriere«-Mobilität steht dagegen die eigene Leistung oder wenigstens ein entsprechendes Bewußtsein im Vordergrund. Verbunden damit wird wohl auch die Lebens- und Zeiterfahrung »individualistischer« geprägt sein. Soweit sich angesichts der noch wenigen Einblicke in oder Hinweise auf Arbeiter-Karrieren schon etwas aussagen läßt, spricht vieles dafür, sie nicht zu unterschätzen. Stets gab es in den letzten hundert Jahren inner- und außerbetriebliche Auf- und Abstiegschancen, deren zeittypisches Ausmaß jedoch noch schwer abzuschätzen ist.

Zunächst ist auf die traditionelle Arbeiter-Karriere zum Vorarbeiter und Meister hinzuweisen. Die »Feldwebel der Fabrik« (P. Göhre) waren schon im Kaiserreich meist qualifizierte und lang»gediente« Arbeiter, die aufgrund ihrer Erfahrung und Firmenloyalität in jene Positionen aufstiegen, in denen sie mehr verdienten und die (oft gefürchteten) unmittelbaren Vorgesetzten der Arbeiter waren.[41] Obwohl mit dem Wachstum und der inneren Bürokratisierung der großen Fabriken diese Aufstiegspositionen zunahmen, blieb ihre Anzahl doch beschränkt, so daß sie nur für eine kleine Minderheit von Arbeitern erreichbar waren und sind.[42]

Auf andere Formen früherer intragenerationeller Mobilität weist die Altersverteilung der Industriearbeiter hin. Sowohl die Landarbeiter als auch die gewerblich Selbständigen wiesen vor 1914 stärkere Besetzungen in den höheren Altersgruppen auf als die Industriearbeiter.[43] Auch 1933 zeigen die Altersverteilungen zwischen (männlichen) Selbständigen und Unselbständigen in handwerklichen Berufen markante Unterschiede.

Da es unwahrscheinlich ist, daß die Altersdifferenzen (Tabelle 18) allein durch die depressionsbedingte »Flucht in die Selbständigkeit« bewirkt wurden[44], legen sie den Schluß nahe, daß sich in ihnen der Übergang von Arbeitern ins selbständige Kleinbürgertum ausdrückt, von dem Max Weber bemerkte, daß er »früher von jedem Arbeiter als Ziel erstrebt« worden sei.[45] Die besonders starke Überalterung der traditionell »proletaroiden« Schneider- und Schuster-Handwerke erweckt jedoch den Anschein, daß es

Tabelle 18: Prozentualer Anteil der über 50jährigen in handwerklichen Berufen, 1933

Beruf	Selbständige	Unselbständige
Schmiede	39,9	13,1
Schlosser	32,9	8,6
Elektro- und sonst. Mechaniker	20,6	5,8
Schneider	43,6	12,9
Schuhmacher	41,5	10,4
Maler und Lackierer	33,4	10,3

Quelle:
StDR, Bd. 458, S. 70 f.

sich bei diesem Aufstieg zur Selbständigkeit auch um einen Abstieg vom relativ gut verdienenden Industriearbeiter in den kümmerlichen Ein-Mann-Betrieb gehandelt haben kann – ähnlich den Alterskarrieren des Hausierers, kleinen Budenbesitzers, alten Landarbeiters und Häuslers oder industriellen Gelegenheitsarbeiters.[46] Diese Hinweise verdeutlichen auch, daß in der Altersproblematik des Industriearbeiters, in seiner Invalidität, physischen Erschöpfung und im Lohnrückgang ein Gutteil sozialen Abstiegs enthalten war, der erst durch die sozialpolitische Sicherung des Alters aufgehalten wurde.

Einen wenigstens annäherungsweise vergleichbaren Einblick in Ausmaß und Muster der intragenerationellen Mobilität ermöglichen die Daten in Tabelle 19, deren Abstromquoten angeben, wieviele von hundert Arbeitern je Gruppe innerhalb eines bestimmten Zeitraums ihren beruflichen Status wechselten oder nicht. Während für die Zeit zwischen 1880 und 1901 keine Altersgruppen angegeben sind, ist für die 1950er und 1960er Jahre das Alter identisch gehalten; die Ziffern zeigen jeweils die Veränderungen zwischen dem 30. und 40. Lebensjahr.[47] Nach Tabelle 19 sind etwa gleich große Mehrheiten intragenerationell ebenso immobil geblieben wie intergenerationell. Die andauernde Immobilität von deutlich mehr als der Hälfte der Arbeiter ist angesichts der Vergleichsunsicherheit der sicherste Befund. Die bedeutendsten Momente des Wandels scheinen, daß Facharbeiter in der Mitte des 20. Jahrhunderts dem Abstiegsrisiko weniger ausgesetzt waren als vor 1914 und daß Ungelernte schneller in Facharbeiter-

Tabelle 19: Intragenerationelle Mobilität männlicher Arbeiter (Abstromquoten), 1880-1901 und 1950-1971

Zeitraum Arbeitergruppe	Immobilität	Abstieg zum Un-/Angelernten	Aufstieg zum Facharbeiter	Aufstieg in »Mittelschicht«	Aufstieg zur Selbständigkeit
1880-1890					
Un-/angelernte Arbeiter	87,1	–	6,9	6,0	
Metallfacharbeiter	71,4	9,5	–	14,3	
1880-1901					
Un-/angelernter Arbeiter	78,8	–	9,3	11,9	
Metallfacharbeiter	58,8	17,6	–	17,7	
1950-1960					
Ungelernte	57	–	30	11,4	1,6
Facharbeiter	69	7	–	18,1	5,9
1960-1971					
Ungelernte	70	–	20	8,2	1,8
Facharbeiter	62	8	–	22,6	7,3

Quellen:
1880-90/1880-1901: Crew, Bochum, S. 90 f., 98 (vgl. auch ebd., S. 79). 1950-60/1960-1971: Mayer, Soziale Ungleichheit, in: Zapf Hg., Lebensbedingungen, S. 199.

positionen aufrücken konnten wie auch Facharbeiter ihrerseits in Nicht-Arbeiterpositionen, sei es in Angestellten- oder Selbständigen-Berufe. Grob gesagt, hat sich die Dauer der Mobilität halbiert. Was nach 1950 in zehn Jahren an Veränderung beobachtbar ist, dauerte im Kaiserreich zwanzig Jahre. Diese Beschleunigung der Mobilität ist ein Hinweis auf den schnellen Wandel des Beschäftigungssystems nach dem Zweiten Weltkrieg und dessen demographische Folgen. Im Boom der 1950er Jahre hatten die Ungelernten dabei größere Mobilitätschancen als die Facharbeiter; in den 1960er Jahren nahmen diese für die Facharbeiter leicht zu, während bei den Ungelernten erneut die schon im Kaiserreich typische Form ihrer »Karriere« in den Vordergrund trat: der Berufs- und Arbeitsplatzwechsel ohne Statusveränderung.[48]

Einige Faktoren der intragenerationellen beruflichen Mobilität in den letzten Jahrzehnten werden aus einer Analyse von Facharbeiter-Karrieren bis zum Jahre 1979 deutlich.[49] In diesem Jahr gab es 8,36 Mio. deutsche männliche und weibliche Erwerbstätige, die ihr berufliches Leben mit einer Facharbeiterausbildung begonnen hatten. Von ihnen waren – nach einer freilich unterschiedlich langen Berufstätigkeit – 1979 nur noch 45% im Status eines Facharbeiters beschäftigt; 16% sind mit einer zusätzlichen Berufsausbildung aufgestiegen, 16% ohne eine weitere Qualifikation in die Angestelltenschaft übergewechselt, 4% in die Beamtenschaft, 7% zu den Selbständigen und 11% sind zu un- und angelernten Arbeitern abgestiegen. Der scheinbare Glanz dieser Ziffern für die Karrierechancen besonders von männlichen Facharbeitern, die in ihnen vorwiegend repräsentiert sind, nimmt jedoch ab, wenn man sie nach ihren wichtigsten Wirkungsfaktoren, der sozialen Herkunft und Qualität der Erstausbildung, aufschlüsselt. Der Aufstieg durch eine zusätzliche Qualifikation oder der Übergang in die Selbständigkeit ohne eine solche wurde absolut und relativ am häufigsten von solchen Facharbeitern zurückgelegt, die aus Nichtarbeiterfamilien stammten. Nur ein knappes Drittel (32%) derjenigen, die zusätzlich Hoch- und Fachhochschulen bzw. Fachschulen (mit Meister- und Technikerausbildung) absolvierten, waren Arbeitersöhne oder -töchter. Anders gesagt: Jene weiterführende Ausbildung erreichten 8% von denjenigen, deren Väter un- bzw. angelernte Arbeiter und 10% von denjenigen, deren Väter Facharbeiter waren, aber z. B. 30% von denjenigen, deren Väter Meister im Angestelltenverhältnis, 19% von denjenigen, deren Väter einfache und mittlere Angestellte und 38% bzw. 31% von denjenigen, deren Väter selbständige Handwerker oder Kaufleute waren. Das weist auch darauf hin, daß der zweite Bildungsweg mehr von Angehörigen anderer sozialer Gruppen als der Arbeiterschaft genutzt wurde. Ähnlich ungleiche Verteilungen zeigen sich beim Übergang in die Selbständigkeit ohne zusätzliche Ausbildung. Ihn vollzogen nur 2% bzw. 4% der Facharbeiter(innen) mit Arbeiterherkunft, aber 15% bzw. 16% derjenigen, deren Väter selbständige Handwerker oder Kaufleute waren. Die erfolgreichen mobilen Facharbeiter waren mithin in ihrer Mehrzahl Abkömmlinge anderer Schichten, für die die Arbeitertätigkeit offenbar eine als vorübergehend eingeplante Phase beruflicher Qualifikation war; der Übergang in andere Statusgruppen erfolgte nämlich überwiegend bereits in den ersten fünf Jahren nach dem Facharbeiterabschluß. Das war zwar auch der Fall bei denjenigen, die eine Dequalifizierung zum Un- oder Angelernten erfuhren. Auffallenderweise waren aber zwei Drittel dieser insgesamt 870 000 Absteiger Kinder von Arbeitern, davon 29% Kinder von Un- und Angelernten und 37% Kinder von Facharbeitern. Im Gegensatz zu den Aufsteigern hatten sie auch den »falschen« Ausgangsberuf erlernt und sind insofern ein Beispiel für die Spannung zwischen Ausbildungs- und Beschäftigungssystem.[50] Meist hatten sie ihre Facharbeiterausbildung in kleinen Handwerksbetrieben des Konsum- und Dienstleistungsgewerbes absolviert; nach der Lehre wechselten sie bald in industrielle Großbetriebe, wo sie mehr verdienten, weshalb nur wenige die Dequalifikation als wirklichen sozialen Abstieg empfanden. Der Wechsel in die Angestelltenschaft ohne eine zusätzliche Qualifikation erfolgte dagegen mehr vom Handwerk in den Handels- und Dienstleistungsbereich, wobei besonders Frauen stark beteiligt waren.

Diese Mobilitätsströme enthüllen, daß die meist nur aspekthaft erkennbare Mobilität soziale Strukturen weniger verändert, als man aufgrund ihres Umfangs anzunehmen geneigt ist. Sie setzt sich aus sehr verschiedenen »Strömen« zusammen, welche die vorgegebenen sozialen Ungleichheiten teils (individuell) auflösen, teils aber auch reproduzieren. Ersteres ist z. B. gegeben, wenn der »geborene« Arbeiter durch seine Qualifikation zum Techniker, Ingenieur oder selbständigen Handwerker wird; letzteres dagegen, wenn der Sohn eines Handwerkers eine Industrie- und Meisterlehre absolviert, als Facharbeiter Erfahrungen sammelt und dann den elterlichen Betrieb weiterführt. Man darf annehmen, daß sich ähnliches nicht nur in den letzten Jahrzehnten, sondern auch früher ereignet hat. Insofern erhält sich in den Mobilitätsströmen doch ein relativ starker stabiler Kern einer sozialen Klasse, die in der »Vererbung« des beruflichen Status auch eine gewisse Kohärenz der beruflichen Lebenswelt, der gemeinsamen Erfahrungen und Erwartungen der Generationen ausbildet. In dieser Hinsicht zeigen auch die Facharbeiter-Karrieren der letzten Jahrzehnte ein hohes Maß an Stabilität in der Arbeiterschaft. Zwei Drittel (67%) der aus Arbeiterfamilien stammenden Facharbeiter blieben im Laufe ihres Berufslebens Arbeiter, sei es als Facharbeiter oder An- und Ungelernte, genauer: 74% der aus Familien von un- und angelernten Arbeitern und 65% der aus Familien von Facharbeitern kommenden.

c) Wirkungen der beruflichen Mobilität

Dennoch wäre es voreilig, aus den bisher zusammengetragenen Befunden zur inter- und intragenerationellen beruflichen Mobilität eine allgemeine Folgerung über ihre gesellschaftliche Wirkung, über die Auflösung oder Verhärtung der sozialen Klasse der Arbeiterschaft zu ziehen. Sowohl die methodisch unterschiedlichen Grundlagen der bisherigen Mobilitätsstudien als auch ihre (notgedrungen) einseitige Fixierung auf die berufliche Mobilität (neben der Einkommens- und Prestigemobilität) lassen genauere und historisch realistische Vergleiche noch kaum zu. Ambivalente Relativierungen sind jedoch naheliegend. Ein Überblick über die Herkunft, die Mobilität zwischen den Generationen und die lebensgeschichtlichen Karrieren korrigiert einerseits allzu pessimistische (oder idealisierende) Vorstellungen über das proletarische Eingeschlossensein in einem generationenübergreifenden, homogenen Arbeitermilieu auch im 19. Jahrhundert; er relativiert damit aber auch die optimistischen Annahmen über die gesteigerte, die »Klassengesellschaft« in eine »nivellierte Mittelstandsgesellschaft« verflüssigende, Wirkung der Mobilität seit dem Ersten Weltkrieg, wie Schelsky das in einer einflußreichen These zuerst 1953 formuliert hat.[51] Er hat die »Deklassierung« bürgerlicher Gruppen überschätzt, scheint jedoch in seiner Diagnose der »Einebnung« der alten Klassengesellschaft in den 1980er Jahren mehr recht zu haben als in den 1950er Jahren. Angesichts der deutlichen Schichtung der Einkommens- und Mobilitätschancen, des Bildungsverhaltens und der Arbeitsbelastung ist das jedoch eher als Angleichung nach oben zu begreifen denn als »soziale Nivellierung in einer sehr breiten, verhältnismäßig einheitlichen Gesellschaftsschicht« (Schelsky). Auf einem insgesamt erhöhten Niveau hat sich typische soziale Ungleichheit durchaus erhalten; der beschleunigte sozialökonomische Strukturwandel nach dem Zweiten Weltkrieg im Zeichen eines außergewöhnlichen Wirtschaftswachstums, mit dem gleichzeitig wesentliche sozialpolitische Fortschritte möglich wurden, hat aber die Abstände zwischen den einzelnen Stufen der gesellschaftlichen Hierarchie, besonders in ihrem mittleren Bereich, verkürzt. Mit der Zunahme vor allem unterer und mittlerer Positionen im »neuen Mittelstand« der Angestellten und Beamten und dem breiten inter- und intragenerationellen Übergang von Arbeitern in diese Positionen wurde eine ehemals markante gesellschaftliche Außengrenze der Arbeiterschaft abgebaut. So gesehen, ist diese – unter der Bedingung der absoluten Schrumpfung als Gruppe von Erwerbstätigen – in den letzten Jahrzehnten zweifellos weniger denn je eine »Bestandsmasse« geblieben, in der sich die große Mehrheit der nächsten Generation wiederfindet. Daneben aber scheint es zweifelhaft, ob sie schon zu einer »Durchgangsmasse« geworden ist, die sich mehrheitlich nicht mehr aus »geborenen« Arbeitern zusammensetzt, sondern – wie in ihrer Entstehungsphase in der Industriellen Revolution – aus Zuwanderern und Absteigern aus Nichtarbeitergruppen.[52]

Gegenüber einer solchen (umstrittenen) Perspektive ist es jedoch gerade in einem historischen Überblick geboten, dieser neuerlichen Neigung zur »Verflüchtigung der Arbeiterschaft im Bewußtsein«[53] zu widerstehen und zu fragen, welche Bedeutung die zweifellos umfangreichen Mobilitätsprozesse für diejenigen hatten, die Arbeiter geblieben oder wieder geworden sind. Hat die häufige Erfahrung, daß Söhne oder Töchter, Brüder oder Schwestern, Freunde oder Kollegen nicht mehr Arbeiter blieben oder doch vom Hilfsarbeiter zum Facharbeiter aufstiegen, den kollektivistischen Fatalismus, das »dichotomische« Gesellschaftsbild der Arbeiter zum Verblassen gebracht, das eine klassische Untersuchung über das Gesellschaftsbild der Arbeiter zeichnete?[54] Gibt es Hinweise auf ein verändertes Bild der Arbeiter von der Gesellschaftsstruktur und den Chancen der Arbeiter? Mit aller Vorsicht seien dazu, angesichts der fast unabsehbar großen Frage, einige Indizien zusammengetragen und in eine historische Perspektive gerückt.

Meinungsumfragen zeigen, daß Arbeiter sich zwar noch mehr oder weniger deutlich in der Einschätzung der Chancengleichheit von anderen sozialen Gruppen durch eine größere Skepsis unterscheiden, daß sie aber gleichwohl etwa zur Hälfte die Meinung teilen, die Norm der Chancengleichheit sei tatsächlich wirksam und jedem stünden bei entsprechender Leistung »alle Möglichkeiten« offen. Dieser Aussage stimmten 1961 wie 1974 49% der Befragten mit Volksschulabschluß zu, während eine etwas kleinere Gruppe (46% bzw. 45%) meinte, jenes hänge »von der gesellschaftlichen Stellung« oder dem »Geldbeutel« des Vaters ab. Bemerkenswerterweise zeigte diese Gruppe keine Einstellungsänderung, im Gegensatz zu den Befragten mit höheren Bildungsabschlüssen, unter denen zwischen 1961 und 1974 ein optimistisches Bild der Chancengleichheit zunahm. 1961 glaubten 54% derjenigen mit mittlerer Reife, »daß jedem alle Möglichkeiten offenstehen«, 1974 dagegen 63%; bei den Befragten mit Abitur bzw. Hochschulabschluß sprangen die entsprechenden Anteile von 44% auf 64%.[55]

Ähnliche Ergebnisse zeigt eine Umfrage nach den »gerechten« oder »nicht gerechten« Chancen, »im Leben zu etwas zu kommen«: Je nach Qualifikationsgruppe glaubten 47% bis 48% der Arbeiter, diese Chancen seien gerecht verteilt, und 48% bis 50%, sie seien ungerecht verteilt. Facharbeiter und Ungelernte unterschieden sich kaum, wogegen die überdurchschnittlich qualifizierten Facharbeiter etwas optimistischer waren; von diesen glaubten 53% an eine »gerechte« und 43% an eine »ungerechte« Chancenverteilung. Auf der anderen Seite war offenbar der Narzismus des kleinen Unterschieds bei den Angestellten noch deutlich verbreitet, denn 61% auch der »ausführenden« Angestellten (gegenüber 68% bis 70% der leitenden oder qualifizierten Angestellten) glaubten an die Chancengerechtigkeit.[56] Diese und andere Daten zeigen eine »weithin ungebrochene Geltung des Leistungsprinzips als Norm der Statuszuweisung« in der Bevölkerung der Bundesrepublik.[57] Die Arbeiter unterscheiden sich dabei nicht so weit von anderen Gruppen, daß typische alternative Wahrnehmungen und Einstellungen bei ihnen erkennbar wären.

Dieser »Legitimitätsglaube« scheint nicht nur im Widerspruch zu stehen zu der statistisch meßbaren, »objektiven«, faktischen Chancenungleichheit, sondern auch zur durchaus realistischen Wahrnehmung der Immobilität in bestimmten gesellschaftlichen Teilbereichen. Die von Jüngeren häufig gewünschten Aufstiegschancen im Betrieb schätzten z. B. 1979 drei von vier württembergischen Metallarbeitern als schlecht oder »gleich null« ein.[58] Dieser Widerspruch mag sich z. T. aus spezifischen Wahrnehmungen der verschiedenen Formen von Mobilität erklären: daß der berufliche Status vor allem durch die Schulleistungen bestimmt würde und daß die Rekrutierung bestimmter Gruppen die Offenheit der Gesellschaft abbilde. In dieser Perspektive der Herkunft erscheint die Mobilität jedoch unrealistisch hoch.[59] Wichtiger aber ist wohl, daß die Vorstellungen über soziale Ungleichheit selber eher amorph, ja beliebig sind und das Erfolgsbewußtsein nur wenig durch Aufstiegsorientierungen definiert wird, sondern als »relative Verbesserung der beruflichen Stellung und wirtschaftlichen Lage, die durch eigene Leistung erzielt wird«.[60] Nimmt man diese Maßstäbe ernst und blickt auf sie nicht von der Warte des Jahres 1984, sondern des Jahres 1880 oder auch 1930, dann erscheint jener Widerspruch viel weniger verwunderlich oder gar als Zeichen einer Inkonsistenz des Arbeiterbewußtseins. Die »relative Verbesserung« ist in einer solchen Perspektive, die im Erinnerungszeitraum der Arbeiterfamilien ja vorhanden war und ist, ein säkularer materieller und sozialpolitischer Fortschritt.

Es ist angesichts dieses Umstandes fragwürdig, ob damit die bis in die jüngste Vergangenheit überwiegende »Vererbung« des Arbeiter-Status noch die gleiche Bedeutung hat wie vordem. Nicht nur das Dasein der Arbeiter hat sich geändert, sondern auch ihr Selbstbild als Arbeiter. Das ist jedoch schwerer zu erkennen, da einschlägige Untersuchungen mehr auf die Differenz zwischen Arbeitern und anderen fixiert sind, die ein vages, aber festes Bild »des« Arbeiters voraussetzt. Es ist gleichwohl auffallend, daß Meinungsumfragen ein zunehmendes Auseinandertreten von »objektiver« Zugehörigkeit zur Arbeiterschaft und subjektiver Selbstzurechnung zu dieser dokumentieren. 1955 rechnete sich gut jeder dritte Facharbeiter, 1969 aber schon jeder zweite zur Mittel- und Oberschicht; von den Un- und Angelernten tat dies 1955 jeder sechste, knapp fünfzehn Jahre später jeder fünfte. 1978 rechneten sich von der Gesamtheit der Arbeiter nur 60% zur

»Arbeiterschicht«, 35% hingegen zur »Mittelschicht«.[61] Wahrscheinlich spielt dabei auch milieuspezifische Anpassung eine Rolle. So zählten sich z. B. um 1970 in Bremen 29% aller befragten Arbeiter, aber 58% der im Angestelltenmilieu des Dienstleistungsbereichs tätigen Facharbeiter zur »Mittelschicht«. Aber auch unter Arbeitern in Großbetrieben der chemischen Industrie fanden sich 1971/72 38%, die sich zur »Mittelschicht« rechneten, gegenüber 30%, die sich beruflich als »Arbeiter«, und 22%, die sich in die »Arbeiterklasse, Unterschicht« einstuften.[62]

Bei aller notwendigen Vorsicht gegenüber solchen Umfragen, in die sehr vielfältige Vorstellungen über gesellschaftliche Schichten ungenannt eingehen, dokumentieren sie in ihrer Gesamtheit doch einen Trend zur Distanzierung von der Arbeiterschaft als einem Syndrom von sozialen Lagen und gesellschaftlichem Ansehen. Das ist um so bemerkenswerter, als in den 1950er Jahren unter einer Vielzahl von Schichtbezeichnungen Begriffe wie »Arbeiter, einfache Arbeiter, Hilfsarbeiter, Arbeiterklasse« weitaus am meisten genannt wurden, nämlich von 75% der Befragten in einer repräsentativen Umfrage, während die nächst häufigen Bezeichnungen »Beamtenschicht« u. ä. und »Mittelstand« nur von 53% bzw. 42% spontan aufgegriffen wurden.[63] Trotz allem Wandel war die Arbeiterschaft im gesellschaftlichen Meinungsklima offenbar eine fixe Vorstellung geblieben, so daß es bedeutungsvoll war, sich ihr zuzurechnen oder nicht. Allerdings ist über die Inhalte ihrer Selbst- und Fremdeinschätzung fast ebensowenig bekannt wie über die Mechanismen der genannten Distanzierung von der Arbeiterschaft. Welches Bild machen sich die Arbeiter von dieser Großgruppe, zu der sie nicht mehr gehören wollen, und welches von der »Mittelschicht«? Vermutlich spielen Erinnerungen an die »Proletarität« eine Rolle, an Armut, ökonomische Unsicherheit und soziale Minderwertigkeit, während mit der »Mittelschicht« ein besseres, gesicherteres Einkommen, ein höherer und auch durch persönlichen Besitz ausgezeichneter Lebensstandard sowie eine bessere Schulbildung assoziiert werden. Charakteristisch dafür scheint die Aussage einer Bergmannsfrau aus dem Ruhrgebiet im Jahr 1952, die eine »Eingeborene« und im kommunalen Leben sehr aktiv war: »Der Arbeiter kann sich doch heute sehen lassen; er hat doch auch geistige Interessen. Ich meine jedenfalls, die Arbeiterklasse (!) soll man dem Mittelstand zurechnen.«[64] Diese Frau wertete die »Arbeiterklasse« offenbar nach den

Maßstäben und Zielen der Arbeiterbewegung auf, die sich jedoch im wesentlichen deckten mit den sonst erkennbaren individuellen Faktoren der Selbstzurechnung zur »Mittelschicht«. Diese waren in den 1950er Jahren bei den Un- und Angelernten vor allem das Einkommen und das jüngere Alter (so daß hier auch altersspezifische Statusillusionen wirksam waren) und bei Facharbeitern eine gute Schul- und Berufsausbildung.[65] Aus diesem Blickpunkt wird vorstellbar, welche Schubkraft die reale Entwicklung der Löhne und des Bildungssystems in den letzten Jahrzehnten für das Selbstbild der Arbeiter darstellen konnte, so daß fraglich bleibt, wo ihre Selbstaufwertung zu einer Teilgruppe der »Mittelschicht« an eine Grenze stieß. Wahrscheinlich blieb für einen größeren Teil die Erfahrung der Arbeitslast und das mindere Ansehen des blauen Kittels[66], also mehr die betriebliche und weniger die gesellschaftliche Position insgesamt der ausschlaggebende Faktor in der Selbsteinschätzung als Arbeiter.

Obwohl man bei jener zunehmenden Selbstzurechnung zur »Mittelschicht« auch das häufig diffuse Muster der Wahrnehmung gesellschaftlicher Ungleichheit überhaupt und eine gewisse »Statuskosmetik« berücksichtigen muß, mit der solche Merkmale besonders hervorgehoben werden, die für die Selbsteinschätzung günstig sind[67], wäre es im großen und ganzen doch irreführend, die »Mittelschicht«-Arbeiter als Repräsentanten einer Anpassung an vordem der Arbeiterschaft fremde Normen zu begreifen. Immerhin eine knappe Mehrheit von 54% der Arbeiter schätzte in der Mitte der 1950er Jahre den Arbeiterberuf selber als »bürgerlich« ein, übrigens auch 49% der damaligen SPD-Anhänger. Die Maßstäbe waren dabei die »statische und auskömmliche Lebensführung des Handwerkers, des staatsbürgerlich gleichberechtigten Kleinbürgers« und positive Charaktermerkmale, kaum aber die kapitalistische Wirtschafts- und Gesellschaftsordnung; der Unternehmer wurde bezeichnenderweise mehrheitlich nicht als »bürgerlicher« Beruf anerkannt.[68] Für die »bürgerliche« Orientierung war mithin, ähnlich wie in der Selbsteinstufung als »Mittelschicht«, ein »Kleinbürgertum« ausschlaggebend, das für viele Arbeiter auch im Kaiserreich ein Vorbild für die Lebensform war. Im Wohnen, in der Sonntagskleidung und besonders im Familienleben galten die kleinbürgerlichen Standards sozialen Ansehens.[69] Weniger die Übernahme neuer und sozial fremder, sondern die durch Prosperität und Mobilität ermöglichte stärkere Erfüllung traditionell wirksamer Normen scheint so das Gefühl der Zugehörigkeit zur Arbeiterschaft gelockert zu haben. Eine besondere Rolle spielte dabei wohl die Besitzbildung, zumal der Hausbesitz häufig als Lebensziel und vorrangiges Erfolgssymbol gilt.[70] In der Hauptsache aber ist die Erfüllung der alten Normen der »modernen« Entwicklung des Wirtschaftswachstums und des Sozialstaates zu verdanken, während sich umgekehrt die soziale Stabilität, die dadurch nach dem Zweiten Weltkrieg erreicht wurde, auch aus kulturellen Traditionen des 19. Jahrhunderts speiste.

Die berufliche Mobilität insgesamt hatte mithin keine eindeutige Wirkung auf die soziale Homogenität der Arbeiterschaft. Einerseits wurden durch die verschiedenen Mobilitätsformen – die Rekrutierung, die intergenerationelle Tradierung des Arbeiterstatus und durch den breiten Übergang zu Facharbeiterpositionen – innere soziale Differenzierungen eher abgebaut und die »objektive« Klassenformierung leicht verstärkt. Andrerseits aber verblaßte der Bedeutungsgehalt der Zugehörigkeit zur Klasse als Folge des gewissermaßen kollektiven Aufstiegs mit der Verbesserung des Lebensstandards und der sozialpolitischen Sicherung. Die Bedingungen des Arbeiterdaseins haben sich damit so verändert, daß dieses selber nicht mehr als eindeutig kollektiv typisch wahrgenommen wird. Im Schwund des Fatalismus und im verbreiteten Glauben an die Chancengerechtigkeit zeigt sich gerade gegenüber dem Umstand, daß dieser Glaube nicht mit der gesellschaftlichen Wirklichkeit übereinstimmt, eine Individualisierung der einzelnen Arbeiter. Auch wenn sie nicht aufstiegsorientiert und einem individualistischen Konkurrenz- und Leistungsbewußtsein nicht verpflichtet sind, betrachten sie soziale Chancen dennoch weniger unter dem Aspekt kollektiver Bedingungen, sondern eher der persönlichen Leistung.

Diese Individualisierung, die nicht wenig geprägt ist durch alte kleinbürgerliche Normen sozialer Sicherheit und sozialen Ansehens und durch einen gewissen Stolz auf das Erreichte, zeigt sich nicht zuletzt im Wandel der regionalen Mobilität und deren Motiven. Gegenüber der Zeit des Kaiserreichs waren die Arbeiter in den letzten Jahrzehnten außerordentlich seßhaft. Wenn sie jedoch ihren Wohnort veränderten, spielten Arbeitsbedingungen und Verdienstchancen eine geringere Rolle als familiäre Umstände und das Streben nach besseren Wohnverhältnissen. Die Wanderung diente also überwiegend der Verbesserung der Lebensqualität, im Gegensatz zur Wanderung im Kaiserreich und der unmittelbar nach 1945, die meist von der Not angetrieben wurde. Repräsentierte früher der regional mobile Arbeiter eher den Gefährdeten, den »Versager« und den jungen Arbeiter, der sich seinen Platz noch suchen mußte, repräsentiert er heute eher den überdurchschnittlich erfolgreichen oder ehrgeizigen Arbeiter. Die Mehrheit hingegen, deren Immobilität in den letzten Jahrzehnten häufig kritisiert wurde, schätzt vermutlich die Seßhaftigkeit als Teil ihrer sozialen Sicherheit, weil die Kosten der früheren Instabilität noch nicht vergessen sind.[71]

d) Konnubiale Mobilität

Eine Untersuchung der beruflichen Mobilität hat u. a. auch den methodischen Mangel zu berücksichtigen, daß in ihr Schlüsse aus den positionellen Veränderungen von Individuen gezogen werden, wogegen vicles dafür spricht, daß, wie Schumpeter gesagt hat, nicht der Einzelne, sondern die Familie »das wahre Individuum der Klassentheorie« bildet. Auch wenn der Zugang zu den Berufspositionen seit den liberalen Reformen des 18. und 19. Jahrhunderts nicht mehr ständisch beschränkt ist, blieben Geburt und Herkunft doch wichtige Determinanten des Lebensschicksals. Insofern entscheiden die Familien in bedeutendem Maße durch Besitz, Einkommen, Prestige, Mentalität, Motivation, Beziehungen usw. über die Startpositionen der Kinder und die Lebenschancen der Erwachsenen.[72] Wie die Unterschiede in der intragenerationellen beruflichen Mobilität andeuteten, wäre es soziologisch angemessener, Mobilitätsströme und Familienstrukturen enger zu verknüpfen. Während dies aufgrund der Forschungssituation noch nicht möglich ist, läßt sich jedoch die Entstehung der Familien durch schichtenspezifische Heiratskreise beobachten. Max Weber rechnete das Konnubium zu einem Element der Bildung der »sozialen Klasse«, das zwar auf der marktbedingten Klassenlage gründen kann, aber nicht notwendig aus ihr folgt, da die Ehepartnerwahl zunächst eine soziale Qualität sui generis hat, nämlich die »typisch wirksam in Anspruch genommene positive oder negative Privilegierung in der sozialen Schätzung«.[73] Soweit in dieser »sozialen Schätzung« oder Geltung die Anerkennung oder Diskriminierung einer bestimmten Art der Lebensführung, der Tradition und des Prestiges sozialer Gruppen zum Ausdruck kommt, spiegelt sich in der konnubialen Mobilität auch ein sozialer Zusammenhang oder eine soziale Distanz zwischen gesellschaftlichen Gruppen wider. Das soll im folgenden am Beispiel der Ehepartnerwahl von Arbeitern und der Heiratschancen von Arbeitertöchtern aufgehellt werden.

Ein Blick auf die Herkunft der Ehepartner von Arbeitern im 19. Jahrhundert zeigt den asymmetrischen Zusammenhang zwischen der ökonomischen Konstituierung der industriellen Lohnarbeiterschaft und ihrer Bildung zur sozialen Klasse, soweit diese durch Heiratsbeziehungen innerhalb der Arbeiterschaft begründet wird. Da im 19. Jahrhundert die Arbeiter ihre Frauen aus dem Kreis ihrer Herkunftsgruppen wählten, war die verwandtschaftliche Verflechtung mit anderen Schichten noch häufig. In der kleinen Industriestadt Eßlingen heirateten Metall- wie Textilarbeiter zu zwei Dritteln Töchter von Kleinbauern, vor allem aber von Handwerkern.[74] Hier erfolgte parallel zum ungewöhnlich häufigen beruflichen Aufstieg der Arbeitersöhne eine Einheirat der Fabrikarbeiter in das lokale Kleinbürgertum. Die oben erwähnte Orientierung an »kleinbürgerlichen« Lebensformen hing sicherlich auch mit solchen Verwandtschaftsbeziehungen zusammen, obwohl sie kaum die einzige Ursache dafür gewesen sein können. Denn ähnliche Orientierungen zeigen sich auch dort, wo ein entsprechendes Konnubium selten war. Anders als in Eßlingen war in dem größeren und schnell von einer Handels- zu einer Industriestadt wachsenden Bielefeld den Arbeitern schon im 19. Jahrhundert der Heiratsmarkt der selbständigen gewerblichen Mittelschicht so gut wie verschlossen. Zwischen 1860 und 1910 ehelichten höchstens 4% der ungelernten und 9% der gelernten Arbeiter Frauen aus jener Schicht. Etwas häufiger war, besonders bei ungelernten Arbeitern, die Heirat mit (nichterbenden) Bauerntöchtern. Typisch war dagegen, entsprechend der Herkunft der Arbeiter, die Verbindung mit Frauen aus der ländlichen Unterschicht. Fast die Hälfte der Ungelernten (48%) und noch gut jeder vierte Gelernte (27%) nahm zwischen 1860 und 1880 die Tochter eines Landarbeiters oder Heuerlings (Landarbeiter und Kleinpächter) zur Frau, während ein Konnubium innerhalb der gewerblichen Lohnarbeiterschaft (einschließlich der Heimarbeiter) bei den Ungelernten in 35% und bei den Gelernten in 48% der Fälle erfolgte. Um die Jahrhundertwende (1890 bis 1910) überwog jedoch die Heirat innerhalb der Arbeiterschaft. 67% der

Ungelernten und 59% der Gelernten heirateten Arbeitertöchter, wogegen der Anteil von Eheschließungen mit Landarbeitertöchtern auf 18% bzw. 11% zurückging, während die Heirat mit Frauen aus bürgerlichen Gruppen leicht zunahm.[75]

Obgleich diese lokalen Beispiele natürlich nicht zu verallgemeinern sind und als solche die regional unterschiedliche Verflechtung der Arbeiterschaft mit anderen sozialen Gruppen – entsprechend der Sozialstruktur der lokalen Gesellschaft – zeigen, weist das Bielefelder Beispiel auf eine Tendenz hin, die auch allgemein plausibel ist. Mit der quantitativen Zunahme der Arbeiterschaft vermehrte sich das »Angebot« von Arbeitertöchtern und damit die soziale Endogamie innerhalb der Arbeiterschaft. Dieser Prozeß wurde durch den Wandel des Beschäftigungssystems, die quantitative Stagnation der manuellen und die Zunahme der nichtmanuellen Berufe seit der Jahrhundertwende noch nicht rückläufig gemacht. Das bezeugt die soziale Herkunft der Ehefrauen der Arbeiter nach dem Mikrozensus von 1971 (vgl. Tabelle 20 a). Rund zwei Drittel der Arbeiter waren zu diesem Zeitpunkt mit Arbeitertöchtern verheiratet, bei nur geringfügigen Unterschieden zwischen den Qualifikationsgruppen: 64% der Ungelernten, 67% der Angelernten, 66% der Facharbeiter und 61% der Vorarbeiter und Meister. Deutlich herkunftsbestimmte Unterschiede im Konnubium zeigen sich zwischen den Ungelernten und Facharbeitern; nur noch rund 10% der letzteren, aber 21% der ersteren waren mit Bauerntöchtern verheiratet. Mit Ausnahme der Facharbeiter und Meister waren charakteristischerweise Heiratsverbindungen mit der Bauernschaft noch stärker als mit gewerblich Selbständigen. Rechnet man die Bauern zu den manuellen Berufen, zeigten die Arbeiter also eine »erhebliche Interaktionsbarriere«[76] zu den nicht-manuellen Gruppen der Angestellten und Beamten. In der Ehepartnerwahl der Arbeiter, die bis 1971 geheiratet haben, spiegelt sich noch sehr deutlich die »Kragenlinie« zwischen Arbeitern und Angestellten wie Beamten bzw. deren kulturelle und soziale Distanz zu den körperlich Arbeitenden. Nur eine Minderheit von 10% bis 15% (ohne Meister) war 1971 mit Frauen aus jenen Gruppen verheiratet. Innerhalb der Arbeiterschaft war die Herkunft der Ehepartner zwar noch erkennbar differenziert, aber kaum in einem Ausmaße, daß man von Interaktionsbarrieren sprechen könnte.

Bis in die jüngste Vergangenheit war daher eine große Mehrheit

Tabelle 20: Heiratskreise in der Arbeiterschaft, 1971

a) Soziale Herkunft der Ehefrauen von Arbeitern (Zustromquoten, in %)

Beruf d. Ehemannes	*Beruf des Vaters der Ehefrau* Ungel. Arb.	Angel. Arb.	Facharb.	Vorarb. Meister	Einf./mittl. Ang./Beamte	Geh./höh. Ang./Beamte	Selbst. Gew.	Landwirte	Anteile Ehemänner/Väter
Ungel. Arb.	32,4	9,9	18,3	3,2	7,2	0,8	7,0	21,3	7,0
Angel. Arb.	17,1	21,8	24,6	4,0	9,1	1,3	6,9	15,3	12,9
Facharb.	13,2	16,1	32,0	5,0	12,5	2,3	9,0	10,1	24,9
Vorarb./Meister	11,1	15,0	26,0	8,6	14,3	3,5	10,9	10,6	4,1

b) Heiratschancen von Arbeitertöchtern (Abstromquoten, in %)

Beruf d. Vaters	*Beruf des Ehemannes*								
Ungel. Arb.	20,4	19,8	29,6	4,1	15,9	3,9	4,9	1,5	11,1
Angel. Arb.	5,7	23,1	32,9	5,1	19,7	6,5	6,1	0,7	12,2
Facharb.	5,5	13,6	34,3	4,6	23,2	10,0	8,0	0,7	23,2
Vorarb./Meister	4,3	9,8	23,7	6,8	25,6	18,7	10,3	0,7	5,2

Die Anteile der Ehemänner bzw. Väter beziehen sich auf die Gesamtheit der Befragten.
Quelle:
Mayer, Statushierarchie und Heiratsmarkt, in: Handl. u. a., Klassenlagen, S. 175 f.

der Familien männlicher Arbeiter auch verwandtschaftlich in die Arbeiterschaft eingebunden. Dieses Bild einer hohen sozialen Geschlossenheit lockert sich etwas, wenn man die Heiratschancen von Arbeitertöchtern betrachtet. So wie sich in der Herkunft der Ehefrauen männlicher Arbeiter die Spuren der Vergangenheit der Herkunft aus den bäuerlichen und handwerklichen Schichten erhalten haben, spiegelt auf der anderen Seite die Partnerwahl der Arbeitertöchter gewissermaßen die (jeweilige) Zukunft des industriellen Beschäftigungssystems. Mit der Zunahme der angestellten und beamteten Berufsgruppen nahm auch die Zahl der Heiraten von Angehörigen dieser Gruppen mit Arbeitertöchtern zu, während die relative Bedeutung von deren Konnubium mit den Selbständigen zurückging. Konnten zwischen 1830 und 1910 in Bielefeld nur sehr wenige Arbeitertöchter in jene Gruppen einheiraten – 7,5% der Töchter von Gelernten und 6,0% der Töchter von Ungelernten gegenüber 15% bzw. 8% Einheiraten in die gewerbliche Mittelschicht –, waren es nach einer bayerischen Erhebung von 1925 schon erheblich mehr. 13% der Töchter von Arbeitern im Gewerbe, 20% der Töchter von Handels- und Verkehrsarbeitern und 27% der Töchter von Arbeitern im staatlichen oder kirchlichen Dienst waren mit Beamten oder Angestellten verheiratet; die jeweiligen Anteile der Verheiratungen mit Selbständigen betrugen 13%, 13% und 12%.[77] Bis 1971 gingen Ehen mit Selbständigen zurück, während solche mit Angestellten und Beamten für 20% bis 44% der Arbeitertöchter möglich wurden (vgl. Tabelle 20 b), genauer: für 20% der Töchter von Ungelernten, 26% der Töchter von Angelernten, 33% der Töchter von Facharbeitern und für 44% der Töchter von Vorarbeitern und Meistern. Die herkunftsspezifisch geschichteten Chancen zeigen sich auch im Rang des Ehemannes: Je niedriger der berufliche Status des Vaters, desto geringer war die Chance, einen höheren Beamten oder Angestellten zum Mann zu bekommen.[78] Umgekehrt läßt sich das ablesen an den Quoten von Angestellten und Beamten, die 1971 mit Arbeitertöchtern verheiratet waren, nämlich 54% der einfachen, 49% der mittleren, 33% der gehobenen und noch 17% der höheren Angestellten und Beamten.[79] Besonders in dieser Sicht der Herkunft der Ehepartner, die anders als ein Überblick über die Chancen der vielen einzelnen aus der Gesamtheit der Arbeitertöchter der gesellschaftlichen Beobachtung leicht zugänglich ist, ist eine Durchbrechung der Barriere zu den nicht-manuellen Berufsgruppen bemerkbar. In der Hauptsache scheint das ein Effekt des Strukturwandels im Beschäftigungssystem und besonders der Zunahme unterer Ranggruppen bei den Angestellten und Beamten gewesen zu sein. Diese konnten bis 1971 noch nicht auf eine gruppenspezifische Binnenrekrutierung ihrer Ehefrauen zurückgreifen, die bezeichnenderweise am stärksten war bei den höheren Angestellten und Beamten, die schon eine längere Tradition als soziale Gruppe haben. Dabei hat sich wahrscheinlich ein paralleler Prozeß abgespielt. Die Ähnlichkeit der Positionen beruflich aufsteigender Arbeitersöhne mit den Positionen der Heiratspartner der durch Heirat aufsteigenden Arbeitertöchter läßt annehmen, daß häufig aufsteigende Arbeitersöhne die Töchter von Arbeitern geheiratet haben. Dafür spricht auch eine gewisse Übereinstimmung im beruflichen Milieu, da Arbeitertöchter überwiegend als einfache und mittlere Angestellte tätig sind.[80] Deren Aufstiegsheirat war bis zu einem bestimmten Grade eine »verschobene« soziale Endogamie.

Daneben bleibt aber festzuhalten, daß die »direkte« soziale Endogamie wie bei den männlichen Arbeitern auch das Heiratsverhalten der Arbeitertöchter bestimmt: Zwei von dreien heirateten einen Mann aus der Arbeiterschaft, allerdings differenziert entsprechend der gruppentypischen Häufigkeit der Eheschließung mit Angestellten und Beamten. 74% der Töchter von Ungelernten, 67% der Töchter von Angelernten, 58% der Töchter von Facharbeitern, aber nur 45% der Töchter von Meistern und Vorarbeitern waren 1971 mit Arbeitern verheiratet. Gleichzeitig waren die Heiratskreise innerhalb der Arbeiterschaft deutlich gestuft. Entlang der Prestigeskala zwischen qualifizierten und unqualifizierten Arbeitern gab es zwar Heiratschancen »nach oben«, aber eine Vermeidung der Heirat »nach unten«: Etwa jede dritte Tochter eines Ungelernten heiratete einen Facharbeiter oder Meister, aber nur selten umgekehrt die Tochter eines Facharbeiters einen ungelernten (5%) oder angelernten Arbeiter (14%).

Das Fazit lautet also: Die Arbeiter haben bis heute nach den Bauern, die als eine ausgeprägt berufsständische Besitzklasse sozial am Rande der kapitalistischen Industriegesellschaft stehen, den sozial homogensten Verkehrskreis aller gesellschaftlichen Großgruppen.[81] Ihre relative Geschlossenheit als eine soziale Klasse kann daher größer sein als die Beobachtung einzelner Dimensionen der Mobilität erkennen läßt, die Positionsveränderungen von Individuen abbilden. Hält man aber die berufliche und konnubiale Mobilität zusammen und betrachtet sie von dem Ort aus, an dem für sie Voraussetzungen geschaffen werden, dann scheint die Arbeiterfamilie und -verwandtschaft immer noch in breitem Maße zur Bildung einer sozialen Klasse im Weberschen Sinne beizutragen.

Ihre Einflußnahme auf Mobilitätschancen und Lebensführung veranschaulicht die Bedeutung der Familie für die Berufswahl und den alltäglichen Verkehrskreis. Obwohl infolge des schnellen Wandels der Berufsinhalte die »Berufsvererbung« im Sinne der Vererbung bestimmter Tätigkeitsbereiche, die bei Arbeitern mit handwerklichen Traditionen im 19. Jahrhundert und bei hochspezialisierten Facharbeitern noch weit ins 20. Jahrhundert hinein häufig war, heute sicherlich keine typische Rolle mehr spielt, steht die Berufsfindung doch noch unter einem starken Einfluß des engeren sozialen Verkehrskreises. Auch wenn die Notsituation als Entscheidungsfaktor weggefallen ist, die ehemals bei der Berufswahl oft größere Rücksichten auf die Familie als auf Neigungen und Fähigkeiten erzwang, erfolgt die Berufswahl auch heute strukturell nicht viel anders als im 19. Jahrhundert »milieukonform« und wird am stärksten gesteuert durch die Familie und die durch sie vermittelten Grundfähigkeiten und Elemente des Selbstvertrauens.[82] Daß dies keine Besonderheit einer spezifischen Entscheidungssituation ist, legt die hohe Bedeutung der Familie und Verwandtschaft im alltäglichen meinungsbildenden wie -stabilisierenden Verkehrskreis nahe. Für die verheirateten Arbeiter stellt die Familie den mit Abstand subjektiv wichtigsten Lebensbereich dar, der weithin das Leben in der Freizeit ausfüllt.[83] Der Verwandtenbesuch, besonders der Besuch der Eltern durch die verheirateten Kinder ist eine feste Regel des sonntäglichen Lebens. Der Kontakt mit Arbeitskollegen ist außerhalb der Arbeitszeit weniger üblich als der mit Verwandten.

Infolge dieser Umstände und der relativ intensiven Kommunikation innerhalb des Herkunftsmilieus gegenüber einem schwächer ausgebildeten Verkehrskreis in gesellschaftlich offeneren Institutionen wie Vereinen, Parteien oder Bildungseinrichtungen ist ein hohes Maß schichtenspezifischer Verhaltenskonformität zu erwarten. Andrerseits scheint jedoch – mit und nach der Erosion schichttypischer Kulturstile und politischer Identifikationen – die Verhaltensrelevanz der Konformität der sozialen Klasse »unbestimmt«.[84] Die Arbeiterschaft scheint zu einer sozialen Klasse ohne scharf ausgeprägte klassentypische Werthaltungen geworden zu sein. Nicht zuletzt zeigt das der oben erwähnte Rückgang in der Selbstzurechnung zur Arbeiterschaft, die – wie nun ergänzt werden kann – sich als alltäglicher Verkehrskreis gleichwohl erhalten hat.

Nach den übergreifenden kulturellen und politischen Veränderungen, auf die noch einzugehen sein wird, sind dafür auch einige Implikationen der beruflichen und konnubialen Mobilität von Bedeutung. Soweit klassenspezifische Wertorientierungen durch intergenerationelle Sozialisation und generationenübergreifende Erfahrungen begründet werden, wurden sie durch den Wechsel in arbeiterfremde Berufsmilieus gebrochen. Daneben wurde die Fragmentierung von Gemeinsamkeiten auch innerhalb der Arbeiterschaft selber durch die berufliche Spezialisierung und die Heterogenisierung der betrieblichen Milieus vorbereitet und gefördert. Gleichzeitig brachte der zum Angestellten oder Beamten gewordene Sohn oder die mit einem solchen verheiratete Tochter gerade infolge der starken Einschränkung auf den verwandtschaftlichen Verkehrskreis in vielen Arbeiterfamilien eine soziale Nähe zu diesen Gruppen mit sich, die arbeiterspezifische Einstellungen und Haltungen relativiert. Außerhalb des Arbeitslebens stellt heute der kleine Angestellte und Beamte eine ähnlich vertraute Bezugsgruppe dar wie im Kaiserreich noch der Kleinbauer oder Handwerker – sofern der Kontakt mit Verwandten, die »es weiter gebracht haben«, nicht abreißt.[85] Insgesamt ist es jedoch wahrscheinlich, daß die Entdramatisierung des Arbeiter-Angestellten-Unterschiedes, das Fehlen eines »tiefgreifenden Unterschieds im Lebensgefühl«[86] außer der sozialpolitischen Angleichung zwischen diesen beiden Gruppen von Arbeitnehmern auch eine Folge der beruflichen und konnubialen Mobilität der Arbeiterkinder ist. Trotz der fortdauernden höheren Geltung klassischer Angestelltenberufe ist die Erfahrung der »Kragenlinie« nicht mehr so vielfältig und einschneidend wie noch in den 1920er Jahren.[87] Wenn aber die soziale Geltung auf dem Unterschiedlichen und weniger auf dem Gleichen aufbaut, verblaßt damit auch die Selbsterfahrung der Arbeiter als soziale Klasse.

Arbeiter leben, das zeigten die Befunde zur Mobilität, in einem immer noch bedeutungsvollen Maße »unter sich«. Haben auch »Alltag« und »Kultur« der Arbeiter spezifische Züge behalten? Unter diesen Stichworten werden in jüngster Zeit teils die alten Fragen nach dem »Klassenbewußtsein« der Arbeiter in einer anderen Weise gestellt, teils wird das vorpolitische Bewußtsein der Arbeiter aufzuhellen versucht. Das Erkenntnisinteresse hat sich dabei von der Ideenwelt und Politik der führenden Gruppen der Arbeiterbewegung verlagert auf den »gewöhnlichen« Arbeiter. Wie aßen und tranken, wohnten und lebten Männer, Frauen und Kinder der Arbeiterschaft jenseits von Parteitagen, Richtungskämpfen, Streiks, politischem Kampf usw.? Was waren ihre Erfahrungen und Erwartungen, ihre Wünsche und Lebensziele? Welche Bedeutung hatten Politik und Arbeiterorganisationen in ihrem Leben? Waren diese mit den Bestrebungen der Arbeiter immer identisch?

So etwa lauten die Fragen nach der »Arbeiterkultur«.[88] Unschwer ist zu erkennen, daß dieser Begriff eine fließende Bedeutungsveränderung und -erweiterung erfahren hat. Insbesondere in den 1920er Jahren hat man damit, in Anlehnung an einen engeren, ästhetisch-kognitiven und zugleich lebensreformerischen Kulturbegriff das revolutionäre Projekt eines »neuen« bzw. »sozialistischen« Menschen verbunden, wobei die vorfindbaren Verhaltensweisen der Arbeiter entsprechend scharf angeprangert wurden.[89] In Verbindung damit, aber ohne die revolutionären Intentionen wurde auch nach 1945 von der Arbeiterkultur vor allem im Sinne der Bildungsanstrengungen, Festveranstaltungen und der Freizeitvereine der Arbeiterbewegung gesprochen, was genauer als »Arbeiterbewegungskultur« zu bezeichnen ist. Diese Dimensionen wurden zwar nicht abgeschnitten, aber doch stark relativiert durch den heute vielfach verwendeten »weiten« Kulturbegriff, in dem der Akzent gesetzt wird auf die »alltägliche Lebensweise, in der die Menschen ihre sozialen Beziehungen wahrnehmen und ausdrücken«.[90] Die symbolische Bedeutung des tatsächlich gelebten Lebens derjenigen, die sich in den hochkulturellen Zeugnissen sonst wenig artikulieren, sollen damit erschlossen werden. Das ermöglicht Einblicke in die vielfältigen, historisch untergründigen Bedingungen und Prägungen des Arbeiterlebens, die mit einem engeren, ästhetisch-kognitiven Kulturbegriff kaum sichtbar werden. »Kultur« i. S. einer schichtenspezifischen Lebensweise enthält Dimensionen von sprachloser Autonomie, aber auch von verschwiegener Heteronomie und ist daher geeignet, ein realistischeres Bild vom Selbst- und »Klassenbewußtsein« der Arbeiterschaft zu vermitteln, als das durch die Zuschreibung von ökonomischen und politischen Interessen möglich ist. Alltag und Kultur in diesem Sinne sind wesentliche Elemente der Bildung bzw. Differenzierung von »sozialen Klassen«.

Viele dieser Forschungsfragen sind bisher allerdings programmatisch geblieben oder nur punktuell eingelöst worden, vor allem für das 19., weniger für das 20. Jahrhundert.[91] Im folgenden können daher nur an zwei Beispielen Strukturen und Tendenzen der Arbeiterkultur illustriert werden. Wohnen und Familienleben der Arbeiter repräsentieren einen elementaren Teil des Alltagslebens, in dem sich offensichtliche Veränderungen niedergeschlagen haben, während die Überlegungen zum Arbeiterleben in Großstadt und Provinz auf ehemals tiefe, aber oft vernachlässigte Unterschiede innerhalb der Arbeiterschaft aufmerksam machen wollen, die in der Bundesrepublik zwar nicht ganz verschwunden, aber an Bedeutung verloren haben.

a) Wohnen und Familienleben

Arbeiterkultur war im Kaiserreich, aber auch noch lange danach eine »Kultur der Armut« (O. Lewis), eine schwere Disziplin aus Notwendigkeit, Fleiß, Sparsamkeit und Sorge um die Sicherung des täglichen Brotes, die Überflüssiges nicht duldete. Das bedeutete eine harte Erziehung innerhalb der Familie.[92] Wohl treffend hat der 1926 geborene Arbeitersohn Max von der Grün einige dafür typische Maximen seiner Mutter zusammengestellt, mit denen er groß geworden ist:

»Wer nicht arbeitet, der braucht auch nicht zu essen.
Hast du dir heute schon dein Brot verdient?
Müßigkeit ist aller Laster Anfang.
Was brauchst du ein Fahrrad. Wir sind auch zu Fuß in die Schule gegangen, und wenn man verreisen muß, nimmt man die Eisenbahn.
Das können wir uns nicht leisten.
Hast du nichts zu tun?
Vom Lesen wird man nicht satt.«[93]

Das war die Moral der proletarischen Familienwirtschaft, die angesichts der Armut und Knappheit und der kritischen proletarischen Lebenssituationen – unregelmäßige Beschäftigung bzw. stark fluktuierende Lohneinkommen, Krankheiten, Arbeitslosigkeit, Streiks oder Aussperrungen – stets die aktuelle und vorausschauende Sparsamkeit und Kontrolle der Bedürfnisse verlangte. In der normativen Selbstbegrenzung der Ansprüche steckte aber auch eine moralische Selbstbehauptung gegen die Not. Das alte Minderwertigkeitsgefühl der vorindustriellen, außerständischen Unterschichten wurde damit mühsam abgearbeitet. Denn eingebaut in die Kultur der Armut war ein Streben nach Selbstachtung und dem verdienten gesellschaftlichen Ansehen. Die Herkunft aus den vorindustriellen Unterschichten und die Orientierung am zeitgenössischen Kleinbürgertum verschränkten sich hier wohl am engsten. Nicht zufällig wurden daher die Symbole der Respektabilität gerade bei den relativ besser verdienenden Arbeitern beobachtet: die Sauberkeit der Wohnung, welche die Ärmlichkeit zu verdecken suchte, und der Sonntagsanzug, der die Spuren der schmutzigen Arbeit tilgte. Dies zu erreichen, machte die sorgfältige Arbeit der Hausfrau nötig, so daß der Wunsch und Stolz des Arbeiters auf die nicht-erwerbstätige Ehefrau auch einen sehr praktischen Sinn hatte. Mit der Einkommenssteigerung und der Ausweitung des Konsumangebots haben sich die Symbole der Respektabilität sukzessive erweitert, insbesondere auch auf die Alltagskleidung. Wie die Versorgung mit Konsumgütern sozial unterschiedliche und damit arbeitertypische Lebenshaltungsniveaus abgebaut hat, ist heute der Arbeiter an seiner Kleidung nur noch im Betrieb zu erkennen. Nach der Arbeit »zieht er sich auch wochentags ordentlich an«, wie Bergleute schon 1950 sagten, die früher infolge ihrer Berufskleidung im Straßenbild erkennbar waren.[94] Aus der Sicht derjenigen, die sich nie in schmutziger Kleidung zeigen mußten, mag das als eine kleinbürgerliche Anpassung erscheinen, während sie für die Arbeiter wohl eine Befreiung vom stummen Druck diskriminierender Blicke war.

Der durch die Einkommensentwicklung bestimmte und geförderte kollektive Aufstieg zur Respektabilität zeigt sich wohl am auffälligsten am Wohnen der Arbeiterfamilie.[95] Im Arbeiterwohnen des Kaiserreichs konzentrierte sich die »Proletarität« zur alltäglichen Lebensform: die laute Enge in zu kleinen und teuren, schlecht ausgestatteten Ein- bis Zwei-Zimmer-Wohnungen, die bei den häufigen Zahlungsschwierigkeiten immer wieder verlassen werden mußten. Besonders das großstädtische Arbeiterwohnen stellte eine Klassenerfahrung dar. Idealtypisch gesprochen stand »einem eingesessenen Bürgertum eine ständig mobile arbeitende Klasse gegenüber«.[96] Angesichts der seit dem späten 18. Jahrhundert ausgebildeten Kultur intimer Häuslichkeit in den wohlhabenden bürgerlichen Schichten wurde damit die kulturelle Distanz zu der handarbeitenden Unterschicht weiter als je zuvor. Sie wurde noch schärfer durch die arbeitertypische Lösung des Wohnungsproblems, die »halboffene proletarische Familienstruktur«, das Zusammenrücken vor allem der armen, kinderreichen Familien mit Schlafgängern und Untermietern.[97] Diese Familienform war für viele bürgerliche Beobachter ein stigmatisierendes Zeichen der Armut und einer angsterregenden »Sittenlosigkeit«, für die Arbeiter aber ein Mittel zum Überleben in der Armut und in höchst instabilen Beschäftigungsverhältnissen, in der sich die Kalkulation wirtschaftlicher Vorteile und die Solidarität innerhalb der Arbeiterschaft reibungsvoll miteinander verbanden.

Dieser Familientyp, der gegenüber der privat abgeschirmten, kulturell überhöhten Häuslichkeit als Zustand »vor aller Seßhaftigkeit und Kultur«, als Symbol der »Familienlosigkeit« des Proletariers erschien[98], war jedoch ein Übergangsphänomen der großstädtischen Arbeiterschaft in mehrfacher Hinsicht. Zunächst stellte besonders für die Zuwandernden die Erfahrung der halboffenen Familie ein Kontinuum dar mit Wohnformen der ländlichen Unterschicht, nicht nur im Hinblick auf miserable materielle Wohnbedingungen; auch Landarbeiter wohnten häufig ähnlich gedrängt, zu zweien oder auch mehreren Familien in kleinen Doppelhäusern, und das Gesinde lebte in der ebensowenig privat abgeschlossenen bäuerlichen Familie. Zum zweiten war die halboffene Familie wahrscheinlich besonders verbreitet bei den vom Land in die Stadt ziehenden Arbeitern, den unqualifizierteren und schlecht bezahlten, die gerade deshalb häufig ihren Arbeitsplatz wechseln mußten. Drittens war sie familienzyklisch bedingt. Schlafgänger und Untermieter wurden besonders in der Phase der Kinderaufzucht in die Familie aufgenommen, solange die Kinder selber noch keinen Beitrag zum Familieneinkommen leisten konnten. Angesichts dieser Kumulation von negativen Bedingungen scheint daher – viertens – die »halboffene proletarische Familienstruktur« typischer für die erste Generation der städtischen Arbeiter im Kaiserreich als für die folgende. Für die Arbeiter der zweiten Generation, die häufig besser ausgebildet waren, einen stabileren Arbeitsplatz und bessere Einkommen hatten, schloß sich der halboffene Charakter des Wohnens und glich sich den Wohnformen der Arbeiter in den kleineren Städten und auf dem Lande an, wo das Schlafgängerwesen unter Arbeitern seit je weniger verbreitet war, bei freilich ähnlich enger Ärmlichkeit der Wohnungen.[99] Weitere Stabilisierungstendenzen waren der Wohnungsbau und die nachlassende Binnenwanderung.

Gleichwohl war in den 1920er Jahren der Schlafgänger und der Untermieter aus den Arbeiterfamilien noch nicht verschwunden, besonders wenn man die ehemaligen Arbeiter, die Rentner berücksichtigt. 1925 beherbergten im ganzen Reich 18% der Familien von Berufslosen (die freilich nicht nur Arbeiter-Rentner umfaßten, aber nicht weiter zu differenzieren sind) und sechs Prozent der Arbeiterfamilien »familienfremde Personen«, die keine Dienstboten waren. Von den Familien, die überhaupt solche Personen aufgenommen hatten, waren 33% Arbeiterfamilien und 29% Familien von Berufslosen, 13,5% Angestelltenfamilien und 25% Familien von Selbständigen (vgl. Tabelle 21, Spalte der absoluten Zahlen). Die Einnahmen aus der Vermietung von Schlafstellen und Zimmern waren für die Rentner und kinderreichen Arbeiterfamilien ebenso notwendig wie relativ häufig im Vergleich zu den anderen Schichten. Insbesondere galt das noch für die Großstädte, in denen die Anteile der Familien mit Untermietern bei Arbeiterfamilien und Familien von Berufslosen doppelt und dreimal so groß waren wie im Durchschnitt des Reiches.[100] Hier war die halboffene Wohnform im Lebens- und Familienzyklus eine noch durchaus vertraute und phasenweise weit verbreitete Erscheinung. Nur die Arbeiter- und Industriestädte des Ruhrgebietes bildeten dabei eine Ausnahme, wo die entsprechenden Anteile kaum über den Reichsdurchschnitt hinausgingen. Ein umfangreicher Werkwohnungsbau hatte seit der Jahrhundertwende zwar die Abschließung der Familien gefördert, aber durch die einzigartige klassen-, berufs- und betriebsspezifische Homogenität der Arbeiterkolonien einen wohl noch wirkungsvolleren Ersatz für die älteren Solidarstrukturen der Familie geschaffen. Noch in den 1950er Jahren war dieses außerordentlich dichte Arbeitermilieu relativ intakt, das eine Art Betriebsöffentlichkeit im-

Tabelle 21: Familienformen in sozialen Schichten, 1925

Familiengröße Soziale Schichten		Familien mit ... Personen 2	3	4	5	6	7	8 u.mehr	alle	N
Selbständige	a	14,5	19,5	20,1	16,5	11,6	7,6	10,1	100	4 616 413
	b	91,8	79,5	70,6	61,3	54,8	51,1	41,7	67,6	3 120 953
	c	5,0	14,9	23,3	32,3	38,4	41,7	49,8	26,4	1 216 513
	d	3,2	5,6	6,1	6,4	6,8	7,2	8,5	6,0	278 947
Angestellte u. Beamte	a	22,7	30,3	23,2	12,5	6,0	2,8	2,5	100	2 445 140
	b	96,3	92,0	86,3	78,8	75,9	76,4	76,8	88,2	2 156 170
	c	1,6	3,2	6,6	11,3	12,3	11,4	10,4	5,6	136 780
	d	2,1	4,8	7,1	9,9	11,8	12,2	12,8	6,2	151 650
Arbeiter	a	19,5	27,6	22,5	13,9	7,8	4,4	4,2	100	5 869 371
	b	97,2	94,9	92,7	90,1	88,7	88,5	87,7	93,1	5 465 433
	c	0,6	0,3	0,5	0,7	0,8	0,7	0,8	0,6	31 958
	d	2,2	4,8	6,8	9,2	10,5	10,8	11,5	6,3	371 970
Berufslose	a	44,3	26,1	15,1	7,7	3,8	1,7	1,4	100	1 797 043
	b	87,1	72,8	68,1	67,0	67,9	69,3	69,7	77,7	1 369 019
	c	3,0	5,2	5,5	6,1	6,0	5,8	6,6	4,4	79 003
	d	9,9	22,0	26,4	26,9	26,1	24,9	23,7	17,9	322 021

a = Verteilung der Familien auf die jeweiligen Größengruppen
b = Anteil der Familien, die nur aus Familienmitgliedern bestehen, innerhalb der jeweiligen Größengruppe
c = Anteil der Familien mit Hausangestellten und Gewerbegehilfen (jedoch ohne sonstige fremde Personen) innerhalb der jeweiligen Größengruppe
d = Anteil der Familien mit sonstigen fremden Personen (Untermieter, Schlafgänger) innerhalb der jeweiligen Größengruppe
Die Kategorie Familie umfaßt die Eltern mit Kindern, aber auch alleinstehende Verwandte, soweit sie im Haushalt der Familie wohnten.

Quelle:
StDR, Bd. 407, S. 24

plizierte, so daß auch die Arbeiterfrauen an den scharfen Auseinandersetzungen in den Betrieben beteiligt waren. Nicht zuletzt dadurch war dieses Milieu ein stabiles Substrat kollektiver Erinnerung. Erschüttert durch den Nationalsozialismus und die Zwangsmobilität der Kriegs- und Nachkriegsjahre, in denen das Ruhrgebiet von »Fremdarbeitern« und Flüchtlingen überschwemmt wurde, zerbrach es erst im industriellen Strukturwandel, in der Krise des Bergbaus in den 1960er Jahren.

Ähnliche Entwicklungen wie im Ruhrgebiet waren auch anderswo mit dem Werkswohnungsbau und der genossenschaftlichen Kleinsiedlung verbunden, freilich in ihrem Ausmaß jeweils begrenzter und in der Kristallisation von Dimensionen sozialer Homogenität schwächer. Trotz eines bedeutenden Wohnungsbaus, der besonders in der Weimarer Republik mit öffentlichen Mitteln gefördert wurde, in abgeschwächtem Maße aber auch nach 1933, konnte das drückende Erbe der »Wohnungsfrage« aus dem Kaiserreich nur unvollkommen gelöst werden. 1932 machten Neu- und Umbauten seit 1919 nur 16%, 1939 immerhin 24% des Wohnungsbestandes im Reich aus.[101] Obwohl das eine Verbesserung der Wohnbedingungen für einen zunehmenden Teil von Arbeitern bedeutete, scheint es doch nicht möglich, von einem größeren Wandel im Arbeiterwohnen zu sprechen, vor allem im Vergleich zum dramatischen Wandel seit den 1960er Jahren. Zwar erhöhte sich etwa seit 1900 die Qualität der Einrichtung, so daß die Wohnküche bzw. »gute Stube« gemütlicher und der Abstand zur kleinbürgerlichen Ausstattung geringer wurden.[102] Im wesentlichen blieb aber das »Grundübel« des Arbeiterwohnens erhalten: die hohe Wohndichte in der typischen Zweizimmerwohnung aus Wohnküche und einer Kammer. Bei einer (im Vergleich zu Angestellten und Beamten) relativ großen Familie[103] herrschte nicht nur innerhalb der Wohnungen, sondern auch in den Häusern eine drangvolle Enge und zugleich kommunikationsintensive Nachbarschaft, besonders in den städtischen Mietskasernen, in denen Wasserstelle und Klosett gemeinsam benutzt wurden. Insofern kennzeichnete das Arbeiterwohnen auch ohne den Schlafgänger eine »Öffentlichkeit des Familienlebens« (Göhre) auf dem Korridor, dem Hof und der Straße. Die »Enge und Beschränktheit der einzelnen Wohnungen ... (drängte) die Menschen mit Macht zur Türe hinaus«.[104] Aber selbst wenn trotz solcher Bedingungen ein »privates« Familienleben erstrebt worden wäre, blieb dazu außer sonntags wenig Gelegenheit. Besonders bei der Erwerbstätigkeit mehrerer Familienmitglieder konzentrierte sich der Aufenthalt in der Wohnung außer dem Schlaf auf wenige Stunden intensiver Hausarbeit und das gemeinsame Essen oder zerfaserte vollständig im unregelmäßigen Rhythmus der verschiedenen Tagesläufe.[105]

Es ist nicht verwunderlich, daß dem bürgerlichen Beobachter die Umstände des Arbeiterwohnens als »Tod (für) jedes Familienleben«[106] erschienen. Während im proletarischen Familienalltag fast ständig die außerfamiliale Gesellschaft wirksam war, war das bürgerliche Familienideal, das implizit den Blick auf die Arbeiterfamilie bestimmte, eine »Gegenstruktur zur Gesellschaft«.[107] Dieses Ideal eines von Arbeit entlasteten und insofern gesellschaftsfernen, primär durch gegenseitige Zuneigung bestimmten Familienlebens im Rahmen einer »gepflegten« Häuslichkeit war freilich häufiger ein Ideal als gelebte Wirklichkeit. Seine Konkretisierung im bürgerlichen Wohnen, in mehr und größeren, funktional gegliederten Räumen setzte gleichwohl Chancen der Individuierung in einer Häuslichkeit frei, die Bildung, Muße und Geselligkeit einschloß. Das setzte auch ein entsprechendes Einkommen voraus und nicht zuletzt die Arbeit der proletarischen Töchter in den bürgerlichen Haushalten, oder, wie Treitschke sagte: »Keine Kultur ohne Dienstboten«.[108] Neben dem Wunsch, sich satt zu essen, hat wohl nur wenig anderes Arbeitern die Ungleichheit von Lebensformen so augenfällig gemacht wie die Großzügigkeit bürgerlichen Wohnens. Andererseits ging von ihm auch eine Attraktivität aus, die vielleicht gerade durch die Dienstboten sozialisiert wurde und die hinter einem Wunsch in der Revolution von 1918/19 aufscheint, an den sich ein Arbeiter bezeichnenderweise noch Jahrzehnte später erinnerte:

»Wir glaubten damals, da werden sich die Zeiten grundlegend ändern. Dann werden die Reichen mal in die alten Häuser, die Hinterhäuser, ziehen, und wir werden in die besseren ziehen, und wir werden genügend zu essen haben und es braucht mit der Not nicht mehr so furchtbar gerungen werden.«[109]

Jene Ungleichheit ist in der Bundesrepublik beträchtlich geringer geworden. Auf der einen Seite gibt es zwar noch einen gern verborgenen Reichtum, aber kaum mehr jene »gut bürgerliche Vornehmheit« als klassenspezifische ostentative Lebensform. Auf der anderen Seite hat sich das Wohnen der Arbeiter so wesentlich verändert, daß auch für sie Privatheit möglich wurde. Das ist eine Fernwirkung des Krieges und Resultat des Wiederaufbaus unter den Bedingungen der Prosperität gewesen. Zunächst freilich zerstörte die Bombardierung viele Wohnungen, besonders in den Groß- und Industriestädten, so daß in den letzten Kriegs- und Nachkriegsjahren mit dem Zustrom der Flüchtlinge eine »halboffene« Familienstruktur wieder eine weit verbreitete Erscheinung wurde, die jetzt aber keine klassenspezifische Erfahrung mehr war. Im Gegenteil setzte in den Städten die Wohnungsnot die schichtenübergreifende Solidarität einer »Schicksalsgemeinschaft« frei, da angesichts der Zerstörungen die Wohnkultur als Indiz des sozialen Status an Bedeutung verlor, während andrerseits die Spannungen zwischen der evakuierten Stadtbevölkerung und der Landbevölkerung das Zusammengehörigkeitsgefühl der Stadtbewohner förderte. Diese Gleichheit scheint jedoch nicht lange angehalten zu haben. Im Abbau der Wohnungsnot in den 1950er Jahren hat sich eine schichtenspezifische, infolge der unterschiedlichen Kriegsfolgelasten freilich regional sehr ungleiche Schere in der Wohnraumversorgung geöffnet, die erst in den 1960er Jahren wieder enger wurde. 1957 waren immerhin noch rund 11% der Arbeiterhaushalte in Notwohnungen, in Baracken, Dach- und Kellerwohnungen untergebracht; sie stellten damit 42% der Wohnparteien in dieser Kategorie von Unterkünften (neben 9,7% Selbständigen, 12,7% Beamten und Angestellten und 35,8% Nichterwerbstätigen). Die Enge des traditionellen Arbeiterwohnens war 1961 noch für die Hälfte der Arbeiterbevölkerung gegeben: 54% der Arbeiterhaushalte gegenüber 35% der Angestelltenhaushalte umfaßten nur ein bis zwei Räume. 1968 dagegen betrugen die entsprechenden Quoten nur mehr 15% bzw. 13%. Die Mehrheit wohnte nun in Wohnungen mit vier und mehr Räumen, nämlich 58% der Arbeiter- und 68% der Angestellten- und Beamtenhaushalte. Darin schlug sich auch der Hausbau von Arbeitern nieder, da die Wohnraumversorgung der Hauseigentümer besser ist als die der Mieter.[110]

Die Überwindung der traditionellen proletarischen Enge, der Einzug in größere und besser ausgestattete Wohnungen in den 1960er Jahren war vor allem typisch für die jüngeren Arbeiter mit kleineren Familien. Kinderreichtum bedeutet für Arbeiter, da sie große Wohnungen nicht bezahlen können, auch heute noch ein

Wohnen, das den früheren Verhältnissen ähnelt.[111] Angesichts der allgemeinen Einschränkung der Kinderzahl[112] und des Rückgangs von mehrgenerationellen Familien- bzw. Haushaltstypen treffen sie aber nur noch für Minderheiten zu. 1968 umfaßten 20% der Arbeiterhaushalte fünf und mehr Personen, von denen etwa die Hälfte in zu kleinen Wohnungen lebte, d. h. in solchen mit weniger als fünf Räumen.[113] Außer der Gruppe kinderreicher Arbeiterfamilien blieben die alten Arbeiter bei der Verbesserung der Wohnsituation zurück. 1965 wohnten 52% der Arbeiterfamilien in Neubauwohnungen, d. h. solchen, die nach 1948 errichtet wurden. Die Sozial- und Altersstruktur von städtischen Altbau- und Sanierungsgebieten im Jahr 1969 dagegen zeigte, daß diese Gebiete überwiegend von älteren Menschen und (ehemaligen) Arbeitern bewohnt wurden: 62% bzw. 73% der Haushaltsvorstände hatten nur eine Volks- und Berufsschulausbildung und 61% bzw. 54% waren älter als 55 Jahre. In den städtischen Neubaugebieten hingegen betrug der Anteil der Arbeiter 45% und der der älteren Haushaltsvorstände nur 24%. Obwohl diese Zahlen nicht direkt aufeinander beziehbar sind, machen sie doch plausibel, daß in die neuen Siedlungen an den Stadträndern überwiegend jüngere Arbeiter gezogen sind, und umgekehrt die übriggebliebenen innerstädtischen Arbeiterviertel mit ihren relativ schlechteren Wohnungen von alten und seit den 1960er Jahren auch von ausländischen Arbeitern bewohnt werden (vgl. Tabelle 22).

Die jüngeren Arbeiter haben auch im Hinblick auf die Wohnverhältnisse offenbar eher und häufiger von den steigenden Einkommen und Konsumchancen profitiert. Die durch den relativ schnellen Erfolg gestiftete individualistische Haltung mag durch ihre veränderte Wohnumgebung noch gefördert worden sein. Städtische Neubaugebiete zeichnet nämlich ein relativ hoher Grad der Durchmischung von sozialen Schichten bzw. Berufs- und Bildungsgruppen aus. Hier, wo sich zunächst die vom Krieg lokal Entwurzelten niederließen, haben die sozial nivellierenden Kriegswirkungen sich gleichsam versteinert. Wenn irgendwo, dann war in den 1950er Jahren die »nivellierte Mittelstandsgesellschaft« in den neuen städtischen Siedlungen, den »Wohnstädten« zu erfahren. Sie wurden am Ende der 1960er Jahre überwiegend von jüngeren Arbeitern und – der Schulbildung nach zu schließen – von Angestellten und Beamten bewohnt (vgl. Tabelle 22). Für die hier lebenden Arbeiter mochte die weniger ausgeprägte soziale

Tabelle 22: Soziale Zusammensetzung von Wohnvierteln nach Schulabschluß und Alter in sechs ausgewählten Städten, 1969

Schulabschluß	Neubau	Altbau	Sanierungsgebiet
Volks-/Berufsschule	44,6	62,4	73,0
Mittlere Reife, Berufs- oder Fachschule	30,7	25,1	20,7
Abitur, höhere Fachschule	15,3	7,8	4,7
Universität, Hochschule	9,4	4,8	1,7
	100	100	100
Alter des Haushaltsvorstandes			
bis 34 Jahre	27,0	11,4	17,9
35 - 44 Jahre	28,3	11,0	14,1
45 - 54 Jahre	20,6	13,8	13,6
55 - 64 Jahre	14,9	27,9	26,0
über 65 Jahre	9,2	32,8	28,4
	100	100	100

Quelle:
Osterland u. a., Materialien, S. 185, Anhang Tab. 159 (vereinfacht). Die Angaben beziehen sich auf die Städte Frankfurt, Stuttgart, Kempten, Wilhelmshaven, Lüneburg und Kiel.

Segregation die Vorstellung der Chancengleichheit stützen bzw. um so mehr anstacheln, als die Wohn- und Lebensformen dieser Gruppen in den Hoch- und Reihenhäusern mit dem »Auto vor der Tür« sich zumindest äußerlich stark angeglichen haben bzw. nur von graduellen Unterschieden bestimmt sind.

Aber auch die Innenausstattung der Arbeiterwohnungen hat sich bedeutend verbessert. Mag sie infolge der relativen Konzentration in Altbaugebieten und infolge des schmaleren Einkommens anderen sozialen Gruppen auch noch hinterherhinken, so lebt seit den 1960er Jahren doch eine große Mehrheit der Arbeiter in früher unbekannt geräumigen Wohnungen, die mit den zivilisatorischen Standardgütern wie Bad, WC, zu einem geringeren Teil auch mit Zentralheizung ausgestattet sind; all das war noch in den 1950er Jahren keineswegs selbstverständlich.[114] Zusammen mit der Technisierung der Hausarbeit hat das die häusliche Arbeitszeit reduziert, einen Zugewinn an freier Zeit und Komfort ermöglicht, die das häusliche Leben für die Arbeiter zweifellos attraktiver machten als noch in den 1920er Jahren. Symbol dieses sich in der Wohnungseinrichtung, die einen bedeutenden Anteil des Ausgabenbudgets ausmacht, niederschlagenden Komforts ist das Wohnzimmer, das die Wohnküche als arbeitertypische Wohnform abgelöst hat. Dieser Raum, mit dem repräsentativen Wandschrank, dem Teppich, der Sitzgruppe und dem Fernsehgerät, ist heute die bewußt stilisierte Privatsphäre der Nicht-Arbeit und ein herausgehobener Lebensraum, der nur mit sauberer Kleidung betreten und – im Unterschied zur kalten Pracht der früheren »guten Stube« – auch im Alltag, nicht mehr nur an Sonn- oder Festtagen benutzt wird.[115] Die Freizeit hat so ein häusliches Leben ermöglicht, das – wie das Ablegen der Arbeitskleider nach der Arbeit zeigt – auch anders gelebt wird als früher. Aufatmend urteilte 1963 ein saarländischer Bergarbeiter über die gewandelten Familienverhältnisse, wobei er charakteristischerweise diese nicht isoliert, sondern im Gesamtzusammenhang der Arbeiterexistenz betrachtete, der vordem auch das Familienleben behinderte:

> »Das Leben ist heute hundertprozentig besser. Mein Vater ging noch mit Trockenbrot auf die Grub. Wir haben es heute doppelt belegt. Die alten Leute mußten früher auch noch viel mehr arbeiten. Heute kann man das alles sehr viel einfacher machen. Auch für die Hausfrau ist es besser. Da gibt es jetzt die Maschinen. In unserer Familie waren wir acht Kinder. Und manche Familien hatten noch viel mehr. Und wenn man was zu den Eltern sagte, bekam man einfach ein paar herunter. Die waren früher viel mehr gereizt als heute, weil sie viel mehr Sorgen hatten. Das gibt es heute alles nicht.«[116]

Der Wandel von Wohnen und Familienleben war von durchschlagender Wirkung auf die Gesamtheit der Lebensformen, da sich in ihm mehrere Prozesse kristallisierten: Das steigende Einkommen und die reduzierte Arbeitszeit ermöglichten einerseits die Angleichung schichtenspezifischer Familienverhältnisse, während andrerseits diese selber durch die strukturelle Integration der Familie in die Massenkultur über die häuslichen Konsumformen der Massenmedien einem schichtenübergreifenden Wandel unterlagen. Die dadurch bewirkte Verallgemeinerung von Privatheit als Lebensform, ein Kennzeichen aller prosperierenden Nachkriegsgesellschaften im Westen, wurde in der Bundesrepublik noch besonders gefördert durch eine sozialpsychisch entlastende Reaktion auf die Pseudopolitisierung und Militarisierung des öffentlichen Lebens im »Dritten Reich«, möglicherweise auch auf die Desillusionierung und Enttäuschung über den Nationalsozialismus. Vor allem aber setzte die subjektive befreiende Überwindung der in Krieg, Gefangenschaft und Hungerjahren ins Extrem gesteigerten Belastung des »privaten Lebens« den »Wunsch nach einer Familie« frei, »die funktionieren könnte«[117], zumal nach der schwierigen, aber notgedrungenen Solidargemeinschaft der Verwandten in der »Zusammenbruchsgesellschaft« der Kriegs- und Nachkriegszeit. Diese Lage prägte nicht nur, aber auch die Arbeiterschaft, und sie ist wohl eine Quelle der geringen kulturellen und politischen Polarisierung in der Bundesrepublik. Sie bewirkte einen Grundkonsens über die Familie, die private Existenz als wichtigsten Lebensbereich, den es zumindest bis 1933 so nicht gegeben hat. In allen Schichten, in Stadt und Land, stellt sie bei nur geringfügigen Unterschieden den mit Abstand wichtigsten Bezugspunkt für die Persönlichkeit dar, der weithin die Einstellung zur Berufsarbeit, die Freizeitaktivität und die Selbstinterpretation der Lebensgeschichte prägt.[118] In gewisser Weise ist das ein Echo der herausragenden Funktion und Bedeutung der Familie in der Bewältigung der Not der Nachkriegszeit, in der, entgegen der kulturkritischen Begleitmusik über die Krise der Familie, diese sich trotz aller Schwierigkeiten stabilisiert hat, wobei infolge der Leistungen der Frauen wahrscheinlich auch einige Weichen für partnerschaftliche Eheauffassungen verstärkt wurden. Diese allgemeine Konstellation war für Arbeiter nicht ganz neu; auch in der Massenarbeitslosigkeit der späten 20er und frühen 30er Jahre mußte die Familie und insbesondere die Arbeit der Frauen das Überleben sichern. Aber gerade wegen dieser wiederholten intensiven Erfahrung der Familie als notwendiger Solidargemeinschaft hat, läßt sich vermuten, das Familienbewußtsein und die Anerkennung der Frau in der Arbeiterschaft sich vertieft.[119]

Man sollte jedoch die soziale Integration durch die allerseits positiv bewertete private Kleinfamilie auch nicht überschätzen. Der mögliche Integrationseffekt stößt gerade unter Arbeitern auf alte und neue Grenzen. Wie ehedem hemmen auch heute Arbeitsbedingungen und Einkommensverhältnisse eine private Häuslichkeit nach dem alten bürgerlichen Muster. Abgesehen davon, daß man über den Wohlstand der Arbeiterfamilien keine übertriebenen Vorstellungen hegen sollte, ist gerade der relative Wohlstand

Anstrengungen zu verdanken, die das erstrebte Ziel nur schwer erreichbar machen. Die häufige Erwerbstätigkeit der Ehefrauen steht der alltäglichen Praxis und Erfahrung einer häuslichen Familienkultur ebenso im Wege wie die Trennung der Familienmitglieder durch die vor allem Arbeiter betreffende Schichtarbeit. Unterschiedliche Tagesabläufe, häufig lange Abwesenheit wegen weiter Wege zum Arbeitsplatz und die Erschöpfung durch die Arbeit selber lassen oft nur am Wochenende ein Familienleben zu, das den Erwartungen und Normen nahekommt.[120]

Vielleicht noch wichtiger als diese traditionellen Grenzen für die »bürgerliche« Privatheit der Arbeiterfamilie sind die neuen, die aus der Überforderung der intimen Kleinfamilie als sozialem und psychischem Bezugs- und Schutzraum erwachsen. Gerade Arbeiter, die in der Familie Sinngebung, Liebe und Geborgenheit und selbstbestimmte Entfaltung suchen, geraten infolge der äußeren Hindernisse auch in psychische Familienkrisen, die dann fälschlicherweise als Verfall der Familie wahrgenommen werden.[121] Eine solche Dialektik ist zwar nichts historisch Neues, denn die Vorstellung eines autonomen privaten Binnenraumes war ja auch eine Art Lebenslüge der bürgerlichen Familie. Sie scheint jedoch mit der Entwicklung der Massenkultur auswegloser geworden zu sein, je mehr diese einerseits täglich das Leitbild der harmonischen Familie vor Augen führt, andrerseits aber verhaltensrelevante Grenzen zwischen privatem und öffentlichem Raum nivelliert. Der gesteigerten Bedeutung von Privatheit als Lebensform korrespondiert der Schwund einer davon abgehobenen Öffentlichkeit, da durch die häuslichen Konsumformen der Massenmedien die Öffentlichkeit selber ein diffuser und aufdringlicher Bestandteil der Häuslichkeit wird. Entsprechend der Entschränkung von Öffentlichkeit und Privatheit im kommerziell gesteuerten Angebot der Massenkultur gerät die darin eingebundene Familie in eine doppelte Isolation auf Kosten beider Lebensbereiche: in eine »Häuslichkeit ohne Familienorientierung«[122] und eine Öffentlichkeit ohne Erfahrung. Das sind freilich Spekulationen auf dem empirisch wenig gesicherten Feld der Kulturkritik. Immerhin bewahren sie davor, die heutige Privatheit, die vielen normativen Einmischungen von außen ausgesetzt ist, nicht mit privater Autonomie zu verwechseln.

Aber womöglich ist das klassische Verständnis von Privatheit unangemessen, wenn man die Wertschätzung des Privatlebens unter Arbeitern zu verstehen sucht. Ein anderer Aspekt von Privatheit, die Chance für Tätigkeiten, die nicht mehr unter dem Zwang zur unmittelbaren Sicherung des Lebensunterhalts stehen, sondern offen sind für darüber hinausgehende, unterschiedlichste Wünsche und Bedürfnisse, ist dafür geeigneter.[123] Das unauffällige Alltagsleben der Arbeiter war so gesehen keine »politische Apathie« und »Resignation«, die ihnen häufig zugeschrieben wurden. In ihm wirkte sich vielmehr ein historischer Nachholbedarf an materieller Versorgung aus, der sozialmoralisch noch gesteuert wurde von jener erwähnten Disziplin der »Kultur der Armut«. Die steigenden Einkommen haben das Sicherheitsbedürfnis nicht gänzlich erfüllt und zum Verschwinden gebracht, da vor allem die technologische Entwicklung immer wieder Befürchtungen über den Verlust von Arbeitsplätzen nährte und nährt. Eine Haltung, die das jeweils Erreichte sicherte und in den bekannten Lebenszusammenhang einbaute, war nach den katastrophalen Einbrüchen der Inflationen, der großen Arbeitslosigkeit, des Krieges und der folgenden Hungerjahre sowie nach den politischen Desillusionierungen »das Fortschrittlichste, das die Mehrheit der Bevölkerung sich vorstellen konnte«. So bezeichnete wohl treffend ein Aufsteiger aus dem katholischen Arbeitermilieu die Bedeutung kultureller Kontinuität in den 1940er und 1950er Jahren im Umfeld vielfacher, auch persönlicher Diskontinuität. Die Begründung ist eine Sozialgeschichte en miniature:

> »In meiner Umwelt galt Veränderung in Haltung und Denken als Charakterschwäche und war Veränderlichkeit der Verhältnisse eine Drohung. Gerade nach Kriegsende. Was stabil war, sollte es bleiben, das Leben war hart und unsicher genug. Der Glaube bot die größte Sicherheit. Ich bin aufgewachsen in einer ländlichen Industriegemeinde, als eines von fünf Kindern in einer Arbeiterfamilie. Der Ort lag in der Diaspora, wie die Katholiken sagten, hatte also überwiegend protestantische Bevölkerung, da hieß es zusammenhalten. Es ist bis heute so. Wenn du auch noch studierst, verlierst du deinen Glauben, sorgte sich meine Stiefgroßmutter, die in der Familie lebte. Das war schon zu spät. Sie sagte: Gib acht, daß du wenigstens nichts mit Politik zu tun bekommst. Das verstand ich noch nicht.«[124]

Auf einer solchen traditionalen Grundlage ist die Befriedigung über die materielle Entwicklung nur zu verständlich. Sie enthielt den berechtigten Stolz darauf, sich »etwas leisten«, »etwas zurücklegen« zu können, vor allem aber ein im Vergleich zu früheren Arbeitergenerationen unbekanntes Maß an individuell bestimmtem Leben. Trotz der vielfältigen Determination der Familie durch wirtschaftliche, soziale und politische Umstände bleibt sie ein Bestandteil selbstverantwortlichen Lebens, das nun freier gestaltet werden konnte. Das ist vielleicht gerade denen, die sonst starken Abhängigkeiten unterworfen sind, besonders wichtig. Die starke Konzentration des Alltagslebens auf den familiären Binnenraum, der »Familismus« der Arbeiter zeugt, so gesehen, von ihren Ansprüchen auf Autonomie. Zuletzt sollte nicht vergessen werden, daß sich darin auch die Tradition der verwandtschaftlichen Solidargemeinschaft fortsetzt, die für die Bewältigung von Alltagsproblemen immer noch eine wichtige Hilfe ist.[125]

Die sich aus traditionellen Erwartungen und politischen Umständen speisende Konzentration auf das Familienleben enthielt jedoch auch etwas Neues. Das intensivierte Familienleben der Arbeiter kennzeichnet nicht nur die Verhäuslichung des Mannes, sondern auch die familiale Emotionalisierung seiner Rolle in der Familie und eine stärkere Beteiligung an der Erziehung. Der Arbeiter des Kaiserreichs fand nach der Umfrage von A. Levenstein 1912 sein »Vergnügen« mindestens ebenso häufig im Wirtshaus wie in der Familie. Wenigstens bei organisierten Arbeitern waren die gewünschten Tätigkeiten in einer vermehrten Freizeit nur zum kleineren Teil auf die Familie gerichtet, am ehesten noch bei den qualifizierteren und relativ gut verdienenden Metallarbeitern (13% bis 26% der Befragten); bei einer relativ weiten Auffächerung richteten sich diese Wünsche mehr auf Bildung und politische Beteiligung (33% bis 42% der Befragten).[126] Nach 1945 war die Suche nach »Geborgenheit« in der Familie und die Zuwendung zum Kind häufig auch eine nachträgliche Kompensation der äußerst harten eigenen Kindheit und Jugend, die von Kinderarbeit, den psychischen Härten der Ärmlichkeit und nicht zuletzt von der Entfamilialisierung der Kindererziehung im Nationalsozialismus gezeichnet war.

Der Ehemann und Vater, der sich stärker am Familienleben beteiligte, veränderte damit auch die innere Struktur der Arbeiterfamilie. Überlange Arbeitszeiten, »Nebenerwerb« infolge unzureichender Einkommen oder Wanderung auf der Suche nach Arbeit machten den Vater im 19. und frühen 20. Jahrhundert zu einer blassen Hintergrundsfigur im Familienalltag. Seine neue Rolle in der Familie wurde daher auch erst durch die Verkürzung der Arbeitszeit möglich.[127] Obwohl die geschlechtsspezifische Arbeitsteilung innerhalb des Haushalts sich nicht wesentlich geändert hat und die Mütter die »Expertinnen des Alltags«[128] blieben, die oft noch die Ehemänner für ihre neue Rolle erziehen müssen, hat die Beteiligung der Väter am Familienalltag und an der Erziehung doch ein charakteristisches Merkmal der alten Arbeiterfamilie stark relativiert: die dominierende, ja fast exklusive Rolle der Mutter als Bezugsperson für die Kinder. Das war ein Resultat ihrer herausragenden Bedeutung als Hausfrau, deren immerwährende Arbeit und Geschick das Überleben und die Lebensqualität bestimmten, während sie gleichzeitig eine psychosoziale Stabilität verkörperte, da sie »ein Kontinuitätsfaktor in der allgemeinen Fluktuation der sonstigen Beziehungen und bei der geringen Anwesenheit des Vaters«[129] war. Es ist kein Zufall, daß sich Max von der Grün an die oben zitierten Erziehungsleitsätze als Sentenzen seiner Mutter erinnerte und daß die Arbeiterautobiographien aus dem späten 19. Jahrhundert nur selten positive Gefühle und Bindungen an die Väter erkennen lassen, aber vielfach Liebe und Dankbarkeit gegenüber den Müttern.[130]

Die Verhäuslichung des Mannes hat – unter der Bedingung steigender Einkommen – vermutlich auch ehemals typische Ehe- und Familienkonflikte um das Haushaltsgeld, den Wirtshausbesuch oder das Zeit und Geld konsumierende politische Engagement des Mannes entspannt.[131] Die »ehelichen Machtverhältnisse« in der Arbeiterfamilie waren trotz der starken Position der Mutter selten »matriarchalisch«, aber auch nicht »patriarchalisch«. Ansätze zu einem »Unterschichtenmatriarchat« besonders bei ungelernten Arbeitern[132], die ihrer Ernährerrolle nicht nachkommen konnten, wurden begrenzt durch die allgemeine patriarchalische Kultur in Politik und Gesellschaft. Umgekehrt konnte sich jedoch auch das Patriarchat in den Arbeiterfamilien nicht wirklich durchsetzen, da die Bedeutung der Frau in der familialen Überlebenswirtschaft zu offensichtlich war. Das Bild des durch »bürgerliche« Werte gestützten proletarischen Familientyrannen, das insbesondere linke Psychologen und Pädagogen der 1920er Jahre mit dem Wunschbild eines »neuen« Menschen kontrastierten[133], bedarf der Korrektur. So sehr der Familienkrach die Gewalt des Mannes bezeugt, ist er gleichzeitig doch auch ein Echo der Selbstbehauptung der Frau, die sich als verantwortliche Hausfrau und Mutter zur Wehr setzte. Aufgrund ihrer Leistungen für die Familie, auf die der Mann angewiesen war, war sie dabei wahrscheinlich in einer stärkeren Position als die bürgerliche Ehe- und Hausfrau, insbesondere seit 1914, als Arbeitslosigkeit und Kriege die »Ernährerrolle« des Mannes erschütterten und die Erwerbsarbeit der Arbeiterehefrauen zunahm. Eheliche Partnerschaft wurde in der Arbeiterfamilie durch die objektiven Umstände erzwungen und gefördert und gleichzeitig deutlicher als in anderen sozialen Klassen von der Arbeiterbewegung als Norm propagiert, was – trotz einer immer auch anderen Wirklichkeit – nicht unwirksam geblieben ist.[134] Die Ehemänner betrachten, soweit erkennbar, diese Partnerschaft heute als selbstverständlich. »Vernünftig« und »normal«[135] erscheint ihnen, was gegenüber dem alten traditionellen Ideal der Arbeiterehe – die Rollenergänzung zwischen Mann und Frau, der ausreichend verdienende Mann, so daß die Frau »nicht zu arbeiten braucht« – keineswegs so selbstverständlich war. Unter der Hülle einer konventionellen Ehe- und Familiennorm hat sich offenbar ein Wandel der Familienwirklichkeit vollzogen, der in hohem Maße ein Effekt der Leistungen der Frauen ist. In der Arbeiterfamilie vollzog sich, scheint es, im 20. Jahrhundert eine Emanzipation der Frau, die trotz aller Grenzen, auf die sie noch stößt, für die Sozialgeschichte der Arbeiterschaft von großer Bedeutung ist.

Dies gilt insbesondere auch für die Erziehung und Sozialisation. Über die »schichtenspezifische Sozialisation« in Arbeiterfamilien wurde seit den 1960er Jahren etwa folgende Vorstellung populär: Sie ist bestimmt von der objektiven Frustration des Lohnarbeiters, die kompensatorisch ein aggressives Familienleben erzwingt, das nur eine rigide Gehorsamserziehung zuläßt und so ein geringes Anspruchsniveau erzeugt, das, insbesondere unter dem dominierenden Einfluß der Mutter, sich resignativ auf den familialen Schutzraum gegen die bedrohliche Außenwelt fixiert.[136] Im Kontrast zu dieser absonderlichen, noch vom überlieferten Bild des proletarischen Elends geprägten Konstruktion einer isolierten linken Intelligenz, welche die westdeutsche Arbeiterschaft der Prosperitätsphase vornehmlich in Büchern über die schwarze Bevölkerung in den amerikanischen Gettos studierte, war das Leben der Arbeiterfamilie anders und dialektischer. Der traditionelle Topos der Erziehung: daß die »Kinder es besser haben sollen« wurde gerade von der Frau bzw. Mutter, die »konservativ« auf ihre Familienrolle fixiert war (und das trotz zunehmender Erwerbstätigkeit auch blieb), nicht in Resignation, sondern in eine Optimierungsstrategie umgesetzt. Weil ihre Lage und ihr Ansehen von der Lage und dem Ansehen der Familie abhing, drängte sie darauf, daß die Männer bzw. Söhne auch fähig waren oder werden, eine entsprechende Lage der Familie zu gewährleisten. Das hieß zuerst, daß der Sohn eine Lehre, einen »guten Beruf« und damit ausreichenden Lohn und einen sicheren Arbeitsplatz haben sollte. Oder wie sich ein 1931 geborener Arbeiter und gelernter Dreher erinnerte, der 1945 »eigentlich« Elektriker werden wollte, vom Arbeitsamt aber zunächst nur eine Maurerlehre angeboten bekam, was die »resolute Mutter« jedoch ablehnte:

»Und dann hat der uns eine Lehrstelle als Dreher angeboten. Da sagte meine Mutter: Onkel Fritz war Dreher und hat immer gut verdient, dann wirst du auch Dreher. Da habe ich gefragt, was Dreher überhaupt ist. Und da hat meine Mutter gesagt: Das lernst du schon, dafür lernst du ja . . .«[137]

Typische intergenerationelle Mobilitätsprozesse wie der Wechsel vom ungelernten zum gelernten Arbeiter und von diesem zum Angestellten und Beamten waren daher auch das Ergebnis einer familialen Plazierung, in der neben dem Vater, der z. B. aufgrund seiner Erfahrungen günstige Lehrstellen und Arbeitsplätze vermittelte, auch die Mutter in der Sozialisation des sozialen und biographischen Anspruchsniveaus, der schulischen und beruflichen Leistungsbereitschaft, der Selbstdisziplin usw. eine hervorragende Rolle spielte. Nicht zuletzt hat sich seit den 1960er Jahren das veränderte Bildungsverhalten in den Arbeiterfamilien, der zwar begrenzte, aber historisch vergleichsweise sehr häufige Wechsel von Arbeiterkindern auf höhere Schulen aus diesen Plazierungsleistungen genährt. In der Arbeiterfamilie der letzten Jahrzehnte standen in einem beeindruckenden und wahrscheinlich stärkeren Maße als früher die Kinder im Mittelpunkt des Lebens, auch wenn diese Arbeiter blieben. Wie die Partnerschaftlichkeit der Ehe zählt das zu den historisch gleichwohl wirksamen Unscheinbarkeiten des Alltags, über die alte Arbeiter 1978 bezeichnenderweise von sich aus wenig erzählten, weil als »fraglos hingenommen (wurde), daß Beruf, Wohnung und ökonomische Entwicklung der Eltern hinter dem eigenen Recht der Kinder zurücktreten müssen«.[138]

Eine solche Haltung wurde vorbereitet und mitgetragen durch

Erziehungsprinzipien der Nachkriegsgeneration. Diese Generation, die in der notbedingten Familiensolidarität aufwuchs und sich sehr »familienkonform« (Schelsky) verhielt, hat gerade dadurch ihre emotionalen Erwartungen in das Familienleben gesteigert und auf die Kindererziehung übertragen. Die »Hinwendung zum Kind«, die »Entwicklung der Persönlichkeit«, Liebe, Verständnis, Selbständigkeit der Kinder wurden unter den jungen Arbeitern zu Erziehungsleitbildern, in die die Wünsche eines besseren Lebens projiziert wurden.[139] Indirekt enthielt das eine Kritik an der harten Disziplin aus Notwendigkeit, Fleiß und Gehorsam, die häufig noch die eigene Kindheit geprägt hatte. Diese Erziehungsmaximen der »Kultur der Armut« konnten mit den materiellen Verbesserungen und Entlastungen des Familienlebens überholt werden. Mag manches in der immer sehr variantenreichen Wirklichkeit des Familienlebens auch anders gewesen sein, darf man doch zweifellos annehmen, daß die Arbeiterkinder seit den 1950er Jahren unter günstigeren Bedingungen der Persönlichkeitsbildung als frühere Generationen aufgewachsen sind. Auch das hat womöglich zum größeren individuellen Selbstvertrauen unter jüngeren Arbeitern beigetragen, das 1975 in ihrer Einstellung zur beruflichen Karriere zu beobachten war.[140]

Vielleicht läßt sich dieser Hinweis mit der gebotenen Vorsicht verallgemeinern. Er bietet eine endogene, aus der Sozialgeschichte der Klasse selber folgende Erklärung für den Befund zu den Mobilitätsprozessen: daß die Arbeiterschaft in ihren sozialen Verkehrskreisen immer noch eine soziale Klasse bildet, aber ohne ausgeprägte kollektive und klassentypische Werthaltungen. Diese Konstellation, so läßt sich nun als Hypothese formulieren, ist u. a. auch ein Ergebnis der Leistungen und Erfolge der Arbeiterfamilie. Der kumulative und sich gegenseitig ergänzende wirtschaftliche, soziale und psychische Wandel in der Arbeiterfamilie hat in relativ hohem Maße alte Vorstellungen eines besseren Lebens erfüllt und gleichzeitig ehemals kollektiv typische Lebensmuster aufgelöst. Diese Enttraditionalisierung der Lebensweise setzte eine Individualisierung des Arbeiterlebens frei. Die Arbeiterkultur wurde in den letzten Jahrzehnten zur Kultur des Privatlebens von Arbeiterfamilien, die eine säkulare Verbesserung darstellte, in ihrem unauffälligen Alltag aber wenig zur kollektiven Identifizierung geeignet war. Andrerseits wurde so die Lebensweise der Arbeiterschaft gleichartiger, da auch und gerade die alltagsbestimmenden Familienverhältnisse der Arbeiter bis ins frühe 20. Jahrhundert je nach Beschäftigungsart, Einkommenslage und regionalem Milieu sehr verschieden waren.

b) Arbeiterleben in Großstadt und Provinz

Insofern, als sich soziale Klassen erst durch die Verflechtung verschiedener Lebensdimensionen bilden, formen sie sich immer auch innerhalb bestimmter Räume und der in ihnen gegebenen Möglichkeiten. Die anhand einzelner Dimensionen wie den Mobilitäts- und Heiratschancen aufgedeckten Klassenlinien und in gewisser Hinsicht selbst die Familienstrukturen sind daher noch relativ abstrakt. Sie spiegeln eine Heterogenität oder Homogenität der Klassen, die tatsächlich nicht gegeben ist, sondern beträchtlich modifiziert wird durch regional- oder lokal-soziale Milieus, d. h. historisch gewachsenen oder in schnellem Wandel entstandenen, in sich relativ stabilen Konfigurationen wirtschaftlicher, sozialer, kultureller und politischer Strukturen, die das Alltagsleben bestimmen. Obwohl der nationale (und internationale) Markt und der Nationalstaat seit dem 19. Jahrhundert zu einer beträchtlichen Angleichung der Lebensbedingungen zwischen den Regionen führten, war die Industrialisierung in vielfacher Hinsicht doch ein regional spezifisches Phänomen.[141] Die gewerbliche Lohnarbeiterschaft war daher nie als Ganzes eine soziale Klasse, sondern zeichnete sich – im nationalen Rahmen – eher durch ein Nebeneinander von Klassenfragmenten aus, die zusammengehalten wurden durch das grundlegende Faktum der Lohnarbeit.

Die Industrialisierung hat nicht nur die Erwerbsstruktur, sondern auch die soziale Morphologie der regionalen Lebenswelten umgewälzt. Der regional und branchenmäßig unterschiedliche Typ und Verlauf der Industrialisierung hat die Regionen verschieden erfaßt und insbesondere das Verhältnis von Stadt und Land zunächst ökonomisch neu akzentuiert, ja den Stadt-Land-Gegensatz vertieft, der angesichts der ländlichen Gewerbe bis in die Mitte des 19. Jahrhunderts häufig stärker politisch als sozialökonomisch bestimmt war. Die Industrialisierung hat alte Residenz-, Gewerbe- und Handelsstädte wie Berlin und Hamburg umgewandelt, völlig neue Städte und Stadttypen, Industrie- und Arbeiterstädte wie im Ruhrgebiet geschaffen und – je länger, desto stärker – schließlich die ländlichen Milieus wieder verändert, hat Land und Stadt einander erneut nähergebracht. Dieser ungleichmäßige Prozeß der Um- und Neubildung regionaler Milieus schuf soziale Lagen, in denen sich berufliche Zusammensetzung, Beschäftigungsverhältnisse, Einkommens- und Wohnbedingungen, kulturelle und politische Orientierungen jeweils spezifisch miteinander verbanden; er prägte daher auch unterschiedliche Arbeitertypen, die in unterschiedlichen Beziehungen zu Angehörigen anderer Schichten standen.

Aus dem noch schwer überschaubaren und wenig erforschten Problemfeld soll im folgenden das Bedingungsgefüge für zwei Arbeitertypen näher betrachtet werden, für die Arbeiter in der Großstadt und in der Provinz, d. h. in ländlich-kleinstädtischen Milieus. Dieser grobe Indikator ist vorläufig zwar nur für einige Dimensionen des Arbeiterlebens empirisch zu erhärten und zwingt insofern zu einer etwas spekulativen Typenbildung. Als solche zeichnet diese eher Extreme und überspielt die vielen Mischlagen, nicht zuletzt manch »dörfliche« Züge in Teilen des Großstadtlebens. Insbesondere im langfristigen Überblick lassen sich jedoch vielleicht gerade in dieser Zuspitzung einige grundlegende Tendenzen erkennen. Die Unterschiede zwischen Stadt und Land waren um die Jahrhundertwende allein schon wegen des Umstandes erheblich, daß die Mehrheit der Lohnarbeiterklasse außerhalb der Großstädte lebte; trotz der schnellen Herausbildung von Großstädten mit einem hohen Arbeiteranteil ist sie also »provinziell« geblieben.[142] Andrerseits aber war mit den vielen zuwandernden Arbeitern das Land als eine stumme soziokulturelle Tradition auch in der Großstadt wirksam.

Aus naheliegenden Gründen war im Kaiserreich der großstädtische Arbeiter der am meisten beachtete Typ, da sich in ihm am stärksten die modernen und sozialgeschichtlich revolutionären Züge des Industriekapitalismus ausbildeten.[143] Er war ein neuer Typ überhaupt, dem man eine besondere Traditionslosigkeit zuschrieb. Er war der »proletarische« Typ schlechthin, der aus überkommenen sozialen Bindungen Entwurzelte, der deshalb die besondere Aufmerksamkeit aller Seiten und politischen Lager fand. In der längeren Perspektive treten jedoch gegenüber den Anpassungsproblemen der in die Städte Zuwandernden eher die traditionsstiftenden Strukturen des großstädtischen Arbeiterdaseins hervor, die sich unter den zwingenden Herausforderungen, die auch Chancen bedeuteten, entwickelten. Grosso modo kann man sagen, daß in den großen Städten ein Bündel von Faktoren gegeben war, das eine sonst nicht erreichte Übereinstimmung zwischen Arbeiterschaft und Arbeiterbewegung ermöglichte, die ihrerseits dann die Tradition dieses Typs prägte und stabilisierte.

In den Großstädten konzentrierten sich die modernen, vergleichsweise häufig großbetrieblichen Industriezweige der Eisen- und Metallindustrie.[144] Damit verbunden war ein relativ großer Anteil von qualifizierten Arbeitern. Die beruflichen und betrieblichen Verhältnisse unterwarfen diese Arbeiter am stärksten und nachhaltigsten der industriellen Sozialisation, dem Zwang, sich mit den Spannungen und Gegensätzen zwischen Unternehmern und Arbeitern auseinanderzusetzen. Großstädte waren die Hochburgen sowohl der antigewerkschaftlichen Unternehmerorganisationen als auch der Arbeiterorganisationen. Kurz vor der Jahrhundertwende (1895/96) waren die freien Gewerkschaften hier weit überrepräsentiert. Obgleich nur gut jeder fünfte nicht-landwirtschaftliche Arbeiter (22%) in einer Großstadt mit mehr als 100 000 Einwohnern lebte, war fast jeder zweite (45%) gewerkschaftlich organisierte Arbeiter Großstädter. Von den in Preußen 1903 organisierten Metallarbeitern lebten sogar 70% in Großstädten; umgekehrt lebten fast zwei Drittel (62%) der Metallarbeiter in ländlich-kleinstädtischen Verhältnissen (bis 20 000 Einwohner), aber nur knapp ein Viertel (24%) der gewerkschaftlich organisierten Arbeiter.[145]

Ähnliches gilt für die in Partei und Vereinen organisierte politische Arbeiterbewegung und selbst für die sozialistischen Wähler. Bis 1912 gewann die SPD die große Mehrheit der Arbeiterwähler insbesondere in den protestantischen Großstädten; 50% der Stimmen für die SPD stammten 1912 aus großstädtischen Wahlkreisen, obwohl diese nur ein gutes Drittel der Wahlberechtigten umfaßten.[146] Nach 1918 gewann die SPD auch in der Provinz Wähler, während auffälligerweise die Wähler links von der SPD, der USPD und KPD, sich weiterhin stärker aus Großstädten rekrutierten (vgl. Tabelle 23). Ebenso konzentrierten sich – im Kaiserreich stärker, in der Weimarer Republik schwächer und mit Ausnahme der roten Gebiete in Sachsen/Thüringen – die Mitglieder der Arbeiterparteien auf die Großstädte; »Hochburgen« wie Berlin und Hamburg zählten kurz vor 1914 rund 117 000 bzw. 68 000 Mitglieder oder rund 20% aller Parteimitglieder. Diese

Tabelle 23: Zusammensetzung der Wählerstimmen für die Arbeiterparteien nach Gemeindegrößenklassen, 1912-1928

Gemeindegrößenklasse (Einwohner)	Reichstagswahl 1912		Reichstagswahl 1920				Preußische Landtagswahl 1928		
	A	SPD	A	SPD	USPD	KPD	A	SPD	KPD
unter 2 000	39,7	2,2	35,1	31,7	22,7	18,2	30,1	26,7	10,2
2 000-10 000	18,5	18,9	18,0	19,6	17,1	20,7	15,1	15,2	11,9
über 10 000	41,8	78,9	46,9	48,7	60,2	61,1	54,8	58,3	77,9
nur Großstädte (über 100 000)	34,2*	50,1*					34,7	37,1	53,8
Absolute Stimmenzahl (in 1000) = 100	14 442	4 250	35 950	6 101	5 045	588	25 277	5 465	2 238

A = Verteilung der Wahlberechtigten auf die Gemeindegrößenklassen
* großstädtische Wahlkreise inclusive Vororte

Quellen:

1912: StDR, Bd. 250, H. 3, S. 104 f.; A. Kolb, Die Sozialdemokratie in Stadt u. Land, in: Die Neue Zeit 30, 1911/12, Bd. 2, S. 60-62. 1920: StDR Bd. 291, H. 4, S. 24 f. 1928: Preuß. Statistik, Bd. 293, H. 2, S. 128

Hochburgen waren auch die Zentren der Arbeiterbewegungskultur, die sich nach 1900 schnell ausbreitete: der Bildungs-, Gesangs-, Sport- und sonstigen Vereine, der Arbeiterbibliotheken, der Konsumvereine und Genossenschaften sowie schließlich auch der sozialdemokratischen Frauen- und Jugendbewegung. Zusammengenommen bildeten sie mit Partei- und Gewerkschaften die sozialdemokratische »Subkultur«, die von der »bürgerlichen« Gesellschaft institutionell, aber nicht immer im kulturellen Gehalt geschiedene Selbstorganisation wichtiger Lebensbereiche durch die Arbeiter. Diese relativ autonome Subkultur war im Kaiserreich vornehmlich ein großstädtisches Phänomen, so daß es sich empfiehlt, die Bestrebungen zur »Veredelung des Arbeiters« nicht allein unter den politischen Gesichtspunkten zu betrachten, wieviel sie zur politischen Mobilisierung beitrugen oder ob sie gegenüber der bürgerlichen Kultur alternative Orientierungen und Verhaltensweisen boten. In beiden Hinsichten waren ihre Leistungen eher bescheiden, wie allein der große Unterschied zwischen der Zahl der sozialdemokratischen Wähler einerseits, der Mitglieder in den Kultur- und Freizeitvereinen andrerseits zeigt.[147]

Die großstädtische Konzentration jenes Vereinswesens, die relativ späten Gründungszeiten (um oder nach 1900) und nicht zuletzt der Umstand, daß diese Vereinsaktivität Zeit und Geld kostete, deuten darauf hin, daß sie vorwiegend eine Sache der bessergestellten Arbeiter und ihrer Familien waren. Insbesondere die zunehmende parteimäßige Organisation der Frauen, die überwiegend Ehe- und Hausfrauen von Genossen waren und sich vorwiegend um »soziale« Angelegenheiten wie Erziehung, Schule und Wohlfahrt kümmerten[148], lassen annehmen, daß jene »Veredelung« sich auf eine Minderheit beschränkte, aber durchaus eine sozialisierende Wirkung hatte. Das Kaufen besserer Lebensmittel im Konsumverein, das Sparen in der Genossenschaft haben das Leben der Arbeiterfamilie erleichtert; wie die »bürgerliche« Bildung, der Sport und endlich die (wie beschränkt auch immer) politische Betätigung der Frau sind sie jedoch auch Indizien für eine Einstellung, die das Leben nach einer neuen Moral leben wollte. Diese postulierte eine rationale, an der Wissenschaft und den »Kulturfortschritten« orientierte Lebenspraxis in der Ernährung, im Wohnen, in der Erziehung, im Verhältnis der Geschlechter usw., die selbst bei einer nur unvollkommenen Einlösung der Ideale doch schleichend den Alltag veränderte. Daß die Normen dieser Rationalität der »bürgerlichen« Aufklärung entstammten und nicht revolutionär waren, sollte nicht den Blick dafür verstellen, daß sie eine authentische Aneignung von Arbeitern darstellten, die darin eine Verbesserung ihres Lebens und ein Element der Emanzipation der Arbeiter sahen. Schließlich schälte sich in dieser spezifischen Verflechtung von Arbeiterbewegungskultur, familialer Sozialisation und Alltagskultur vielleicht eine »Arbeiter-Aristokratie« heraus, die diesen Begriff (jenseits der Verleumdung als gut verdienende, bürokratisch erstarrte und bestochene »Bonzen«) sozialgeschichtlich sinnvoll macht: eine in Arbeiterfamilien geborene und in Familie, Kinder- und Jugendbewegung von Anfang an politisch sozialisierte und gebildete, durch aktive Organisationsarbeit in lebenslangen Freundschaftsgruppen zusammengehaltene und insofern sehr homogene Gruppe von »Funktionären«.[149]

Die »bürgerliche« Orientierung in der großstädtischen Arbeitersubkultur war in ihren möglichen integrativen Auswirkungen zumindest bis 1918 begrenzt, da gerade der großstädtische Kontext ihren Klassengehalt unterstrich. Das wilhelminische Bürgertum sah in ihr kaum – wie es heute geschieht – das bindende Element der »negativen Integration«, sondern die herausfordernde Faust einer mächtigen, systemoppositionellen Arbeiterbewegung.[150] Von hoher Bedeutung dafür war die Diskrepanz zwischen dem allgemeinen Reichstags- und dem plutokratischen Gemeindewahlrecht im Kaiserreich[151], die gerade in den Großstädten die politische Polarisierung der Klassengesellschaft nur zu augenfällig machte: Sozialistische Wahlmehrheiten für den Reichstag standen neben überwältigenden bürgerlichen Mehrheiten in den Kommunalparlamenten, die gegenüber den sozialen Problemen der städtischen Infrastruktur, der Arbeitslosigkeit usw. mehr oder weniger indolent waren. Daß der Arbeiter ein »Bürger zweiter Klasse« war, mußte von den selbstbewußten Arbeitern in den Großstädten besonders schmerzlich erfahren werden, was über 1918 hinausreichte, als jene Verfassungsdiskrepanz durch die Angleichung des Wahlrechts entspannt wurde. Die von der Sozialdemokratie der Weimarer Republik forcierte kommunale Sozialpolitik – vor allem in der Arbeitsmarktregulierung, im Berufsbildungswesen, in der Wohlfahrtsfürsorge – stieß nun freilich auf finanzielle Barrieren. Die Mahnungen und Maßnahmen zur Sparsamkeit durch die weiterhin bürgerliche Verwaltung werden für viele Arbeiter den Wandel seit dem Kaiserreich wenig fühlbar gemacht haben.

Die sozialdemokratische Arbeiterbewegung des späten Kaiserreichs ist ein hervorragendes Beispiel für die Herausbildung neuer, mächtiger Traditionen in einem Umfeld, das scheinbar durch Traditionslosigkeit gekennzeichnet war. Allerdings stieß sie dabei auf eine traditionale Macht: die katholische Kirche, die besonders infolge des langfristig prägenden Kulturkampfs der 1870er Jahre die katholischen Arbeiter – auch, jedoch allmählich abnehmend, in den Großstädten – gegen sie abschirmte. Eine Voraussetzung für den bisher umrissenen Typ des großstädtischen Arbeiters war zumindest die Indifferenz gegenüber den Kirchen, was im protestantischen Bereich weit leichter und häufiger der Fall war als im katholischen. Gleichwohl bildete, auch und gerade in Opposition zur Sozialdemokratie, die katholische Arbeiterschaft in den Städten Rheinland-Westfalens und insbesondere im Ruhrgebiet eine strukturell ähnliche Subkultur aus: eine breite Organisation in Pfarrvereinen, konfessionellen Arbeitervereinen und seit 1894 auch in Gewerkschaften, die eingelassen waren in ein lokalpolitisch machtvoll vertretenes konfessionelles Milieu, geführt von Geistlichen und ebenso treuen wie bald selbständiger werdenden »Söhnen der Kirche«, orientiert an einem »sozialen Katholizismus« und überregional (freilich unter vielen Spannungen mit dem bürgerlichen Katholizismus) politisch repräsentiert durch das Zentrum. Die katholische Arbeiterschaft in diesen Städten unterschied sich von der (protestantischen) sozialistischen Arbeiterschaft sehr scharf in ihrer »Ideologie« oder besser: in ihren sozial-moralischen Leitbildern, z. T. in ihrer beruflichen Zusammensetzung (Konzentration auf Bergarbeiter), aber weniger in der Koinzidenz von Arbeiterschaft und Arbeiterbewegung. Die christliche Bergarbeiterbewegung des Ruhrgebiets, obschon durch Zentrum und Kirchenhierarchie häufig gehemmt, war in den Gewerkschaften und auf betrieblicher Ebene eine authentische Vertretung der Arbeiter, die den Sozialisten an Hartnäckigkeit kaum nachstand, so daß später manch einer ihrer Repräsentanten sich als »schwarzer Bolschewik« fühlen konnte.[152]

Trotz der weitgehenden Integration großstädtischer Arbeiter in die Arbeiterbewegungen gab es natürlich auch hier den unorganisierten Arbeiter. Möglicherweise war er, im Vergleich zum Profil der Gewerkschaftsmitglieder, eher der Ungelernte, gerade Zugewanderte. Über ihn ist jedoch nur wenig bekannt, ähnlich wie über einige andere Bedingungen und Merkmale großstädtischen Arbeiterlebens: die relativ hohe Flexibilität des Arbeitsmarktes[153], die den Arbeitsplatzwechsel erleichterte; die gesteigerten Möglichkeiten zum Genuß der Freizeit, z. B. in den vielen Kneipen, insbesondere jedoch im Kino, das etwa seit 1900 unter den Arbeitern sehr schnell populär wurde und das Stirnrunzeln der Bildungstheoretiker der Arbeiterbewegung hervorrief.[154] Endlich waren die großstädtischen Arbeiterfamilien die Schrittmacher in der innerehelichen Geburtenbeschränkung. Diese Aspekte sind schwer mit der sonstigen Überlieferung über das Arbeiterelend in den Großstädten in Einklang zu bringen; zumindest die Geburtenbeschränkung scheint auch eine Art Notbremse gewesen zu sein, mit vielem Leid für die Frauen, da sexuelle Aufklärung (auch in der sozialistischen Arbeiterbewegung) weithin verpönt und daher die Abtreibung ein weit verbreitetes Mittel der Geburtenbeschränkung war.[155] Die genannten Aspekte sind auch ein Indiz für individuelle Freiheit neben und inmitten der Armut, die vermutlich gerade für diejenigen attraktiv war, die aus der (eher noch größeren) Armut und sozialen Enge der Provinz kamen.

Nicht nur der Landarbeiter, sondern auch der gewerbliche Lohnarbeiter auf dem Land und in den Kleinstädten[156] galt lange als der Gegentyp zum großstädtischen Arbeiter. Hier waren bis in die 1950er Jahre Strukturen wirksam, welche die Eigenständigkeit der Arbeiterschaft einschränkten oder weniger hervortreten ließen. Die Arbeiterbevölkerung machte einen geringeren Teil der Gesamtbevölkerung aus, und ihr stand ein großer Block eines agrarischen und gewerblichen Mittelstands gegenüber, der kulturell und politisch tonangebend war. Gleichzeitig waren die Arbeiter mit den besitzenden Gruppen noch vielfältig verbunden: durch ihre Herkunft, durch Heirat und Verwandtschaft, durch Seßhaftigkeit am Ort oder in dessen näherer Umgebung, relativ häufig auch noch in der beruflichen Tätigkeit. Arbeiter in den kleinen Gemeinden hatten nicht selten einen handwerklichen, häufiger noch einen agrarischen Nebenerwerb als Parzellenbauer, Kleinpächter oder Landarbeiter. Schließlich waren nicht wenige Hausbesitzer. Bei diesen Arbeitern hat sich die im protoindustriellen Kapitalismus charakteristische Einbettung der marktabhängigen (Lohn-)Arbeit in marktferne Arbeitsstrukturen der subsistenzwirtschaftlichen Familienökonomie, wenn auch in sich abschwächender Bedeutung, noch lange erhalten. Abhängige Lohnarbeit war oft nicht die ausschließliche Existenzgrundlage wie bei den großstädtischen Arbeitern. Diese Faktoren begünstigten eine soziale Integration, die auch als soziale Kontrolle wirksam war. Die betrieblichen Verhältnisse bildeten nur ein geringes Gegengewicht dazu. In den Klein- und Mittelbetrieben waren die Arbeiter einer patriarchalischen Herrschaft ausgesetzt. Das war häufig gerade in den großen Fabriken auf dem Land der Fall, die fast ein Beschäftigungsmonopol auf dem lokalen Arbeitsmarkt besaßen, andrerseits aber die gebundenen Arbeiter durch Leistungen betrieblicher Sozialpolitik entschädigten. Darüber hinaus war zumindest die äußerliche kirchliche Bindung relativ stark.

Unter solchen Verhältnissen, in denen die sozialen Unterschiede und Gegensätze weniger scharf ausgeprägt waren oder weniger deutlich hervortraten, war, wenn nicht gewisse Sonderbedingungen herrschten, die Ausbildung von arbeiterexklusiven, notwendig oppositionellen Organisationen stark erschwert.[157] Wenn überhaupt, waren daher die ländlich-kleinstädtischen Arbeiter häufiger in kommunalen, schichtenübergreifenden Vereinen wie dem Feuerwehr-, Krieger- und Gesangverein organisiert als in der Gewerkschaft. Während das die lokale Sozialintegration förderte, wurden umgekehrt die Arbeiter wegen dieser Bindungen von den städtischen Arbeitern oft als »rückständig« und als »Bauern« verachtet. Wenn unter bestimmten Umständen – wahrscheinlich besonders in Dörfern mit vielen Pendlern in städtische Industrien oder zuziehenden »Fremden«, in verstärktem Maße nach 1918 – die ländlich-kleinstädtischen Arbeiter vermehrt in die sozialistischen Organisationen hineinrückten, entstanden Spannungen, die eine Anpassung an die Umgebung nötig machten oder die Arbeiter in einen Zwiespalt zwischen politischem Gesinnungsradikalismus und Fügsamkeit im Alltag trieben.[158]

Die zunächst durch ihre soziale (Teil-) Integration gekennzeichneten Arbeiter im ländlich-kleinstädtischen Milieu waren häufig in bestimmten Branchen beschäftigt und gewannen damit ein weiteres, sie von den großstädtischen Arbeitern unterscheidendes Merkmal, die fehlende oder geringere berufliche Qualifikation. In den 1920er Jahren waren nicht nur standortabhängige Branchen wie die Holzindustrie, sondern auch die Textil- und Bekleidungsindustrie überwiegend in ländlichen Kleinstädten angesiedelt. Letztere waren nicht selten aus dem protoindustriellen Textilgewerbe herausgewachsen. Daneben waren 1925 in den Mittelgebirgszonen und in der Rhön noch bis zu 250 000 Menschen in alten Hausindustrien beschäftigt (neben rund 150 000 Beschäftigten in der »neuen« Hausindustrie, der Konfektionsschneiderei, die ihr Zentrum in Berlin hatte). Stark ländlich konzentriert war ferner das Baugewerbe.[159] Die nur saisonale Beschäftigung verwies die Bauarbeiter in besonderem Maße auf zusätzliche agrarische Einkommensquellen und die winterliche Saisonarbeit in der ländlichen Holzwirtschaft. Daneben war die Arbeit am Bau schon seit langer Zeit ein Saisongewerbe der ländlichen Unterschicht, so daß bauhandwerkliche Berufe nicht zuletzt aufgrund einer bestimmten Vertrautheit von denjenigen gewählt wurden, die der Landarbeit den Rücken kehrten.[160]

Solche wirtschaftlichen und beruflichen Traditionen der Arbeiter in der Provinz drängen dahin, eine herkunftsbestimmte Differenzierung innerhalb dieser Arbeitergruppe festzuhalten. Der Lohnarbeiterstatus war je nach der familialen Herkunft unterschiedlich lange und tiefgreifend ausgeprägt. Die angedeuteten Faktoren der Teilintegration trafen daher häufiger zu für Arbeiter, die aus der Bauernschaft stammten als auf solche, deren Väter schon ländliche Industriearbeiter, Heimarbeiter oder Landarbeiter gewesen waren. Bei diesen perpetuierte sich die Klassendistanz zwischen besitzloser Unterschicht und bäuerlicher Bevölkerung in der alten ländlich-bäuerlichen Gesellschaft, die sich unter den neuen Umständen noch vertiefen konnte, besonders dann, wenn die in Industriedörfern oder -kleinstädten konzentrierten Arbeiter zugewandert und Fremde waren. Es gab Inseln »proletarischer Provinz«, die in spannungsvollem Kontrast zu ihrer agrarischen Umgebung standen.[161]

Die ländlich-kleinstädtischen Arbeiter, die in den 1920er Jahren wenigstens im Hinblick auf ihren Wohnort gut die Hälfte der Arbeiterschaft bildeten, wurden angesichts ihrer sozialstrukturell begründeten Distanz zur sozialistischen Bewegung von den konservativen Kräften aus durchsichtigen politischen Gründen favorisiert und in besonderem Maße von den Nationalsozialisten durch Eigenheimbau (»Heimstättensiedlung«) und Dezentralisierung der Industrie gefördert.[162] Für diesen Arbeitertyp schienen drei Umstände zu sprechen: die Teil-Verwurzelung in traditionalen Milieus und damit die Abschwächung der politischen Folgeprobleme der Industrialisierung; die wirtschaftlich und sozialpolitisch unmittelbar wirksame Selbstversorgung aus der Parzellenwirtschaft und damit die teilweise Eigensicherung gegen Krisen, Arbeitslosigkeit und Alter. Die »Kosten« dieser Arbeiterfamilien wurden eher übersehen: Schwere Doppelarbeit in Industrie und Landwirtschaft, vergleichsweise stärkere Abhängigkeit im Betrieb, überlange Arbeitszeiten und Frauen- und Kinderarbeit auf der Parzelle. Die sozialpolitischen Errungenschaften der Revolution von 1918 haben diese gewerkschaftlich und politisch selten organisierten Arbeiter charakteristischerweise kaum erreicht. Andrerseits enthüllt jedoch ein Blick auf die Landnutzung von Arbeitern die durchaus nicht unrealistische Perspektive jener Politik, da sie an eine weit verbreitete Erscheinung anknüpfen konnte.

Die Arbeiter mit einem landwirtschaftlichen »Nebenberuf« waren in ihrer Gesamtheit auf den ersten Blick nur eine Minderheit von rund 10% (vgl. Tabelle 24). Sowohl die Kategorie »Nebenberuf« als auch die Bezugsgruppe der Gesamtheit der männlichen und weiblichen, jungen und alten, städtischen und ländlichen Arbeiter stellt jedoch eine Verzerrung dar, die eine starke Unter-

Tabelle 24: Erwerbstätige bzw. Arbeiter mit landwirtschaftlichem Nebenberuf (in % der jeweiligen Gruppe), 1895-1939

Gruppe	1895	1907	1925	1939
Erwerbstätige insgesamt	10,9	9,5	8,1	8,2
Selbständige/Mithelfende	–	7,8	6,2	6,6
Arbeiter insgesamt	–	11,4	11,2	10,2
Gewerbliche Arbeiter insgesamt	(11,8)*	10,6	9,7	11,1
Bergarbeiter	28,7	18,3	14,1	16,8
Arbeiter im Maschinen- und Apparatebau	8,3	5,8	6,2	7,0
Bauarbeiter	17,6	15,9	16,3	18,9
Anteil der Arbeiter mit lw. Nb. an der Gesamtheit der Erwerbstätigen mit lw. Nb.	–	60,7	62,6	62,4

* Arbeiter in Industrie und Handwerk einschließlich ihrer mithelfenden Familienangehörigen, die aber nur eine kleine Gruppe bildeten.
lw. Nb. = landwirtschaftlicher Nebenberuf

Quellen:
1895/1907: StDR, 211, S. 188 ff.; 1925: ebd., 402 / Heft 2, S. 228 ff.; 1939: ebd. 556 / Heft 1, S. 2 ff.

schätzung des Phänomens enthält. Gleichwohl zeigen selbst die Zahlen in Tabelle 24 einige Umstände und Entwicklungen. So ist trotz des bedeutenden quantitativen Wachstums der Anteil der Arbeiter mit einem landwirtschaftlichen Nebenberuf nur geringfügig zurückgegangen. Absolut sind solche Arbeiter also zahlreicher geworden[163], insbesondere auch jene Arbeiter in Industrie und Handwerk, während der landwirtschaftliche Nebenerwerb bei den Selbständigen eher abgenommen hat. Der Charakter dieses »Nebenberufs« als arbeitertypische Quelle der (zusätzlichen) Einkommens- und Existenzsicherung – in der Zeit der Depression und Arbeitslosigkeit! – und als eine Grundlage der Alterssicherung[164] tritt daher deutlich hervor. Die herkunfts- und standorttypische Konzentration auf bestimmte Berufsgruppen hat sich dabei erhalten. Der landwirtschaftliche »Nebenberuf« war auch in den 1930er Jahren überdurchschnittlich verbreitet bei den überwiegend ländlich-kleinstädtischen Berg- und Bauarbeitern, unterdurchschnittlich dagegen bei den Arbeitern in der eher großstädtischen Maschinenbauindustrie.

Ein realistischeres Indiz für das Ausmaß der Bindung an das Land stellt die Zahl der Familien mit Landnutzung dar. Der Anteil solcher Familien an der Gesamtzahl der Familien von Angestellten und Arbeitern in Industrie und Handwerk wurde für das Jahr 1925 auf 32% berechnet. Regionale Unterschiede zeigen ein Fortwirken der alten Agrarstrukturen. Die überdurchschnittliche Häufigkeit der Landnutzung in Württemberg (40%) und Hessen (47%) stammte aus der durch die Realteilung aufgesplitterten Besitzstruktur und der noch am Anfang des 20. Jahrhunderts in beträchtlichem Maße verbreiteten kommunalen Allmendwirtschaft. Dagegen war die noch größere Häufigkeit in Nordwestdeutschland (Braunschweig 59%, Provinz Hannover 54%, Provinz Westfalen 43%, Lippe sogar 83%) eine Folge der Parzellenpacht der Heuerlinge. Die Söhne der Heuerlinge, ehemals Landarbeiter und Kleinpächter mit gleichzeitig handwerklichen und hausindustriellen Beschäftigungen, arbeiteten nun in der Industrie, behielten jedoch die Landnutzung ihrer Väter, ja erwarben seit 1900 zunehmend eine solche.[165] Die typische Verbreitung der Landnutzung gerade in ländlich-kleinstädtischen Milieus zeigt eine andere Statistik von 1939. Danach bewirtschafteten von den Familien nicht-landwirtschaftlicher Arbeiter in den Landgemeinden (bis 2000 Einwohner) 65% eine Bodenfläche, in den Klein- und Mittelstädten (2000-100 000 Einwohner) 50% und in den Großstädten noch 25,5%.[166] Insbesondere in den Großstädten bestand diese Fläche freilich meist nur aus einem Garten. 1925 nutzte im Durchschnitt jede dritte Familie eine Fläche bis zu 500 qm, der Rest aber immerhin ein Areal, das im Durchschnitt 41 Ar oder 4100 qm groß war.[167] Damit ließ sich – nach einer vielleicht zu optimistischen Schätzung – fast die Hälfte der von einer Familie benötigten Lebensmittel aus der Selbstversorgung gewinnen.[168]

Mochte die landwirtschaftliche Arbeit viele Arbeiter in der Provinz mit dem bäuerlichen Milieu verbinden; eine andere Dimension relativer Gleichheit, der Eigentümerstatus, war damit nicht selbstverständlich. Nur in Württemberg war der Eigenbesitz des Bodens und häufig auch eines Wohnhauses die Regel; in Nordwestdeutschland überwog dagegen die Pacht. Der Typ des Arbeiter*bauern,* des landwirtschaftlichen Grundbesitzers und zugleich gewerblichen Lohnarbeiters, bildete daher auch unter den landnutzenden Arbeitern nicht die Mehrheit. Neben ihm stand, besonders in Württemberg, der ehemals handwerkliche, landsässige »Kleinbürger« als Arbeiter und der ehemalige Land- und Heimarbeiter in Nordwestdeutschland. In jeder dieser drei Gestalten jedoch schleppte der landverbundene Arbeiter teils bäuerliche, teils Traditionen vorindustrieller Unterschichten mit sich fort. Sie prägten das Familienleben – die Arbeitskräfte der Arbeiterbauern waren häufig Frauen und Kinder[169] – und in der Arbeitskooperation mit den Bauern – Lohnarbeit gegen Pachtland bzw. bäuerliche Spannhilfen – die sozialen Beziehungen. Bei unregelmäßiger Beschäftigung und geringen Einkommen aus dem gewerblichen Beruf war die »Bauernarbeit« zuweilen viel bedeutender als der Arbeiterberuf.[170] Die fehlende Freizeit und die Fixierung auf den landwirtschaftlichen Arbeitsrhythmus beeinträchtigen u. U. die Fabrik- und Parteidisziplin. In Merseburg klagten 1921 die Unternehmer, daß die Arbeiter aus ländlichen Gebieten sich in der Fabrik von der Feldarbeit ausruhten, und in Süddeutschland (Sigmaringen) mußten 1922 während der Erntezeit Betriebe geschlossen werden, weil »der Unternehmer bei gutem Wetter auf einen großen Teil seiner Arbeitskräfte vergeblich« warte. In Leipzig waren 1913 die Gartenbau treibenden Sozialisten »nur im Winter Parteigenossen«, die im Sommer sogar die Parteizeitung abbestellten, weil sie »keine Zeit zum Lesen« hatten.[171]

Die großstädtischen, weithin in die Arbeiterbewegung eingebundenen Arbeiter einerseits und die der Arbeiterbewegung relativ fern stehenden, in ein »kleinbürgerliches« und bäuerliches Sozialmilieu (teil-)integrierten Arbeiter in der Provinz andrerseits repräsentierten noch in den 1920er Jahren zwei deutlich getrennte Fragmente sozialer Klassen, die auch die Gleichzeitigkeit des Ungleichzeitigen aktualisierten. Mochte es mit der Zunahme der Pendlerarbeiter und der Ausweitung der gewerkschaftlichen Organisation zunehmend Übergänge geben, blieben die beiden sozialen Milieus doch in sich relativ stabil und unterschiedlich genug, um schließlich mit dem heraufziehenden Nationalsozialismus auch als politische Gegensätze aufeinanderzuprallen.[172] Wenn man davon ausgehen kann, daß die in den Großstädten konzentrierte sozialistisch organisierte wie die katholisch gebundene Arbeiterschaft gegenüber dem Nationalsozialismus resistent blieb, gelang diesem wahrscheinlich ein quantitativ erheblicher Einbruch in die Arbeiterschaft der protestantischen Provinz. Im Schatten der politischen Repression setzte sich die Tendenz zur Angleichung der Milieus fort. Mit der Unterdrückung der Arbeiterorganisationen wurden die großstädtischen Arbeiter sozusagen negativ angeglichen. Andrerseits bedeutete die Zwangsorganisation in der DAF nicht nur eine Einheit in der Ohnmacht. Gerade bisher unorganisierte und milieukontrollierte Arbeiter auf dem Lande gewannen infolge der egalitären NS-Rhetorik auch ein gewisses Selbstbewußtsein, während die staatliche Sozialpolitik durch die Kontrolle manch selbstherrlicher mittelständischer Unternehmer zuweilen ihre Lage verbesserte.[173] Nivellierend wirkten ferner die Zwangsmobilität beim Abbau der Arbeitslosigkeit und die staatliche Lenkung des Arbeitsmarktes sowie die Angleichung der Industriestruktur mit dem Ausbau der ländlichen Infrastruktur und der Rüstungsindustrie.

Weit stärker jedoch bauten Krieg und Kriegsfolgen die strukturell begründeten Unterschiede zwischen den großstädtischen und ländlich-kleinstädtischen Arbeitern ab. Durch die Bombardierung wurden großstädtische Arbeiterviertel und damit ein Substrat der großstädtischen politischen Arbeiterkultur zerstört. Evakuierung, Wohnungsnot und Flüchtlingsströme zerstörten lokal-regionale Bindungen. In den sozial stärker durchmischten Wohnregionen der wiederaufgebauten und neuerbauten Trabantenstädte entstanden keine sozial homogenen Stadtviertel mehr. Gleichzeitig haben sich in der Prosperitätsphase seit den 1950er

Jahren und mit der Ausbildung der Massenkultur die Lebensbedingungen und Lebensformen zwischen Stadt und Land ebenso wie zwischen den sozialen Schichten stark angenähert. Mit der infrastrukturellen Verbesserung des ländlichen Schulwesens sind nicht zuletzt Unterschiede in den Berufs- und Aufstiegschancen weitgehend verschwunden.[174]

Die steigenden und sich zwischen Stadt und Land angleichenden Einkommen sowie der Ausbau der sozialen Sicherung haben den landwirtschaftlichen Nebenerwerb drastisch reduziert. Hatten 1955 immerhin noch knapp ein Fünftel der gewerblichen Arbeiter in Landgemeinden (weniger als 5000 Einwohner) einen landwirtschaftlichen Nebenerwerb, beschränkt sich dieser heute in der Mehrzahl auf die eigentlichen Arbeiterbauern, die kleinen Grundbesitzer vor allem in den »strukturschwachen« Randregionen, die häufig als Fernpendler in den Städten arbeiten, während die Frauen die Landwirtschaft besorgen. Ihre Zahl wurde 1970/71 auf etwa 250 000 geschätzt (damals etwa 2% aller Arbeiter). Eine weit größere Zahl von Kleinbauern dagegen (ca. 700 000) hat zwischen 1949 und 1973 ihren Betrieb aufgegeben und lebte seither ausschließlich vom Lohnarbeitseinkommen.[175] Umgekehrt hat die weit verbreitete Gartennutzung – bei 53% der Arbeiter im Jahre 1969[176] – ihre Funktion gewandelt: Die Gärten sind mindestens ebenso bedeutend als Zier- wie als Nutzgärten. In der breiten Entwicklung eines Arbeiterlebens auf dem Lande ohne Landwirtschaft hat sich endgültig und in Verbindung mit der nun erst sich voll durchsetzenden Modernisierung der bäuerlichen Landwirtschaft eine jahrhundertealte Sozialformation aufgelöst: die spannungsvolle Symbiose von Bauernschaft und ländlicher Unterschicht bzw. Arbeiterschaft.[177] Mit diesem Schwund der landwirtschaftlichen Einbettung von gewerblichen Arbeitern hat sich eine bedeutende strukturelle Homogenisierung innerhalb der Arbeiterschaft vollzogen. Für die allermeisten sind heute die abhängige Lohnarbeit und daneben die gleichermaßen alle umfassenden sozialpolitischen Einkommensstützen die einzigen Einkommensquellen.

Der Abbau der Unterschiede zwischen Stadt und Land war ein kumulativer Prozeß sich intensivierender Kontakte zwischen Stadt und Land, begleitet von einer infrastrukturellen Urbanisierung.[178] Einen bedeutenden Anteil daran hatte die Arbeiterschaft selber. Der Pendler-Arbeiter, der tägliche oder wöchentliche

Wanderer zwischen Wohn- und Arbeitsgemeinde war und ist sowohl ein Agent als auch ein Produkt dieser Entwicklung. Er trat in der Nähe der Städte schon um die Jahrhundertwende auf, war damals aber im Vergleich zum berufstypischen saisonalen Wanderarbeiter, dem Bauarbeiter, Bergmann, Dienstboten und landwirtschaftlichen Tagelöhner und im Vergleich zu den jungen, wandernden Fabrikarbeitern zahlenmäßig noch unbedeutend.[179] Mit dem Ausbau der Nahverkehrssysteme und der Verbreitung des Fahrrads schob sich der Pendler jedoch zunehmend in den Vordergrund. 1927 wurde eine »riesige Zunahme« seit 1918 konstatiert, erzwungen nicht zuletzt durch Arbeitslosigkeit und Wohnungsmangel. Eine Untersuchung im mitteldeutschen Industriegebiet (Magdeburg, westliches Sachsen, Anhalt, Thüringen) 1935 ergab, daß jeder zehnte Erwerbstätige ein Pendler war.[180] Den größten Zuwachs brachte dann die Motorisierung nach dem Zweiten Weltkrieg. Zwischen 1950 und 1970 hat sich im Bundesgebiet die Zahl der Pendler mehr als verdoppelt, von 3,2 Mio. auf 7,4 Mio., d. h. 15% bzw. 28% der Erwerbstätigen. Das Ausmaß der zeitlichen Belastung hat sich bei dieser Entwicklung wahrscheinlich nicht grundlegend geändert. Wie in den 1930er Jahren verbrachten auch um 1970 etwa die Hälfte der Pendler eine Stunde und mehr auf dem Weg zum und vom Arbeitsplatz. Hauptsächlich infolge ihres relativ häufigen Wohnens in kleineren Gemeinden sind Arbeiter in überdurchschnittlichem Maße Pendler: 1961 waren dies 34% und 1967 36% der Arbeiter gegenüber 25% und 29% der Angestellten.[181]

Wie vielfältig die Umstände der Pendler auch sein mögen, sie repräsentieren offenbar die in den 1920er Jahren sich einstellende »Trendwende auf Dauer«[182] in der regionalen Mobilität der Arbeiter. Die zunehmende Seßhaftigkeit am Wohnort, die angesichts der Nähe der Verwandtschaft einen hohen Wert besitzt, trieb diese Form partieller täglicher Mobilität hervor. Die damit verbundene extreme Trennung von Wohn- und Arbeitsort bzw. -platz, die Agglomeration von Belegschaften, die sich nach der Arbeit wenig sehen, einerseits und das Wohnen unter Menschen, die man selten in ihrem Arbeitszusammenhang kennt, andrerseits, stellen eine Trennung von Lebenszusammenhängen dar, die ehemals noch in einem größeren Maße vereint waren. Mag die frühere Wanderung die lokale Kontinuität dieses Zusammenhangs individuell auch immer wieder unterbrochen haben, in der Zeit zwischen den Wanderungen war er doch vorhanden, am stärksten in den Bergarbeitersiedlungen, dann in den Werkssiedlungen der Großbetriebe, aber auch in den großstädtischen Arbeitervierteln und in den Kleinstädten. Diese milieuspezifisch geprägte Öffentlichkeit von Arbeit und Wohnen war eine Dimension der lokalen Arbeiterkulturen, aus der der pendelnde Arbeiter in eine ehemals viel weniger bekannte Privatheit nach der Arbeit entlassen ist.

Städtisches und ländliches Milieu sind sich durch diese Mobilität insofern ähnlicher geworden, als durch die Trennung des Lebenszusammenhangs von Arbeit und Wohnen die Wahrnehmung der lokalen Schichtung diffuser geworden ist, wenn man die industriefernen Bauerndörfer und die Extreme der Schichtungshierarchie einmal außer acht läßt. Gefördert durch einen ähnlichen Lebensstil herrscht in den Wohngemeinden der Eindruck einer »breiten Mitte« vor, in der die meisten Arbeiter, Angestellten und Beamten aufzugehen scheinen.[183] Gleichwohl haben sich trotz dieser Wahrnehmung auch unter den veränderten Umständen noch einige strukturelle Unterschiede zwischen großstädtischem und ländlich-kleinstädtischem Milieu erhalten, die die Arbeiterschaft in diesen beiden Bereichen noch graduell voneinander abgrenzen, am deutlichsten in der kirchlichen Bindung und im Ausmaß der Besitzbildung.

Zumindest die kirchliche Bindung ist von einer erheblichen Verhaltensrelevanz. In den 1950er Jahren war besonders unter Katholiken in kleineren Gemeinden der regelmäßige Kirchgang weit verbreitet (bei 66% der Befragten), während er in den Großstädten auf 44% bis 32% abfiel. Ähnliche, aber nicht so stark ausgeprägte Unterschiede herrschten unter den Protestanten.[184] Auch wenn die kirchlich-religiöse Verhaltensdetermination sich mittlerweile und in besonderem Maße vermutlich in den Kleinstädten stark abgeschwächt hat und die Arbeiter weniger kirchlich gebunden sind als andere Gruppen[185], blieben auch bei ihnen konfessionell bestimmte politische Haltungen bestehen, am stärksten in kleinen, konfessionell homogenen katholischen Gemeinden. Das zeigt eine Untersuchung des Wahlverhaltens aus dem Jahre 1965. In jenen Gemeinden bekannten sich auch unter katholischen Arbeitern, die unregelmäßig oder überhaupt nicht zur Kirche gingen, nur 23% zur SPD, 44% zur CDU, während 30% keine Angaben machten oder nicht wählten. In der benachbarten Großstadt wählten in der genannten Arbeitergruppe dagegen 41%

SPD, 32% CDU, während 24% Nichtwähler waren oder die Antwort verweigerten. Selbst katholische Arbeiter, die regelmäßige Kirchgänger waren, verhielten sich unterschiedlich: unter diesen wählten in der Stadt 53% CDU (22% SPD, 25% keine Angaben bzw. Nichtwähler), in den ländlichen Gemeinden dagegen 86% CDU (7% SPD, 7% keine Angaben bzw. Nichtwähler). Die protestantischen Arbeiter wählten zwar unabhängig vom Ort vorwiegend SPD, aber das unterschiedliche Ausmaß differenzierte sich, wenngleich weniger scharf ausgeprägt, auch nach Stadt und Land.[186]

Das Wahlverhalten wie die damit korrelierende kirchliche Bindung war also noch deutlich Ausdruck einer gemeindetypischen sozialen Konformität. Das mag angesichts der besonderen, nicht mehr für alle ländlichen Arbeiter repräsentativen Merkmale der Befragten – zwei Drittel waren Nebenerwerbs-Landwirte – nicht überall gleich stark sein; insgesamt ist sie doch ein Indiz für eine noch relativ eigenständige gesellschaftliche Prägekraft der »Provinz«.[187] Darauf verweist auch die relativ geringe Gewerkschaftszugehörigkeit. In Verbindung mit einer klein- und mittelbetrieblichen Gewerbestruktur waren 1977/78 auf dem Land und in den Kleinstädten nur 35% bis 50%, in den Großstädten dagegen 61% der Facharbeiter gewerkschaftlich organisiert. Wie im Kaiserreich sind also auch heute die Facharbeiter im Großbetrieb und in den Großstädten das Rückgrat der Gewerkschaften.[188]

Diese Kontinuität einer gewissen Distanz zu den Arbeiterorganisationen steht im ländlich-kleinstädtischen Milieu neben einer neueren Entwicklung, der zunehmenden Besitzbildung unter Arbeitern. 80% derjenigen Arbeiterfamilien, die 1968 Haus- oder Wohnungseigentum besaßen (rund ein Drittel der Arbeiterfamilien überhaupt), wohnten in Gemeinden mit weniger als 20 000 Einwohnern, jeweils 10% in Mittel- und Großstädten. Das ist angesichts der städtischen Baukosten und der Konzentration von Arbeiterbauern oder Arbeitern bäuerlicher Herkunft in den kleineren Gemeinden zunächst nicht verwunderlich. Dennoch erschöpft sich die Zunahme des Hausbesitzes nicht im Anteil dieser Gruppen. Vor dem Hintergrund der hohen Wertschätzung des Hausbesitzes und seiner Geltung als Erfolgssymbol gerade unter Arbeitern scheint es von einer erheblichen Bedeutung, daß diese Form der Eigentumsbildung den Arbeitern in den kleinen Gemeinden am ehesten und relativ oft möglich war. Eigenarbeit und die Hilfe von Verwandten und Freunden spielten und spielen dabei eine hervorragende Rolle.[189]

Die Reichweite dieser Umstände im Hinblick auf die Differenzierung der Arbeiterschaft ist jedoch schwer abzuschätzen. Selbst unter Berücksichtigung der unterschiedlichen politischen und gewerkschaftlichen Orientierung scheint es riskant, von einer »politischen Spaltung der westdeutschen Arbeiterschaft« zu sprechen.[190] Eine solche These, für die zunächst die Plausibilität historischer Traditionen spricht, überschätzt die Bedeutung der Unterschiede angesichts der Angleichung zwischen den Parteien, der insgesamt schwächer gewordenen politischen Identifikation mit den Gewerkschaften, dem Bedeutungsschwund der kirchlichen Bindung und der Verflüssigung kommunalspezifischer Schichtungsstrukturen. Mit diesen Prozessen ist die Ungleichzeitigkeit des Gleichzeitigen zwischen den milieugeprägten Arbeitern ein bedeutendes Stück kleiner geworden. Die Tradition der (konfessionell-)politischen Spaltung der Arbeiterschaft wurde auch von den traditionsauflösenden Wirkungen des gesellschaftlichen Wandels insbesondere seit den 1960er Jahren geschwächt. Nicht zuletzt hatte das bedeutende Stimmengewinne der SPD in kleineren Gemeinden und unter katholischen Arbeitern zur Folge.[191] Die Arbeiter sind mithin auch in ihrer politischen Orientierung homogener geworden, aber bei einer reduzierten Bedeutung des gesellschaftlichen Gehalts dieser Homogenität.

Diesem Prozeß der Homogenisierung von gemeindespezifischen und regionalen Milieus stand freilich ein regionaler Differenzierungsprozeß im industriellen Strukturwandel der letzten Jahrzehnte zur Seite, der heute im Niedergang traditioneller Industriezweige und -reviere und in regional sehr ungleichen Arbeitslosenquoten seinen Ausdruck findet. Dem wirtschaftlich relativ erfolgreichen Süden stehen die Krisengebiete Norddeutschlands gegenüber. Das alte Spannungsverhältnis zwischen Süden und Norden hat sich zugunsten des ersteren verschoben. Auch das gehört zur Geschichte der Arbeiterschaft und Arbeiterbewegung in der Bundesrepublik: nach der Abspaltung ihrer alten Zentren in Mitteldeutschland durch die nationale Teilung der Verfall der alten Zentren im Ruhrgebiet und in den norddeutschen Großstädten. In gewisser Weise hat der Arbeiter der (ehemaligen) Provinz dem großstädtischen Arbeiter den Rang abgelaufen.

3. Identität und Organisation. Ein Versuch über das Arbeiterbewußtsein

Bisher war vorwiegend von der Arbeiterschaft, ihren Klassenlagen, ihren sozialen Chancen und ihrer Alltagskultur die Rede. Es liegt aber auf der Hand, daß ohne einen Blick auf die Arbeiterbewegung die Geschichte der Arbeiterschaft nicht nur ihrer politischen, sondern auch ihrer historischen Bedeutung beraubt würde. Die soziale Lage der Arbeiter ist ohne die Politik von Arbeiterparteien und Gewerkschaften nicht denkbar und vice versa. Der letztere dieser beiden Gemeinplätze, die Geschichte der Arbeiterbewegung unter dem Blickwinkel der Lage und Erfahrungen, Hoffnungen und Verhaltensweisen des »gewöhnlichen« Arbeiters ist jedoch weit schwieriger aufzuhellen als die »hohe Politik« der Arbeiterbewegung. Ansätze dazu gibt es in der politischen Überlieferung der Arbeiterbewegung selber, in der Kritik an der Bürokratisierung der Organisation, der angeblichen Verbürgerlichung der Führung und den daraus folgenden Spannungen zwischen ihr und der »Basis«.[192] In jüngster Zeit wurde diese – häufig von links, in der Weimarer Zeit jedoch auch von rechts kommende – Kritik an den Arbeiterorganisationen auch von der Sozialgeschichtsschreibung aufgenommen. Mit einem skeptischeren Urteil über emanzipatorische Leistungen von großen, straff organisierten Verbänden stieg z. B. das Interesse an den »wilden« Arbeiterprotestbewegungen neben den und gegen die Führungen von Partei und Gewerkschaften; oder an der politischen Qualität des abweichenden Verhaltens im Alltag; oder an der Frage, wie weit der »gewöhnliche« Arbeiter die Theorie und Programmatik der Arbeiterbewegung überhaupt rezipierte (eher wenig, wie das Leseverhalten nahelegt).

Im folgenden geht es jedoch weniger um diese und andere Fragen zu dem sicherlich oft gespannten Verhältnis zwischen »oben« und »unten« in der Arbeiterbewegung. Im Zentrum stehen vielmehr Überlegungen zu den sozialen, mentalen und politischen Grundlagen der auf den ersten Blick beeindruckenden Kontinuität der Arbeiterorganisationen seit dem Kaiserreich. Die damals ausgebildeten Grundlinien der gewerkschaftlichen Organisation und parteipolitischen Orientierung haben sich bis in die Bundesrepublik hinein erhalten, allerdings mit der Trennung zwischen der sozialistischen und katholischen Arbeiterbewegung von Anfang an, der Spaltung innerhalb der Linken in der Weimarer Republik und der Verbindung und neuerlichen Spaltung im Zeichen von Kaltem Krieg und nationaler Teilung nach 1945. Eine politische Identität »der« Arbeiterbewegung hat es in Deutschland nie gegeben. Vielleicht aber eine untergründige soziale Identität der Arbeiteremanzipation, die sich unter den jeweiligen historischen Bedingungen auf verschiedene politische Richtungen verteilte? Was waren die Faktoren der langfristigen politischen Bindung der Arbeiter einerseits, der politischen Trennungen innerhalb der Arbeiterschaft andrerseits? Worin lag die Bedeutung der kollektiven Identifikation und Loyalität zu den Organisationen und welche Wandlungen hat diese erfahren? Und was ist angesichts des fundamentalen Wandels des Arbeiterlebens in den letzten Jahrzehnten noch der Gehalt der Arbeiterbewegung in der Bundesrepublik? Auf diese Fragen sind hier nur Antworten in Form eines historisch-politischen Essays möglich. Dafür bietet sich ein chronologischer Leitfaden an, denn in den Bedeutungen und im Wandel des Arbeiterbewußtseins haben sich Erfahrungen niedergeschlagen und Mentalitäten geformt, die als »verarbeitete Zeiterfahrung« (H. Maier) in entscheidendem Maße historisch geprägt sind.[193]

Die Organisationen und Bindungen von Arbeitergruppen im Kaiserreich entstanden im Zusammentreffen von beschleunigter Industrialisierung, Nationbildung und Entwicklung eines »politischen Massenmarktes« (Hans Rosenberg). Die Gleichzeitigkeit dieser drei Prozesse schwächte die sozialkulturelle Prägekraft des kapitalistischen Klassenverhältnisses, der ähnlichen ökonomischen Lage als Lohnarbeiter ab und fragmentierte die Arbeiterschaft in die fünf »sozial-moralischen Milieus«, welche die politische Sozialstruktur des Kaiserreichs bildeten.[194] In höchst verschiedenem Maße wurden Arbeiter in diese sozialen Einheiten integriert, die sich durch die Koinzidenz von Religion, regionaler Tradition, wirtschaftlicher Lage, kultureller Orientierung und schichtenspezifischer Zusammensetzung der sie repräsentierenden Führungsgruppen auszeichneten. Mit Ausnahme des sozialdemokratischen sowie des Milieus der nationalen Minderheiten waren ihre jeweiligen grundlegenden Strukturen schon vor der Reichsgründung ausgeformt und damit von vorindustriellen Leitbildern geprägt. Am stärksten gilt das zweifellos für das konservative, agrarische Milieu Ostelbiens, in dem die ehemaligen Gutsherren dominierten und mit einer Mischung aus traditionellem

Patriarchalismus und Repression die Landarbeiter integrierten. Gleichermaßen stark von der Vergangenheit bestimmt war das katholische Milieu, das seit der Säkularisation und in verschärftem Maße im Kulturkampf in einem vielseitigen Abwehrkampf stand und über die kirchlich-religiöse Loyalität den Großteil der katholischen Arbeiter auf sich vereinigte. Nur einen kleinen, aber nicht vernachlässigenswerten Teil der Arbeiter band das liberale Sozialmilieu, vor allem soweit es linksliberal und sozialreformerisch eingestellt war, geführt von einer lokal-regional verankerten Honoratiorenschicht. Von »natürlichen«, ethnischen Grenzen umzogen war das Sozialmilieu der nationalen Minderheiten, vor allem der Polen, das im Zeichen der katholischen Religion und lang anhaltender nationaler, nicht zuletzt aber sozialer und ethnischer Diskriminierung die polnischen Arbeiter integrierte.

Neben diesen traditional geprägten Sozialmilieus entwickelte sich das sozialdemokratische Milieu, das als einziges fundamental bestimmt war von Industrialisierung und politischer Demokratisierung. Die SPD mobilisierte im wesentlichen die nicht an regionale und konfessionelle politische Traditionen gebundene Unterschicht, die mit der Industrialisierung und Urbanisierung sich zur modernen Lohnarbeiterschaft umwandelte. Die sozialdemokratische Partei und die Freien Gewerkschaften banden vornehmlich die gewerblich-industriellen Arbeiter in den Städten und alten Gewerbelandschaften im protestantischen Nord- und Mitteldeutschland. Obwohl als Folge der langsamen Auszehrung des katholischen Milieus, in das die organisierte Arbeiterschaft seit der Entstehung der Christlichen Gewerkschaften nur mit Spannungen integriert war (»Gewerkschaftsstreit« von 1898 bis 1919), ein nennenswerter Teil der katholischen Industriearbeiter sozialistisch wählte[195], gelang der Sozialdemokratie kein entscheidender Einbruch in die katholische Arbeiterschaft. Bis zum Untergang der Arbeiterbewegung 1933 blieben »Katholizismus und Sozialismus die bei weitem stärksten Kräfte, die Macht über die deutschen Arbeitermassen« hatten.[196] Die SPD erhob den Anspruch, eine Klassenpartei zu sein, auf dem Höhepunkt ihrer Ausdehnung kurz vor dem Ersten Weltkrieg im Hinblick auf soziale Zusammensetzung der eigenen Wähler und Mitglieder zwar zu Recht; vereinigte aber bei weitem nicht die Gesamtheit der Klasse der Lohnabhängigen, sondern nur etwa die Hälfte der gewerblich-industriellen Arbeiter. (Vgl. Tabellen 25 und 26.)

Tabelle 25: Stimmenzahl und Mobilisierungsquote der SPD, USPD und KPD in Reichstags- bzw. Bundestagswahlen, 1871-1983

	Stimmen (in Mio)			Mobilisierungsquote		
Jahr	SPD	USPD	KPD	SPD	USPD	KPD
1871	0,1			1,6		
1874	0,4			4,1		
1877	0,5			5,5		
1878	0,4			4,8		
1881	0,3			3,4		
1884	0,5			5,9		
1887	0,8			7,8		
1890	1,4			14,1		
1893	1,8			16,8		
1898	2,1			18,4		
1903	3,0			24,0		
1907	3,3			24,4		
1912	4,3			29,4		
(1919	11,5	2,3		31,2	6,2)	
1920	6,1	5,0	0,6	17,0	13,9	1,7
1924 Mai	6,0	0,2	3,7	15,6	0,5	9,6
1924 Dez.	7,9	0,1	2,7	19,7	0,2	6,7
1928	9,1		3,3	22,1		8,0
1930	8,6		4,6	20,0		10,7
1932 Juli	7,9		5,3	17,9		12,0
1932 Nov.	7,2		6,0	16,2		13,5
1933	7,2		4,8	16,1		10,7
(1946/47	6,9		1,7	24,7		5,9)
1949	6,9		1,4	22,1		4,5
1953	7,9		0,6	23,8		1,8
1957	9,5			26,8		
1961	11,4			30,5		
1965	12,8			33,2		
1969	14,1		(DKP)	36,4		
1972	17,2		0,1	41,4		
1976	16,1		0,1	38,3		
1980	16,3		0,07	37,7		
1983	14,9		0,06	33,7		

Mobilisierungsquote: Stimmen in Prozent der Wahlberechtigten.

Quellen:

1871-1912: W. Conze, Politische Willensbildung im deutschen Kaiserreich als Forschungsaufgabe historischer Wahlsoziologie, in: H. Berding u. a. Hg., Vom Staate des Ançien Régime zum modernen Parteienstaat. Festschrift für T. Schieder, München 1978, S. 339. 1919-1933: K. Dederke, Reich u. Republik, Stuttgart 1973, S. 284 f. 1946/47: Zusammengestellt nach den Landtags- bzw. Bürgerschaftswahlen nach: E. Faul Hg., Wahlen und Wähler in Westdeutschland, Villingen 1960, S. 324 ff. 1949-1969: B. Vogel u. a., Wahlen in Deutschland, 1848-1970, Berlin 1971, S. 306 ff. 1972-1983: Stat. Jb. BRD, 1976, S. 142; ebd., 1978, S. 82; ebd., 1981, S. 84; Frankfurter Allg. Zeitung 8. 3. 1983.

Tabelle 26: Mitgliederentwicklung und soziale Zusammensetzung der SPD, 1905-1976

Jahr	Mitglieder (in 1000)	davon (in %): Arbeiter	Hausfrauen	Rentner	Angestellte	Beamte	Sonstige
1905	384						
1910	720						
1914	1085		~90 (Arbeiter, Hausfrauen, Rentner zusammen)				(10)
1919	1012						
1923	1261						
1926	806						
1930	1022	59	17	5	10	3	6
(1932)[1]	602						
1946	711						
1947	875						
1948	846						
1949	736						
1950	683						
1952	–	45	7	12	17	5	14
1955	585						
1956/57	–	40	14	(25)[2]	14 (Angestellte und Beamte zusammen)		7
1961	652						
1965	680						
1966	–	32	16	18	19	8	7
1968	730	34	4	24	21	10	7
1973	973	26	10	13	22	9	20[3]
1976	1022	22	17	18	24	13	8

1) Grenzen der Westzonen und Berlin. 2) Enthält auch »andere«. 3) Davon 7 % in Ausbildung.

Quellen:

Für Mitgliederzahlen: 1905-1914: Fricke, S. 245; 1919-1931: R. N. Hunt, German Social Democracy 1919-1933, Chicago 1964, S. 100; 1932-1946: Pirker, SPD, S. 55, 127; 1955-1976: Ballerstedt u. Glatzer, S. 429. Für Sozialstruktur: 1914: Fricke, S. 249 ff.; 1930: Hunt, S. 103; 1952-1966: H. W. Schmollinger, Abhängig Beschäftigte in Parteien der Bundesrepublik, in: Zs. f. Parlamentsfragen 5. 1974, S. 62; 1968-1976: Ballerstedt u. Glatzer, S. 430.

Innerhalb der Gesamtheit der Arbeiterschaft reproduzierte sich daher die politische Struktur des Kaiserreichs, freilich mit eindeutigen Schwerpunkten im sozialistischen und katholischen Milieu, wenn man die ostelbischen Landarbeiter außer acht läßt. In der Verschränkung von Klassenlage und nationaler Diskriminierung der Sozialisten, Katholiken und Minderheiten sowie der konfessionellen Bindung waren drei Faktoren wirksam, welche die Arbeiter sowohl gegenüber anderen Schichten als auch untereinander distanzierten und isolierten. Jedes Milieu bildete für sich analoge Institutionen und Organisationen aus, welche Teilgruppen der Arbeiterschaft dauerhaft banden. Sozialdemokratische, katholische, liberale und polnische Arbeiter: Alle hatten ihre Partei, ihre Gewerkschaften, ihre Presseorgane und Vereine bis hin zum eigenen Konsumverein. Die Koinzidenz dieser vielfältigen Zugehörigkeiten stabilisierte und sozialisierte den einzelnen Arbeiter, ja sie konstituierte erst – wie bei den Sozialdemokraten – ein sozialmoralisches Milieu, eine alltagsweltlich begründete Gesinnungsgemeinschaft.

Die Präge- und Bindekraft der verschiedenen Milieus wurde so einerseits intern gestärkt, andrerseits von außen gefördert. Sowohl die gesellschaftliche und nationale Diskriminierung als auch die gegenseitige Dramatisierung der konfessionellen und politischen Unterschiede und Gegensätze zwischen Katholiken und Sozialisten wirkten im Inneren homogenisierend. Die ähnliche Klassenlagen unterlaufende Durchschlagskraft dieser Faktoren zeigt die historische Dauerhaftigkeit der Organisationen und die Organisationsloyalität der Mitglieder – trotz vieler interner Spannungen, Tendenzen zur funktionalen Angleichung zwischen den Gewerkschaften und zu einem allmählichen Schwund der alltagspraktischen Bedeutung von Gewerkschaften und Vereinen mit dem Ausbau der staatlichen Sozialpolitik in der Weimarer Republik. Am stärksten und dauerhaftesten waren die Bindungen im sozialdemokratischen Milieu, da hier gesellschaftliche, politisch-nationale und kirchlich-religiöse Diskriminierung bzw. Opposition kongruierten. Es wurde ausgeschlossen bzw. verschloß sich in einer »Subkultur«, die bis 1914 in einem scharfen Gegensatz zum Rest der Gesellschaft lebte. Die organisatorischen und politischen Erfolge in dieser Isolierung nährten jedoch auch eine introvertierte Selbstgenügsamkeit, Selbstherrlichkeit und Selbstüberschätzung. Spannungen und eine gewisse Entfremdung zwischen den Führern und der »Masse« der Sozialdemokraten (und noch mehr gegenüber den unorganisierten Arbeitern) gehörten ebenso zur Subkultur wie die Erwartung, daß dieser »Staat im Staate« (Eduard Bernstein 1913) als Gegenkultur einst die politische Hegemonie erringen werde.[197]

Mit und neben den Leistungen zur Stabilisierung und Verbesserung der wirtschaftlichen Lage erfüllten die Einrichtungen der Arbeiterbewegungen auch entscheidende soziale und mentale Funktionen. Ihre Wirksamkeit im Alltag, ihre soziale und politische Programmatik, das Auftreten und »Image« ihrer Führer bildeten eine später verlorengegangene geistige Heimat, die eine Stütze der Selbstachtung, der selbstbewußten Identität als Arbeiter in einer gesellschaftlichen Umwelt war, die den Arbeiter weithin als inferioren Pöbel mißachtete und auch noch den »respektablen« Arbeiter mit Mißtrauen verfolgte. Ein als solches nicht revolutionäres, aber selbstbewußt vertretenes Verlangen nach einem menschenwürdigen Leben und einer »gerechten Behandlung« war charakteristisch für alle politischen Richtungen der Arbeiterbewegung.[198] In der Sozialdemokratie war es eine Grenze für die Strategie der Revolution und zugleich der Eisberg des »Reformismus«. In der katholischen Arbeiterbewegung war es das soziale Ferment der internen Spannungen im zähen »Gewerkschaftsstreit«, der Befreiung der Christlichen Gewerkschaften aus der Bevormundung durch die kirchliche Hierarchie.[199] Es gab also, wenn auch nicht überbrückende, so doch untergründige Gemeinsamkeiten zwischen den politischen Richtungen, die spätestens in der Herausforderung durch den Nationalsozialismus bewußt wurden, die aber auch schon um 1900 manchen Gewerkschaftsführern deutlich waren, als sie – wie der Bergarbeiterführer Hue – parteipolitisch und konfessionell »neutrale« Gewerkschaften forderten, um bei der Verfolgung der wirtschaftlichen und sozialen Interessen der Arbeiter die Konkurrenz zwischen den politischen Richtungsgewerkschaften auszuschalten.[200]

Das Bedürfnis nach sozialer Anerkennung und Gerechtigkeit umfaßte eine an einer auskömmlichen Lebenshaltung orientierte Regulierung der Löhne, der Arbeits- und Lebensbedingungen und wurzelte darin noch in der »sittlichen Ökonomie« der vorindustriellen Unterschichten.[201] Es transzendierte jedoch diese Tradition in der ausdrücklichen Forderung nach politischer Teilhabe, nach staatsbürgerlicher Gleichheit und einer Vorstellung von

»Fortschritt«. Deren Kern bildete die Erfahrung des sozialen Wandels im 19. Jahrhundert, angefangen mit der Aufhebung der Leibeigenschaft, die die Erwartung einer weiteren »Entwicklung« freisetzte. »Alles ist in stetem Fluß«, schrieb 1900 der »rechte« Hue, und es komme auch die Zeit, »wo die Menschheit die Lohnknechtschaft nicht mehr kennen wird, wo die Menschen freier, glücklicher, selbstloser leben wie wir Armen«. An diesem »schönen Zukunftsbau ... mit rastlosem Eifer zu arbeiten« war ihm zufolge eine »menschliche« und staatsbürgerliche Pflicht der Arbeiter, die sich darauf vorbereiten sollten, eines Tages – »wenn die Morgenröte einer neuen Zeit heraufsteigt« – die »Weltherrschaft zu übernehmen«. Perspektivlos war der viel geschmähte Ökonomismus der Gewerkschaften offensichtlich nicht, gerade wenn er sich in eine um die Jahrhundertwende altmodische, mehr an die revolutionäre Demokratie von 1848 als an den Marxismus erinnernde Sprache kleidete wie bei Hue:

»Befreiung der Menschheit von jedem Joch, das ihm Privilegium und blinder Autoritätsglaube auferlegte, *das* ist das Ziel das wir erstreben! Wer daran mitarbeiten will, er ist willkommen, und nicht zuletzt sind es die Gewerkschaften, in denen die Keime der künftigen genossenschaftlichen Organismen versteckt liegen; sie sind nicht zuletzt berufen, ein freies Volk auf freiem Grunde zu schaffen«.[202]

Die Vorstellung von Fortschritt war, scheint es, substantiell demokratisch, von dem Glauben durchdrungen, daß die Forderung nach einem besseren Leben für alle und vor allem für die »Armen« berechtigt sei. Diesen Glauben stützte der »soziale Katholizismus«, aber noch mehr, weil eindeutiger, der Marxismus. Obgleich der authentische »Vulgärmarxismus« sich mindestens ebenso schwer bestimmen läßt wie der »richtige« Marxismus, scheint ein Amalgam aus Arbeitswerttheorie und Marxschen Entwicklungsprognosen den »Fortschritt« anschaulich legitimiert zu haben.[203] Jene stützte die Überzeugung vom »produktiven« Wert der körperlichen Arbeit und die Erfahrung eines zu geringen, »ungerechten« Lohnes. Die »Verelendungstheorie« hatte ihr augenscheinliches Recht kaum in der langfristigen Entwicklung, sondern in der Instabilität der proletarischen Lebensweise und der ungleichmäßigen Verbesserung des Lebensstandards. Die Prognose der Konzentration des Kapitals und des Untergangs der kleinen Eigentümer wurde bestätigt durch die Entwicklung der großen Unternehmen und die Angst der Handwerker. Diese Evolution, nicht aber die Krisentheorie, die Hoffnung auf den Zusammenbruch des Kapitalismus, war ein Bestandteil des »Vulgärmarxismus«. Ebenso fehlte ein militanter Wille. Für die Handlungsbereitschaft war im Gegenteil kennzeichnend ein Dualismus von »kräftigem Begehren« und »Fehlen entschlossener Tatkraft«, der durch den Glauben an das »Schicksal in Gestalt der Wahlen« und die »Entwicklung« überbrückt wurde.[204]

Die Entwicklung war jedoch ambivalent. Mit dem allmählichen Ansteigen der Löhne, der wenigstens partiellen, lokalen Anerkennung der Gewerkschaften und den entstehenden Institutionen des Sozialstaats wurden die durch den populären Monarchismus (ein Erbe des sehr alten Glaubens an den »gerechten König«, der innerhalb des sozialdemokratischen Milieus teils auf den »Kaiser Bebel«[205] übertragen wurde), die Volksschule, den Militärdienst, die Einflüsse der entstehenden kommerziellen Massenkultur gestifteten Bindungen an die bürgerliche Gesellschaft des Kaiserreichs eher stärker. Die Bänder der »doppelten Loyalität« stabilisierten die »negative Integration« der sozialdemokratischen Subkultur, d. h. den politischen und gesellschaftlichen Zustand, daß die sozialistische Arbeiterbewegung nicht anerkannt wurde, aber auch nicht mehr unterdrückt werden konnte, während durch die Organisationen der Subkultur die Arbeiter diszipliniert wurden, so daß im Effekt die Stabilität des reformunfähigen politischen Systems eher gefördert wurde.[206] Diese Zwangssituation »ließ eine Arbeiterklasse entstehen, die weder einhellig revolutionär noch eindeutig reformistisch war«.[207]

Das eher statische Bild der »negativen Integration« ist in jüngster Zeit durch die Arbeitergeschichtsschreibung »von unten« kritisch relativiert worden. »Wilde« Streiks von qualifizierten Arbeitern zeigen Bruchstellen zwischen der vorsichtigen Organisationsdisziplin, wie sie die gewerkschaftlichen Zentralverbände forderten, und den Autonomieansprüchen lokaler Arbeitergruppen mit einer relativ starken Position auf dem Arbeitsmarkt, einer ausgeprägten Berufskultur und radikal-demokratischen Traditionen. Dabei zeichnen sich divergierende gewerkschaftliche und politische Perspektiven zwischen noch stark handwerklich geprägten Arbeitern und beruflich traditionslosen »Massenarbeitern« ab.[208] Vor allem aber kommt mit der Erforschung des Alltags der »rauhe« Arbeiter und seine »Politik des Alltagslebens« in den

Blick: der zwar nicht gesetzlose, aber nicht immer gesetzeskonforme, unangepaßte und undisziplinierte Arbeiter, der z. B. in wilder Ehe lebte und den Diebstahl mehr oder weniger verhohlen als Mittel im Lohnkampf einsetzte.[209] Das sind Akzente, die vorläufig noch schwer verallgemeinert werden können. Sie verweisen aber auf die politische und soziale Gemengelage innerhalb der sozialdemokratischen Subkultur und mehr noch auf die Grenzen ihrer sozialisierenden und disziplinierenden Leistungen und Funktionen.

Allerdings sollte man diese Leistungen im Gegenzug wiederum nicht unterschätzen. Keinesfalls war jedoch die sozialdemokratische Subkultur des Kaiserreichs, wie ein Vergleich der Mitgliederzahlen in Vereinen, Partei und Gewerkschaften mit den SPD-Wählern annehmen läßt, mit dem sozialdemokratischen Wählerpotential identisch und erst recht nicht mit der Arbeiterschaft im Ganzen. Nur die Konsumvereine bildeten wirklich eine »Massen«-Organisation, während die anderen Vereine und die sozialdemokratische Presse nur einen kleineren Teil der sozialistischen Wähler und wahrscheinlich nicht einmal alle Gewerkschaftsmitglieder erreichten. Die Freizeitvereine (ohne Konsumvereine) zählten 1912/13 nach einem schnellen Ausbau seit 1900 mehr als eine halbe Million Mitglieder (Doppelmitgliedschaften nicht gerechnet), und die 90 Parteizeitungen hatten eine Gesamtauflage von 1,5 Mio., während in den Freien Gewerkschaften 2,5 Mio. Arbeiter und Arbeiterinnen organisiert waren und die SPD 1912 4,3 Mio. (männliche) Wähler gewann.[210] Nach dieser nur sehr groben Kalkulation waren die sozialisierenden Wirkungen der Subkultur – wie schon betont – auf eine starke Minderheit von Arbeitern beschränkt, vornehmlich auf großstädtische und wahrscheinlich eher bessergestellte Arbeiter. Ihre Grenzen markieren daher auch eine Schichten- oder Gruppenbildung innerhalb der sozialdemokratischen Arbeiterschaft und Arbeiterbewegung, die sich durch die unterschiedliche Teilhabe an den wirtschaftlichen, sozialen und kulturellen Leistungen der Subkultur – z. B. im genossenschaftlich finanzierten Wohnungsbau, in den Konsumvereinen und Versicherungen sowie im Bildungswesen – herausbildete.[211] Politisch bedeutsam wurde diese durch die Arbeiterbewegung geschaffene innere Schichtung, weil sich aus der »Oberschicht« der in der Subkultur ihr Leben verbessernden, gebildeten und weniger »rauhen« Arbeiter wahrscheinlich ein Großteil des

Tabelle 27: Mitgliederzahlen in ausgewählten sozialdemokratischen Kulturorganisationen (in 1000), 1893-1932

Jahr	Arbeitersängerbund (1)	Radfahrer »Solidarität« (2)	ATS-Bund (3)	Proletarische Freidenker (4)	Konsumvereine (5)	Frauen in der SPD (6)	Arbeiterjugend (7)
1893/94	19		4				
1898	29	2	19				
1903/04	62	19	51		573		
1910		130			1172	83	
1912	192				1484	130	18
1913/14		150	187			175	19
1919			106		2308	206	
1920			343	60	2714	207	
1921			448		2834	192	
1922			490		3162		
1923			653		3367	130	
1924			650		3505	148	
1925			545		3382	153	
1926		200	526		3196	165	56
1927			560		2910	182	
1928	270		570		2803	199	
1929			566		2859	201	
1930			553		1940	228	50
1931/32	320		546	550	2979	230	

Quellen:
(1) Guttsman, S. 169; Wunderer, S. 43. (2) Guttsman, S. 169; v. Saldern, S. 494; SPD-Jahrbuch 1926, S. 511. (3) ATS = Arbeiter-Turn und Sport-Bund: Guttsman, S. 169; Kunstamt Kreuzberg u. a. Hg., Weimarer Republik, Berlin 1977, S. 607. (4) J. C. Kaiser, Arbeiterbewegung u. organisierte Religionskritik. Proletarische Freidenkerverbände in Kaiserreich u. Weimarer Republik, Stuttgart 1983, S. 71. (5) E. Hasselmann, Geschichte der deutschen Konsumgenossenschaften, Frankfurt 1971, S. 707. (6) Evans, Sozialdemokratie, S. 194 ff. (7) Fricke, Arbeiterbewegung, S. 336, 361; SPD-Jahrbuch 1926, S. 39; ebd. 1931, S. 176.

ehren- und hauptamtlichen Funktionärskaders rekrutierte. Diese »Arbeiteraristokratie« repräsentierte im Kaiserreich trotz aller internen Spannungen das sozial-moralische Milieu des Sozialismus und die Hoffnungen auf den »schönen Zukunftsbau«. Die Identifikation mit ihr und die Loyalität der Arbeiter zu ihr mußten in eine tiefe Krise stürzen, als sich mit Weltkrieg, Inflation und Revolution eine breite Kluft zwischen den Handlungszielen und Handlungsspielräumen der alten Organisationen und der ungeheuren Not und den großen Hoffnungen der Arbeiter öffnete.

Krieg und Revolution[212] zeitigten eine Polarisierung zwischen den Organisationsführungen und der Arbeiterschaft. Jene erreichten wesentliche Ziele wie die Anerkennung der Gewerkschaften als Vertreter der Arbeiterschaft in der »Zentralen Arbeitsgemeinschaft« und die Regierungsbeteiligung; die Arbeiter jedoch wurden durch Krieg und Inflation in ungeahntes Elend gestürzt. Gleichzeitig war der Handlungsspielraum von Partei und Gewerkschaften sehr eng, zumindest extrem risikoreich für eine Politik, welche die Grenzen einer parlamentarischen Republik überschritt. Aus dem »ungeheuren Geschehen« des Jahrzehnts von 1914 bis 1924,[213] das hier nicht geschildert werden kann, lassen sich im Hinblick auf das Verhältnis zwischen Arbeiterschaft und Organisationen zwei Entwicklungen hervorheben: einmal die heftigen, sich bis zum Bürgerkrieg steigernden Wellen von Arbeiterprotestbewegungen; zum andern der angesichts dessen bemerkenswerte Umstand, daß die Autorität der alten Organisation, obwohl extrem erschüttert, letztlich doch nicht gebrochen wurde. Das gilt für die Gewerkschaften, schließlich aber auch für die SPD, die trotz aller Konkurrenz durch die 1917/19 neugegründeten »linken« Parteien USPD und KPD die stärkere Arbeiterpartei blieb und Mitglieder der USPD und KPD (in ihrer Gestalt bis 1923)[214] teilweise wieder zurückgewinnen konnte. Die eindeutige und radikale Alternative der Kommunisten blieb bis 1923 isoliert. Einerseits lag das an der Heterogenität des Radikalismus; andrerseits ist es ein Zeichen dafür, daß der über die Politik der Führungen hinausdrängende Arbeiterprotest noch keine anderen politischen Repräsentanten als die im Kaiserreich ausgebildete »Arbeiteraristokratie« kannte oder nicht in der Lage war, andere Führungsgruppen auszubilden, wobei jedoch die Ermordung von Leitfiguren der Revolution schwere Lücken riß. Die Revolution 1918/19 stand auch im Zeichen der Tradition.

Antrieb der Protestbewegungen waren ökonomische und soziale Forderungen nach unmittelbaren Verbesserungen, insbesondere nach der Selbstbestimmung am Arbeitsplatz. Das alte Bedürfnis nach sozialer Anerkennung und Gerechtigkeit trat jetzt – besonders im Ruhrgebiet – in syndikalistischer Gestalt auf. Die »vulgärmarxistische« Sprache der Sozialisierungsforderungen war geprägt vom Pathos der »Gerechtigkeit« und der unmittelbaren Demokratie, die dem Bauernkrieg womöglich näherstand als den Sozialisierungskonzepten der Parteien und Gewerkschaften: »Der Anfang soll gemacht werden bei den Bergwerken, bei den Bodenschätzen, die noch mehr als alles andere von Rechts wegen dem Volke und nicht einzelnen Bevorzugten gehören.«[215] Alle Forderungen wurden hineingetragen in die Gewerkschaften, die sie in eine Lohnbewegung umsetzten. Zusammen mit der Durchsetzung des Tarifvertragswesens wurde eine starke Lohnangleichung zwischen verschiedenen Arbeitergruppen erzielt. Die Selbstbestimmung am Arbeitsplatz wurde aber 1920 nur in der stark reduzierten Form der Betriebsräte institutionalisiert.

Der gigantische Mitgliederzuwachs *aller* Richtungsgewerkschaften in der Revolutionszeit (vgl. Tabelle 28) deutet darauf hin, daß die Bindekraft der überkommenen sozialmoralischen Milieus innerhalb der Arbeiterschaft durch Krieg und Revolution nicht wesentlich erschüttert wurde. Die Gewerkschaften expandierten durch den Zustrom aus allen Arbeitergruppen, in erster Linie wahrscheinlich aber der jüngeren und ungelernten Arbeiter und Arbeiterinnen.[216] Obgleich alle Richtungsgewerkschaften einen großen Teil der neuen, in den Augen der Gewerkschaftsführer unreifen, undisziplinierten und bloß von »individualistischen Bedürfnissen« getriebenen Mitglieder[217] mit der Enttäuschung über die Aufreibung der Lohnbewegung in der Inflation wieder verloren, blieben die Mitgliederzahlen doch etwa doppelt so hoch wie in der Vorkriegszeit. Dabei wirkte sich der Abbau von Organisationsbarrieren in der Schwerindustrie und im öffentlichen Dienst aus; ein echter Mitgliederzuwachs und eine Erhöhung der Organisationsquote in der Arbeiterschaft blieb trotzdem bestehen. Es ist aber kaum möglich zu sagen, welche Arbeiter gewerkschaftlich organisiert geblieben sind.[218] Der Stabilisierung der höheren Mitgliederzahlen steht jedoch gegenüber die Selbstdiagnose einer »geringeren Anziehungskraft« der sozialdemokratischen Bewegung und die Klage im katholischen Lager über das »Überlaufen«

Tabelle 28: Mitgliederentwicklung der Gewerkschaften (nur Arbeiter, in 1000), 1869 bis 1981

Jahr	Freie G./ ADGB	Christl. Gewerk.	Hirsch-Dunker	Sonstige	Gesamt	Organisationsgrad
1869	47	–	30		77	
1878	56	–	16		72	
1885	86	–	51		137	
1890	295	–	63		358	
1895	256	5	67		328	(2,6)
1900	680	77	92		849	
1905	1345	192	116		1653	
1907	1865	285	109		2259	(14,9)
1910	2017	316	123		2456	
1913	2549	342	107	111 (1)	2998 (2)	
1914	1503	218	78	140 (1)	1799 (2)	
1915	995	162	61		1218	
1916	945	179	58		1182	
1917	1278	293	79		1650	
1918	2866	539	114		3519	
1919	7337	1001	190		8528	
1920	8032	1106	226		9364	
1921	7752	1029	225	669 (3)	9006 (2)	
1922	7822	1033	231		9086	
1923	5817	807	216		6840	
1924	4024	613	147		4784	
1925	4183	582	158		4923	(30,7)
1926	3933	643	163		4739	
1927	4416	720	168		5304	
1928	4867	764	169		5800	
1929	4948	793	169		5910	
1930	4717	779	163		5659	
1931	4135	698	149	545 (3)	4982 (2)	

1) Umfassen hier die »gelben« Werkvereine.
2) Gesamtzahl ohne die »Sonstigen«.
3) Die »Sonstigen« umfaßten jeweils (in 1000, nur Arbeiter):

Jahr	Wirtschafts-friedliche	Syndikalisten/ Kommunisten	Selbst. Gruppen	NSBO
1921	245	246	178	
1931	123 (a)	35	348 (a)	39

a) einschließlich von Angestellten.

Jahr	DGB	Christl. Gewerksch.	Anteil der Arbeiter an DGB-Mitgliedern (%)	Organisationsgrad
1949	4147		83,7	
1950	4389		83,1	45,0
1951	4924		83,3	
1952	4983		83,0	
1953	5011		82,8	
1954	5052		82,8	
1955	5042	wieder gegründet	82,6	
1956	5043		82,3	
1957	5113	35	81,9	38,0
1958	5172		81,7	
1959	5092	100	81,2	
1960	5144	100	80,7	39,1
1961	5130	120	80,4	
1962	5131		79,9	
1963	5108		79,4	
1964	5126	98	79,0	
1965	5157		78,4	
1966	5085		77,8	
1967	4923		76,8	
1968	4864	65	76,3	
1969	4927		76,0	
1970	5089		75,8	40,0
1971	5153		75,0	
1972	5189	68	74,3	
1973	5287		73,7	
1974	5416		73,1	
1975	5310	70	72,1	
1976	5266	74	71,2	
1977	5289		70,8	47,8
1978	5370		69,3	
1979	5387		68,7	
1980	5376		68,2	
1981	5410		68,0	

Quellen:
1869-1913: Hohorst u. a., S. 135. Zahl der »Gelben« nach: D. Fricke Hg., Die bürgerlichen Parteien in Deutschland, Bd. 2, Berlin/DDR 1974, S. 99. 1914-1933: Petzina u. a., S. 111. »Gelbe« nach Fricke Hg., Parteien. »Sonstige« 1921/31 nach: H.-G. Schumann, Nationalsozialismus u. Gewerkschaftsbewegung, Hannover 1968, S. 165, 167. 1949-1971: H. Schellhoss, Apathie u. Legitimität. Das Problem der neuen Gewerkschaft, München 1967, S. 38; Osterland u. a., Materialien, Tabelle 184 im Anhang; »Christliche«: Staatslexikon der Görresgesellschaft, 6. Aufl., Bd. 2, Freiburg 1958, Sp. 4661; R. Jühe u. a., Gewerkschaften in der Bundesrepublik Deutschland. Daten, Fakten, Strukturen, Köln 1977, S. 132. 1972-1981: Stat. Jb. BRD 1975, S. 165; ebd. 1979, S. 549; ebd. 1982, S. 574; »Christliche«: Jühe u. a., S. 132.

der katholischen Arbeiter zu den Sozialdemokraten und Kommunisten.[219] Vermutlich läßt sich in diesem Widerspruch die Krise der Arbeiterorganisationen und ihrer Führer erfassen, die Desillusionierung und Unsicherheit über Weg und Ziel nach den fundamentalen Veränderungen durch Krieg und Revolution, also der Ereignisse, für die in den politischen Leitbildern der Vorkriegszeit kein Platz war.

Nach Revolution und Inflation stabilisierte sich zwischen 1924 und 1928 die soziale Lage für die Arbeiterschaft kaum mehr auf dem Niveau der Vorkriegsverhältnisse. Die Konflikte mit den Unternehmern waren häufiger und intensiver, die Arbeitslosigkeit höher, und die Reallöhne stagnierten. Die Existenz der Freien und Christlichen Gewerkschaften, die unter diesen Bedingungen der Defensive, aber auch der Integration in den Weimarer Sozialstaat und der Abwehr von gegen diesen gerichteten Angriffen sich einander annäherten, war daher nötiger denn je. Daneben überdauerten die Bedürfnisse nach sozialer Anerkennung und Identitätsbildung, da in der Republik die »negative Integration« zwar im politischen Verfassungssystem, viel weniger aber in der Gesellschaft aufgelöst war.

Die Institutionen der Subkultur wurden daher weiter ausgebaut. Während das Vereinswesen der katholischen Arbeiter stagnierte, wuchs das sozialdemokratische in die Breite und Tiefe, wobei bis in die zweite Hälfte der 1920er Jahre – ähnlich wie in den Gewerkschaften – Sozialdemokraten und Kommunisten organisatorisch noch vereint blieben. Über das innere Leben der Subkultur der 1920er Jahre ist jedoch weniger bekannt als für die Zeit des Kaiserreichs. Neben die alten Merkmale traten, scheint es, neue, die sich nicht ohne Widersprüche mit den alten mischten. Die Frauen-, Kinder- und Jugendorganisationen, Bildungseinrichtungen, Sportvereine, Wohlfahrtseinrichtungen usw. zelebrierten zwar einen politischen Auftrag, gewannen jedoch in ihrem alltäglichen Funktionieren auch einen unpolitischen Dienstleistungscharakter. Die sachlichen und technischen Leistungen wurden wichtiger als die Politik, so daß manchmal eine instrumentelle Einstellung der Mitglieder zu beobachten ist.[220] Das subkulturelle Gefühl »wir und die anderen» blieb jedoch stark; so wurde z. B. dem Mittelstürmer Erwin Seeler (dem Vater von Uwe) und einem anderen Spieler, die 1932 in einen bürgerlichen Fußballverein wechselten, in der Zeitung ein »Pfui« und die (vergebliche) Mahnung nachgerufen, zur »Besinnung« zu kommen und »nicht Verräter an ihrer Klasse zu bleiben«. Aber vielleicht ist an dieser Geschichte auch charakteristisch, daß die in einem Arbeiterverein zu Stars gewordenen in einen bürgerlichen Verein wechseln konnten.[221] Die Subkultur konnte sich mit dem Ausbau des Vereinswesens wenigstens lokal zur »sozialen Autarkie« verdichten, »die den gesamten Lebensraum der Klasse erfaßte«; wie unter der Herausforderung durch den Nationalsozialismus dann schmerzlich bewußt wurde, war jedoch ihre »unpolitische Sachlichkeit« hilflos gegen die »unsachliche Politik«.[222]

Der Traditionsüberhang in der sozialdemokratischen Subkultur hatte eine Parallele in der relativen Begrenztheit des sozialistischen Wählerpotentials. Trotz einer quantitativen Zunahme der Industriearbeiter gelang den Arbeiterparteien SPD, USPD und KPD – abgesehen von der Ausnahmesituation 1919 – keine deutliche Erweiterung ihres Wählerreservoirs. Sie blieben stehen bei der maximalen Mobilisierung von etwa 30% der Wahlberechtigten, wie schon im Jahr 1912. Es gelang ihnen kein Einbruch in die anderweitig parteipolitisch gebundenen Teile der Arbeiterschaft. Berücksichtigt man, daß der Anteil bürgerlicher Wähler bei der SPD wahrscheinlich noch zunahm und daß sie Wähler in der Provinz hinzugewann[223], wird neben der Umschichtung der Arbeiterwähler zwischen den Arbeiterparteien sogar relativ ein leichter Rückgang denkbar. Bis zu einem gewissen Grade war diese Stagnation auch eine Folge der Wahlrechtsreform. Die häufiger und in stärkerem Maße kirchlich gebundenen Arbeiterfrauen haben in den 1920er Jahren ebenso wie in den 1960er Jahren öfter konservativ gewählt als ihre Männer.[224] Das ist symptomatisch für eine spezifische Grenze der politischen Sozialisation im sozialmoralischen Milieu des Sozialismus, die folgenreicher noch die Schwierigkeiten der SPD mit der Jugend offenbarten.

Die alte Arbeiteraristokratie des Kaiserreichs, die im wesentlichen das Funktionärskorps der Partei bildete und eine überalterte Mitgliedschaft repräsentierte, lebte in einem politischen Generationenkonflikt mit der Arbeiterjugend. Die durch den Krieg, die Kriegsarbeit in gigantischen Fabriken, durch hohe Fluktuation und Mobilität, durch Revolution und Inflation politisch sozialisierten Jahrgänge haben der bieder-nüchternen, von »geradezu preußischer Pflichttreue«[225] gezeichneten und »vielfach großväterlich« anmutenden Sozialdemokratie[226] nicht mehr viel abgewinnen können. Wie in der Parteimitgliedschaft wandte sich auch als Wähler ein bedeutender Teil der Arbeiterjugend von der SPD ab und ging zu den »jugendlichen« Parteien KPD und NSDAP.[227] Das unter den Bedingungen des Kaiserreichs entwickelte Milieu der organisierten Arbeiter stand dem Radikalismus von rechts und links verständnis- und hilflos gegenüber. Es zeigte sich plötzlich die gemeinsame Mentalität der organisierten Arbeiter über die konfessionellen und Parteigrenzen hinweg. »Das Bollwerk« war ein Artikel im Organ der katholischen Arbeiterbewegung, der »Westdeutschen Arbeiterzeitung« vom 30. Januar 1932 überschrieben. Der Autor betonte die Gemeinsamkeiten der katholischen und sozialdemokratischen Arbeiter, ihren »festen Standort« in Partei, Gewerkschaft und Verein, ihr »realpolitisches« Denken und Handeln, ihre Disziplin, ihren sittlichen Ernst und konfrontierte dies der »primitiven« Mentalität des »unorganisierten Flugsands«, der unreifen »Neulingsauffassung«. Zum »Flugsand« zählte er auch die kommunistischen Arbeiter, die – höchstens mit halbem Recht – zeitüblich gerne als »lumpenproletarisch« abqualifiziert wurden. Die aus Erfahrungen, Leistungen und Enttäuschungen resultierende Mentalität der in den traditionellen Parteien Organisierten hatte nur zu deutlich defensive Züge, die im nachhinein sich noch stärker aufdrängen, als dem Autor in der Selbstbehauptung gegen die Nationalsozialisten wohl bewußt war:

»Die standesbewußte Arbeiterschaft hat in den letzten zehn, zwölf Jahren zur Genüge Gelegenheit gehabt, ›Radikale‹ aller Arten und Färbungen kennenzulernen. Sie alle haben Dinge versprochen und nicht eins gehalten. Sie haben die Arbeiter, die ihnen nachliefen, aufs schwerste enttäuscht und in Mutlosigkeit und Verzweiflung gestoßen. Die Nationalsozialisten, die heute die Leidenschaften aufpeitschen und die Hoffnungen der ihnen einfältig vertrauenden Menschen übersteigern, werden darin keine Ausnahme bilden. Das weiß der standesbewußte Arbeiter. Er ist allen ›Radikalen‹ gegenüber kritisch, weil er mit Recht mißtrauisch ist.«[228]

Dieses Mißtrauen als Mentalität zeugt von einem Nichtverstehenkönnen und verfestigte die unüberbrückbaren politischen Spaltungen in der Arbeiterschaft am Ende der Weimarer Republik, die in die historische Niederlage gegenüber dem Nationalsozialismus mündeten. Diese Spaltung, die eine bis heute andauernde fundamentale Kontroverse über das »Versagen« der Politik der Arbeiterbewegung und die soziale Basis des Nationalsozialismus nach sich gezogen hat, läßt sich unter der Perspektive der politischen Haltung der Arbeiter in drei Gruppen fixieren:

1. die traditionsbestimmte eher ältere Gruppe der Sozialdemokraten und Zentrumswähler,
2. die eher jüngere Gruppe der revolutionären, kommunistischen Wähler und
3. die weitgehend unbekannte Gruppe derjenigen, die nationalsozialistisch stimmte.

In diesen bürgerkriegsartig aufeinanderstoßenden Gruppen aktualisierten sich die Traditionen, Konflikte und sozialen Grenzen der Arbeiterbewegung.

Obwohl »Überläufer« zwischen links und rechts festzustellen sind, gelang – vielleicht mit der Ausnahme junger Arbeiter – den Nationalsozialisten kein entscheidender Einbruch in die durch das Zentrum bzw. die SPD, KPD und Freien sowie Christlichen Gewerkschaften repräsentierte Arbeiterschaft. Die absolute Stimmenzahl von SPD und KPD sowie die Quote der von ihnen mobilisierten Wähler blieb zwischen 1928 und 1932 bemerkenswert stabil (vgl. Tabelle 25). Der »Arbeiternazi« kam daher wahrscheinlich aus der unorganisierten, auch vorher sozialistisch nicht gebundenen und häufiger in der Provinz als in den Großstädten – wo die Nationalsozialisten deutlich weniger Wähler gewinnen konnten – lebenden Arbeiterschaft. Angesichts der sozialen Grenzen der Arbeiterbewegung und des überwiegend provinziellen Charakters des Reichs war das quantitativ allerdings erheblich. Einer (noch unsicheren) Schätzung zufolge kamen von den 13,8 Mio. Stimmen für die NSDAP »wohl mindestens« 3,5 Mio. (d. h. 27%) aus Arbeiterfamilien.[229] Weit stärker als die NSDAP-Mitgliederschaft und NS-Wählerschaft, in denen die Arbeiter unterrepräsentiert waren, war die Massenanhängerschaft der SA – nicht ihre Führergruppe! – proletarisch geprägt. Sowohl vor dem Januar 1933, als diese von 77 000 im Januar 1931 auf 700 000 Mitglieder angewachsen war, als auch 1933/34, als sie knapp 3 Mio. Mitglieder (Frühjahr 1934) erreichte, waren davon rund zwei Drittel meist junge Arbeiter; denn zu jedem Zeitpunkt waren etwa drei Viertel der SA-Mitglieder jünger als 30 Jahre. Gleichzeitig waren dies in der Regel gelernte (44% bis 51% aller SA-Mitglieder, je nach Zeitpunkt) und zu etwa zwei Dritteln arbeitslose Arbeiter.[230] Zwischen 400 000 und 500 000 eher junge und erwerbslose Arbeiter, typische Opfer der Wirtschaftskrise also, waren 1932 am Terror gegen die Arbeiterbewegung beteiligt.

Der betont antibürgerliche Gestus der SA bis 1934 – die Arbeiter in ihr stellen eine rechte Variante des »rauhen« Arbeiters dar! –, den eine ebenso vage wie auftrumpfende antikapitalistische Propaganda der NSDAP[231] unterstützte, war zugleich extrem »national« und unterschied sich damit aufs schärfste von den ähnlichen sozialen Zügen der kommunistischen Arbeiter, die gleichfalls eher jung und arbeitslos waren. Obwohl die KPD in ihrem Massenanhang in hohem Maße ein Produkt der Inflation, der Arbeitslosigkeit und der verheerenden Wirtschaftskrise seit 1929 war, wäre es unzureichend, die politischen Spaltungen in der linken Arbeiterschaft nur ökonomisch zu erklären und etwa den »verbürgerlichten« Arbeitern mit einem Arbeitsplatz die radikalen, jungen Arbeitslosen gegenüberzustellen. Von den wirtschaftlichen Krisen der Weimarer Republik waren auch die anderen Arbeiter betroffen und das Arbeitslosenheer in der großen Depression bildeten überwiegend ältere, meist verheiratete Arbeiter.[232] Grundlegend für die politische Radikalisierung nach links und rechts scheint daher der durch die gesamtwirtschaftliche Lage von 1914 bis 1933 bedingte enge, gegen Ende der Republik kaum noch vorhandene Handlungsspielraum der Arbeiterbewegung zu sein. Das diskreditierte die sozialdemokratische Arbeiterbewegung und die Republik, die sie repräsentierte, von Anfang an, während für die nie oder nur locker ins sozialistische Traditionsmilieu eingebundenen Arbeiter linke und rechte politische Alternativen entstanden. Zu wesentlicher Bedeutung gelangte dabei die Verflechtung der Arbeiterbewegung mit der staatlichen und internationalen Politik seit 1914 bzw. 1918, mit der »bürgerlichen« Republik auf seiten der SPD und der III. Internationale auf seiten der KPD. Sie spaltete das linke »Lager«, so stabil seine Abgrenzung nach außen auch geblieben sein mag, in unvereinbare politische Alternativen und Leitbilder und stellte die Parteien in einen gesamtpolitischen Handlungskontext, der von ihnen allein nicht zu bestimmen war. Die »alte« SPD und die »junge« KPD waren wesentlich auf diese Alternativen gegründet, und insofern war der Generationengegensatz weit mehr als bloß psychisch bedingt. Auch eine weniger inflexible Politik hätte den in der Geschichte seit 1914 politisch, mental und ideologisch tief begründeten Konflikt zwischen SPD und KPD nicht überwinden können. Anders gesagt: Zwischen

1914 und 1933 stießen sowohl die reformistische als auch die radikale Arbeiterbewegung an ihre ökonomischen, sozialen und politischen Grenzen, wobei sie noch dazu die Erfahrung machen mußten, daß die elementare marxistische Überzeugung, die sie beide teilten, sich als falsch erwies – die Überzeugung, daß es »keinen größeren Revolutionär gibt als den Kapitalismus«[233], der durch seine Krisen das revolutionäre Proletariat als seinen Totengräber hervorbringt. Sie wurden schließlich beide überwältigt von einem Gegner, der ein Produkt des Krieges und der Krisen der Republik war und den es in der alten Vorstellungswelt des Sozialismus nicht gegeben hat: die mit dem Staat zwar verbundene, aber eigenständige rechtsradikale Gewalt von unten durch eine Bewegung, die sich vor allem auszeichnete durch grenzenlose Dummheit, grenzenlose Korruption und grenzenlose Bereitschaft zum Töten.

Von dem erwähnten defensiven »Mißtrauen« ist es kein weiter Weg mehr zum »dichotomischen Gesellschaftsbild«, das Anfang der 1950er Jahre unter überwiegend älteren, qualifizierten und organisierten Hüttenarbeitern im Ruhrgebiet vorherrschte. Den resignativen oder kritischen Pessimismus über die unveränderbare Machtlosigkeit der Arbeiter durchzog eine Distanz zur Arbeiterbewegung, die neben der Ohnmacht in der Arbeitslosigkeit auch durch die politischen Erfahrungen der Weimarer Zeit geprägt war: durch die bittere Erinnerung an die Noske-Politik, die Auseinandersetzungen innerhalb der Arbeiterschaft und die Diskrepanz zwischen Doktrin und Realität in der Arbeiterbewegung.[234] Über all dies wölbte sich die desillusionierende Niederlage gegenüber dem Nationalsozialismus, die aber nicht der einzige und vielleicht nicht einmal entscheidende Faktor für die Entwicklung des Arbeiterbewußtseins nach 1945 und sein Verhältnis zu den Organisationen der Arbeiterbewegung war. Die Rolle des Nationalsozialismus erschöpft sich nicht in der Zerstörung der Arbeiterbewegung; er setzte auch Traditionen fort und veränderte dabei ihren Gehalt.

Zunächst freilich zerschnitt das neue Regime mit ungeahntem Terror die Bindungen der Arbeiter an die Organisationen und Vereine. Durch Verbot und »Gleichschaltung« wurde jede selbstbestimmte Organisation der Arbeiter, die ehemals Mittel ihrer sozialen Identität war, unterdrückt. Betroffen waren auch die katholischen Arbeitervereine, deren Existenzgrundlagen trotz der

Rückentwicklung zu religiösen Vereinen und Wohlverhaltenserklärungen zunehmend zerstört wurden.[235] Außer der unmittelbaren Verfolgung war ein wesentliches, angesichts der Arbeitslosigkeit elementar wirksames Mittel die Politisierung des Erhalts von Arbeitsplätzen. Nur sporadisch konnten im Widerstand[236] Organisationsbindungen erhalten werden. Die Subkultur reduzierte sich auf private Freundschaftskreise. Die Unterdrückung war aber nur die eine Seite der nationalsozialistischen Politik gegenüber der Arbeiterschaft; da diese unter dem Trauma der »Novemberrevolution« und unter dem Imperativ der inneren Stabilität für die Kriegspolitik stand, bildeten die andere Seite vielfältige materielle, soziale und ideologische Integrationsbemühungen.[237] So begrenzt die sozialpolitischen Verbesserungen auch waren, ihre propagandistische Verwertung war wahrscheinlich doch wirkungsvoller, als der Widerspruch zwischen den Versprechungen der »Volksgemeinschaft« und der tatsächlichen Ungleichheit und Lage der Arbeiterschaft zunächst annehmen läßt. Denn die Propaganda, getragen vom populistischen Charisma Hitlers[238], dem Arbeiter kaum weniger erlagen als andere, stilisierte mit dem Antisemitismus und Antimarxismus auch den Antikapitalismus. Der »deutsche« oder »nationale Sozialismus« knüpfte mit seinen spezifisch unklaren Aufwertungen der Arbeit als »Ehre« und der Arbeiter sehr bewußt an das alte Bedürfnis nach sozialer Anerkennung an. Ein Symbol dafür war die Übernahme und Einführung des 1. Mai zum staatlichen Feiertag, den die bürgerlichen Parteien der Republik (mit Ausnahme von 1919) nicht zugelassen hatten. Gleichzeitig versprach die Propaganda die Fortsetzung des elementaren »Fortschritts« in der Verbesserung der Lebenschancen und gab dies als Sozialismus aus: die politisch forcierte Ausweitung gewisser Konsumchancen, z. B. das Versprechen des Volkswagens, der durch Zwangssparen in greifbare Nähe zu rükken schien; die Verbreitung von Unterhaltung durch Radios und Kinos[239]; die Verbesserungen der Reisemöglichkeiten durch »Kraft durch Freude«; nicht zuletzt aber die vollständige Durchsetzung zivilisatorischer Grundeinrichtungen wie elektrisches Licht, das in den ländlichen Gebieten in den 1920er Jahren noch keineswegs selbstverständlich war[240] – all das galt als »bester Sozialismus«, durch den der Arbeiter »vom Führer geehrt« werde. Und in dieser Ehrung sollte der Arbeiter seine Selbstachtung finden. »Denn ich glaube, soweit ich ihn genau kenne«, rief der

Gauleiter Sauckel 1939 Arbeitern zu, wobei er herausstrich, daß er selber Arbeiter gewesen sei, »daß dem deutschen Arbeiter mehr daran liegt, daß er geachtet, anerkannt und geehrt wird, als daß er phrasenhafte, verlogene Utopien vorgegaukelt erhält«.[241]

Auch wenn ein Urteil über die Wirksamkeit der Propaganda noch schwer möglich ist: Der Anfang der »Demokratisierung« ehemals exklusiver Konsumchancen durch die schnelle Ausbreitung der Massenmedien und des Massentourismus war populär und wurde auch abseits der ideologischen Intentionen als ein Stück »Gerechtigkeit« erfahren. Nach dem Abbau der Arbeitslosigkeit war das wohl ein wichtiger Faktor für eine gewisse psychische Entspannung auch in mißtrauischen und oppositionellen Arbeiterkreisen.[242] Über die Wirkung bei den ehemals nicht sozialdemokratisch, kommunistisch oder katholisch gebundenen Arbeitern lassen sich nur Vermutungen anstellen. Der »dumpfe Zwang von unten«[243] gegen die Zwangsmaßnahmen auf dem Arbeitsmarkt und in den Betrieben – die Fluktuation, »Disziplinlosigkeit«, Arbeitsverweigerung, Absentismus, Sabotage usw. – schloß gerade bei ihnen, die nicht in einer politisch verfestigten mentalen Tradition standen, eine wenigstens oberflächliche Anerkennung der nationalsozialistischen Integrationsbemühungen nicht aus. Sehr tief konnte diese wahrscheinlich aber nicht gehen infolge der »Schizophrenie«[244] zwischen veränderten Fassaden und dem unveränderten Innenbau der Gesellschaft, die durch Terror, Propaganda, Opportunismus und einen sozialen Individualismus überbrückt wurde, der aus allem das Beste für sich herauszuschlagen suchte.

Dennoch blieb, wie spätere Umfrageergebnisse und einzelne Beobachtungen zeigen, bei vielen die Sozialpolitik der 1930er Jahre positiv in Erinnerung. Fast die Hälfte der Bevölkerung (48%) glaubte 1955, daß der Krieg das zerstört habe, was zwischen 1933 und 1939 aufgebaut worden war und daß Hitler ohne den Krieg »einer der größten deutschen Staatsmänner« gewesen sei. Dieser Glaube ging mit der Prosperität, der wirtschaftlichen Legitimation der Demokratie und der politischen Aufklärung zurück; aber noch in der Mitte der 1960er und 1970er Jahre teilte etwa jeder dritte Bundesbürger jenen Glauben.[245] Wahrscheinlich wichen die Arbeiter (wie bei vielen anderen Umfragen auch) nur geringfügig ab. 1963 zeigte selbst ein knappes Drittel jüngerer Arbeiter (16 bis 24jährige) eine – unabhängig von Qualifikation und Organisationsbindung – neutrale (»teils gut, teils schlecht«), zu einem geringen Teil sogar positive Einstellung zum Nationalsozialismus.[246] Hier deutet sich eine Sozialisation von Meinungen innerhalb der Arbeiterschaft an, in deren Zentrum immer noch die problematische soziale Anerkennung der Arbeiter stand. »Im Dritten Reich, so sagen Millionen Arbeiter, wenn man sie fragt, sei der ›Arbeiter‹ angesehener gewesen, als er es jetzt in der Bundesrepublik sei. Die Arbeiter, die so sprechen, sind keine ›Nazis‹. Sie stellen – politisch unbefangen – Vergleiche ihrer sozialen Stellung an. Es ist klar was sie wollen: Eine gesellschaftliche Umbewertung ihrer Rolle«.[247] Immerhin glaubten 1955 zunächst 40%, 1960 noch 20% der Bevölkerung, daß unter dem Nationalsozialismus die Arbeiter mehr gegolten hätten als in der Bundesrepublik, während 24% bzw. 19% meinten, dies sei »immer gleich« gewesen.[248] In Verbindung mit dem Kriegserlebnis zeitigte der Nationalsozialismus, scheint es, unter der Oberfläche der Passivität und Resignation eine noch lange virulente Politisierung, die angesichts des Charakters des Nationalsozialismus und der traumatischen Kriegserfahrungen ambivalent und in dem Klima politischer Verdrängung blockiert blieb. Aus den späten 1950er Jahren berichteten evangelische Pfarrer von ihren Betriebsaufenthalten, daß neben »Thema Nr. 1« und Sport vor allem die Soldaten- und Flüchtlingszeit zu intensiven Gesprächen führte:

»Die meisten politischen Gespräche waren nicht Diskussionen über die gegenwärtige politische Situation, sondern Auseinandersetzungen mit der Vergangenheit, wobei man durchaus darüber diskutieren konnte, was damals Recht und Unrecht gewesen ist. Da sich das Urteil über das ›Dritte Reich‹ zumeist auf den persönlichen Erfahrungsbereich beschränkt, ist es meist eher positiv. Von den Verbrechen an den Juden haben sich allerdings auch die distanziert, die sich heute noch als ehemalige Nationalsozialisten bekennen. Sie meinten, sie wären nie fähig gewesen, einem Juden auch nur das Geschäft zu zertrümmern oder ähnliche Dinge zu tun«.[249]

Die starke und schillernde Nachwirkung des Nationalsozialismus auf das Selbst- und Fremdbild der Arbeiter ist Konsequenz der Doppelrolle des Nationalsozialismus, der Traditionen und Gesellschaftsformen sowohl partiell umgeformt als auch zerstört hat. Daß die gesellschaftliche Lage der Arbeiter in den 1950er Jahren in der Beziehung und Auseinandersetzung mit ihm gesehen wurde, ist ein Indiz für die Verwüstung der demokratischen und sozialistisch-marxistischen Tradition. Der »deutsche Sozialismus« hat insbesondere die Tradition des marxistischen Sozialismus ausgehöhlt, indem er populäre Teile von ihr aufnahm und gegen sie kehrte. Von großer Bedeutung dafür war die organisatorische und personelle Zerstörung von Institutionen der Arbeiterkultur und ihre gleichzeitige teilweise Überführung in die Massenkultur der »Volksgemeinschaft«. Die »Deutsche Arbeitsfront« (DAF) übernahm auf dem Gebiet des Genossenschaftswesens, der Unterhaltung, des Reisens, besonders aber und verstärkt auf dem Gebiet der beruflichen Bildung und des Sports Funktionen der alten Arbeitervereinskultur. Sie löste diese jedoch durch neue Funktionärsgruppen (wie die Arbeiterbewegung eröffnete auch die DAF teilweise spezifische Aufstiegschancen für Arbeiter) und die Organisationsprinzipien und Propaganda der »Volksgemeinschaft« bzw. »Betriebsgemeinschaft« zwischen Unternehmer und Arbeiter aus einer schichtenspezifischen Verankerung. Obwohl kollektivistisch getönt, war die nationalsozialistische Aufwertung des Arbeiters nicht die kollektive Aufwertung der Klasse, sondern richtete sich in ihrer totalitären Funktion auf den einzelnen, »deutschen« Arbeiter, der aus seinen überkommenen Bindungen herausgelöst und ohne kollektive Schutzinstitutionen (wie selbständige Gewerkschaften) in die zwar hierarchische, aber vorgeblich »gerecht« geordnete »Volksgemeinschaft« eingeschmolzen werden sollte. Ob und wie weit diese nur im rassistischen Sinne egalitäre »Volksgemeinschaft« durch die (wenigen und begrenzten) tatsächlichen Verbesserungen als eine Gesellschaft mit weniger Klassenunterschieden erfahren wurde, ist zweifelhaft, jedenfalls noch eine offene Frage. Man konnte jedoch an die Propaganda glauben und in ihrem Namen die Aufhebung sozialer Unterschiede fordern. Die sozialistischen Deutungsmuster verloren so nicht nur infolge der Propaganda, die zumindest die »Sprache« des Sozialismus weithin verdrängte[250], sondern auch infolge einer Mischung aus partieller Erfahrung und Wunschdenken an Überzeugungskraft, wobei das jedoch unter den Belastungen des Terrors und später des Krieges schwer zu unterscheiden ist von der verzweifelten Forderung nach einem »sozial gleichmäßig verteilten Zwang«.[251]

Beschleunigt und verstärkt wurde dieser Prozeß im Zweiten Weltkrieg. Der Krieg steigerte, obwohl nicht in dem Maße wie 1914, nationale Emotionen auch in der Arbeiterschaft.[252] Aufgereizt von einer ideologischen Kriegsführung, konfrontiert mit der

Armut im stalinistischen Rußland und verbunden mit den existentiellen Herausforderungen hat besonders der Krieg im Osten ein »Rußland«-Erlebnis aktualisiert, durch das »der Marxismus« bzw. der Kommunismus für viele endgültig diskreditiert wurde. Das Schicksal der Vertriebenen und die sowjetische Nachkriegspolitik vertieften und stabilisierten diese Erfahrung, so daß sich die Weimarer Spaltung in Sozialdemokraten und Kommunisten nach 1945 schnell erneuerte und im Kalten Krieg Bestandteil der nationalen Spaltung wurde. In dieser Konfrontation verlor die marxistische Tradition in der Bundesrepublik endgültig ihre politische Bedeutung in der Arbeiterschaft, wobei die Prosperität und die fundamentale Verbesserung der sozialen Lage diese Entwicklung entscheidend erleichtert haben. Die Entspannung der nationalen Spaltung seit den 1970er Jahren hat sie bezeichnenderweise nicht wiederbelebt. Die DKP blieb politisch eine Totgeburt, während der Neomarxismus, der sich im Gegensatz zum Parteikommunismus entwickelte, im Kern aber ein Akademikersozialismus blieb, der vom alten Parteimarxismus und von der Arbeiterschaft generationen- und schichtenspezifisch getrennt ist.

Der traditionszerstörenden Rolle des Nationalsozialismus scheint zunächst das »Wunder der Organisation«[253] nach 1945 zu widersprechen. In einem Ausmaß und mit einer Schnelligkeit wurden die Gewerkschaften und die Sozialdemokratische Partei wieder aufgebaut, so daß nach den Erfahrungen der Vergangenheit und den katastrophalen Verhältnissen der Gegenwart die Funktionäre der alten Arbeiterbewegung nach ihrer Rückkehr aus Haft und Emigration selber überrascht waren. Die im DGB vereinigten Gewerkschaftsverbände hatten 1949 nur eine Million Mitglieder weniger als alle Gewerkschaften des Reiches im Jahre 1931 (vgl. Tabelle 28). Die SPD zählte am Ende des Jahres 1946 in den Westzonen und in Berlin mehr Ortsvereine und Mitglieder als die Partei in diesem Gebiet 1932 besessen hatte[254] (vgl. Tabelle 26). Die Wahlerfolge der SPD (und der KPD) in den Landtagswahlen von 1946/47 schienen der Partei ein »eindrucksvoller Beweis für die Lebenskraft der Sozialdemokratie«. All dies strafte auf den ersten Blick »das allgemeine Gerede Lügen, wonach die Deutschen 1945 generell politisch apathisch gewesen seien«[255] und bekräftigte den Anspruch der Kräfte der »Neuordnung«, den »Wiederaufbau« des Landes mit Impulsen gerade aus der sozialistischen Tradition in Angriff zu nehmen. Allerdings täuschen jene

Zahlen wie das scheinbar historisch gerechtfertigte Selbstbewußtsein und das Pathos der Führer eine politische Stärke und traditionsbewußte Bindung der Mitglieder vor, die in dieser Form wahrscheinlich nicht bestand.[256]

Zweifellos waren die Organisationskerne der Arbeiterbewegung nach 1945 vornehmlich die der Verfolgung entkommenen alten Kader. Der Aufbau der Parteien und Gewerkschaften war das Werk einer »alten Garde«, die schon vor 1933 politische Funktionen ausgeübt hatte. Die Masse der Mitglieder aber setzte sich zu einem unbekannt großen Teil aus Männern (aber weit weniger Frauen, trotz der Kriegsgefangenschaft vieler Männer und der »Trümmerfrauen«) zusammen, die nicht mehr durch die Weimarer Arbeiterbewegung, sondern durch Arbeitslosigkeit, Hitlerjugend und Krieg geprägt waren. Die Folge waren Konflikte mit den Älteren, da ihnen deren »hohe Moral« fremd war.[257] Daß diese Generation und auch andere, früher nicht organisierte Arbeiter, den Gewerkschaften folgten[258], war wohl in erster Linie die Folge einer vorpolitischen Funktion der Gewerkschaften in der unmittelbaren Nachkriegszeit, zumal diese unter der Bedingung des Lohnstopps (bis 1949) nicht einmal spezifisch gewerkschaftlich agieren konnten. Die Gewerkschaften und insbesondere die Betriebsräte repräsentierten nach dem militärischen und politischen Zusammenbruch auf der lokalen Ebene das »Prinzip kollektiven Überlebens«, sie brachten die Produktion wieder in Gang und organisierten einen überlebensnotwendigen Markt unmittelbaren Tausches, so daß der Glaube entstand, »die Gewerkschaft kann einfach alles«.[259] Daneben hatten sie in den Betrieben oft einen maßgeblichen Einfluß auf Einstellung und Entlassung sowie in den Institutionen der sozialen Betreuung. Nicht selten verband sich damit eine Entnazifizierung »vor Ort«, neben den und ohne die Spruchkammern. Hier brach auch ein Gutteil des vor 1945 notwendigerweise unartikulierten und verdeckten Arbeiterwiderstandes gegen die brutale Herrschaft im Betrieb gerade unter dem Nationalsozialismus auf. Gleichzeitig wurde mit der großen lokalen Macht der Betriebsräte bis zu einem gewissen Grade der alte Anspruch auf eine »warme, d. h. menschenwürdige Behandlung« im Betrieb[260] eingelöst. Diese eher unscheinbare, aber sehr unmittelbare Erfahrung war vielleicht das engste Band zwischen den Arbeitern und der damaligen politischen Programmatik der Mitbestimmung und Wirtschaftsdemokratie.

Ein zurückhaltendes Urteil empfiehlt sich aber über die politische Basissubstanz der sich in der gesellschaftlichen Lähmungskrise 1947/48 ausbreitenden Protestbewegungen.[261] Was – besonders im Ruhrgebiet – auf den ersten Blick als eine Wiederholung der Sozialisierungsbewegung von 1918/19 erscheint, waren in erster Linie zahme Hungerdemonstrationen für eine gerechtere Verteilung der Lebensmittel. Sie vertrugen sich nur zu leicht mit der Forderung nach Sozialisierung, weil auch in den Augen der Gewerkschaftsführer die Not und der scheinbare Zusammenbruch des Kapitalismus den Sozialismus als Sachzwang nahelegten. In eine politische Handlungsstrategie konnte dieses Programm nicht umgesetzt werden. Was nämlich 1918/19 die »rechte« SPD und Gewerkschaftsführung u. a. als Begründung für ihre Unterdrückung des Arbeiterprotests anführten, war nun Wirklichkeit geworden: die Besetzung des Landes durch die Kriegsgegner, die jeder politischen Initiative eine eindeutige Grenze setzten. In einer Mischung aus Scham und Angst, daß die Stunde der Vergeltung komme, wurde diese Grenze, scheint es, auch bereitwillig hingenommen, wenn man nur überleben konnte. Es empfiehlt sich deshalb, die relativ starke Position, die Kommunisten in den Betriebsrätewahlen im Ruhrgebiet errangen, politisch nicht zu überschätzen, da hierbei in starkem Maße die Anerkennung der vorpolitischen Leistung der Personen in der Organisation des Überlebens zum Ausdruck kam. Daneben ist nicht zu vergessen, daß es für viele auch politisch weniger abrupte Übergänge aus dem »Dritten Reich« in die Bundesrepublik gab.[262]

Im Medium des vorpolitisch-ökonomischen Heroismus der Gewerkschaften wuchs die Arbeiterschaft vermutlich auch in die »Einheitsgewerkschaft« hinein, deren programmatische und organisatorische Entstehung in der Verflechtung von historischen Traditionen, hochfliegenden Erwartungen über die Schlüsselstellung der Gewerkschaften in der Nachkriegszeit und in der Entwicklung des Kalten Krieges gründete.[263] Im Vordergrund stand ein elementarer Wunsch nach politischer Einheit. Er zog die Lehren aus der Spaltung vor 1933 als einer Bedingung für die Niederlage und war psychisch begründet in der gemeinsamen Erfahrung der Unterdrückung und des antifaschistischen Widerstandes. Gleichzeitig schien die so vorbereitete Einheit ein wesentliches Unterpfand für die angestrebte Wirtschaftsdemokratie. Tatsächlich brachen jedoch unter dem Druck der Politik der Großmächte, der Fragen der Deutschlandpolitik und des beginnenden Kalten Krieges die Spannungen zwischen Sozialdemokraten und Kommunisten sehr bald wieder auf. Während in Italien und Frankreich diese Entwicklung zur Auflösung der 1944/45 gegründeten politischen Einheitsgewerkschaften führte, konnte sich in der Bundesrepublik eine politisch um die Kommunisten (und seit 1948 auch sozial um einen Teil der Angestellten) reduzierte Einheitsgewerkschaft durch die territoriale Spaltung des Konfliktpotentials in der nationalen Teilung behaupten.

Die Spannungen zwischen den Christlichen Gewerkschaftern und den Sozialdemokraten sowie den verbleibenden Kommunisten schwelten jedoch weiter und führten 1955 zu einer Neugründung der Christlichen Gewerkschaften. Insbesondere die Hoffnung des DGB auf einen sozialdemokratischen Wahlsieg 1953 (zur Durchsetzung der Mitbestimmung), die laizistische Schulpolitik und das Drängen des Internationalen Bundes Christlicher Gewerkschaften begründeten die Abspaltung. Sie wurde jedoch hauptsächlich betrieben und vollzogen von denjenigen in der Christlich-sozialen Bewegung, die immer noch mißtrauisch waren gegen die laizistische Selbständigkeit der Christlichen Gewerkschafter, die ebenso im DGB blieben wie die allermeisten organisierten katholischen Arbeiter. 70% der 35 000 Mitglieder der Christlichen Gewerkschaften im Jahre 1957 waren vorher unorganisiert gewesen. Der Christliche Gewerkschaftsbund erreichte auch später nie mehr seine frühere Bedeutung, wozu auch die Entspannung innerhalb des DGB und der Wandel im Katholizismus beitrugen. Der DGB einerseits pflegt sorgfältig die Tradition der katholischen Soziallehre und würdigt die Christlichen Gewerkschaften vor 1933. Der Schwund des Klerikalismus in der katholischen Kirche andrerseits führte spätestens mit dem zweiten vatikanischen Konzil zur Anerkennung der Selbständigkeit von »Laien«.[264] Im DGB haben daher auch die früheren Tendenzen zu »neutralen« Gewerkschaften und zur funktionalen Angleichung zwischen Freien und Christlichen Gewerkschaften einen Abschluß gefunden.

Wie das Schicksal der Christlichen Gewerkschaften zeigt, gründete die soziale Fundierung der Einheitsgewerkschaft in der Mitgliederschaft auch in langfristigen Prozessen wie der Säkularisierung. Daneben unterstützte sie die Aushöhlung der sozialistischen Tradition durch den Nationalsozialismus, die verhinderte, daß die politischen Konflikte in den Führungsgruppen ähnlich wie in der Weimarer Republik die Mitgliederschaft spalten konnten. Jene Tradition war noch stark im Bewußtsein vieler alter Kader verankert, spielte an der »Basis« aber nur noch eine vergleichsweise geringe Rolle. Das läßt sich folgern aus der schon 1949 »immer wieder« von Betriebsräten und Gewerkschaften geführten »Klage . . ., daß die Verbundenheit des Arbeiters mit ›seiner‹ Gewerkschaft, die früher selbstverständlich war, sich nach dem Kriege nicht wieder habe beleben wollen«; zumal nach der Währungsreform habe der Arbeiter sich »nur noch fürs Geldverdienen« interessiert.[265] Andrerseits wäre es verkürzt, die Orientierung der Arbeiter auf die Gewerkschaften als gänzlich unpolitisch zu verstehen. Vielmehr setzte sich im »Wiederaufbau«, in der Arbeitsdisziplin und dem System von Improvisationen ein »nationales Arbeitsethos« fort[266], an das die alten Machthaber appelliert hatten und das die neuen Gewerkschaftsführer ebenfalls verwendeten, nun freilich mit dem Unterschied, daß mit der ähnlichen Sprache ein neuer Staat gefordert wurde, in dem der »arbeitende Mensch« den Platz erhalten sollte, »auf den er ein für allemal Anspruch hat«. In diesem Sinne sprach Hans Böckler, der erste Vorsitzende des DGB, von der »Volksgemeinschaft« und von der Gewerkschaftsidee als »Dienst für Volk und Staat«.[267] In dieser »nationalen«, aber nicht sozialistischen Rhetorik wurde die Arbeitsleistung der Arbeiter Teil des ökonomischen Gründungsmythos der Bundesrepublik, in dem sich die Arbeiter mit ihren alten Ansprüchen auf soziale und nationale Anerkennung wiedererkennen konnten. Wie Hans Böckler auf dem Gründungskongreß des DGB 1949 betonte:

»In der Stunde des totalen Zusammenbruchs eines größenwahnsinnigen Systems und in all den entsetzlichen Folgen dieses Zusammenbruchs sind die deutschen Arbeitnehmer nicht verzweifelt. Sie haben die stumpfe Lähmung, die sich des ganzen Volkes zu bemächtigen drohte, abgeschüttelt und haben im festen Glauben an die guten Kräfte unseres Volkes selbstlos gearbeitet und immer wieder gearbeitet um, wenn irgend möglich das Ganze zu retten. . . . Es sollte niemals vergessen werden, daß wir es vor allem der Pflichttreue, der Disziplin und dem Anstand unserer deutschen Arbeitnehmerschaft zu verdanken haben, wenn Westdeutschland nach dem Zusammenbruch des Dritten Reiches nicht im Chaos versank«.[268]

In dieses Pathos, das bei den Gewerkschaftern der »ersten Stunde« noch heute nachhallt, mischte sich seit der Währungsreform 1948 und noch mehr nach den erfolglosen Streiks für die allgemeine paritätische Mitbestimmung sowie dem hinter allen Erwartungen zurückbleibenden Betriebsverfassungsgesetz von 1952 die »bittere Enttäuschung«, daß die »Treue des ärmsten Sohnes« wieder einmal betrogen worden sei. Das war in den 1950er Jahren eine weitverbreitete Stimmung im Funktionärskader und im vorherrschend »dichotomischen Bewußtsein« der organisierten Arbeiter, wie es am Beispiel von Hüttenarbeitern im Ruhrgebiet mit seltener Eindringlichkeit beschrieben wurde.[269] Aber wie sah es unter der Mehrheit der nicht-organisierten Arbeiter aus? Diese sehr schwer beantwortbare Fragc lenkt den Blick auf die sozialen Grenzen der Organisationen der Arbeiterbewegung.

Entgegen der Politik nationaler und sozialer Integration von SPD und Gewerkschaften, ist bis in die 1960er Jahre hinein eine Stagnation und eine verblüffende Kontinuität in ihren traditionellen Rekrutierungsfeldern zu beobachten. Die SPD blieb in der Zusammensetzung ihrer Wähler und Mitglieder zu gut 60% eine Arbeiterpartei, hatte also die Weimarer Grenzen der sozialen Integration und Mobilisierung von Wählern nicht wesentlich überwinden können.[270] Die Mitgliederzahlen der SPD stagnierten nach dem Höhepunkt im Jahre 1948 mit rund 846 000 bis in die zweite Hälfte der 1960er Jahre zwischen 600 000 und 700 000 (vgl. Tabelle 26). Die Erfolge in den Landtagswahlen von 1946/47, in denen die SPD 6,9 Mio. Stimmen und die KPD 1,7 Mio. Stimmen, zusammen rund 40%, der gültigen Stimmen erhielten, und die SPD in den Stadtstaaten sowie in Hessen, Niedersachsen und Schleswig-Holstein mit z. T. großem Abstand stärkste Partei wurde, während sie in Nordrhein-Westfalen zur CDU aufschloß und einen bedeutenden Teil der Weimarer kommunistischen Wähler gewinnen konnte, verdeckten diese Grenzen eher. Infolge der relativ geringen Wahlbeteiligung, die mit Ausnahme Berlins und des Saarlandes kaum 80% überschritt und in den Flächenstaaten nur 65% bis 70% erreichte, errangen die »linken« Parteien einen Erfolg auf der Ebene der gültigen Stimmen und Mandate, jedoch nur mit einer Mobilisierung von rund 30% der Wahlberechtigten, die gerade das Ausmaß der Mobilisierungserfolge in den Jahren vor 1933 erreichte. Knapp dieselbe absolute Zahl der Stimmen bei einer um rund 3 Mio. vermehrten Zahl von Wahlberechtigten und einer höheren Wahlbeteiligung reichte nicht zum erwarteten Sieg bei der Bundestagswahl 1949. In der Nachkriegszeit, als allen linken Politikern der Sozialismus auf der Tagesordnung zu stehen schien, konnten für diese Forderung keine Wählermehrheiten gewonnen werden – übrigens auch nicht in der SBZ, trotz der starken sozialistischen Traditionsgebiete in Mitteldeutschland und Sachsen. Die SED erreichte in den noch halbwegs freien Kreis- und Landtagswahlen im Oktober 1946 nur 47,5%.[271] In den folgenden Bundestagswahlen konnte die SPD gut die Hälfte der Arbeiterschaft an sich binden, bei größeren Rekrutierungserfolgen unter protestantischen Arbeitern und denjenigen, die in der Frühzeit der Bundesrepublik noch die KPD oder Regionalparteien gewählt hatten. Der Zugewinn katholischer Arbeiter war dagegen bis in die 1960er Jahre schwach (vgl. Tabelle 29).

Tabelle 29: Wahlentscheidung von Arbeitern bei Bundestagswahlen (in Prozent), 1949-1976

	1949	1953	1957	1961	1965	1969	1972	1976
1. Insgesamt								
SPD	44	48	53	56	54	58	66	60
CDU/CSU	20	35	35	36	42	39	27	33
FDP	6	4	4	5	2	1	6	6
Sonstige	30	14	8	3	1	2	1	1
2. Katholische Arbeiter								
SPD	–	36	–	41	40	50	55	43
CDU/CSU	–	47	–	50	58	49	39	55
FDP	–	2	–	4	2	0	5	2
Sonstige	–	15	–	5	0	1	0	0
3. Protestantische Arbeiter								
SPD	–	60	–	69	66	69	77	71
CDU/CSU	–	22	–	25	30	27	15	20
FDP	–	6	–	5	3	2	7	9
Sonstige	–	12	–	1	1	2	1	1

Quellen:
Für 1949 und 1957: E. Faul, Soziologie der westdeutschen Wählerschaft, in: D. Sternberger u. a., Wahlen u. Wähler in Westdeutschland, Hg. E. Faul, Villingen 1960, S. 209, 237. Sonstige Jahre: Ballerstedt u. Glatzer, S. 451. Nach Repräsentativbefragungen. 1953 und 1957 wurde nach der Wahlabsicht, sonst nach der Wahlentscheidung gefragt.

In ähnlicher Weise stagnierte der Anteil der Arbeitermitglieder in den Gewerkschaften (vgl. Tabelle 28). Nach dem schnellen Aufschwung unmittelbar nach Kriegsende folgte gegenüber den stürmischen Jahren der Weimarer Republik eine bemerkenswert stille Organisationsentwicklung. Der gewerkschaftliche Organisationsgrad stieg jedoch im Vergleich zur Weimarer Zeit deutlich und blieb trotz des Rückgangs in den 1950er Jahren auf einem höheren Niveau als in den 1920er Jahren: Waren damals rund 30%, so waren in den 1950er und 1960er Jahren rund 40% der Gesamtheit der Arbeiter und Arbeiterinnen gewerkschaftlich organisiert. Die Grundlinien des sozialen Profils gewerkschaftlicher Organisation blieben dabei erhalten: Wie in der Vergangenheit war es besonders der männliche Facharbeiter, der großstädtische und großbetriebliche Arbeiter in der Industrie, der sich organisierte. Die Erhöhung des Organisationsgrades war daher in der Hauptsache ein stillschweigender Effekt des sozialen und industriellen Strukturwandels, der Erhöhung des Anteils der Arbeiter im Wirtschaftsbereich Industrie und Handwerk an der Gesamtheit der Arbeiterschaft, ihre fortschreitende, relative Konzentration in Großbetrieben und die Ausbreitung der beruflichen Qualifikation.

Diese Konstellation der noch in ihren – nach außen und innen jedoch verblaßten – sozialmoralischen Traditionen verharrenden Arbeiterschaft geriet in der zweiten Hälfte der 1960er Jahre in eine Bewegung, die bis in die Gegenwart andauert und deren Ende offen ist. Ihre Grundlage war die normative Kraft des Faktums, daß sich das »Provisorium« Bundesrepublik wirtschaftlich, politisch und gesellschaftlich in einem ungeahnten Maße stabilisiert hatte. Ein historisch vergleichslos schneller, umfassender und tiefer Wandel der sozialen Lage der Arbeiter hat nicht nur individuelle Zufriedenheit, sondern auch eine wirtschaftliche und politische Lage geschaffen, in der die »Gerechtigkeit« in einer den Strukturen der kapitalistischen Industriegesellschaft systemkonformen Weise verfolgt werden konnte. Unter den Bedingungen der Anerkennung der Marktwirtschaft und des industriellen Strukturwandels konzentrierte sich das Anrechtsbewußtsein der Arbeiter auf die Teilhabe am Wirtschaftswachstum und die Abfederung von allgemeinen Lebensrisiken und von Konjunkturkrisen durch den Sozialstaat. »Gerechter« Lohn, Vollbeschäftigung und »soziales Netz« wurden die Schlüsselworte (nicht nur) für die

Arbeiterschaft. Als in der Mitte der 1960er Jahre die Hochkonjunktur nachließ und die Probleme der wirtschaftlichen und gesellschaftlichen Steuerung des industriellen Strukturwandels offener zutage traten, wurde jenes Anrechtsbewußtsein Teil einer Politik der »inneren Reformen«, welche die SPD repräsentierte. Diese Politik konnte zwar die sozialpolitische Grundforderung der Gewerkschaften seit 1945, die paritätische Mitbestimmung, die Ergänzung der politischen durch die Wirtschaftsdemokratie, nicht einlösen; der neuerliche Ausbau des Sozialstaates brachte aber wichtige Verbesserungen, unter denen im Hinblick auf die Lage der Arbeiter zwei herausragen: die angesichts der hohen Arbeitslast bedeutsame und populäre flexible Altersgrenze im Rentenrecht (1972) und die arbeitsrechtliche Gleichstellung von Arbeitern und Angestellten bei der Lohnfortzahlung im Krankheitsfall (1969).[272]

Die SPD wurde zur neuen Integrationspartei in der Bundesrepublik, die die Integrationspartei der 1950er Jahre, die CDU/CSU, ablöste. In dieser Gestalt mobilisierte die SPD neue Wähler für sich, hauptsächlich unter den Gruppen der Angestellten und Beamten und unter der Nachkriegsgeneration.[273] Sie gewann aber auch neue Arbeiterwähler von der CDU, insbesondere katholische Arbeiter (vgl. Tabelle 29). Diese relative Ausweitung des Wählerpotentials durch die Integration neuer Gruppen aus der Arbeiterschaft, die zu einem geringen Teil auch in deren zahlenmäßiger Schrumpfung gründete, blieb jedoch nicht stabil. Wie andere Wählerschichten wanderten 1976 katholische Arbeiter wieder mehrheitlich zur CDU/CSU, während sich bei protestantischen Arbeitern eine bemerkenswerte Tendenz zur FDP entwickelte. Mit Ausnahme des Trends zur FDP hat in der jüngsten Vergangenheit die Bereitschaft von Arbeitern, eine andere Partei als die SPD zu wählen, wahrscheinlich noch zugenommen, wie die Stimmenverluste der SPD und Umfragen annehmen lassen. Bald jeder fünfte (17%) Arbeiterwähler der SPD hat danach zwischen 1980 und 1982 wegen der Verschlechterung der Wirtschaftslage seine Parteipräferenz auf die CDU/CSU verschoben.[274] Dabei hat sich aber wohl kaum die politische Grundorientierung verändert. Die Wechselwähler in der Arbeiterschaft sehen vermutlich – wie andere Wähler – auch die alten wirtschafts- und sozialpolitischen Ziele besser durch jene Partei vertreten, zumal diese verspricht, die Prosperitätsphase der späten 50er und frühen

60er Jahre zur ewigen Normalität zu machen. Der bis 1972 anhaltende Trend zur politischen Homogenisierung der Arbeiterschaft ist somit abgebrochen; 1972 war die Arbeiterschaft, die zu 66% SPD wählte, nach den Bauern, die zu 82% CDU/CSU wählten, die in ihrem Wahlverhalten homogenste soziale Klasse. Ob und wieweit sich die neuerliche politische Differenzierung erhärten und angesichts des sich verschärfenden Verteilungskampfes vertiefen wird, bleibt eine offene Frage.

Die Arbeiterschaft als Ganze ist erst in den späten 1950er und 1960er Jahren zur »klassischen Klientel der Sozialdemokratie«, wie man sie vielfach bezeichnete, geworden. Die Wählerbewegungen der jüngsten Zeit deuten jedoch an, daß die SPD nicht mehr erwarten kann, wozu sie aufgrund ihrer Geschichte neigt: die stabile politische Bindung der Arbeiter als »Stammwähler«. Die Entstabilisierung traditioneller parteipolitischer Identifikation, die ebenso in der katholischen Arbeiterschaft zu beobachten ist, drückt ein sozialpolitisch kalkuliertes Interesse im Verhältnis zu den Parteien aus. Eine Ursache dafür ist u. a. die mit der sozialen Lage der Arbeiter auch veränderte politische Sozialisation.

Das Arbeiterleben der letzten Jahrzehnte, das in einem vorher unbekannten Maße zu einem Privatleben der Arbeiterfamilien wurde, kannte nach 1945 nicht mehr die noch in der Weimarer Republik wirksame politische Sozialisation durch die Arbeiterbewegungskultur des sozialistischen Milieus, die weithin eine »nahezu erfahrungsunabhängige Organisationsloyalität« sicherte.[275] Von den Sozialisationsinstitutionen der alten Arbeiterkultur blieb nur die katholische Kirche übrig, die auch unter Arbeitern bis heute durch die religiöse Identität eine in der Regel eindeutige und stabile politische Identität bewirkt. Aber dies ließ mit der Säkularisierung besonders in der jüngeren Generation nach und war auch schon vorher nicht mehr Teil einer spezifischen katholischen Arbeiterkultur. Das ehemals weit verzweigte Arbeitervereinswesen der Kirche wurde zwar nach 1950 wieder aufgebaut, gewann aber nicht mehr die frühere Bedeutung. Eine formell organisierte sozialdemokratische »Subkultur« bildete sich nach 1945 jedoch nicht mehr; das ehemals charakteristische Freizeitvereinswesen wurde ebensowenig rekonstruiert wie die alten Formen des Genossenschaftswesens. Im Unvermögen oder bewußten Verzicht auf eine Neugründung des sozialdemokratischen Vereinswesens spielte, soweit erkennbar, wie auch in der Politik die spezifische Sozialismusillusion der Nachkriegszeit eine Rolle, die Hoffnung auf eine demokratisch-sozialistische Nationalkultur, die durch schichtenspezifische Sonderorganisationen nicht behindert werden sollte.[276] Tatsächlich setzte sich die schichtenunspezifische, von kommerziellen Medien gesteuerte Massenkultur nach ihrem Entwicklungssprung im »Dritten Reich« nun vollends durch. Sie nahm teilweise die Sozialisationsfunktion des frühen Vereinswesens in sich auf und reduzierte (zumindest für einen gewissen Zeitraum) das Ausmaß der Vereinsbildung. Nur etwa vier von zehn Arbeitern gehörten in den 1970er Jahren Vereinen an, zumeist Sportvereinen. Sie waren damit noch die vereinsfreudigste Gruppe, wahrscheinlich infolge ihres häufigeren Wohnens in kleineren Gemeinden, da in diesen die Vereinszugehörigkeit verbreiteter ist als in Großstädten.[277] Am ehesten vermittelt heute die Gewerkschaftszugehörigkeit noch eine parteipolitische Präferenz für die SPD, obwohl sich die organisierten und unorganisierten Arbeiter in ihrem Wahlverhalten nicht grundsätzlich unterscheiden.[278]

Der schwindenden schichten- und milieuspezifischen politischen Sozialisation entsprach auf der anderen Seite ein nachlassender Sog von Identifikationsmöglichkeiten. Sowohl im Habitus der Funktionäre und Führer als auch in der Programmatik und Rhetorik von Partei und Gewerkschaft schrumpfte die emotionale Aura der alten Arbeiterbewegung. Das war in den Gewerkschaften weniger ausgeprägt als in der SPD. Die Gewerkschaftskader und -führer bilden wie vor 1933 trotz aller Bürokratisierung eine relativ »basisnahe Elite«, die vor ihrer hauptamtlichen Tätigkeit in jeweils einschlägigen Arbeiterberufen tätig waren (erst in jüngster Zeit wurden akademische »Quereinsteiger« charakteristischer) und sich mit ihrer Klientel identifizieren.[279] Mit dem institutionellen Ausbau des Sozialstaates und des Tarifwesens wuchsen sie immer stärker in eine »von unten« sowohl bewunderte als auch kritisierte Rolle von Experten des Sozialstaats hinein, die ihre Anhänger betreuen. Symptomatisch für diese Rollenkonstellation zwischen »oben« und »unten« ist vielleicht das Funktionärswort von den »sozial Schwachen« als Synonym für Arbeiter bzw. »Arbeitnehmer«, womit in der Weimarer Republik wohl kein Funktionär die Arbeiterschaft bezeichnet haben dürfte.

Viel stärker wurde die SPD von der Aushöhlung des »Milieus«

ergriffen und durch die neuen Tendenzen verwandelt. Das war eine notwendige Veränderung auf ihrem historisch wohl begründeten Weg zur »Volkspartei«. Zunächst jedoch überdauerte in der Stagnation der 1950er Jahre der traditionelle Geist der Subkultur in sich gekehrt noch neben dem neu geforderten Pluralismus und Pragmatismus. Das Parteileben wurde von den Altmitgliedern beherrscht, die nach den Worten eines linken Kritikers die Tugenden der Tradition so pflegten:

»Stolz auf die Tradition der Partei bis zur Borniertheit, der Parteiführung treu ergeben bis zur Unterwerfung, mißtrauisch gegen Staat, Unternehmer und Kirche, und doch fleißig, gehorsam und bieder, jeder Neuerung abhold und sich doch im Herzen ›revolutionär‹ fühlend.«[280]

Nach 1959 wurden Parteitraditionen jedoch ungehemmter abgeschüttelt. Das Godesberger Programm reinigte die SPD auch vom bloßen Verdacht des Marxismus, und in der öffentlichen Selbstdarstellung wurde zeitweilig sogar auf die rote Parteifahne und die Anrede »Genossen« verzichtet. Der Durchbruch zur neuen Partei erfolgte mit der Regierungsbeteiligung und der Politik der »inneren Reformen«. Sie zogen viele neue Mitglieder, insbesondere Beamte, Angestellte und jüngere Akademiker, an, die das soziale Profil der SPD veränderten. Die Arbeiter wurden zu einer Minderheit von etwa 20% bis 25% in der Mitgliederschaft, und noch geringer sind sie im aktiven Parteileben repräsentiert. Dieses wurde zu einer Domäne von Angehörigen des öffentlichen Dienstes, unter starker Beteiligung von Akademikern. Voreilig wäre es jedoch, diesen Wandel als »Verbürgerlichung« der Partei zu begreifen. Es waren nämlich weniger alte »bürgerliche« Gruppen, die zur Partei stießen, sondern in starkem Maße Aufsteiger aus der Arbeiterschaft. 60% der SPD-Mitglieder in Nordrhein-Westfalen im Jahre 1977 stammten aus Arbeiterfamilien, übten jedoch keinen Arbeiterberuf mehr aus, und ähnlich kam ein großer Teil der Akademiker nicht aus dem traditionellen »Bildungsbürgertum«, sondern hatte das Abitur über den zweiten Bildungsweg erworben.[281] Die veränderte Sozialdemokratie repräsentiert so gesehen den in den letzten Jahrzehnten beschleunigten sozialen Wandel in der Arbeiterschaft, nicht zuletzt die Flucht aus Arbeiterberufen in der jüngeren Generation. Die »neue« SPD erlebt damit auch den mit dem »Wertewandel« verbundenen politischen Generationenkonflikt, der jedoch nicht mehr, wie in der Weimarer Republik, ein Konflikt innerhalb der Arbeiterschaft ist. Diese hält (bislang) offenbar an der »alten«, »materialistischen« Politik fest und übt mehr oder weniger große Distanz zur »neuen«, »postmaterialistischen« Politik der Ökologie, Basisdemokratie und der permanenten, traditionsentlasteten »Selbstverwirklichung«, deren Sprache und sozialer Habitus den Arbeitern fremd ist.[282]

Die Erosion von Möglichkeiten zur arbeitertypischen politischen Identifikation wurde begleitet und gefördert durch den Schwund arbeitertypischer sozialer Identifikationen. Die von den Massenmedien verbreiteten Leitbilder des Konsums und Lebensstils kennen keine sozialen Klassen mehr. Die Einkommensentwicklung hat jedoch auch Arbeitern die mindestens partielle Erfüllung jener Leitbilder und eine graduelle Angleichung des Lebensstils an andere gesellschaftliche Gruppen ermöglicht. Das hat die Arbeiter im außerbetrieblichen Alltag sozusagen anonymisiert. Dieser bietet kaum Möglichkeiten einer positiven Selbstdarstellung als Arbeiter, ist aber auch nur noch bei wenigen vom lagebedingten Zwang zu ehemals arbeitertypischen und diskriminierenden Lebensformen gekennzeichnet. Die Neigung, die Vertrauensleute der IG Metall in den 1960er Jahren feststellten, »außerhalb des Betriebes sich von der Zugehörigkeit zur arbeitenden Klasse zu lösen, sich dem Besitzbürgertum in Lebensstil und Meinung anzupassen und so zu tun, als ob man sich von ›den anderen‹ gar nicht unterscheide«[283], ist im Lichte jener Entwicklung nicht verwunderlich. Andrerseits bleibt die Wahrnehmung dieses Verhaltens als bloße »Anpassung« zu oberflächlich. Es enthielt Elemente demonstrativer Selbstaufwertung und die Forderung nach sozialer Anerkennung, die um so ernster zu nehmen sind, je weniger untergründige gesellschaftliche Diskriminierung tatsächlich geschwunden ist. Das Ansehen des körperlich Arbeitenden hat sich in den letzten Jahrzehnten kaum verbessert, sondern mit der Bildungsexpansion eher verschlechtert. Ein Angestellter klassischen Typs wie der kaufmännische Angestellte oder Buchhalter galt 1960 wie 1976 mehr als ein typischer Handarbeiter wie der Gießereiarbeiter, selbst wenn dieser mehr verdiente (vgl. Tabelle 30). Wahrscheinlich besonders bei weniger qualifizierten Arbeitern hat sich eine Art von Schamgefühl über ihr Arbeitersein erhalten, das sie in der Öffentlichkeit unsicher macht und die inferiore Stellung im Betrieb lieber verbergen läßt. Eine offenbar

Tabelle 30: Gesellschaftliches Ansehen von Arbeitern und Angestellten in Meinungsumfragen, 1960-1976

Frage: Wer hat mehr Ansehen? Ein kaufmännischer Angestellter/Buchhalter oder ein Gießereiarbeiter mit 25% mehr Verdienst als der Angestellte?

	1960	1976	1976		
Antworten	Alle Befragten		Facharbeiter	Angelernte Arbeiter	Einfache Angestellte/ Beamte
Mehr Ansehen hat:					
– Angestellter	51	60	55	58	64
– Arbeiter	23	14	20	17	11
Unentschieden	26	26	25	25	25
	100	100	100	100	100

Quellen:
Jb. der öffentlichen Meinung 1958-1964, Hg. E. Noelle u. E. P. Neumann, Allensbach 1965, S. 367. Allensbacher Jb. für Demoskopie, Bd. 6. 1976, S. 219. 1960 wurde der kaufmännische Angestellte, 1976 der Buchhalter dem Gießereiarbeiter gegenübergestellt.

nachdenkliche Arbeiterin wandte sich gegen eine öffentliche Ausstellung von Fotos aus dem betrieblichen Alltag, weil sie nicht wußte, ob diese Öffentlichkeit zum Pranger oder zur Tribüne werden würde:

»Warum wollt ihr ›den Arbeiter‹ am Arbeitsplatz in der Öffentlichkeit, also denen vorweisen, die selber keine Arbeiter sind und es auch meist nicht sein wollen? . . . Pranger oder Tribüne? Wenn auch die Bilder ›stimmen‹, so habe ich aus dem oben genannten Grunde etwas dagegen, über mich oder meine Kolleginnen oder Kollegen innerhalb meines Wohnbereiches Auskünfte zu geben, zu denen ich im wahren Sinne des Wortes nicht ›Rede und Antwort‹ geben kann«.[284]

Die nur noch schwache politische Sozialisation durch Organisationen und Milieu hat sich auch niedergeschlagen im Beitrittsverhalten und in der Bindung an die Gewerkschaften, also derjenigen Organisation, die der Arbeiterschaft funktional am nächsten steht. Selbst in den überdurchschnittlich organisationsfähigen Gruppen – den männlichen Facharbeitern in Großstadt und

Großbetrieb – vollzog nur eine Minderheit den Beitritt infolge einer Überzeugung. Nur 21% der Gewerkschaftsmitglieder Ende der 1960er Jahre wurden Mitglieder aufgrund der Überzeugung, »daß die Gewerkschaft für die Arbeitnehmer viel getan (hat) und man sie deshalb unterstützen muß«. Das mögliche Prestige einer Mitgliedschaft spielte so gut wie keine Rolle (3%). Nicht solche kollektive Indentifikation oder Projektion, sondern die Funktion der Interessenvertretung, der zusätzlichen Sicherungsleistung im Betrieb und die Gewährung von kostenlosem Rechtsschutz gaben den Ausschlag für den Beitritt, also ein vorwiegend persönliches Interesse an Einkommensverbesserung und Schutz vor Konflikten. In Übereinstimmung damit wurde der Beitritt in der Regel entweder durch eigenen Entschluß oder die Kollegen (45% bzw. 41%) veranlaßt, wogegen wahrscheinliche Milieueinflüsse durch Familie und Freunde nur bei 13% der Mitglieder wichtig waren.[285] Daß diese Selbsteinschätzung nicht nur Selbsttäuschung ist, sondern eine wohlkalkulierte Verhaltensweise widerspiegelt, zeigt die Praxis des Eintrittsverhaltens. Die Arbeiter traten zunehmend erst zu einem späteren Zeitpunkt ihres Berufslebens in die Gewerkschaft ein. Der Anteil derjenigen Mitglieder, die noch innerhalb des ersten Berufsjahres sich organisierten – ein Indiz für Überzeugung und Milieusozialisation – nahm kontinuierlich ab. Dieser Anteil betrug bei denjenigen, die schon vor 1933 einer Gewerkschaft angehörten 42%, bei denjenigen, die zwischen 1945 und 1950 Mitglieder wurden, sogar 51%, was die außerordentlich große alltagspraktische Bedeutung der Gewerkschaft in der unmittelbaren Nachkriegszeit bestätigt. Dagegen fiel jener Anteil der Schnellentschlossenen im Beitrittszeitraum 1951/55 auf 38%, im Zeitraum 1956/60 auf 32% und zwischen 1960/64 auf 28%.[286] Dieser Trend hat offenbar bis in die späten 1960er Jahre angehalten, kehrte sich dann um mit der Lehrlingsbewegung und der verstärkten gewerkschaftlichen Bemühung um die jungen Arbeiter. Nach einem Tiefpunkt im Jahre 1961, als nur 21% der Arbeiter mit einem Alter bis zu 24 Jahren gewerkschaftlich organisiert waren, stieg der Organisationsgrad dieser Altersgruppe auf 27% im Jahre 1973, erreichte aber noch nicht einmal die von den Gewerkschaften selber als besorgniserregend niedrig eingeschätzte Organisationsquote von 33% im Jahre 1964 (vgl. Tabelle 31).[287]

Die Nachkriegsgeneration hielt also zunächst Distanz zu den

Tabelle 31: Altersspezifische gewerkschaftliche Organisationsquote von Arbeitern bzw. abhängig beschäftigten Männern (Gewerkschaftsmitglieder in Prozent der jeweiligen Altersgruppe), 1964-1973

	Nur Arbeiter			Alle abhängig beschäftigten Männer	
Alter	1964	1968	1973	Alter	1964
bis 24	33	21	27	bis 20	12
				21-24	13
25-49	44	43	44	25-34	29
				35-49	53
über 50	41	41	45	50-64	55
				über 65	79

Quellen:
Für Arbeiter: Ermrich, S. 594 (Repräsentativumfrage: »Sind oder waren Sie selbst einmal Gewerkschaftsmitglied?«). Für alle abhängig beschäftigten Männer: Nickel, S. 121.

Gewerkschaften, die dadurch, überspitzt gesagt, zu einer Organisation der älteren Arbeiter bzw. Arbeitnehmer wurden. 1963/64 waren nur 51% aller abhängig beschäftigten Männer älter als 35 Jahre, aber 72% aller männlichen DGB-Mitglieder.[288] Im Unterschied dazu waren – entsprechend der insgesamt jüngeren Arbeiterschaft – die Gewerkschaften im Kaiserreich fast eine Jugendorganisation, und auch noch in der Weimarer Republik war ihre Altersstruktur ausgeglichener, obwohl der Anteil der älteren Arbeiter stieg und Konflikte zwischen Gewerkschaften und Jugend nicht unbekannt waren. Im Deutschen Metallarbeiterverband z. B. waren 1907 nur 23%, im Jahre 1931 hingegen 42% der Mitglieder (davon rund 95% Männer) älter als 35 Jahre; diese altersspezifische Zusammensetzung entsprach im wesentlichen der Altersverteilung in der Metallarbeiterschaft insgesamt.[289] In der mit dem Alter steigenden Organisationsbereitschaft, wie sie Zahlen aus den 1960er und 1970er Jahren zeigen (vgl. Tabelle 31), spiegelt sich wahrscheinlich ein Erfahrungsgewinn oder -druck im Laufe des Berufslebens wider. Kaum mehr eine sozialmoralische Gesinnungsgemeinschaft, wohl aber die Arbeitsverhältnisse und -bedingungen führten die Arbeiter in hohem, in den 1970er Jahren noch steigendem Maße in die Gewerkschaften (vgl. Tabelle

28). In der Erhöhung der gewerkschaftlichen Organisationsquote von 40% der Arbeiter im Jahr 1970 auf etwa 50% am Ende der 1970er Jahre[290] hat sich außer dem Kriseneffekt jedoch auch ein Struktureffekt niedergeschlagen, die relative Zunahme der eher organisationsbereiten älteren Arbeiter.

Die Gewerkschaften waren seit ihrer Entstehung in den 1860er Jahren eine Schutz- und Kampforganisation auch für die persönlichen Interessen der Arbeiter. Ihr (schon seit der Jahrhundertwende allmählich verblassender) Charakter als politische Richtungsgewerkschaft führte aber auch zu einer sozialen und politischen Identität, die durch die politische Diskriminierung der Gewerkschaften mindestens ebenso wie durch deren programmatische und funktionale Anziehungskraft gefördert und stabilisiert wurde. Das ist in der Bundesrepublik mit der fast allseitigen Anerkennung der Bedeutung und Notwendigkeit der Gewerkschaften wesentlich anders geworden. Geblieben ist die Gewerkschaft als eine wirtschaftliche Interessenorganisation für die Lohnarbeiter, die in den Augen der Arbeiter gerade um dieser Funktion willen politisch vorsichtig oder »neutral« sein soll. Deutliche Mehrheiten der organisierten wie nicht-organisierten Arbeiter (und Angestellten) waren 1969 dafür, daß sich die Gewerkschaften aus der Politik »heraushalten« sollten.[291] Die Gewerkschaft ist kaum ein Führer der Arbeiter, sondern ein »Anwalt« ihrer jeweils persönlichen Interessen, die sie durch ihre Organisations- und Verhandlungsmacht schützen und durchsetzen soll. Dafür kann sie mit einer außerordentlichen Organisationsdisziplin rechnen, die bisher nur einmal in den Streiks von 1969 durchbrochen wurde, aber bezeichnenderweise aus dem gleichen Grund, der sonst die gewerkschaftliche Loyalität bildet: dem Anspruch auf den »gerechten« Anteil am Wirtschaftswachstum, den die Gewerkschaften »herausschlagen« sollen, was diese aber nach dem wirtschaftlichen Wiederaufschwung 1968/69 versäumt hatten.

Diesem Anspruch unterliegt immer noch ein tiefes Mißtrauen gegenüber der Verteilungsgerechtigkeit der kapitalistischen Marktwirtschaft. Obwohl bei einer Meinungsbefragung im Jahre 1975 in der Bevölkerung vielfach positive Assoziationen mit dem Stichwort »Kapitalismus« verbreitet waren und der »Sozialismus« in erster Linie mit der »Ostzone« bzw. DDR gleichsam exterritorialisiert und neutralisiert wurde, hat sich trotz der Anerkennung der wohlstandschaffenden »Tüchtigkeit« des Kapitalismus und über allen Wandel der kapitalistischen Industriegesellschaft hinweg das alte defensive antikapitalistische (aber nicht notwendig marxistische) Bewußtsein der Unterschichten oder der »kleinen Leute« erhalten. »Gerechtigkeit«, vielleicht *das* politische Schlüsselwort für die Beziehungen zwischen den sozialen Klassen, wurde 1975 nur von 35% der Befragten positiv mit »Kapitalismus«, aber von 50% positiv mit »Sozialismus« assoziiert; verneint wurde eine Beziehung zwischen »Gerechtigkeit« und »Kapitalismus« bzw. »Sozialismus« von 44% bzw. 27%.[292] Insbesondere das Mißtrauen gegen die Unternehmer ist kaum geringer geworden. Daß man diese »durch Gesetze zwingen« müsse, die

Tabelle 32: Verhältnis von Arbeitern und Unternehmern in Meinungsumfragen, 1950-1974

Frage: Glauben Sie, daß die meisten Fabrikanten von sich aus versuchen, die Wünsche ihrer Arbeiter und Angestellten so gut es geht zu erfüllen, oder müssen sie dazu erst durch Gesetze gezwungen werden?

1. Gesamtbevölkerung	1950	1955	1956	1963	1974
Müssen gezwungen werden	59	47	53	39	53
Tun es von sich aus	14	26	23	29	18
Unentschieden, kein Urteil	27	27	24	32	29
	100	100	100	100	100

2. Soziale Klassen	Müssen gezwungen werden		Tun es von sich aus		Unentschieden, kein Urteil	
	1956	1974	1956	1974	1956	1974
Arbeiter	67	64 1)	15	13	18	23
Landwirtsch. Berufe	34	19	27	25	39	56
Angestellte/Beamte	49	55 2)	26	14	25	31
Selbständige im Gewerbe/Freie Berufe	31	33	43	41	26	26

1) Hier nur Facharbeiter
2) Hier nur einfache Angestellte und Beamte
Quellen:
Jb. der öffentlichen Meinung 1957, Hg. E. Noelle u. E. P. Neumann, Allensbach 1957, S. 246; Jb. der öffentlichen Meinung 1965-67, S. 268; Allensbacher Jb. für Demoskopie, Bd. 4. 1976, S. 196.

Wünsche der Arbeiter und Angestellten zu erfüllen, glaubten zwischen 1950 und 1974 bei einigen Schwankungen unverändert etwa zwei Drittel bzw. die Hälfte dieser Gruppen. Selbst die Unentschiedenheit war noch stärker als der Glaube, daß die Unternehmer »sozial« seien[293]; der Umstand, daß in dieser Meinung die Arbeiter eine starke Unterstützung durch andere Gruppen erfuhren, spiegelt auch eine »deutsche« Tradition, die den Kapitalismus als Weltanschauung nie so recht akzeptierte (vgl. Tabelle 32).

Das Bewußtsein des Gegensatzes zum Unternehmer hatte sich im Kaiserreich und in der Weimarer Republik bei Teilen der Arbeiterschaft zum systemoppositionellen »Klassenbewußtsein« erweitert. In den letzten Jahrzehnten hingegen richtete sich das kollektive Bewußtsein auf eine starke ökonomische Verhandlungsposition der Gewerkschaften und auf einen politisch verantwortungsbewußten Sozialstaat. Gemessen am ursprünglichen Traum von der sozialen Gleichheit der Menschen und der Selbstbestimmung der Arbeiter mag man demgegenüber vom »Ende der Arbeiterbewegung« oder gar vom »hilflosen Arbeiter«[294] sprechen, der im Ernstfall der Krise ohnmächtig seinen Helfern ausgeliefert ist, weil Gewerkschaften und Sozialstaat nur die Krise regulieren, aber nicht überwinden können. Beide Urteile sind gezeichnet von dem in Deutschland alten und konfliktreichen Verhältnis zwischen der Theorie und der Praxis der Arbeiterbewegung und können aus der Perspektive der hier versuchten Überlegungen zur historischen Entwicklung der sozialen Lage der Arbeiterschaft nur partiell diskutiert werden. Deshalb nur soviel:

Das soziale Substrat der historischen Arbeiterbewegung, die Klasse der Handarbeiter, hat sich trotz allem Wandel sozial noch nicht aufgelöst. Andrerseits enthielt die Arbeiterbewegung als eine Emanzipationsbewegung der handarbeitenden Unterschichten aus Armut und erniedrigender Ungleichheit immer Elemente, die im sozialistischen Sinne nicht revolutionär waren. Die gegenüber der Revolutionserwartung eher bescheidenen, gegenüber dem Ausgangsniveau aber nicht mehr so bescheidenen Ziele waren ein auskömmliches Leben, die staatsbürgerliche Gleichheit und die soziale Anerkennung der Arbeiter. Davon wurden in der sozialstaatlichen Demokratie der Bundesrepublik mindestens die ersten beiden zum ersten Mal in der deutschen Geschichte nicht mehr angefochten und in hohem Maße erfüllt. Außer dem »Ende« der politischen Utopie gab es einen Schub der verfassungs- und sozialpolitischen Integration wichtiger Ziele der Arbeiterbewegung. Ein Ende der Arbeiterbewegung bedeutet das aber kaum, da in die Strukturen der kapitalistischen Marktwirtschaft keine Garantien für den Schutz der Menschenwürde der Arbeiter (und der anderen »Arbeitnehmer«) eingebaut sind. Diese in jeder Hinsicht zu erringen und unter jeweils neuen Bedingungen zu verteidigen, bleibt die Aufgabe der Arbeiterbewegung. Die dabei jeweils spezifischen Ziele werden wie in der Vergangenheit vermutlich auch in der Zukunft letztlich nicht durch »theoretisch« deduzierte Erwartungen, sondern durch die historischen Erfahrungen bestimmt. Zu diesem Erfahrungsbestand der heutigen Arbeiter gehört die Sozialgeschichte der letzten Jahrzehnte; zu ihm zählen aber auch der Nationalsozialismus, der Zweite Weltkrieg und der autoritäre Kommunismus, der bereit ist, das Kriegsrecht gegen Arbeiter einzusetzen. In einem nur zu bestimmten Sinne endete die alte politische Arbeiterbewegung in den Zuchthäusern und Konzentrationslagern Hitlers und Stalins. Die Trauer darüber enthält auch die historisch-politische Erfahrung, daß es zum demokratischen Sozialstaat keine Alternative gibt. Es ist anzunehmen, daß der »hilflose Arbeiter« in der Krise dies weiß, und es bleibt zu hoffen, daß andere es nicht vergessen.

Kapitel IV

Rückblick und Ausblick: Entproletarisierung, »Verbürgerlichung« und Individualisierung

In den vorangehenden Kapiteln ist versucht worden, Sozialstruktur und Lage der Arbeiterschaft in der Bundesrepublik historisch aufzuhellen, derjenigen gesellschaftlichen Großgruppe also, die in den letzten Jahrzehnten immer wieder zum Zeugen gegensätzlicher historisch-politischer Diagnosen gemacht wurde, die ins Zentrum des Selbstverständnisses der bundesrepublikanischen Gesellschaft hineinreichen. Die Merkmale des besseren Arbeiterlebens begründeten den Gemeinplatz, daß diese Gesellschaft keine »Klassengesellschaft« mehr sei; umgekehrt wurden die Verbesserungen des Lebensstandards häufig relativiert, die Kontinuität von sozialer Ungleichheit und Armut auch in der »Wohlstandsgesellschaft« betont und mit den fortdauernden klassengesellschaftlichen, kapitalistischen Produktionsverhältnissen begründet. Die vorliegende Argumentation bewegt sich im Umfeld dieser Kontroverse, ohne jedoch deren implizit antimarxistischer oder promarxistischer Struktur der Fragestellung zu folgen. Ihr Ziel war bescheidener. Im historischen Vergleich und Rückblick bis ins späte 19. Jahrhundert wurden vor allem zwei Fragen verfolgt: Welche Elemente der Kontinuität oder Diskontinuität in der ursprünglich »proletarischen« Lage des Arbeiters lassen sich in der Bundesrepublik feststellen? Gab es Tendenzen zur Homogenisierung oder Heterogenisierung von typischen Aspekten des Arbeiterlebens, mithin eine Klassenformierung in der Arbeiterschaft oder nicht? Stellen, mit anderen Worten, die manuellen Lohnarbeiter heute noch eine sinnvoll zu unterscheidende »Klasse« dar oder sind sie aufgegangen in der Masse der »Arbeitnehmer«? Zur Orientierung dienten dabei nicht (neo-)marxistische Klassenbegriffe, sondern die Weberschen Begriffe der »Erwerbsklasse« und »sozialen Klasse«. Das heißt, arbeiterspezifische Klassenlagen und ihr Wandel wurden nicht nur am kapitalistischen Lohnarbeitsverhältnis als solchem festgemacht, sondern an mehreren Dimensionen des beruflichen und außerberuflichen Lebens der Arbeiter, deren typische Verflechtung eine »soziale Klasse« begründet.

Ein Resümee der Hauptfragen läßt sich vielleicht auf den Satz zuspitzen: Außer einer Überwindung der alten Gestalt der »Proletarität« wurde in der Bundesrepublik die Arbeiterschaft als soziale Klasse homogener, während der gesellschaftliche Bedeutungsgehalt der Klassenzugehörigkeit verblaßte. Die alte arbeiterspezifische »Proletarität« – Armut und Enge in der Lebensführung und grundlegende Unsicherheit im Lebensschicksal als den Folgen der Lohnarbeit – verschwand einerseits in der Anhebung des Lebensstandards und im Ausbau der sozialpolitischen Sicherung gegen Konjunktur- und Marktrisiken, andrerseits in der Entgrenzung der im 19. Jahrhundert fast arbeiterexklusiven marktabhängigen und fremdbestimmten Lohnarbeit. Diese strukturellen Aspekte der Proletarität verloren mit der starken Zunahme von Angestellten in unteren Positionen ihren arbeiterspezifischen Gehalt. Dennoch sind die Arbeiter Arbeiter geblieben, trotz bedeutender Annäherung im Einkommen und im sozialrechtlichen Status zwischen den Schichten der abhängig Beschäftigten. Von den Angestellten und Beamten unterscheiden sie auch heute noch Differenzen in der Ausbildung, der beruflichen Stabilität und Einkommensrückstände, insbesondere aber die Körperlichkeit ihrer Arbeit und das daraus folgende überdurchschnittliche Maß an Arbeitsbelastung, neuerdings auch wieder ein erhöhtes Risiko der Arbeitslosigkeit.[1]

Die ehemals einschneidenden Differenzen zwischen den Arbeitnehmergruppen wurden auch durch die Dialektik der Homogenisierung und Heterogenisierung innerhalb der Arbeiterschaft entschärft. Der sektorale Wandel des Beschäftigungssystems, die Schrumpfung des Agrarsektors und die Expansion des Dienstleistungs- bzw. Angestelltensektors und demographische Prozesse bedingten, daß einige grundlegende Determinanten des Erwerbslebens der Arbeiter gleichartiger und damit ihre Einheit im Sinne der »Erwerbsklasse« größer wurde. Die Beschäftigung von Arbeitern konzentrierte sich zunehmend auf den Wirtschaftsbereich Industrie und Handwerk, also denjenigen Bereich, der als der Ursprungsort des modernen Industriearbeiters gilt. Gleichzeitig wurden die Arbeiter und Arbeiterinnen in der Industrie gewissermaßen immer älter, die Lebensdauer der industriellen Lohnarbeit nahm zu. In den 1970er Jahren brach jener Konzentrationsprozeß jedoch ab, begleitet von einer absoluten Schrumpfung der sozialrechtlich als Arbeiter Beschäftigten. Auf der Grundlage jener Homogenisierung wurden trotz, ja wegen zunehmender Qualifizierung die Arbeiter sich in ihrer Arbeit jedoch eher unähnlicher. Der nach Branchen und Betriebsgrößen, Industrie und Handwerk ungleichmäßige industrielle Strukturwandel hat die beruflichen Tätigkeiten, Arbeitsbedingungen und betrieblichen Milieus wahrscheinlich stärker differenziert, als das noch in der Zwischenkriegszeit der Fall war. Wie die gegenwärtigen Auseinandersetzungen um neue Arbeitszeitformen annehmen lassen, beginnt diese Heterogenisierung die soziale Grundlage der Gewerkschaften – die Interessen aller Arbeiter bzw. Arbeitnehmer vertreten zu können – auszuhöhlen.[2]

Andrerseits haben jedoch die in der Heterogenisierung der Erwerbsklasse wirksamen Faktoren zu einem massiven Schub der Homogenisierung der sozialen Klasse der Arbeiterschaft beigetragen. Das außerbetriebliche bzw. außerberufliche Arbeiterleben in den letzten Jahrzehnten war viel gleichförmiger als in früheren Arbeitergenerationen. Ehemals folgenreiche Unterschiede in Lebenshaltung und Lebensstilen zwischen Arbeitern in der Großstadt und Provinz verloren ihre Bedeutung. Die das Familienleben und die Beziehungen zu anderen sozialen Schichten prägende Landnutzung als notwendige zusätzliche Quelle der Existenzsicherung ist mit den steigenden Einkommen geschwunden – womit auch die Erwerbsklassenlagen sich wiederum grundlegend anglichen, da die Arbeiter nun ausschließlich auf die Lohn- und Sozialeinkommen angewiesen sind. Die Arbeiterkultur, die alltägliche, schichtenspezifische Lebensweise, welche ehemals in berufsgruppen- und regionalspezifischen Milieus eingelassen war, wurde zu einer weithin ähnlichen Kultur des Privatlebens in den Familien. Diese Homogenisierungsprozesse erfaßten seit den 1950er Jahren eine Arbeiterschaft, deren soziale Einheitlichkeit in der ersten Hälfte des 20. Jahrhunderts durch Mobilitätsprozesse im Rahmen des sektoralen Wandels im Beschäftigungssystem größer geworden war. Mit der nachlassenden Rekrutierung aus der Bauernschaft wurde ihre herkunftstypische Zusammensetzung gleichartiger. Die Heiratskreise, die im 19. Jahrhundert Arbeiter – aufgrund ihrer Herkunft – noch vielfach mit Bauern und selbständigen Kleinbürgern verbunden hatten, konzentrierten sich zunehmend auf die Arbeiterschaft. Dieser Klassenformierung wirkte erst seit den 1960er Jahren ein verstärkter intergenerationeller beruflicher Wechsel von Arbeitersöhnen in Angestellten- und Beamtenpositionen entgegen. Seither wurde – gefördert durch die absolute Abnahme der Arbeiterschaft und die Bildungsreform – unter den Facharbeitern, aber nicht unter den anderen Arbeitern, die traditionelle Regel, daß die Söhne wiederum Arbeiter wurden, durchbrochen. Es ist wahrscheinlich nicht übertrieben: In den letzten zehn bis zwanzig Jahren setzte in der jungen Generation der besser gestellten Arbeiterfamilien aus Arbeiterberufen eine Flucht ein, die einen Teil des sozialgeschichtlichen Kontinuitätsbruches bildet.

Die »objektive« soziale Homogenisierung der Arbeiterschaft bis in die 1960er Jahre hatte jedoch keine »subjektive« Parallele. Arbeiter betrachteten sich zunehmend häufiger als Teil der »Mittelschicht«. Teils war das eine Folge der Zerschlagung sozialistischer Traditionen und der Zerstörung marxistischer Deutungsmuster über die Arbeiterlage durch den Nationalsozialismus. Wichtiger war jedoch, daß die tatsächlichen Veränderungen des Arbeiterlebens im Prozeß der Homogenisierung gleichsam das Gesicht der Klasse so veränderten, daß traditionelle Sinngehalte der Klassenzugehörigkeit erodierten. Die Angleichung des Lebensstandards nach oben, der Abbau von öffentlich sichtbaren, schichttypisch ungleichen Lebenshaltungsniveaus und -formen löste die Assoziation von Arbeiterschaft und (relativer) Armut auf. Das bessere Leben war auch ein kollektiver Aufstieg zur Respektabilität. Dadurch wurden alte Wünsche der Arbeiter erfüllt, so daß ihre Selbstachtung stieg, die nicht zuletzt in der Selbstzurechnung zur »Mittelschicht« ausgedrückt wurde. Andrerseits aber ist die zum familiären Privatleben gewordene Arbeiterkultur mit früher unbekannten Chancen für ein relativ selbstbestimmtes Leben als solches wenig geeignet zur kollektiven Identifizierung mit der Klasse. Die Klassenformierung unter dem Vorzeichen der Prosperität hatte den Effekt, daß die Zugehörigkeit zur Arbeiterschaft nicht mehr die ehemals lebensweltlich umfassende Bedeutung in sich trägt.

Die Veränderungen in der sozialen Zusammensetzung und Lage der Arbeiterschaft waren eingebettet in die säkulare Kontinuität der Industrialisierung, Urbanisierung und Sozialpolitik. Für die Bundesrepublik ist jedoch charakteristisch ihre zeitspezifische

Beschleunigung, Verknüpfung und kumulative Wirkung einerseits neben der politischen Diskontinuität andererseits. Nach 1950 hat sich wirtschaftlich und gesellschaftlich gleichzeitig so vieles so schnell geändert wie in keiner Periode der neueren deutschen Geschichte, während die im 19. Jahrhundert entstandenen und seit dem Kaiserreich feste politische Bindungen stiftenden sozialmoralischen Milieus des Sozialismus und Katholizismus sich endgültig auflösten. Diese wurden nach 1945 zwar noch einmal konstitutiv für die Formierung der großen Parteien; in der gemeinsamen Frontstellung gegen Faschismus und Kommunismus verblaßte aber der politische Bedeutungsgehalt der schichten- und milieuspezifischen Bindungen, mögen sich diese auch in großen Teilen bis in die 1960er Jahre erhalten haben. Vorbereitet wurde das durch den Nationalsozialismus und den Zweiten Weltkrieg, die Zerstörung der marxistischen Tradition und den Zusammenbruch des deutschen Nationalismus in den Exzessen des faschistischen Rassismus und Imperialismus. Das entlastete die Bundesrepublik von den innergesellschaftlichen nationalistischen Spannungen, die zwischen 1870 und 1933 zunehmend schärfer geworden waren und auch die Arbeiterschaft politisch gespalten hatten. Stabilisiert wurde diese Entbindung von alten politischen Konflikten durch die nationale Teilung, durch die der Nationalismus unter die Kontrolle der Siegermächte gestellt und ein bequemer Antikommunismus als gesellschaftliche Integrationsideologie möglich wurde.

Im Schatten der politischen Katastrophen des 20. Jahrhunderts erlebten die Arbeiter der Bundesrepublik einen umfassenden Wandel ihrer Lage, der in einen sozialgeschichtlichen Kontinuitätsbruch in den 1960er Jahren mündete. In dieses Jahrzehnt fiel der größte Schub einer historisch beispiellosen Anhebung des Lebensstandards, der Angleichung der Lebensformen zwischen den sozialen Schichten sowie eine verstärkte Mobilität. Gleichzeitig trat eine Arbeitergeneration in den Vordergrund, die nicht mehr durch die alte sozialistische und katholische Arbeiterkultur geprägt war, sondern durch die kontinuitätszerstörenden Prozesse des relativen Wohlstands, der Mobilität und Massenkultur, durch welche die Arbeiter aus den ehemals typischen kollektiven Bindungen an eine schichtenspezifische Lebensweise und an politisch-soziale Gesinnungsgemeinschaften gelöst wurden. Sie nahmen gewissermaßen Abschied von der »Proletarität«. Die auch in früheren Jahrzehnten schon mögliche individuelle Entproletarisierung des Arbeiterlebens wurde entscheidend gestützt durch eine kollektive Entproletarisierung, durch den umfassenden Ausbau der sozialpolitischen, arbeitsrechtlichen und gewerkschaftlichen Minderung der Lebensrisiken des Lohnarbeiters. Es war jedoch eine Entproletarisierung auf der Grundlage der kapitalistischen Wirtschaftsordnung und eines dadurch getragenen Wirtschaftswachstums, das nicht nur die Kontinuität, sondern auch die weitere Ausbreitung der unselbständigen Lohnarbeit voraussetzte. Nicht diese selber (wie im marxistischen Begriff der Entproletarisierung) wurde aufgehoben, sondern einige, ehemals klassenbildende Folgen der Lohnarbeit. Die Zersetzung der alten »Proletarität« führte jedoch nicht in eine ökonomisch, sozial und politisch vergleichbar kohärente neue Lage. Insofern hat der sozialgeschichtliche Kontinuitätsbruch ein offenes Ende und symbolisiert nicht die vielberedete »Verbürgerlichung« der Arbeiter. Wie bei der Diskussion in den 1920er Jahren über die Strukturveränderungen des »Proletariats« muß offen bleiben, »wie die soziale Position zu benennen ist, die als Ergebnis (der Entproletarisierung) herauskommt«.[3]

Unter dem Stichwort »Verbürgerlichung« werden seit der Entstehung der modernen Lohnarbeiterschaft unterschiedliche, ja gegensätzliche Probleme diskutiert. In der Mitte des 19. Jahrhunderts ging es um die staatsbürgerliche Gleichheit der Arbeiter und ihre soziale und moralische Erziehung, nicht selten verbunden mit der Hoffnung auf eine patriarchalische Lösung des Konflikts zwischen Kapital und Arbeit. Mit den Tendenzen zur spürbaren Verbesserung des Lebensstandards für bestimmte Arbeitergruppen seit dem späten 19. Jahrhundert trat die eher programmatische ältere Diskussion in den Hintergrund. Die Frage der »Verbürgerlichung« wurde zum Streit über die Bedeutung der Lageveränderung und des tatsächlichen Verhaltens der Arbeiter im Unterschied zu den ihnen zugeschriebenen Interessen und Haltungen. Eingeschlossen war daher immer die Debatte über die Sozialstruktur der kapitalistischen Industriegesellschaft, insbesondere über die marxistische Diagnose, daß die »bürgerliche Gesellschaft« sich in zwei Klassen, das kapitalistische Besitzbürgertum und die Arbeiterklasse, polarisiere. Damit zusammenhängend stellte sich die Frage nach der Legitimität oder Notwendigkeit einer revolutionären Arbeiterbewegung. Entsprechend lassen sich eine »rechte«, affirmative Argumentation *für* und eine »linke«, kritische Argumentation *gegen* die »Verbürgerlichung« unterscheiden. Jene stützte sich vor allem auf die Hebung des Lebensstandards, die Besitzbildung und die Herausbildung eines »neuen Mittelstandes« der unselbständig Beschäftigten, aber mit »sonstiger Unabhängigkeit der Gesinnung, des Charakters, der Lebensführung«, zu dem Schmoller schon 1897 außer den Angestellten auch die »besser bezahlten Arbeiter« rechnete.[4] Im Kontrast zu dieser primär soziologisch begründeten Verbürgerlichungsthese mit der politischen Schlußfolgerung, daß die radikale Arbeiterbewegung überflüssig werde, bestand die »linke« Argumentation vordringlich in einer politischen Kritik an der »gemäßigten« Arbeiterbewegung, welche die Kontinuität der »proletarischen« Lage gegenüber einer sozial verbürgerlichten, der Basis entfremdeten »Arbeiterbürokratie« betonte. Daneben wurden von ihr aber auch »bürgerliche« Verhaltensweisen und Orientierungen der Arbeiter, z. B. im Familienleben und Prestigekonsum angegriffen. Im weitesten Sinne war und ist die Diskussion über die »Verbürgerlichung des Proletariats« ein Streit über die ausgebliebene Revolution, und es ist daher nicht verwunderlich, daß sie ihren Höhepunkt in den 1920er Jahren erreichte.[5]

Diese Debatte über den Zusammenhang von sozialer Lage, Verhaltensweisen, Normen und politischen Orientierungen der Arbeiter, deren Komplexität durch implizit geschichtsphilosophische Annahmen über die revolutionäre Rolle der Arbeiterschaft gesteigert wird, ist in sozialhistorischer Perspektive ein Irrweg, sofern sie sich auf Begriff und Ziel der »Verbürgerlichung« fixiert. Sie war immer selektiv, übersteigerte manche Tendenzen, verlieh diesen eine fragwürdige Bedeutung oder übersah große Gruppen von Arbeitern wie die unorganisierten oder die christlich organisierten Arbeiter, die nie in einem unversöhnlichen Gegensatz zur »bürgerlichen Gesellschaft« standen. Mit dem vermuteten Gesinnungswandel vom Radikalismus zur Anpassung wird das Ausmaß und die Schärfe »proletarischer« Antibürgerlichkeit im 19. und frühen 20. Jahrhundert ebenso überschätzt wie die politische Verhaltensrelevanz »bürgerlicher Gesinnung« heute, der primär sozial und politisch unspezifische Charaktermerkmale wie Zuverlässigkeit, Fleiß usw. zugeschrieben werden.[6] Das verweist darauf, daß das Verbürgerlichungs-Theorem an einem charakteristisch vieldeutigen oder unklaren Referenzbegriff leidet, der jenseits der Revolution fast alles als »bürgerlich« deklariert und so die Erkenntnis der Veränderungen, aber auch der Grenzen der Veränderungen, verstellt.

Was ist »bürgerlich« am vorgeblich »verbürgerlichten« Arbeiter? Stellt man diese Frage im Hinblick auf die historisch-soziologischen Typen von Bürgern bzw. Bürgerlichkeit, wird deutlich, wie begrenzt die »Verbürgerlichung« bzw. wie das so Bezeichnete selber ein Teil der Emanzipation der Arbeiter war und ist. Wenn man von dem 1918 mit der Aufhebung von plutokratischen kommunalen Wahlrechtskonstruktionen untergegangenen alten, ständischen Typ des Stadtbürgers absieht, lassen sich der Wirtschafts- oder Besitzbürger, der Bildungsbürger und der Staatsbürger unterscheiden.[7] Niemand wird wohl behaupten, daß der relativ wohlhabende Arbeiter zum ökonomisch unabhängigen Besitzbürger geworden sei, auch nicht durch das Hauseigentum oder eine hohe Sparquote. Ebensowenig war der soziale Aufstieg von Arbeiterkindern zu diesem Bürger typisch. Rechnet man noch das ökonomisch selbständige, wenngleich nicht selten »proletaroide« Kleinbürgertum dazu, hat seit 1900 umgekehrt eine Entbürgerlichung der Arbeiterschaft stattgefunden, da der Wechsel in diese Sozialpositionen abgenommen hat. Es wäre auch übertrieben, das Lebenshaltungsniveau des entproletarisierten Arbeiterlebens, das auf angestrengter Arbeit der Familie und sozialstaatlichen Leistungen beruht, mit dem alten besitzfundierten Wohlstand, der Häuslichkeit, Muße und Geselligkeit der »Honoratioren« zu vergleichen, selbst wenn einige Momente ihres Lebensstils wie Reisen und Freizeit auch für Arbeiter möglich wurden. Höchstens an »mittelständische« Schwundformen bürgerlicher Lebenshaltung hat sich das Arbeiterleben angeglichen. Der »Mittelstand« (und ähnlich das »Kleinbürgertum«) als der vielbesungene Hafen für den besser gestellten Arbeiter wird jedoch, je größer er wird, soziologisch desto inhaltsleerer. Dabei ist nicht zu vergessen, daß die auch unter Arbeitern selber in den letzten Jahrzehnten populär gewordene Selbsteinstufung in den »Mittelstand« immer noch Momente demonstrativer Selbstaufwertung gegenüber verschwiegener Diskriminierung des körperlich Arbeitenden enthält.

Noch einfacher scheint auf den ersten Blick die Frage der Verbürgerlichung in bezug auf den »Bildungsbürger«. Weder besitzen bis heute Arbeiter selber jene »höhere« Bildung, die damit assoziiert wird, noch war eine entsprechende Ausbildung für Arbeiterkinder bis vor kurzem mehr als eine Ausnahme. Das Bild kehrt sich jedoch um, wenn man den »Bildungsbürger« nicht auf den Akademiker beschränkt, sondern als den Träger der gesellschaftlichen und politischen Funktion von Bildung, der öffentlichen Überzeugungskraft der Vernunft, begreift. Dieser emanzipatorische, auf Freiheit und Gleichheit zielende Sinn von Bildung war ein starkes Element der Arbeiterbewegung des 19. und frühen 20. Jahrhunderts, nicht nur in ihrer Theorie, sondern auch im Alltag des Vereinswesens und des Parteilebens. Es umfaßte die autodidaktische Arbeiterbildung, das soziale Bündnis von bürgerlichen Intellektuellen und Arbeitern ebenso wie das Programm des Sozialismus als »Kulturbewegung«. Es ist vielleicht nicht zuviel gesagt, daß die Zerstörung der alten Arbeiterbewegung durch den Nationalsozialismus eine spezifische Entbürgerlichung derselben nach sich zog. Das »Bürgerrecht auf Bildung« bleibt zwar eine Forderung bis heute, prägt aber die Arbeiterschaft und Arbeiterbewegung selber nicht mehr so wie ehedem. Mit dem Ausbau des Sozialstaats und dem Abschied vom emphatischen Bildungsbegriff verwandelte sich bei den Kadern ein großer Teil der alten geistigen Energie in das sozialpolitische Expertentum. Dieses hat jedoch auch ein Vakuum hinterlassen, das heute als »Sinnkrise« der Arbeiterbewegung spürbar ist.[8]

Das sozialpolitische Expertentum, das natürlich auch früher gegeben und notwendig war, ist aber nicht nur die Schwundform des Sozialismus, sondern auch der Träger derjenigen »Verbürgerlichung«, in der die Arbeiterbewegung ihren Ursprung hat – im Streben nach staatsbürgerlicher Gleichheit. Es war daher keine »revisionistische« Anpassung, als Bernstein im Sinne des »gleichberechtigten Bürgers eines Gemeinwesens« schrieb, daß die Sozialdemokratie »unablässig« daran arbeite, »den Arbeiter aus der sozialen Stellung des Proletariers zu der eines Bürgers zu erheben und so das Bürgertum oder Bürgersein zu verallgemeinern«.[9] Gleichzeitig sah er dieses Ziel in einer »sozialistischen Gesellschaftsordnung« aufgehoben und stand auch damit in der Tradition der Arbeiterbewegung. Seit der »sozialen Demokratie« von 1848 sollte die staatsbürgerliche Gleichheit des Arbeiters auch sozial begründet werden. Politische Gleichheit im Sinne der Demokratie war sowohl ein Zweck als auch ein Mittel für soziale Reformen bis hin zur Aufhebung des Lohnarbeitsverhältnisses. Im populären Schlagwort vom sozialdemokratischen »Volksstaat« war das ebenso aufgehoben wie in der »kleineren« Zielen dienenden Sozialpolitik der Arbeiterbewegung, die dafür kämpfte, daß der »arme Arbeiter in einem unglaublich langsamen und mühevollen Entwicklungsprozeß in seiner Rolle als Arbeiter zunehmend de facto wie de jure als Rechtssubjekt«, nicht nur als Rechtsobjekt, anerkannt wurde.[10]

Die evolutionäre Verknüpfung von politischer Demokratie und Sozialismus[11] wurde freilich seit 1918 mit dem Auftreten von Bolschewismus, bürgerlichem Rechtsradikalismus und Faschismus desillusioniert; das hat aber gleichzeitig das Bewußtsein für die politische Demokratie, die staatsbürgerliche Freiheit und Gleichheit auch als Bedingung für den Sozialstaat geschärft. Wie tief die »Verstaatsbürgerlichung« der Arbeiter in der Emanzipationsgeschichte seit dem 19. Jahrhundert begründet ist, zeigt noch die altertümliche Sprache des Gewerkschaftsführers Hans Böckler im Jahre 1949: »Bürger, nicht mehr Untertanen wollen wir sein«.[12] Auch wenn die damit geforderte »Demokratisierung der Wirtschaft« in der Bundesrepublik bislang nicht verwirklicht werden konnte, wurde die staatsbürgerliche Gleichheit des Arbeiters durch den Ausbau der Sozialpolitik – von den finanziellen Leistungen bis zum Arbeitsrecht und zur Tarifautonomie – wie nie zuvor in der jüngeren deutschen Geschichte anerkannt und stabilisiert. Sozialstaat und Organisation des Arbeitsmarktes waren wesentliche Bedingungen für die Entproletarisierung des Arbeiterlebens.

Zweifellos hat die sozialpolitische Steigerung der Staatsbürgerlichkeit des Arbeiters auch zum »sozialen Frieden« in der Bundesrepublik so viel beigetragen, daß sie auf der Grundlage des Wirtschaftswachstums eine Kooperation zwischen Kapital und Arbeit ermöglichte. Seit dieses nachgelassen hat, wird wieder deutlicher, daß sich die »Verstaatsbürgerlichung« der Arbeiter nicht deckt mit der Anerkennung besitzbürgerlicher Strukturen und Werte bzw. umgekehrt mit diesen in Konflikt gerät. Bezeichnenderweise stieß die Politik der »inneren Reformen«, welche auf die Verallgemeinerung der sozialen Chancen von Staatsbürgern zielte, ebenso auf den Widerstand von besitzbürgerlichen und von Teilen bildungsbürgerlicher Gruppen wie der »Wertewandel«, der einerseits eine Erosion der »bürgerlichen« Besitz- und Leistungsethik (oder vielleicht nur ein realistischeres Urteil über die Erfüllungschancen dieser Ethik?) enthält, andrerseits aber mit der

Forderung nach »Selbstbestimmung« auch die Staatsbürgerlichkeit forciert.[13] Wie die nicht selten übertriebene, fahrlässige und historisch blinde Kritik am »üppigen Wohlfahrtsstaat« annehmen läßt, sind die grundsätzlichen Spannungen zwischen besitzbürgerlichen Haltungen und der sozialstaatlich erweiterten Demokratie noch nicht überwunden. Es hat den Anschein, als sei der Satz eines konservativen Politikers im Kaiserreich anläßlich der Beratung der Erbschaftssteuer, den Hilferding 1927 als treffende Einsicht in die »proletarische Demokratie« zitierte, noch nicht vergessen, wenn er auch in eine modernere Sprache gekleidet wird: »Wir Konservativen werden es unter keinen Umständen dulden, daß das Portemonnaie der Besitzenden dem Reichstag des gleichen Wahlrechts ausgeliefert wird.«[14]

Es wäre aber – im Licht der hier vorgelegten Befunde und Argumentation – irreführend oder politisch illusionär, die heutigen Spannungen zwischen staatsbürgerlicher Gesellschaft und besitzbürgerlicher bzw. kapitalistischer Wirtschaftsordnung als Neubeginn des »klassischen« politischen Klassenkonflikts zu begreifen. Gewiß sind heute in der »Gesellschaft der Unselbständigen«[15] die ehemals »proletarischen« Probleme der marktabhängigen Einkommen und mehr oder weniger fremdbestimmter Arbeit solche der großen Bevölkerungsmehrheit, und wahrscheinlich sind im gegenwärtigen, mit Massenarbeitslosigkeit verbundenen industriellen Strukturwandel auch Rückschläge in der Entproletarisierung des Arbeiterlebens (und die Neoproletarisierung anderer Gruppen) zu befürchten. Andererseits ist das Besitzbürgertum infolge der sozialstaatlichen Normierung des kapitalistischen Wirtschaftssystems auch nicht mehr das alte. Die soziale und politische Ausformung der ökonomischen Klassenkonflikte ist aber ungewiß nicht nur aus dem allgemeinen Grund, daß jede Zukunft offen ist, sondern auch weil in den vergangenen Jahrzehnten eine historisch geprägte soziale und politische Klassenstruktur untergegangen ist, die »Klassengesellschaft« des Kaiserreichs. In ihren bis 1933/45 wirksamen Spannungslinien verflochten sich die ökonomischen Klassenkonflikte mit den Problemen der Nationalstaatsbildung, Demokratisierung und Säkularisierung. Dieses Syndrom ist durch die Katastrophe des Nationalsozialismus und ihrer Folgen entflochten worden, während die damit verbundenen sozialmoralischen Milieus sich seit den 1950er Jahren auflösten. Gemessen an den lebensweltlich geschlossenen, »subkulturellen« sozialen und politischen Gemeinsamkeiten und Identifizierungen kennzeichnet die sozialen Klassenlagen in der Bundesrepublik eine strukturelle Individualisierung: Die Ausweitung individueller Lebenschancen und -risiken auf der Grundlage der Lohnarbeit durch relativen Wohlstand, sozialstaatliche Sicherung, Mobilitäts- und Bildungsprozesse.[16] Diese Enttraditionalisierung kollektivtypischer Lebensmuster enthält mehr Freiheit und zugleich mehr Abhängigkeit, weil sie im Kontext fortschreitender Vergesellschaftung des Einzelnen erfolgt. Die Entproletarisierung des Arbeiters war ein Teil dieses Individualisierungsschubs, der in anderer Hinsicht besonders die Lage der Frauen und Jugendlichen verändert hat.[17]

Diese Gegenwartsdiagnose ist freilich geprägt durch eine spezifisch historische Optik, den Blick auf unsere heutigen Lebensverhältnisse aus der Warte des Kaiserreichs oder der Weimarer Republik. Die damit akzentuierte Diskontinuität sollte nicht den Blick für die grundlegende Kontinuität der Lohnarbeit trüben, ebensowenig wie für die Grenzen der Lebensmöglichkeiten, die vielen Arbeitern und Arbeiterinnen auch heute gezogen sind. Vermutlich setzte die Entproletarisierung auch Hoffnungen frei, die enttäuscht wurden. Es kann sein, daß die »objektiv« homogener gewordene, aber »subjektiv« »privatisierte Klasse« (Michael Geyer) der Arbeiter als Resultat des sozialen Wandels der letzten Jahrzehnte wieder zu politisch wirksamen, überindividuellen Deutungsmustern ihrer Lage kommt. Das Erstellen von Prognosen ist jedoch nicht Aufgabe des Historikers – der zu viele Prognosen kennt, die schon übermorgen veraltet waren –, sondern das Studium der Vergangenheit.

Hier wurden Überlegungen dazu angestellt, wieweit diese Vergangenheit traditionelle Deutungsmuster der Arbeiterlage verändert oder ausgehöhlt, aber auch Voraussetzungen für zukünftig mögliche geschaffen hat. Die Arbeiterbewegung ist keineswegs an ihrem Ende angelangt. Sie kann am sinnfälligsten noch am betrieblichen Alltag anknüpfen, aber nicht mehr wie im 19. Jahrhundert an einem spezifischen Gesamtzusammenhang der Arbeiterexistenz. Für einen möglichen politischen Zusammenhang zwischen Arbeiterschaft und Arbeiterbewegung ist nicht unerheblich, daß sich der starke Wandel des Arbeiterlebens in den letzten Jahrzehnten in mancher Hinsicht und in stärkerem Maße als früher unabhängig von der Arbeiterbewegung durchsetzte. Mit anderen

Worten, die Arbeiterbewegung muß von dem sozialgeschichtlichen Kontinuitätsbruch seit den 1960er Jahren ausgehen. Sein ungewisser Ausgang ist in hohem Maße auch eine Folge des Umstandes, daß die »Geschichte der Bundesrepublik vor allem ihre Wirtschaftsgeschichte« ist.[18] Es scheint an der Zeit, die politische Geschichte ihrer Bürger zu suchen und ernster zu nehmen.

Verzeichnis der Tabellen

Abkürzungen

AfS	Archiv für Sozialgeschichte
AfSS	Archiv für Sozialwissenschaft und Sozialpolitik
DAF	Deutsche Arbeitsfront
DMV	Deutscher Metallarbeiterverband
GG	Geschichte und Gesellschaft
HZ	Historische Zeitschrift
IMSF	Institut für marxistische Studien und Forschungen
Jb.	Jahrbuch
KZfSS	Kölner Zeitschrift für Soziologie und Sozialpsychologie
PVS	Politische Vierteljahresschrift
Stat. Jb.	Statistisches Jahrbuch
StDR	Statistik des Deutschen Reiches
VfZ	Vierteljahrshefte für Zeitgeschichte
VSWG	Vierteljahrschrift für Sozial- und Wirtschaftsgeschichte
Zs.	Zeitschrift

Anmerkungen

Kapitel I

1 Th. Nipperdey, 1933 und die Kontinuität der deutschen Geschichte, in: HZ 227, 1978, S. 90. Vgl. jetzt: W. Conze u. M. R. Lepsius Hg., Sozialgeschichte der Bundesrepublik Deutschland. Beiträge zum Kontinuitätsproblem, Stuttgart 1983.

2 Vgl. J. Kocka, 1945: Neubeginn oder Restauration?, in: C. Stern u. H. A. Winkler Hg., Wendepunkte deutscher Geschichte 1848-1945, Frankfurt 1979, S. 141-69.

3 F. R. Allemann, Bonn ist nicht Weimar, Köln 1956; R. Löwenthal, Bonn u. Weimar – Zwei deutsche Demokratien. Zum 30. Jahrestag der Bundesrepublik Deutschland, in: ders., Gesellschaftswandel u. Kulturkrise. Zukunftsprobleme der westlichen Demokratien, Frankfurt 1979, S. 257.

4 Löwenthal, S. 274 f.

5 H. P. Bahrdt u. a., Gibt es noch ein Proletariat? Hg. M. Feuersenger, Frankfurt 1962.

6 Ebd., S. 99.

7 Charakteristisch dafür O. Negt und A. Kluge in ihrem weit verbreiteten Buch: Öffentlichkeit u. Erfahrung. Zur Organisationsanalyse von bürgerlicher u. proletarischer Öffentlichkeit, Frankfurt 1972, S. 9.

8 H. Zeisel, Zur Geschichte der Soziographie, in: M. Jahoda u. a., Die Arbeitslosen von Marienthal. Ein soziographischer Versuch (1933), Frankfurt 1978, S. 113.

9 Zum Begriff der »Lage« vgl. W. Conze, Einleitung, in: ders. u. U. Engelhardt Hg., Arbeiter im Industrialisierungsprozeß. Herkunft, Lage u. Verhalten, Stuttgart 1979, S. 15.

10 Zur Begriffsgeschichte ausführlicher W. Conze, Arbeiter, in: O. Brunner u. a. Hg., Geschichtliche Grundbegriffe, Bd. 1, Stuttgart 1972, hier bes. S. 223 f. Vgl. auch die begriffsgeschichtlichen Ausführungen von T. Offermann, Arbeiterbewegung u. liberales Bürgertum in Deutschland 1850-1863, Bonn 1979, S. 19-26.

11 Zur Protoindustrialisierung: P. Kriedte u. a., Industrialisierung vor der Industrialisierung. Gewerbliche Warenproduktion auf dem Land in der Formationsperiode des Kapitalismus, Göttingen 1977.

12 Vgl. W. Conze, Vom »Pöbel« zum »Proletariat«. Sozialgeschichtliche Voraussetzungen für den Sozialismus in Deutschland (1954), in: H.-U. Wehler Hg., Moderne deutsche Sozialgeschichte, Königstein 1981, S. 111-37.

13 G. Briefs, Das gewerbliche Proletariat, in: Grundriß der Sozialökonomik, IX. Abt., 1. Teil, Tübingen 1926, S. 149 ff.

14 G. L. W. Funke, Über die Verhältnisse der Einlieger in den Fürstenthümern Lippe-Detmold u. Schaumburg-Lippe, in: Zeitschrift des Vereins für deutsche Statistik, Hg. Freiherr v. Reden, 2. 1848, S. 1117.

15 W. Sombart, Das Proletariat, Frankfurt 1906.

16 Ebd., S. 68.

17 Briefs, S. 153.

18 Conze, »Pöbel«, bes. S. 124 ff.

19 W. H. Riehl, Die bürgerliche Gesellschaft (1851), Hg. P. Steinbach, Frankfurt 1967, bes. S. 205 ff.; Zitate S. 206, 256, 220.

20 Nach dem Referat von J. Giesberts, Bäcker und Hilfsarbeiter, Mitgründer des Christlichen Metallarbeiterverbandes und seit 1905 MdR, auf dem ersten Kongreß des Kartellverbandes katholischer Arbeitervereine 1912, zit. nach: Texte zur katholischen Soziallehre, II/1, Hg. Bundesverband der Katholischen Arbeitnehmer-Bewegung (KAB) Deutschlands, Kevelaer 1976/77, S. 610 ff. Giesberts verwendete übrigens auch den Begriff »Arbeiterklasse«, ohne ihm eine besondere Bedeutung zuzuweisen (ebd., S. 612). In einem ähnlich unspezifischen Sinn wurde vielfach auch vom »Arbeiterstand« außerhalb der christlichen Arbeiterbewegung gesprochen.

21 Das Folgende orientiert sich am theoretischen Gehalt des Marxschen Klassenbegriffs, nicht an Marxens vielfältigem Gebrauch des Begriffs. Vgl. dazu H. Stuke, Bedeutung u. Problematik des Klassenbegriffs. Begriffs- u. sozialgeschichtliche Überlegungen im Umkreis einer historischen Klassentheorie, in: U. Engelhardt u. a. Hg., Soziale Bewegung u. politische Verfassung, Stuttgart 1977, S. 46-82, bes. S. 63 ff.

22 R. Luxemburg, Gesammelte Werke, I/2, Berlin 1970, S. 255 f.

23 R. Bahro, Die Alternative. Zur Kritik des real existierenden Sozialismus, Frankfurt 1977, S. 228. Vgl. allg. in einem philosophischen Zugang: Th. Meyer, Der Zwiespalt in der Marx'schen Emanzipationstheorie. Studie zur Rolle des proletarischen Subjekts, Kronberg 1973.

24 W. I. Lenin, Werke, Bd. 33, Berlin 1971, S. 158. Zustimmend zit. von J. Kuczynski, Charakter, Struktur u. Anzahl der Industriearbeiter im 20. Jahrhundert, in: Jb. f. Wirtschaftsgeschichte, 1972/I, S. 11.

25 Vgl. die Argumentation von J. Kocka, Stand-Klasse-Organisation. Ungleichheit in Deutschland vom späten 18. bis zum frühen 20. Jahrhundert im Aufriß, in: H.-U. Wehler Hg., Klassen in der europäischen Sozialgeschichte, Göttingen 1979, bes. S. 147 ff.; Zit. S. 148.

26 Luxemburg, Werke, I/2, S. 255.

27 M. R. Lepsius, Soziale Ungleichheit u. Klassenstrukturen in der Bundesrepublik Deutschland, in: Wehler Hg., Klassen, S. 166.

28 Th. Geiger, Die Klassengesellschaft im Schmelztiegel, Köln 1949; H. Schelsky, Auf der Suche nach der Wirklichkeit, München 1979, darin

bes.: Die Bedeutung des Schichtungsbegriffs für die Analyse der gegenwärtigen Gesellschaft (1953), S. 331-36; Gesellschaftlicher Wandel (1965/61), S. 337-51; Die Bedeutung des Klassenbegriffs für die Analyse unserer Gesellschaft (1961), S. 352-88. Zur expliziten Antithese zu Marx s. ebd., S. 355. R. Dahrendorf, Soziale Klassen u. Klassenkonflikt in der industriellen Gesellschaft, Stuttgart 1957. Unter theoretischen Gesichtspunkten vgl. auch A. Giddens, The Class Structure of the Advanced Societies, London 1973 u. ö., dt. Frankfurt 1978.

29 Schelsky, S. 345 f., 332.

30 Geiger, S. 175.

31 Vgl. z. B., mit ausführlichen Belegen auch aus der Zwischenkriegszeit: G.-A. Bulla, Die Rechtsprechung der Arbeitsgerichte u. Sozialgerichte zu Eingruppierungsstreitigkeiten von Angestellten und Arbeitern, 2 Bde., Stuttgart o. J. (1962).

32 Conze, Arbeiter, S. 223; H. Feidel-Mertz, Zur Ideologie der Arbeiterbildung, Frankfurt 1972[2], S. 148, 232, Anm. 14.

33 E. Lederer u. J. Marschak, Der neue Mittelstand, in: Grundriß der Sozialökonomik, IX/1, S. 141.

34 H. L. Wilensky, Arbeit, Karriere u. soziale Integration, in: Th. Luckmann u. W. M. Sprondel Hg., Berufssoziologie, Köln 1972, S. 318-41, Zit. S. 332.

35 K. H. Hörning Hg., Der »neue« Arbeiter. Zum Wandel sozialer Schichtstrukturen, Frankfurt 1971.

36 Zit. ebd., S. 26 f.

37 Seine kritisch-polemische Kraft gegenüber den verbreiteten Vorstellungen über die »nivellierte Mittelstandsgesellschaft«, die »Wohlstandsgesellschaft«, das »Ende der Ideologien« u. ä. war sicherlich ein Grund für die Renaissance des Marxismus in den 1960er Jahren. Die vielen Geschichten der Marxismus-Rezeption in der »Neuen Linken« zeigten danach aber auch die aporetischen Probleme. Dafür und insbesondere für die politischen Implikationen des marxistischen Klassenbegriffs aufschlußreich ist eine von Jürgen Kuczynski ausgelöste Diskussion in der DDR. Vgl. seinen in Anm. 24 genannten Aufsatz und dazu die Beiträge von L. Zumpe, H. Radandt, H. Meyer, H. Handke, Strukturprobleme der Arbeiterklasse, in: Jb. f. Wirtschaftsgeschichte, 1972/III, S. 131-78. Daran anschließend, aber über den früheren Diskussionsstand hinausführend: H. Zwahr, Zur Konstituierung des Proletariats als Klasse. Strukturuntersuchungen über das Leipziger Proletariat während der industriellen Revolution, Berlin 1978 / München 1981. Die notwendig selbstkritische marxistische Diskussion über den Klassenbegriff, die die Geschichte der Klassen miteinzubeziehen hat, ist im westlichen Marxismus viel deutlicher zu verfolgen als im östlichen. Von großer Bedeutung ist in dem hier

interessierenden Zusammenhang dabei das Werk von Edward P. Thompson. Seine Fassung des Klassenbegriffs hebt das »subjektive« Moment der »Klasse für sich« stark hervor, zielt mehr auf den Klassenkampf bestimmter Gruppen als auf die Klassenstruktur und steht dabei in der Gefahr einer ökonomischen Indifferenz. Sie führt zwar zu einem vertieften Verständnis historisch spezifischer Klassenbewegungen, aber nicht unbedingt auch zur Erkenntnis der Gesamtheit der Arbeiterschaft, da die artikulierten Arbeitergruppen bevorzugt werden. Vgl. ders., The Making of the English Working Class (1963), Harmondsworth 1968 (dt. Frankfurt 1984), bes. S. 9 ff., 939 zum Klassenbegriff; ders., Die englische Gesellschaft im 18. Jahrhundert: Klassenkampf ohne Klasse?, in: ders., Plebejische Kultur u. moralische Ökonomie. Aufsätze zur englischen Sozialgeschichte des 18. und 19. Jahrhunderts, Hg. D. Groh, Berlin 1980, S. 246-89. Charakteristisch für eine solche Fassung des Klassenbegriffs auch T. W. Mason, Sozialpolitik im Dritten Reich. Arbeiterklasse u. Volksgemeinschaft, Opladen 1977, S. 8 f., 57 ff. Zu Grundsatzfragen des Marxismus aufreißenden Folgerungen aus diesen Ansätzen der Klassenanalyse vgl. E. P. Thompson, Das Elend der Theorie. Zur Produktion geschichtlicher Erfahrung, Frankfurt 1980; C. Castoriadis, On the History of the Workers' Movement, in: Telos Nr. 30, 1966/67, S. 3-42. Eine vergleichbare Diskussion gibt es in der Bundesrepublik erst in Ansätzen. Vgl. zu einem spezifisch historischen Zugang: A. Lüdtke, Alltagswirklichkeit, Lebensweise u. Bedürfnisartikulation. Ein Arbeitsprogramm zu den Bedingungen »proletarischen Bewußtseins« in der Entfaltung der Fabrikindustrie, in: Gesellschaft. Beiträge zur Marxschen Theorie, Bd. 11, Frankfurt 1978, S. 311-50; allgemeiner: U. Jaeggi u. A. Honneth Hg., Theorien des Historischen Materialismus, ebd. 1977; Krise des Marxismus?: Probleme des Klassenkampfs 9. 1979, H. 3. Die beiden umfassenden marxistischen Studien zur Klassenstruktur der Bundesrepublik zeichnen sich durch unterschiedliche Varianten marxistischer Orthodoxie aus, die den »*historischen* Materialismus« gerade um seine historische Dimension verkümmern lassen bzw. diese dogmatisch harmonisieren. Vgl. Autorenkollektiv des Instituts für marxistische Studien u. Forschungen (IMSF), Klassen- u. Sozialstruktur der BRD. Theorie, Diskussion, Sozialstatistische Analyse, 3 Teile Frankfurt 1974/1975² (künftig zit.: IMSF, Teil ...); Projekt Klassenanalyse, Materialien zur Klassenstruktur der BRD, 2 Teile, Berlin 1973/74; vgl. dazu die (marxistische) Kritik: N. Kostede, Kritik neuerer Klassenanalysen der BRD, in: Gesellschaft. Beiträge zur Marxschen Theorie, Bd. 7, Frankfurt 1976, S. 119-33.

38 M. Weber, Wirtschaft u. Gesellschaft, Tübingen 1922 / Nachdruck 1972, S. 177; vgl. auch S. 631 ff.

39 Vgl. die Darstellung der Weberschen Klassentheorie bei Giddens, S. 41 ff., 78 ff., hier bes. S. 107; empirisch daran anschließend: K. U. Mayer, Ungleiche Chancen u. Klassenbildung, in: Soziale Welt 28. 1977, S. 466-93.

40 Weber, S. 177.

41 Vgl. Giddens, S. 78 ff.

42 Weber, S. 179.

43 Vgl. auch Giddens, S. 107 ff. (über mittel- und unmittelbare »Klassenstrukturierungen«). Vgl. weiter zur Begrifflichkeit von und in Anlehnung an Weber: H. U. Wehler, Vorüberlegungen zur historischen Analyse sozialer Ungleichheit, in: ders. Hg., Klassen, S. 9-33; Kocka, Stand-Klasse-Organisation, in: ebd., S. 137-40; Lepsius, Ungleichheit, in: ebd., S. 166-69, 182 f.; J. Kocka, Lohnarbeit u. Klassenbildung. Arbeiter u. Arbeiterbewegung in Deutschland 1800-1875, Berlin 1983, S. 9 ff.

Kapitel II

1 In dieser überblicksartigen Darstellung eines sehr umfangreichen Themenfeldes muß auf ausführliche Literaturnachweise verzichtet werden. Im folgenden werden daher nur die nötigsten unmittelbaren Belege verzeichnet. Neuere Literatur wurde stärker berücksichtigt, da mit ihr auch ein Zugang zur älteren möglich ist. Hier sei auf einige überblicksartige Darstellungen hingewiesen. Den Zeitraum dieser Studie umgreifende Gesamtdarstellungen: J. Kuczynskis mehrbändige »Geschichte der Lage der Arbeiter unter dem Kapitalismus« (s. Literaturverzeichnis); dazu die kritische Sammelrezension: E. Bottigelli u. a., Eine Auseinandersetzung mit dem Werk von Jürgen Kuczynski, in: AfS 14. 1974, S. 471-543. W. Conze, Sozialgeschichte 1850-1918, und: dass. 1918-1970, in: H. Aubin u. W. Zorn Hg., Handbuch der deutschen Wirtschafts- u. Sozialgeschichte, Bd. 2, Stuttgart 1976, S. 602-85 u. S. 876-934. Nützliche Überblicke über die Lage der Arbeiter im Kaiserreich: W. H. Schröder, Arbeitergeschichte u. Arbeiterbewegung. Industriearbeit u. Organisationsverhalten im 19. u. frühen 20. Jahrhundert, Frankfurt 1978; H. Schäfer, Die Industriearbeiter. Lage u. Lebenslauf im Bezugsfeld von Beruf u. Betrieb, in: H. Pohl Hg., Sozialgeschichtliche Probleme in der Zeit der Hochindustrialisierung (1870-1914), Paderborn 1979, S. 143-216. Für die Weimarer Republik: L. Preller, Sozialpolitik in der Weimarer Republik, Stuttgart 1949, Nachdruck Kronberg 1978. Für das »Dritte Reich«: Mason, Arbeiterklasse u. Volksgemeinschaft. Dokumente u. Materialien zur deutschen Arbeiterpolitik 1936-1939, Opladen 1975; ders., Sozialpolitik. Zu Methoden u. Fragestellungen der neueren So-

zialgeschichte der Arbeiterschaft: Conze u. Engelhardt Hg., Arbeiter. Fundgruben für Daten zur Sozialgeschichte der Arbeiter nach 1950: IMSF, bes. Teil II (Sozialstatistische Analyse); M. Osterland u. a., Materialien zur Lebens- und Arbeitssituation der Industriearbeiter in der BRD. Ein Forschungsbericht, Frankfurt 1973; W. Zapf Hg., Lebensbedingungen in der Bundesrepublik. Sozialer Wandel u. Wohlfahrtsentwicklung, ebd. 1978[2]; E. Ballerstedt u. W. Glatzer, Soziologischer Almanach. Handbuch gesellschaftlicher Daten u. Indikatoren, Frankfurt 1979[3] (zusätzlich ist noch die zweite Auflage heranzuziehen, da diese nicht vollständig in die 3. Auflage eingegangen ist). Neuere Untersuchungen zur Sozialstruktur der Bundesrepublik: J. Handl u. a., Klassenlagen u. Sozialstruktur. Empirische Untersuchungen für die Bundesrepublik Deutschland, Frankfurt 1977; Lepsius, Ungleichheit, in: Wehler Hg., Klassen, S. 166-210; H. Tegtmeyer Hg., Soziale Strukturen und individuelle Mobilität. Beiträge zur sozio-demographischen Analyse der Bundesrepublik Deutschland, Boppard 1979.

2 Sofern es in der Quelle nicht anders angegeben war, gelten die Zahlen in dieser und den folgenden Tabellen jeweils für den Gebietsstand des Stichjahrs.

3 Grob kalkuliert nach IMSF, Teil II/2, S. 234 und Stat. Jb. BRD, 1978, S. 103; dabei wurde für 1977 angenommen, daß 10% der männlichen und 15% der weiblichen ausländischen Arbeitnehmer keine Arbeiter waren (s. dazu IMSF, Teil II/2, S. 234, 244).

4 Zur Terminologie: Ich folge der jeweils unterschiedlichen Klassifikationssprache der Gewerbe- und Berufsstatistik und verwende die Begriffe dort, wo sie nicht zu stark voneinander abweichen, synonym, wie z. B. »Industrie und Handwerk« und »produzierendes Gewerbe«. Bei Zahlen wird die jeweilige Bezugseinheit genauer angegeben.

5 Der Anteil der Arbeiter an den Beschäftigten im tertiären Sektor betrug: 1907 = 52%; 1925 = 36%; 1939 = 38%; 1950 = 39%; 1961 = 34%; 1970 = 28%; 1975 = 23%. Nach: D. Petzina, Die deutsche Wirtschaft in der Zwischenkriegszeit, Wiesbaden 1977, S. 181; Ballerstedt u. Glatzer, S. 113.

6 D. Petzina u. a., Sozialgeschichtliches Arbeitsbuch, III: Materialien zur Statistik des Deutschen Reiches 1914-1945, München 1978, S. 57; IMSF, Teil II/1, S. 210; Stat. Jb. BRD, 1978, S. 95.

7 IMSF, Teil II/1, S. 210.

8 Vgl. außer den Arbeiten von K. Tenfelde (bes.: Sozialgeschichte der Bergarbeiterschaft an der Ruhr im 19. Jahrhundert, Bonn-Bad Godesberg 1977 u. ö.): H. Mommsen u. U. Borsdorf Hg.; Glück auf Kameraden! Die Bergarbeiter u. ihre Organisationen in Deutschland, Köln 1979; F.-J. Brüggemeier, Leben vor Ort. Ruhrbergleute u.

Ruhrbergbau 1889-1919, München 1983.

9 Beschäftigtenzahlen der Wachstumsindustrien: F.-W. Henning, Das industrialisierte Deutschland 1914 bis 1976, Paderborn 1978[4], S. 106, 212; Arbeiterzahlen für 1970: Stat. Jb. BRD, 1973, S. 192 f.

10 Zur schwierigen Isolierung dieser Gruppe und zu weiteren Daten vgl. IMSF, Teil II/1, S. 218 ff. Die Kalkulation aufgrund der Betriebsgrößen, die Tabelle 1 unterliegt, ist nur eine Annäherungsgröße. Für die 1920er Jahre vgl. auch die Schätzung bei Mason, Sozialpolitik, S. 59.

11 Vgl. H. A. Winkler, Stabilisierung durch Schrumpfung: Der gewerbliche Mittelstand in der Bundesrepublik, in: Conze u. Lepsius Hg., S. 187-209.

12 Vgl. K. U. Mayer, Soziale Ungleichheit u. Mobilität. Ansätze zu einem System sozialer Indikatoren, in: Zapf Hg., Lebensbedingungen S. 177 ff.

13 Wegen der problematischen Erfassung der mithelfenden Familienangehörigen und der heimgewerbetreibenden Frauen sind die Zahlen bis 1925 nur bedingt brauchbar. Vgl. jetzt A. Willms, Grundzüge der Entwicklung der Frauenarbeit von 1880 bis 1980, in: W. Müller u. a., Strukturwandel der Frauenarbeit 1880-1980, Frankfurt 1983, S. 25-54.

14 IMSF, Teil II/1, S. 276 f., 311.

15 Zur Kalkulation vgl. Anm. 3.

16 1925 stellten diese beiden weiblichen Berufsgruppen immerhin noch 2,3 Mio. bzw. 46% aller Arbeiterinnen. S. Bajohr, Die Hälfte der Fabrik. Geschichte der Frauenarbeit in Deutschland 1914 bis 1945, Marburg 1979, S. 21.

17 Vgl. etwa J. W. Scott u. L. A. Tilly, Women, Work and Family, New York 1978; I. Peikert, Frauenarbeit – Proletarisierung auf Widerruf?, in: Projektgruppe Arbeitsmarktpolitk / C. Offe Hg., Opfer des Arbeitsmarktes. Zur Theorie der strukturierten Arbeitslosigkeit, Neuwied 1977, S. 63-92; J. Handl, Berufliche Chancen von Frauen. Untersuchungen zur weiblichen Berufsmobilität, in: Soziale Welt 28. 1977, S. 494-523.

18 1907 waren von der Gesamtzahl der rund 500 000 Hausgewerbetreibenden rund 300 000 im Textil- bzw. Bekleidungsgewerbe tätig. W. Sombart und R. Meerwarth, Hausindustrie, in: Handwörterbuch der Staatswissenschaften, Bd. 5, Jena 1922[4], S. 185.

19 Vgl. IMSF, Teil II/2, S. 216.

20 Vgl. unten S. 85 ff.

21 Vgl. F. Syrup, Der Altersaufbau der industriellen Arbeiterschaft, in: Archiv für exakte Wirtschaftsforschung 6. 1915, S. 14-116; Überblick bei Schröder, Arbeitergeschichte, S. 212 ff.; Schäfer, Industriearbeiter, S. 202 ff.

22 Vgl. die Berechnungen bei W. Böhmert, Das Berufsschicksal der Arbeiter und Angestellten nach Überschreitung des vierzigsten Lebensjahres, in: Der Arbeiterfreund 51. 1913, S. 233-60. Einen breiten Raum nahm die Altersproblematik auch in den vom Verein für Sozialpolitik geförderten Untersuchungen über Auslese und Anpassung der Industriearbeiter ein. Vgl. die Zusammenschau der Ergebnisse durch M. Bernays, Berufswahl u. Berufsschicksal des modernen Industriearbeiters, in: AfSS 35. 1912, S. 123-76 u. ebd., 36. 1913, S. 884-915, hier S. 125 ff. Grundlegend jetzt: H. Reif, Soziale Lage u. Erfahrungen des alternden Fabrikarbeiters in der Schwerindustrie des westlichen Ruhrgebiets während der Hochindustrialisierung, in: AfS 22. 1982, S. 1-94.

23 Vgl. Schröder, Arbeitergeschichte, S. 213. 1907 waren die männlichen Landarbeiter im Durchschnitt der jeweiligen Altersgruppen einerseits jünger, andrerseits älter als die Arbeiter in Industrie und Handwerk, was auf einen altersspezifischen Wechsel hindeutet. Der Anteil der unter 25jährigen betrug bei den einen 43,0%, bei den anderen 39%; der Anteil der über 50jährigen dagegen 17,3% bzw. 9,6%. StDR, Bd. 408, S. 192.

24 Formulierung in: Ausschuß zur Untersuchung der Erzeugungs- u. Absatzbedingungen der deutschen Wirtschaft. Das Wirtschaftsleben der deutschen Städte, Landkreise u. Gemeinden. Verhandlungen u. Berichte des Unterausschusses für allgemeine Wirtschaftsstruktur (I. Unterausschuß), Bd. 1, Berlin 1930, S. 223.

25 Vgl. Bajohr, S. 25 ff.; Handl, Chancen von Frauen, S. 498: Knapp die Hälfte (46%) der zwischen 1920 und 1940 geborenen erwerbstätigen Frauen war bis 1971 kontinuierlich erwerbstätig.

26 Preller, S. 120.

27 Vgl. I. Schöll-Schwinghammer u. L. Lappe, Arbeitsbedingungen und Arbeitsbewußtsein erwerbstätiger Frauen. Eine Untersuchung des Soziologischen Forschungsinstituts (SOFI) Göttingen im Auftrag des Rationalisierungs-Kuratoriums der Deutschen Wirtschaft (RKW) e. V., Frankfurt 1978², Tabellenteil A 23-28.

28 Vgl. etwa M. Steffen u. F.-H. Niestrath, Die Ausgliederung älterer Arbeitnehmer aus dem Arbeitsmarkt. Individuelles Versagen oder gesellschaftliche Notwendigkeit?, in: C. Offe Hg., Opfer des Arbeitsmarktes, S. 93-121. Vgl. auch die informative Erhebung der IG Metall: Werktage müssen menschlicher werden! Hg. Bezirksleitung der IG Metall, Stuttgart, 1979 (verv. MS).

29 IMSF, Teil II/2, S. 236.

30 Ebd., S. 224 f. (für Arbeiterinnen).

31 Die Zahlen sind wegen der Probleme der Nationalitätenstatistik nur als ungefähre Größenordnungen zu nehmen. Vgl. Wirtschaft u. Statistik 1965, S. 93 ff.; A. Knoke, Ausländische Wanderarbeiter in

Deutschland, Leipzig 1911, S. 12 ff.; Schäfer, Industriearbeiter, S. 152 ff. Für die folgenden Angaben: Ballerstedt u. Glatzer, S. 357 f.; IMSF, Teil II/2, S. 234. Vgl. K.-J. Bade, Vom Auswanderungsland zum Einwanderungsland? Deutschland 1880-1980, Berlin 1983.

32 Im September 1944 waren 7,5 Mio. Ausländer und Kriegsgefangene, d. s. 21% aller »zivilen« Arbeitskräfte, im Reich tätig. Vgl. D. Petzina, Soziale Lage der deutschen Arbeiter und Probleme des Arbeitseinsatzes während des Zweiten Weltkriegs, in: W. Dlugoborski (Hg.), Zweiter Weltkrieg und sozialer Wandel. Achsenmächte und besetzte Länder, Göttingen 1981, S. 65-86, hier S. 68.

33 Vgl. z. B. M. Borris, Ausländische Arbeiter in einer Großstadt. Eine empirische Untersuchung am Beispiel Frankfurt, Frankfurt 1974[2], S. 81 f.

34 Ballerstedt u. Glatzer, S. 359: Von den Italienern, die den größten Teil der Einwandererwelle am Anfang der 1960er Jahre stellten, hielten sich 1976 58% schon länger als 6 Jahre in der Bundesrepublik auf; von den besonders nach 1966 eingewanderten Jugoslawen und Türken 53,6% bzw. 35,2%.

35 Zum Begriff und zur Analyse am Beispiel der Schweiz: H.-J. Hoffmann-Nowotny, Soziologie des Fremdarbeiterproblems. Eine theoretische u. empirische Analyse am Beispiel der Schweiz, Stuttgart 1973, bes. S. 51 ff.

36 Vgl. IMSF, Teil II/2, S. 240 ff.; zur Qualifikationsstruktur s. auch unten Tabelle 7 (S. 60).

37 Borris, S. 117 ff.; für die polnischen Arbeiter im Kaiserreich: Ch. Kleßmann, Polnische Bergarbeiter im Ruhrgebiet 1870-1945, Göttingen 1978, S. 65 f.; zum Wohnen: Ballerstedt u. Glatzer, S. 362.

38 Dazu Borris, S. 108, 208 ff.

39 S. Kleßmann, bes. S. 44 ff.

40 Stat. Jb. BRD, 1973, S. 188 ff. Die Betriebsgrößenklassenterminologie folgt der alten Reichsstatistik: Betriebe mit bis zu 10 Beschäftigten = Kleinbetriebe; mit 10-50 Beschäftigten = Mittelbetriebe; mit mehr als 50 Beschäftigten = Großbetriebe, darunter mit mehr als 1000 Beschäftigten = Riesenbetriebe. Zugrunde liegen jeweils die örtlichen Betriebseinheiten bzw. Arbeitsstätten. Diese erfassen das wirkliche Ausmaß der ökonomischen Konzentration bekanntlich nur unzureichend, ein Mangel, der hier jedoch weniger schwer wiegt, da der Akzent auf dem unmittelbaren betrieblichen Arbeitsmilieu liegt.

41 Zahlen für 1882, 1907: Hohorst u. a., S. 75; 1925, 1950: Petzina u. a., S. 64; 1939: Statistisches Handbuch von Deutschland 1928-1944, Hg. Länderrat des amerikanischen Besatzungsgebietes, München 1949, S. 238 ff.; 1961: Stat. Jb. BRD, 1964, S. 204 ff.; 1970: Ebd., 1973, S. 188 ff.

42 Vgl. IMSF, Teil II/1, S. 116 ff.; Winkler, Stabilisierung.

43 Nach einem Bericht der Süddeutschen Zeitung, 30. 7. 1980, S. 19. Zum sozialen Gehalt industrieller Arbeitszeitformen vgl. insbesondere wegen der historischen Rückblicke: O. Neuloh u. a., Die durchlaufende Arbeitsweise. Sonntagsarbeit im Urteil der Stahlarbeiter, Tübingen 1961.

44 Wichtige Hinweise dazu bei Lepsius, Ungleichheit, S. 197 ff.; vgl. H. J. Teuteberg, Geschichte der industriellen Mitbestimmung in Deutschland. Ursprung und Entwicklung ihrer Vorläufer im Denken und in der Wirklichkeit des 19. Jahrhunderts, Tübingen 1961; U. Engelhardt, Strukturelemente der Bundesrepublik Deutschland. Überlegungen zum Problem historischer Kontinuität am Beispiel der Betriebsverfassung, in: VSWG 69. 1982, S. 373-92.

45 H. Popitz u. a., Das Gesellschaftsbild des Arbeiters. Soziologische Untersuchungen in der Hüttenindustrie (1957), Tübingen 1967[3], S. 90 ff., 271 f.

46 Materialien aus der Arbeitsmarkt- u. Berufsforschung, 1975, Heft 9, S. 2 f.

47 Diese und die folgenden Zahlen nach: W. Köllmann, Der Prozeß der Verstädterung in Deutschland in der Hochindustrialisierungsperiode, in: R. Braun u. a. Hg., Gesellschaft in der industriellen Revolution, Köln 1973, S. 254; Schröder, Arbeitergeschichte, S. 39; IMSF, Teil II/1, S. 188 ff.; vgl. auch die Grundzahlen in Tabelle 6.

48 R. Ermrich (Bearb.), Basisdaten, Zahlen zur sozio-ökonomischen Entwicklung der Bundesrepublik Deutschland, Bonn-Bad Godesberg 1974, S. 73.

49 S. unten S. 174 f.

50 Vgl. A. Lehmann, Das Leben in einem Arbeiterdorf, Stuttgart 1976, S. 58 ff.; R. Wald, Industriearbeiter privat. Eine Studie über Lebensformen und Interessen, Stuttgart 1966, S. 70 ff. Ermrich, S. 318: Bei deutlichen Korrelationen zwischen Alter bzw. Gemeindegrößen und Nachbarschaftskontakten hatten Arbeiter nach einer Umfrage von 1974 etwas häufigere Kontakte mit Nachbarn (47% mehrmals am Tag und mehrmals in der Woche) als Angestellte (41%) und Beamte (45%). Die nachbarschaftsverbundensten Gruppen waren die Selbständigen und Freien Berufe (53%) und die Rentner (57%).

51 J. Kocka, Angestellter, in: Brunner u. a. Hg., Geschichtliche Grundbegriffe, Bd. 1, S. 117.

52 Vgl. W. Müller, Der Lebenslauf von Geburtskohorten, in: M. Kohli Hg., Soziologie des Lebenslaufs, Darmstadt 1978, S. 58 ff.

53 Handl, Chancen von Frauen, S. 508, 512, 517 f.

54 Mit den im Text verwendeten vergleichbare Daten liegen mir nicht vor. Den sehr klaren Trend zeigen jedoch andere Berechnungen und Daten zur Bildungsentwicklung. Vgl. H. Tegtmeyer, Das Sozialprestige beruflicher Gruppierungen, in: ders. Hg., Strukturen, S. 106; J.

Naumann, Entwicklungstendenzen des Bildungswesens der Bundesrepublik Deutschland im Rahmen wirtschaftlicher u. demographischer Veränderungen, in: Max-Planck-Institut für Bildungsforschung. Projektgruppe Bildungsbericht Hg., Bildung in der Bundesrepublik Deutschland. Daten und Analysen, Bd. 1, Reinbek 1980, S. 21-103, bes. S. 33, 53 ff.

55 Vgl. z. B. G. Stütz Hg., Das Handwerk als Leitbild der deutschen Berufserziehung, Göttingen 1969.

56 Vgl. C. Offe, Berufsbildungsreform. Eine Fallstudie über Reformpolitik, Frankfurt 1975.

57 Vgl. F. Weltz u. a., Facharbeiter im Industriebetrieb. Eine Untersuchung in metallverarbeitenden Betrieben, Frankfurt 1974.

58 Vgl. die Argumentation von B. Lutz, Bildungssystem u. Beschäftigungssystem in Deutschland u. Frankreich. Zum Einfluß des Bildungssystems auf die Gestaltung betrieblicher Arbeitskräftestrukturen, in: H.-G. Mendius u. a., Betrieb, Arbeitsmarkt, Qualifikation, Bd. 1, Frankfurt 1976, S. 83-152.

59 Das Folgende stützt sich auf: E. Schindler, Lehrlingswesen, in: Handwörterbuch der Staatswissenschaften, Bd. 6, Jena 1925[4], S. 299-325; Schröder, Arbeitergeschichte, S. 54 ff.; Preller, S. 289 f., 54, 454 ff.; Th. Wolsing, Untersuchungen zur Berufsausbildung im Dritten Reich, Kastellaun 1977. Allg. Überblicke: E. Hoffmann, Zur Geschichte der Berufsausbildung in Deutschland, Bielefeld 1962; R. Schultz-Wild, Aspekte u. Probleme der Berufsausbildung, in: K. M. Bolte u. a., Beruf u. Gesellschaft in Deutschland. Berufsstruktur u. Berufsprobleme, Opladen 1970, S. 191-225. H. Daheim, Berufssoziologie, in: Handbuch der empirischen Sozialforschung, Hg. R. König, Bd. 8, Stuttgart 1977, S. 1-101, bes. 39-48.

60 Um 1930 haben angeblich ca. 25% der in Frage kommenden Jugendlichen keine Berufsschule besucht. Wolsing, S. 591.

61 Vgl. Wolsing, passim; Hinweise bei Mason, Sozialpolitik, S. 138, 163, 198, 250, 253 f., 272 ff.

62 Vgl. Forschungsgruppe Kammerer, Berufliche Vollzeitschulen und Verringerung der Jugendarbeitslosigkeit – Basisdaten über die Berufsfachschulen, in: Max-Planck-Institut für Bildungsforschung. Projektgruppe Bildungsbericht Hg., Bildung, Bd. 2, S. 1003-1053.

63 Nach R. Dahrendorf, Industrielle Fertigkeiten u. soziale Schichtung, in: KZfSS 8. 1956, S. 553 f.; Weltz u. a., S. 41 ff.

64 Conze, Sozialgeschichte, S. 619. Lutz, S. 140, spricht von einem im Vergleich zu Frankreich »hochgradig funktionalen Lösungsmuster« der Facharbeiterausbildung für die Wachstums- und Rationalisierungsprobleme »durch die fortgeschrittensten Betriebe«. Dies mag wohl für diese, weniger aber für das gesamte Berufsausbildungssystem gelten.

65 Vgl. die Hinweise zur Fabriklehre bei Schäfer, Industriearbeiter, S. 181 ff. Oft war sie nicht mehr als ein Anlernen. Der erwähnte Mangel an rechtlichen Normierungen hat dies sicherlich begünstigt. Das »Ideal« einer Fabriklehre, die Lehrwerkstatt mit eigener Werkschule war 1938 nur bei 90 Großunternehmen, meist solche in der Metallindustrie, verbreitet, die 20 300 Lehrlinge ausbildeten; sie galten gegenüber der Masse der Lehrlinge als überdurchschnittlich qualifiziert. Wolsing, S. 579 ff., 600.

66 Zahlen für 1907: O. Stoltzenberg, Die praktische Ausbildung des Lehrlings im Fabrikbetrieb, in: Die Berufserziehung des Arbeiters, Jena 1921, S. 47 f.; 1910: Schäfer, Industriearbeiter, S. 180; 1925: StDR, Bd. 413/3, S. 17 f.; 1933: A. v. Saldern, Mittelstand im »Dritten Reich«. Handwerker – Einzelhändler – Bauern, Frankfurt 1979, S. 265, A. 105; 1970: Ruge, Bildungspolitik, in: Zapf Hg., Lebensbedingungen, S. 785. Zu den Schwankungen des Ausbildungsangebots vgl. G. Lenhardt u. K. Schober, Der schwierige Berufsstart: Jugendarbeitslosigkeit u. Lehrstellenmarkt, in: Max-Planck-Institut für Bildungsforschung. Projektgruppe Bildungsbericht (Hg.) Bildung, Bd. 2, S. 935-81, bes. S. 961 ff.

67 So Lutz, Bildungssystem, passim.

68 Begriffe nach B. Lutz u. Fr. Weltz, Der zwischenbetriebliche Arbeitsplatzwechsel. Zur Soziologie u. Sozioökonomie der Berufsmobilität, Frankfurt 1966, S. 150. Zur Sache vgl. auch Weltz u. a., Facharbeiter, S. 52 ff.

69 Vgl. Lutz, Bildungssystem, S. 143 f.; zur Mobilität s. unten S. 113 ff.

70 Ruge, Bildungspolitik, in: Zapf Hg., Lebensbedingungen, S. 785.

71 Vgl. unten Tabelle 14b (S. 94).

72 Nach einer Erhebung von 1970 unter den männlichen Erwerbspersonen verließen etwa die Hälfte der Ausgebildeten den Ausbildungsbetrieb innerhalb des ersten Jahres nach Abschluß der Lehre, ein weiteres Viertel nach spätestens fünf Jahren. Nach Lenhardt u. Schober, S. 969.

73 Weltz u. a., Facharbeiter, S. 84 ff. Eine neuere Untersuchung in der gleichen Branche (Fahrzeugbau, Metallverarbeitung) ergab dagegen eine höhere Quote des innerbetrieblichen Aufstiegs (20%), gefördert allerdings durch einen neuen Manteltarifvertrag. Fr. Buttler u. a., Messung u. Interpretation betriebsinterner Arbeitsmarktbewegungen. Ein empirischer Beitrag zur nicht-marktgesteuerten Allokation von Arbeitskräften, in: W. Sengenberger Hg., Der gespaltene Arbeitsmarkt. Probleme der Arbeitsmarktsegmentation, Frankfurt 1978, S. 204 f.; vgl. auch Dahrendorf, Fertigkeiten, S. 563 ff., sowie unten S. 119 ff.

74 Müller, Klassenlagen, in: Handl u. a., Klassenlagen, S. 35 ff., 234.

75 Zahlen für 1895/1907: Schröder, Arbeitergeschichte, S. 68; 1925:

StDR, Bd. 408, S. 180; 1970: vgl. Tabelle 7. Diese Tabelle enthält aber die Arbeiter sämtlicher Wirtschaftsbereiche, von denen jedoch 72% in Industrie und Handwerk beschäftigt waren. Da in den anderen Wirtschaftsbereichen die Zahl der Ungelernten größer ist, wurde für Industrie/Handwerk eine niedrigere Quote geschätzt. Im engeren Bereich der Industrie sank der Anteil der Ungelernten (Leistungsgruppe 3) zwischen 1950 und 1970 bei den männlichen Arbeitern von 20,4% auf 13,1%, während er bei den weiblichen Arbeitern von 37,8% auf 48,7% stieg (Ballerstedt u. Glatzer, S. 60).

76 Nach Süddeutsche Zeitung, 25. 2. 1980, S. 8; ötv-Magazin Februar 1980, S. 13.

77 Lutz, Bildungssystem, S. 144.

78 Ein frühes Beispiel für die Umschichtung der Belegschaft infolge der Technisierung bei K. Ditt, Technologischer Wandel u. Strukturveränderung der Fabrikarbeiterschaft in Bielefeld 1860-1914, in: Conze u. Engelhardt Hg., Arbeiter, S. 245 ff.

79 So die Stichworte der großen, vom »Verein für Sozialpolitik« getragenen und bis heute einzigartigen Untersuchung über die Industriearbeiter. Vgl. den zusammenfassenden Bericht von M. Bernays, Berufswahl.

80 Vgl. die fast gleichlautenden Formulierungen des katholischen und sozialkonservativen Franz Josef v. Buß und von Marx und Engels. Jener sagte 1837: »Der Fabrikarbeiter ist aber nicht bloß der Leibeigene eines Herrn, er ist der Leibeigene der Maschine, die Zubehörde einer Sache.« Zit. nach: Texte zur katholischen Soziallehre, Bd. II/1, S. 65. Im Kommunistischen Manifest heißt es: »Die Arbeit der Proletarier hat durch die Ausdehnung der Maschinerie und die Teilung der Arbeit allen selbständigen Charakter und damit allen Reiz für die Arbeiter verloren. Er wird ein bloßes Zubehör der Maschine«. Zit. nach: K. Marx u. F. Engels, Werke, Bd. 4, Berlin 1972, S. 468.

81 So schon A. Marshall, Principles of Economics (1890) London 1977^{8}, S. 208 ff., bes. S. 212 f., 218.

82 Ich folge hier dem Begriff der »Rationalisierung«, wie ihn Lutz umschrieben hat: die »Notwendigkeit, den industriellen Produktionsprozeß durch Absplitterung sekundärer (konzipierender, planender, organisierender und kontrollierender) Funktionen von der primären Funktion unmittelbarer Produktion beherrschbarer zu machen«. Lutz, Bildungssystem, S. 140.

83 W. Sombart, Der moderne Kapitalismus, Bd. III/2, München 1927, S. 772 f.; vgl. Schröder, Arbeitergeschichte, S. 152.

84 Diese und die folgenden Angaben nach IMSF, Teil II/1, S. 235, 240. Zwischen 1969 und 1976 ist der Anteil der in der unmittelbaren Produktion tätigen Arbeiter (aller Wirtschaftsbereiche) von 56% auf

47% zurückgegangen, hauptsächlich zugunsten von Reparatur- und Dienstleistungsarbeitern (Ballerstedt u. Glatzer, S. 208).

85 1969 ergab eine Untersuchung in der Stahlindustrie, daß 25-30% der in der Produktion Beschäftigten Schwer- und Schwerstarbeit verrichteten. Für 1965 wurde geschätzt, daß 14% aller Erwerbstätigen einer solchen Arbeit unterlagen. H.-H. Noll, Soziale Indikatoren für Arbeitsmarkt u. Beschäftigungsbedingungen, in: Zapf Hg., Lebensbedingungen, S. 209-322, hier S. 279. Vgl. auch unten Tab. 9.

86 Noll, ebd., S. 298.

87 Das ist neben der »Polarisierungs«-These das zentrale Ergebnis der nahezu schon »klassischen« Studie von H. Kern u. M. Schumann, Industriearbeit u. Arbeiterbewußtsein, Bd. 1, Frankfurt 1970, S. 138.

88 Ballerstedt u. Glatzer, S. 209 f.; Noll, in: Zapf Hg., Lebensbedingungen, S. 262 ff. Allerdings hat sich in jüngster Zeit die gleitende Arbeitszeit weit stärker ausgebreitet, von 2% aller abhängig Beschäftigten im Jahre 1971 auf 25% im Jahre 1974 (ebd., S. 264).

89 Noll, ebd., S. 290; Osterland u. a., Materialien, Tabelle 96.

90 K. Borchardt, Wachstum u. Wechsellagen 1914-1970, in: Aubin u. Zorn Hg., Bd. 2, S. 737.

91 Zur Verbreitung von Leistungslöhnen in der Großindustrie vor dem Ersten Weltkrieg: Bernays, Berufswahl, S. 163 ff. Daß die hier referierte überwiegende Beschäftigung im Akkordlohn auch für Großbetriebe nicht verallgemeinert werden darf, zeigt R. Vetterli, Industriearbeit, Arbeiterbewußtsein und gewerkschaftliche Organisation. Dargestellt am Beispiel der Georg Fischer AG (1890-1930), Göttingen 1978, S. 101 ff. (mit Hinweis auf andere Arbeits- und Lohnregulierungen, die Akkordlöhne ablösten). Nimmt man die Maschinenkraft als Indikator für die technische Rationalisierung, hat die beschleunigte Mechanisierung in den 1920er Jahren nach 1933 stark nachgelassen, während die Arbeitszeit zugenommen hat. Vgl. W. G. Hoffmann u. a., Das Wachstum der deutschen Wirtschaft seit der Mitte des 19. Jahrhunderts, Berlin 1965, S. 80, 213 f. Zahlen über Anteile von Akkordarbeitern in einzelnen Industriezweigen für die Jahre 1937-39 bei Mason, Arbeiterklasse u. Volksgemeinschaft, S. 1260, die jedoch mit den im Text genannten nicht vergleichbar sind. Danach schwankten die Anteile sehr stark zwischen den einzelnen Industriezweigen, z. B. 6,6% im Baugewerbe, 58,4% in der metallverarbeitenden Industrie und 63,5% in der Textilindustrie, um größere Branchen zu nennen (jeweils für 1939, männliche und weibliche Arbeiter). Zur Rationalisierungs- und Produktivitätsentwicklung seit 1950 vgl.: Forschungsprojekt des Rationalisierungskuratoriums der Deutschen Wirtschaft, Wirtschaftliche u. soziale Aspekte des technischen Wandels in der Bundesrepublik 9 Bde., Frankfurt a. M.

1970/71; hier Bd. 1: Sieben Berichte. Kurzfassung der Ergebnisse, bes. S. 33 ff. über die Freisetzung von Arbeitsplätzen. Danach wurden, gemessen am Produktivitätsniveau von 1950, zwischen 1950 und 1960 fast die Hälfte (47,9%) der Arbeitsplätze von 1950 freigesetzt, zwischen 1960 und 1968 noch einmal 32,3% der Arbeitsplätze von 1960. Aufgrund des gleichzeitigen Produktionswachstums hatte das, anders als in der Weimarer Republik und in den letzten Jahren, keine Arbeitslosigkeit zur Folge.

92 Vgl. Lutz u. Weltz, S. 150.

93 R. Woldt, Der jugendliche Industriearbeiter im modernen Fabrikwesen, in: Arbeit u. Beruf 5. 1926, S. 250-52, hier S. 251; G. Siemens, Der Weg der Elektrotechnik, Geschichte des Hauses Siemens, Bd. 2, Freiburg 1961², S. 15 f.

94 Vgl. das Beispiel der Umwalzer bei Popitz u. a., S. 256.

95 S. die Beispiele bei Ditt, S. 245; Vetterli, S. 46 f.

96 Zit. H. Homburg, Anfänge des Taylorsystems in Deutschland vor dem Ersten Weltkrieg. Eine Problemskizze unter besonderer Berücksichtigung der Arbeitskämpfe bei Bosch 1913, in: GG 4. 1978, S. 186.

97 Ebd., S. 170 ff.; H. P. Bahrdt, Die Industriearbeiter, in: ders. u. a., Proletariat?, S. 30 ff. Eine Umfrage der IG Metall in der württembergischen Metallindustrie im Jahre 1979 ergab, daß nur 22,0% der Arbeiter, aber 59,5% der Angestellten bei der Gestaltung des Arbeitsplatzes in den betrieblichen Meinungsbildungsprozeß einbezogen werden. IG Metall-Bezirksleitung Stuttgart Hg., Werktage müssen menschlicher werden! MS 1979, S. 27.

98 Kern u. Schumann, Bd. 1, S. 138 f. Ohne den dafür verwendeten Begriff der »Polarisierung«, aber in der Sache gleich schon Geiger, Klassengesellschaft, S. 87 f.

99 Vgl. das Beispiel der Gießer und Former bei Vetterli, S. 46 f., 54.

100 B. Clausen u. H. Segeberg, Automation ohne Sachzwang. Arbeiterschriftsteller, Industriesoziologen u. die »Meßwarte«, in: KZfSS 29. 1977, S. 109.

101 Nach dem verbreiteten Drei-Phasen-Modell: Handwerklich qualifizierte Industriearbeit, unqualifizierte Maschinenarbeit (bes. am Fließband) und durch Automation requalifizierte Arbeit. Vgl. Hörning Hg., S. 26; vgl. auch Dahrendorf, Fertigkeiten, S. 541 ff.

102 Das ist nicht mehr als eine plausible Schlußfolgerung, da die eingesehenen industrie- und arbeitssoziologischen Untersuchungen wenig vergleichend arbeiten. Zur unterschiedlichen technischen Entwicklung in den einzelnen industriellen Branchen vgl. Rationalisierungs-Kuratorium der Deutschen Wirtschaft Hg., Wirtschaftliche und soziale Aspekte des technischen Wandels in der Bundesrepublik Deutschland, 1. Bd., Frankfurt 1970, S. 43-127.

103 Vgl. Kern u. Schumann, bes. Bd. 1, S. 138 f.
104 Borris, S. 103.
105 So Kern u. Schumann, Bd. 1, S. 183 ff.
106 M. Osterland, Innerbetriebliche Arbeitssituation u. außerbetriebliche Lebensweise von Industriearbeitern, in: ders. Hg., Arbeitssituation, Lebenslage u. Konfliktpotential. Festschrift für M. E. Graf zu Solms-Roedelheim, Frankfurt 1975, S. 179 ff. Mit demselben Ergebnis: H. Benninghaus, Arbeitssituation u. Arbeitszufriedenheit. Reaktionen von Industriarbeitern auf Merkmale ihrer Tätigkeit, in: KZfSS 30. 1978, S. 514-47.
107 Das geht aus anderen beruflichen Dimensionen, die in Tabelle 8 nicht aufgenommen wurden, hervor. Gut 40% der Angestellten und Beamten und auch der Facharbeiter, aber nur 25% der übrigen Arbeiter halten Chancen für die Selbstverwirklichung und zu Verantwortungsbewußtsein für wichtig (»Ein Beruf, bei dem es darauf ankommt, eigene Ideen zu haben«). In keiner anderen Dimension besteht zwischen Fach- und anderen Arbeitern ein so großer Unterschied. Ballerstedt u. Glatzer, S. 213.
108 Ermrich, S. 532: Von jeweils 100 männlichen Arbeitern waren 1966 im selben Unternehmen weniger als 3 Jahre beschäftigt: Facharbeiter = 22,4%; Angelernte = 33,2%; Ungelernte = 47,4%. Der gleiche Befund nur für großbetriebliche Industriearbeiter bei Buttler u. a., S. 202.
109 Bernays, Berufswahl, S. 890 ff., A. Weber, Das Berufsschicksal der Industriearbeiter, in: AfSS 34. 1912, S. 392 ff. Daten für 1968: Ballerstedt u. Glatzer, 1977^2, S. 99.
110 Vgl. G. Lenhardt, Berufliche Qualifikation u. Arbeitslosigkeit, in: ders. Hg., Der hilflose Sozialstaat. Jugendarbeitslosigkeit u. Politik, Frankfurt 1979, S. 360-88. Im Mai 1974 waren 63% der Arbeitslosen ohne abgeschlossene Berufsausbildung, im September 1977 betrug der Anteil dieser Gruppe 53% (ebd., S. 363; Stat. Jb. BRD, 1978, S. 104), im Jahr 1982 noch 52% (Jahresgutachten 1983/84 des Sachverständigenrates zur Begutachtung der gesamtwirtschaftlichen Entwicklung, Deutscher Bundestag, Drucksache 10/669, S. 71).
111 Diese und die folgenden Zahlen zur intragenerationellen Mobilität nach H. Steiger, Zur inter- u. intragenerationellen Mobilität deutscher Erwerbstätiger, in: Tegtmeyer Hg., Strukturen, S. 226 f. Den Ziffern liegen Erhebungen im Rahmen des Mikrozensus von 1971 zugrunde; gefragt wurde nach der Position des ersten und zuletzt ausgeübten Berufes. Dabei sind zwei Verzerrungen eingegangen durch die fehlende alters- und geschlechtsspezifische Differenzierung. Die Jüngeren, die u. U. noch eine Karriere vor sich haben, drücken die Mobilitätsquote ebenso nach unten wie die Frauen, die weniger mobil als die Männer sind. An den groben Unterschieden –

worauf es hier besonders ankommt – zwischen den intragenerationellen Mobilitätschancen ändert sich dadurch kaum etwas. Vgl. die Überlegungen von Steiger, S. 222 ff. – Eine repräsentative Befragung erwerbstätiger Arbeitnehmer im Jahr 1978 erbrachte ein gleiches Ergebnis: »Nur ein Fünftel der un- und angelernten Arbeiter, aber die Hälfte der Facharbeiter werten den bisherigen beruflichen Werdegang als Aufstieg.« Vgl. Bundesministerium für Arbeit und Sozialordnung Hg., Bürger u. Sozialstaat, Bonn 1980, S. 81.

112 Die Hälfte davon wurden allerdings Selbständige mit höchstens einem Mitarbeiter, so daß die materielle Reichweite dieses Aufstiegs fraglich bleibt. Steiger, S. 226.

113 Das zeigen viele Arbeiterautobiografien. Statt vieler sei ein 48jähriger Facharbeiter zitiert, der 1954 im Rahmen eines Gesprächs über die Bevölkerungsentwicklung betonte: »Die Primitiven, die Hilfsarbeiter und die Wilden haben immer die meisten Kinder. Die Intelligenten haben nur ein bis zwei Kinder.« Zit. Popitz u. a., S. 70.

114 Nach: Bundesministerium für Arbeit und Sozialordnung Hg., Bürger, S. 93. Zur Arbeitsbelastung vgl. auch die in Anm. 28 zit. Befragung der IG Metall.

115 Vgl. Noll, in: Zapf Hg., Lebensbedingungen, S. 272 ff., bes. S. 282. Daß sich die im Text genannten Relationen seit 1972 kaum wesentlich verändert haben dürften, legt eine Ziffer für 1978 nahe. 35% aller Neurentner in Baden-Württemberg gingen 1978 nicht wegen Erreichens der Altersgrenze, sondern infolge Invalidität in Rente. DER SPIEGEL, 3. 9. 1979, S. 132. Freilich enthalten diese Ziffern viele methodische Probleme (vgl. Noll), so daß das Ausmaß der Invalidität nicht vollständig dem Arbeitsverschleiß zuzuschreiben ist.

116 Das Theorem der »nivellierten Mittelstandsgesellschaft« wurde populär im Zuge der Prosperität. Ironischerweise hat Schelsky es jedoch zuerst im Hinblick auf deren Gegenteil, die Annahme einer säkularen Depression, formuliert. Vgl. H. Schelsky, Wandlungen der deutschen Familie in der Gegenwart (1953), Stuttgart 1955³, S. 218 ff.; ebd. S. 16, 42, 168 zur anhaltenden Depression als Bedingung der Nivellierung. Später hat Schelsky diese Annahme stillschweigend fallengelassen. Eine kritische Überprüfung mit einer Anerkennung des relativen Wandels: R. F. Hamilton, Einkommen u. Klassenstruktur. Der Fall Bundesrepublik, in: KZfSS 20. 1968, S. 250-87. Es sei hier nur darauf verwiesen, daß die »Verelendungstheorie« noch in den 1960er Jahren der Boden von heftigen Auseinandersetzungen nicht nur in der Systemkonkurrenz mit der DDR war. Vgl. R. Hochhuth, Krieg u. Klassenkrieg. Studien, Reinbek 1971. Natürlich hat auch J. Kuczynski die »Verelendung« der westdeutschen Arbeiter behauptet, aber in der Hauptsache mit einem bezeichnenden politischen Argument, das die politische Dimension des Begriffs »Arbeiterklasse« bis

zur überfälligen Deutlichkeit herausstreicht und vor sozialgeschichtlichem Aberwitz nicht zurückschreckt: Im Vergleich mit den ökonomischen Aufschwungperioden 1924/29 und 1933/39 sei die Arbeiterklasse im Aufschwung der 1950er Jahre schlechter weggekommen. »Nicht, wenn wir allein auf die Reallöhne und die Arbeitszeit sehen – ganz bestimmt nicht! Denn der Kern des rein materiellen Lebensstandards (Essen, Wohnen, Kleiden) hat sich verbessert – aber wenn wir die Intensität der Arbeit und ihre Folgen berücksichtigen und wenn die Verdummung der Arbeiterklasse, oder, um die schärferen und weiteren Formulierungen von Marx zu benutzen: ihre Brutalisierung, moralische Degradation, das Wachsen ihrer Unwissenheit berücksichtigen? Die Brutalisierung ist sicherlich geringer als in den Jahren 1933/39. Aber die Unwissenheit und moralische Degration, wie sie in der Passivität der Arbeiter gegenüber der Kriegsgefahr, in ihrer Haltung zur Deutschen Demokratischen Republik und zur Sowjetunion zum Ausdruck kommen ... zweifellos hat hier eine Verelendung gegenüber 1933/39, als die Zahl der Arbeiter, deren Klassenbewußtsein nicht eingeschlafen war, größer war als 1956/61, und erst recht im Vergleich zu 1924/29, stattgefunden! und dazu die Zunahme der Krankheiten und Unfälle, die Verkürzung ihres Arbeiterlebens – So, glaube ich, muß man die Frage nach der Verelendung beantworten.« J. Kuczynski, Darstellung der Lage der Arbeiter in Westdeutschland seit 1945 (= Die Geschichte der Lage der Arbeiter unter dem Kapitalismus, Bd. 7b), Berlin 1963, S. 626. Statt eines Kommentars vgl. W. Wagner, Verelendungstheorie – die hilflose Kapitalismuskritik, Frankfurt 1976. Ein anderes Urteil aus dem Lager der alten Linken: W. Abendroth, Die geschichtlich erreichten Fortschritte, in: Frankfurter Hefte 32. 1977 (Sonderheft Arbeitswelt), S. 9-15.

117 Nach S. Reck, Arbeiter nach der Arbeit. Sozialhistorische Studie zu den Wandlungen des Arbeiteralltags, Gießen 1977, S. 41 ff.

118 Vgl. Osterland, Lebensbilanzen u. Lebensperspektiven von Industriearbeitern, in: Kohli Hg., S. 274 ff., 280 ff.

119 Vgl. H. Volkmann, Modernisierung des Arbeitskampfs? Zum Formwandel von Streik u. Aussperrung in Deutschland 1864-1975, in: H. Kaelble u. a., Probleme der Modernisierung in Deutschland. Sozialhistorische Studien zum 19. u. 20. Jahrhundert, Opladen 1978, S. 110-71.

120 Petzina u. a., S. 98; Mason, Arbeiterklasse, S. 1243, 1261.

121 Vgl. Jahresberichte der Preußischen Gewerbeaufsichtsbeamten und Bergbehörden für 1921, Berlin 1922 (Sonderberichte über die Nutzung der vermuteten vermehrten Freizeit seit der Einführung des Achtstundentages).

122 1954 lag die »effektive« Wochenarbeitszeit in der Bundesrepublik bei 48,5 Stunden und damit an der Spitze im internationalen Vergleich.

Vgl. D. Kuder, Die wirtschaftliche u. soziale Lage der deutschen Industriearbeiter von 1918 bis zur Gegenwart, Diss. Köln 1960, S. 205.

123 Osterland u. a., Materialien, S. 61 ff.; vgl. auch Ermrich, S. 381 ff.

124 Die Arbeitszeitstatistik erfaßt Durchschnitte einmal der »tatsächlich« geleisteten Arbeit (ohne Pausen etc.) und zum anderen der (tariflich) »bezahlten Arbeitszeit« (inklusive Pausen, Krankheit, Urlaub u. ä.). Von beiden zu unterscheiden ist die »arbeitsgebundene Zeit«, die Zeit am Arbeitsplatz einschließlich der An- und Abfahrtszeit zu diesem, oder anders: die häusliche Abwesenheit an einem Arbeitstag. In diesem Sinn dauerte für gut die Hälfte von württembergischen Metallarbeitern die tägliche Arbeitszeit im Jahr 1979 mehr als 10 Stunden. Nach: IG Metall Hg., Werktage, S. 46.

125 Vgl. die Urteile der Arbeiter bei: Neuloh u. a., S. 54 ff.

126 Daten zur Entwicklung der Arbeitslosigkeit im Überblick: B. Gleitze Hg., Wirtschafts- u. sozialstatistisches Handbuch, Köln 1960, S. 45; Ermrich, S. 49. Zur Arbeitslosigkeit in der Weimarer Republik: Preller, S. 164 ff., passim; Kuczynski, Darstellung der Lage der Arbeiter in Deutschland von 1917/18 bis 1932/33, Berlin 1966, S. 196 ff.; Daten für Juni 1933: StDR, Bd. 453/2 S. 34 f., 30 f. Zur Frauenarbeitslosigkeit: Mason, Sozialpolitik, S. 131 f. Ansätze für eine noch zu schreibende Geschichte der Arbeitslosigkeit, eines der größten Desiderata der Arbeitsgeschichte: Mason, ebd., S. 89 ff.; R. Vierhaus, Auswirkungen der Krise um 1930 in Deutschland. Beiträge zu einer historisch-psychologischen Analyse, in: W. Conze u. H. Raupach Hg., Die Staats- und Wirtschaftskrise des deutschen Reiches 1929-1933, Stuttgart 1967, S. 155-75; Jahoda u. a.; mehr die Institutionsgeschichte als die Sozialgeschichte behandelt der Überblick von F. Niess, Geschichte der Arbeitslosigkeit, Köln 1979.

127 Zu dieser Seite des NS-Alltags nach Mason jetzt auch M. Broszat u. a. Hg., Bayern in der NS-Zeit. Soziale Lage und politisches Verhalten im Spiegel vertraulicher Berichte, Bd. 1, München 1977, S. 193-327, sowie die folgenden vier Bände; Mason, Sozialpolitik, S. 96 ff.; zur politischen Kontrolle des Arbeitsmarktes bzw. der Drohung, nach dem Krieg »Ordnung« zu schaffen gegen verdächtige Arbeiter, auch in den Jahren der Arbeitskräfteknappheit vor dem Krieg, ein Beispiel bei der Entstehung des VW-Werkes: H. Hilterscheid, Industrie u. Gemeinde. Die Beziehungen zwischen der Stadt Wolfsburg u. dem Volkswagenwerk u. ihre Auswirkungen auf die kommunale Selbstverwaltung, Berlin 1970, S. 63 ff.

128 Vgl. G. A. Ritter, Staat, Arbeiterschaft u. Arbeiterbewegung in Deutschland, Berlin 1980, S. 92.

129 Vgl. die Interpretation des WTB-Plans bei H. Mommsen, Klassenkampf oder Mitbestimmung. Zum Problem der Kontrolle wirtschaft-

licher Macht in der Weimarer Republik, Frankfurt 1978, S. 28 ff. Zur Haltung der SPD vgl. auch R. A. Gates, Von der Sozialpolitik zur Wirtschaftspolitik? Das Dilemma der deutschen Sozialdemokratie in der Krise 1929-1933, in: H. Mommsen u. a. Hg., Industrielles System und politische Entwicklung in der Weimarer Republik, Kronberg 1977, Bd. 1, S. 206-25. Vgl. dagegen den 1952 von der SPD vorgelegten »Sozialplan«, in dem trotz beginnender Hochkonjunktur gewarnt wurde, »daß nur eine zielbewußte Wirtschaftspolitik Krisenzeiten vorbeugen kann«. W. Auerbach u. a., Sozialplan für Deutschland, Berlin 1957³, S. 73.

130 Mason, Sozialpolitik, S. 124 ff., 174 ff. Das schließt nicht aus, daß kumulative Effekte mancher Maßnahmen, bes. im Bereich der Familienunterstützung eine »bemerkenswerte Verbesserung« zeitigten angesichts der verbreiteten Knappheit. Vgl. Mason, Zur Lage der Frauen in Deutschland 1930 bis 1940: Wohlfahrt, Arbeit und Familie, in: Gesellschaft. Beiträge zur Marxschen Theorie Bd. 6, Frankfurt 1976, S. 142 ff.

131 Vgl. die Zeitreihen zu Sozialausgaben bei Gleitze Hg., S. 191; Petzina, Wirtschaft, S. 185; Ballerstedt u. Glatzer, S. 142 f. Die Sozialleistungsquote, d. h. das Verhältnis der Summe (ausgewiesener) Sozialleistungen zum Bruttosozialprodukt, betrug jeweils: 1913 = 3,1%; 1929 = 9,3%; 1938 = 6,0%; 1950 = 17,1%; 1960 = 17,5%; 1970 = 25,5%; 1975 = 32,0% (ebd., S. 142).

132 F. U. Pappi, Einstellungen zum Wohlfahrtsstaat, in: W. Zapf Hg., Probleme der Modernisierungspolitik, Meisenheim 1977, S. 221-26.

133 Vgl. die nähere Aufschlüsselung in: Wirtschaft u. Statistik, 1969, S. 594.

134 Nach Ermrich, S. 559. Die Angaben beziehen sich auf Haushalte! Zur Ausstattung der Arbeiterhaushalte s. auch die umfangreiche Datensammlung bei Osterland u. a. Materialien, S. 136 ff. Nach Einkommensgruppen aufgeschlüsselte Verbrauchsangaben bei: G. Göseke u. K.-D. Bedau, Einkommens- u. Verbrauchsschichtung für die größeren Verwendungsbereiche des privaten Verbrauchs u. die privaten Ersparnisse in der Bundesrepublik Deutschland 1955-1974, Berlin 1978, S. 80 f.

135 Ballerstedt u. Glatzer, S. 224; Ermrich, Basisdaten, S. 323.

136 Mason, Sozialpolitik, S. 183 ff. Daß Arbeiter bei den KdF-Reisen unterrepräsentiert waren (J. Kocka u. M. Prinz, Vom »neuen Mittelstand« zum angestellten Arbeitnehmer. Kontinuität und Wandel der deutschen Angestellten seit der Weimarer Republik, in: Conze u. Lepsius Hg., Sozialgeschichte, S. 222 f.) ändert daran wenig, wenn man berücksichtigt, daß Arbeiter überhaupt bzw. mehr als früher reisen konnten.

137 Sparquoten: Hohorst u. a., S. 116; S. Coyner, Class Patterns of Fa-

mily Income and Expenditure During the Weimar Republic: White-Collar Employees as Harbringers of Modern Society, Diss. Rutgers University 1975, Xerox University Microfilms, Ann Arbor, Michigan 1977, S. 356; Göseke u. Bedau, S. 81; vgl. auch Ballerstedt u. Glatzer, S. 275 f.; Sparmotive: Ebd., S. 267; Osterland u. a., Materialien, S. 145.

138 Ein eigenes Haus wünschten 1973: 60-62% der Bundesbevölkerung mit Volksschule / ohne bzw. mit Lehre; 47% der Bevölkerung mit Real- und Fachschule; 51% der Bevölkerung mit höheren Bildungsabschlüssen. Ermrich, S. 351.

139 Angaben für 1977: Wirtschaft u. Statistik, 1979, S. 175; 1968 bzw. 1950: Osterland u. a., Materialien, S. 170, 148 f. Die Angaben sind aufgrund unterschiedlicher Erhebungsmodi allerdings nicht miteinander vergleichbar. Ähnliche Daten für frühere Epochen sind nicht vorhanden. Vgl. die Teilangaben bei L. Niethammer u. F. Brüggemeier, Wie wohnten Arbeiter im Kaiserreich? in: AfS 16. 1976, S. 73, 75 f.

140 E. Ballerstedt u. E. Wiegand, Einkommensverwendung u. Versorgung, in: Zapf Hg., Lebensbedingungen, S. 439. Das war freilich nicht arbeiterspezifisch. Auch in den anderen Schichten war die vermögensbedingte Sicherungsfrist nur gering, dauerte am längsten bei den selbständig Gewerbetreibenden mit durchschnittlich 4,9 Monaten (ebd.).

141 Osterland u. a., Materialien, Tabelle 144, S. 131.

142 Ausführlich ebd.

143 Glatzer, Einkommenspolitische Zielsetzungen, in: Zapf Hg., Lebensbedingungen, S. 376.

144 Vgl. Tabelle 14 (S. 94).

145 Osterland u. a., Materialien, Tabelle 126.

146 Conze, Sozialgeschichte, S. 621.

147 R. Kempf, Das Leben der jungen Fabrikmädchen in München. Die soziale und wirtschaftliche Lage ihrer Familie, ihr Berufsleben u. ihre persönlichen Verhältnisse, Berlin 1911, S. 16.

148 Vgl. Wirtschaft u. Statistik, 1977, S. 174 ff.: Haus- und Wohnungseigentum der Familien. Der Hausbesitz nimmt mit steigender Kinderzahl (Alter des Familienvorstandes!) zu, während umgekehrt in den neu geschlossenen Ehen der jüngsten Zeit die Zahl der Kinder eingeschränkt wird, um die Erwerbstätigkeit der Frau zu ermöglichen, deren Einkommen für die Abtragung der Schulden dringend benötigt wird. Zur lebens- und familienzyklischen Determination relativer Wohlhabenheit in Arbeiterfamilien s. auch Hamilton, S. 252, 255 ff.; Daten bei Osterland u. a., Materialien, Tabellen 129 ff.; Durchschnittsangaben über Einkommensbeiträge der Frau bei Ballerstedt u. Glatzer, 2. Aufl., S. 257, die freilich die situationsspezifische tatsäch-

liche Bedeutung nicht widerspiegeln.

149 Kempf, passim, bes. S. 16 ff., 211 ff. zum landwirtschaftlichen »Nebenerwerb« vgl. unten S. 170 ff.

150 Für 1925: StDR, Bd. 408, S. 190. Zur schwer zu klärenden Frage der (wahrscheinlich zunehmenden) Berufstätigkeit verheirateter Frauen in den 1930er Jahren s. Mason, Lage der Frauen, S. 161 ff.; 1950/57/69: Osterland u. a., Materialien, Tabelle 161; Ballerstedt u. Glatzer, 2. Aufl., S. 257; 1971: Ebd., 3. Aufl., S. 231.

151 Ballerstedt u. Glatzer, 2. Aufl., S. 257.

152 Vgl. E. Fromm, Arbeiter u. Angestellte am Vorabend des Dritten Reiches. Eine sozialpsychologische Untersuchung, Hg. E. Bonß, Stuttgart 1980/München 1983, S. 182 ff.; E. Pfeil, Die Berufstätigkeit von Müttern. Eine empirisch-soziologische Erhebung an 900 Müttern aus vollständigen Familien, Tübingen 1961, S. 234 ff.

153 Vgl. P. Kmieciak, Wertstrukturen u. Wertwandel in der Bundesrepublik Deutschland, Göttingen 1976, bes. Anhang, Tabellen X, 16a u. b.

154 Vgl. Schöll-Schwinghammer, S. 56 ff. u. S. 92 ff. zur darin begründeten ambivalenten Einstellung der Arbeiterinnen zur Berufsarbeit.

155 Zum Folgenden grundlegend: G. Bry, Wages in Germany 1871-1945, Princeton 1960; vgl. sein Resümee S. 118. Zu den großen Lohnunterschieden in der frühen Industrialisierung vgl. W. Fischer, Innerbetrieblicher u. sozialer Status der frühen Fabrikarbeiterschaft, in: ders., Wirtschaft u. Gesellschaft im Zeitalter der Industrialisierung, Göttingen 1972, S. 258-85.

156 J. Habermas, Legitimationsprobleme im Spätkapitalismus, Frankfurt 1973, S. 57.

157 Vgl. auch Bry, S. 109 ff.; Noll, Soziale Indikatoren für Arbeitsmarkt u. Beschäftigungsbedingungen, in: Zapf Hg., Lebensbedingungen, S. 284 ff.

158 Vgl. Bry, S. 81 ff.

159 Vgl. ebd., S. 93 ff.; Osterland u. a., Materialien, Tabelle 70. Ausführlicher geht auf die geschlechtsspezifischen Lohndifferenzen ein: Bajohr.

160 Bry, S. 101 ff.; Osterland u. a., Materialien, Tabelle 91.

161 Daten zur Verbreitung der Tarifverträge: Petzina u. a., S. 110; Ballerstedt u. Glatzer, S. 390.

162 Osterland u. a., Materialien, Tabelle 90: 1950 betrug die Lohndifferenz zwischen mittleren Betrieben der Industrie (10-99 Beschäftigte) und Großbetrieben (mehr als 1000 Beschäftigte) noch 25%, 1966 nur noch rund 5%.

163 Vgl. den kurzen Überblick über die Diskussion nach dem Ersten Weltkrieg bei A. Geck, Das Werden der betrieblichen Sozialpolitik als Wissenschaft in Deutschland, in: Schmollers Jahrbuch 58. 1934,

S. 569-83. Zur hohen materiellen Bedeutung der betrieblichen Sozialleistungen um 1900 vgl. H.-J. Rupieper, Arbeiter und Angestellte im Zeitalter der Industrialisierung. Eine sozialgeschichtliche Studie am Beispiel der Maschinenfabriken Augsburg und Nürnberg (MAN) 1837-1914, Frankfurt 1982, S. 117 ff. Wichtige Hinweise besonders für diesen Aspekt verdanke ich H. Homburg.

164 Osterland u. a., Materialien, Tabellen 88, 89. Nach G. Menges u. H. Kolbeck, Löhne u. Gehälter nach den beiden Weltkriegen, Meisenheim 1958, S. 71, stiegen die zusätzlichen betrieblichen Sozialleistungen von 40 DM pro Kopf und Jahr in den Jahren 1924/29 auf 200 DM in den Jahren 1949-54.

165 P. Kaukewitsch, Arten u. Umfang der betrieblichen Altersversorgung, in: Wirtschaft u. Statistik 1978, S. 609-17.

166 Müller, Klassenlagen, in: Handl u. a., Klassenlagen, S. 62.

167 Vgl. Glatzer, Zielsetzungen, in: Zapf Hg., Lebensbedingungen, S. 354 ff.; Ballerstedt u. Glatzer, S. 321. Lepsius, Ungleichheit, S. 175 f.

168 Nach Handl u. a., Klassenlagen, Anhang, S. 237.

169 Vgl. J. Kocka, Die Angestellten in der deutschen Geschichte 1850-1980, Göttingen, 1981, S. 198. Nach Menges u. Kolbeck, S. 63 betrug das durchschnittliche jährliche Realeinkommen eines Industriearbeiters im Jahre 1925 57% des entsprechenden Einkommens eines Angestellten in der gewerblichen Wirtschaft, im Jahre 1954 dagegen 69%. Gemessen am arithmetischen Mittel des monatlichen Haushaltseinkommens verfügte ein Arbeiter über den folgenden Prozentsatz eines Angestellteneinkommens: 1950 = 78%; 1960 = 80%; 1970 = 82%; 1977 = 87% (Kocka, Angestellte, S. 198; für 1977: DIW-Wochenbericht 32-33/1978, S. 318).

170 Vgl. zu diesem neuerdings intensiv diskutierten Aspekt der Lage der Arbeiter: H. Schomerus: Die Arbeiter der Maschinenfabrik Esslingen, Stuttgart 1978, S. 148 ff., 258 ff.; dies., Lebenszyklus und Lebenshaltung in Arbeiterhaushalten im 19. Jahrhundert, in: Conze u. Engelhardt Hg., Arbeiter, S. 195-201; Reif Schäfer, S. 184 ff. Schäfer zeigt allerdings auch ein optimistischeres Beispiel von zwischen 1886 bis 1906 ansteigenden Lebensverdienstkurven. Abgesehen davon, daß seine Quelle vielleicht eine singuläre Entwicklung dokumentiert, bleibt die allgemeine Frage, ob nicht die Lohnsteigerung seit den 1870er Jahren die Lebensverdienstkurve im Alter positiv beeinflußt hat. Eine Antwort darauf steht noch aus. Entscheidend scheint dabei die Frage der Erwerbschancen der älteren Arbeiter, also die Frage, ob sie nach dem kritischen vierten Lebensjahrzehnt in den relativ gut bezahlten Arbeitsplätzen bleiben konnten oder nicht. Dies war jedoch, wie auch Schäfer zeigt, nicht selbstverständlich. Bisher scheint Borscheids Resümee noch allgemein plausibel: »Der Fabrikarbeiter

lebte zwar in den 90er Jahren – solange er noch im Berufsleben stand – deutlich besser als seine Vorfahren, im Alter jedoch sank er ebenso oft wie die Arbeiter 50 Jahre zuvor in den Zustand der Armut ab.« P. B. Borscheid, Textilarbeiterschaft in der Industrialisierung. Soziale Lage und Mobilität in Württemberg (19. Jahrhundert), Stuttgart 1978, S. 429. Zur Altersstruktur vgl. oben S. 36 ff.

171 Vgl. D. Fricke, Die deutsche Arbeiterbewegung 1869 bis 1914. Ein Handbuch über ihre Organisation und Tätigkeit im Klassenkampf, Berlin 1976, S. 734 f. Grundlegend zu diesem lange vernachlässigten Aspekt der Gewerkschaftsgeschichte: K. Schönhoven, Selbsthilfe als Form von Solidarität. Das gewerkschaftliche Unterstützungswesen im Deutschen Kaiserreich bis 1914, in: AfS 20. 1980, S. 145-93.

172 Zu diesem Vergleich s. die Beiträge in: H. F. Zacher Hg., Bedingungen für die Entstehung und Entwicklung von Sozialversicherung, Berlin 1979.

173 Vgl. Ritter, Staat, S. 43 ff.; Schäfer, S. 205 ff.

174 Vgl. Preller, passim; W. Fischer, Wirtschaftliche Bedingungen u. Faktoren bei der Entstehung und Entwicklung von Sozialversicherung, in: Zacher Hg., S. 91-102, bes. S. 94 f. Langzeitreihen zur Sozialversicherung seit 1885 bzw. 1891 in: Statistisches Bundesamt Hg., Bevölkerung u. Wirtschaft 1872-1972, Stuttgart 1972, S. 219 ff.

175 Vgl. Bundesminister für Arbeit u. Sozialordnung Hg., Bürger, S. 53 f.

176 Vgl. Osterland u. a., Materialien, S. 116 ff.

177 Ebd., Tab. 137; Ballerstedt und Glatzer, 2. Aufl., S. 257, Tab. 11.

178 Vgl. die Daten zu altersspezifischen Haushaltsgrößen bei Osterland u. a., Materialien, Tabelle 138.

179 Ebd., Tabelle 149.

180 Ballerstedt und Glatzer, S. 144. Für den Zusammenhang grundlegend: H. G. Hockerts, Sozialpolitische Entscheidungen im Nachkriegsdeutschland. Alliierte u. deutsche Sozialversicherungspolitik 1945-1957, Stuttgart 1980.

181 Vgl. Einkommensschichtung in der Bundesrepublik Deutschland 1978. Die Einkommen sozialer Gruppen vor und nach der Umverteilung, DIW Wochenbericht 46. 1979, S. 467-78, bes. S. 477. Allerdings sind die Grenzen sozialstaatlicher Sicherung gegenüber den Risiken der Erwerbstätigkeit wie Arbeitslosigkeit und Frühinvalidität in den letzten Jahren wieder deutlicher geworden. Vgl. R. G. Heinze, u. a., Armut u. Arbeitsmarkt: Zum Zusammenhang von Klassenlagen u. Verarmungsrisiken im Sozialstaat, in: Zs. f. Soziologie 10. 1981, S. 219-43.

182 Vgl. dazu J. Alber, Wohlfahrtsstaat in der Krise? Eine Bilanz nach drei Jahrzehnten Sozialpolitik in der Bundesrepublik, in: Zs. f. Soziologie 9. 1980, S. 313-42.

Kapitel III

1 Die historische Mobilitätsforschung hat infolge der methodischen Erweiterung der Sozialgeschichte durch Quantifizierung und maschinelle Datenbearbeitung neuerdings einen starken Aufschwung erlebt. Vgl. den Überblick von H. Kaelble, Historische Mobilitätsforschung. Westeuropa u. die USA im 19. und 20. Jahrhundert, Darmstadt 1978; ders. Hg., Geschichte der sozialen Mobilität seit der industriellen Revolution, Königstein 1978; mehrere Beiträge dazu auch in: Conze und Engelhardt Hg., Arbeiter. Ansätze zur Verknüpfung von mehreren Dimensionen der Mobilität bei Zwahr, Zur Konstituierung des Proletariats als Klasse. J. Kocka u. a., Familie u. soziale Plazierung. Studien zum Verhältnis von Familie, sozialer Mobilität u. Heiratsverhalten an westfälischen Beispielen im späten 18. u. 19. Jahrhundert, Opladen 1980. In diesen Untersuchungen ist auch die ältere Literatur verzeichnet, aus der, wie bei anderen Aspekten der Arbeitergeschichte, die Untersuchungen des »Vereins für Sozialpolitik« über »Auslese und Anpassung« herausragen. Für die historisch noch weniger intensiv erforschte Zeit nach 1914 vgl. G. Kleining, Soziale Mobilität in der Bundesrepublik Deutschland, in: KZfSS 27. 1975, S. 97-121 und S. 273-92; besonders aber die methodisch besser gesicherten Arbeiten von K.-U. Mayer und W. Müller (verzeichnet in: Handl u. a., Klassenlagen) und H. Tegtmeyer Hg., Soziale Strukturen. Zu Begriffen und methodischen Problemen der historischen Mobilitätsforschung einführend vgl. Kaelble, Mobilitätsforschung, S. 154 ff.; ders., Einführung und Auswertung, in: Conze u. Engelhardt Hg., Arbeiter, S. 18-31. Die Mobilitätsforschung hat sich bisher auf die männliche Linie konzentriert. Ansätze zu einem Vergleich von geschlechtsspezifischen Mobilitätschancen finden sich bei Kocka u. a., Familie; Handl; Tegtmeyer Hg.

2 Sie wurden in breitem Maße berücksichtigt in den erwähnten Studien des »Vereins für Sozialpolitik«. Vgl. die Zusammenfassung bei Bernays, Berufswahl, S. 133 ff. und S. 146 ff. Neuerer Überblick bei P. N. Stearns, Adaption to Industrialization. German workers as a Test Case, in: Central European History 3, 1970, S. 303-31.

3 Vgl. auch G. Kleining, Struktur- u. Prestigemobilität in der Bundesrepublik Deutschland, in: KZfSS 23. 1971, S. 1-33; ders., Die Veränderungen der Mobilitätschancen in der Bundesrepublik Deutschland, in: ebd., S. 789-807. Diese Arbeiten stießen auf starke methodische Kritik von K.-U. Mayer und W. Müller, Trendanalyse u. Mobilitätsforschung, in: ebd., S. 761-788. Trotz einer methodisch besseren Aufbereitung der Zahlen von 1975 bleiben infolge der Rückprojektion methodische Fragen offen. Gleichwohl sind die Kleiningschen Zahlen bis heute die einzigen, die versuchen, die sozialen Verände-

rungen der letzten hundert Jahre zu dokumentieren und behalten daher ihren, vorsichtig zu gebrauchenden, Wert.

4 Das zeigt freilich Tabelle 16 nicht, da sie keine Unterscheidung zwischen Industriearbeitern im engeren Sinne und anderen Arbeitern erlaubt. Vgl. dazu jedoch die in Anm. 1 und im folgenden genannte Literatur.

5 Zur umfangreichen Abwanderung aus der Landwirtschaft in den letzten Jahrzehnten vgl. R. Brüse, Mobilität der landwirtschaftlichen Bevölkerung. Eine Analyse der Abwanderung u. Statuszuweisung in der Bundesrepublik Deutschland, Bonn 1977.

6 D. W. Busch, Berufliche Wertorientierung u. berufliche Mobilität, Stuttgart 1973, S. 62 ff.; M. Bernays, Auslese u. Anpassung der Arbeiterschaft der geschlossenen Großindustrie. Dargestellt an den Verhältnissen der »Gladbacher Spinnerei und Weberei« AG zu Mönchen-Gladbach im Rheinland, Leipzig 1910, S. 104 ff.

7 Vgl. oben S. 48 ff. und Tabelle 6; D. Langewiesche, Wanderungsbewegungen in der Hochindustrialisierungsperiode. Regionale, interstädtische u. innerstädtische Mobilität in Deutschland, in: VSWG 64. 1977, S. 11 ff.

8 Schröder, Arbeitergeschichte, S. 44 ff.; Beispiele bei Popitz u. a., S. 156 f., 230. Zur subjektiven Einstellung der »Arbeiterbauern« heute: R. G. Heinze und H.-W. Hohn, Arbeitsmarkt u. Politik in strukturschwachen ländlichen Regionen, in: Offe Hg., Opfer, S. 151-85, bes. S. 178 f.

9 Zit. nach A. Levenstein, Aus der Tiefe. Arbeiterbriefe, Berlin 1909, S. 120. Zu Motiven und Haltungen der Arbeiter aus der ländlichen Unterschicht vgl. M. Hainisch, Die Landflucht. Ihr Wesen u. ihre Bekämpfung im Rahmen einer Agrarreform, Jena 1924, S. 30 ff.

10 Wie 1928 aus Schlesien berichtet wird: »Die Industrie stellt mit Vorliebe Landarbeiter ein, ledige oder verheiratete, weil sie infolge der höheren Löhne, die sie in der Industrie erhalten, eine gewisse Zeit (sic!) besonders arbeitswillig und arbeitssam sind, stellt sie auch ein, wenn noch hunderttausende von Industriearbeitern Arbeit suchen . . .«. Zuschrift aus Schlesien, in: Arbeit u. Beruf 7. 1928, S. 427.

11 Osterland, Innerbetriebliche Arbeitssituation, S. 180 ff.; W. Nickel, Zum Verhältnis von Arbeiterschaft u. Gewerkschaft, Köln 1974, S. 129.

12 Nach Henning, Das industrialisierte Deutschland, S. 196; Zahlen nur für erwerbstätige Flüchtlinge. Vgl. auch IMSF, Bd. 2/1, S. 46 f., 170 ff.

13 Zahlen nach E. Lemberg u. F. Edding Hg., Die Vertriebenen in Deutschland. Ihre Eingliederung u. ihr Einfluß auf Gesellschaft, Wirtschaft, Politik u. Geistesleben, Bd. 1, Kiel 1959, S. 115.

14 Kalkuliert nach: ebd., Bd. 1, S. 89, 91.

15 Vgl. z. B. C. Jantke, Bergmann u. Zeche. Die sozialen Arbeitsverhältnisse einer Schachtanlage des nördlichen Ruhrgebiets in der Sicht der Bergleute, Tübingen 1953, S. 28 ff.

16 Lemberg u. Edding Hg., Bd. 1, S. 90 ff., 163 ff., 167; P. Waldmann, Die Eingliederung der ostdeutschen Vertriebenen in die westdeutsche Gesellschaft, in: J. Becker, u. a. Hg., Vorgeschichte der Bundesrepublik Deutschland, München 1979, S. 176 f., 187.

17 Zahl kalkuliert nach Lemberg u. Edding Hg., Bd. 1, S. 89, 91. In der Literatur zu den Vertriebenen und Flüchtlingen findet sich zur Integration der Arbeiter relativ wenig, da zeitgenössisch offenbar die Integrationsprobleme der ehemals Besitzenden im Vordergrund standen. Vgl. ebd., Bd. 2, passim. S. auch Waldmann, S. 186.

18 Beispiele bei Lehmann, Arbeiterdorf, S. 31; H. Croon u. K. Utermann, Zeche u. Gemeinde. Untersuchungen über den Strukturwandel einer Zechengemeinde im nördlichen Ruhrgebiet, Tübingen 1958, S. 132 f.

19 Waldmann, S. 188.

20 Überblick bei Kaelble, Mobilitätsforschung, S. 40 ff.

21 Vgl. die Hinweise bei Müller, Lebenslauf, S. 66 ff. Schoenbaums These einer »beschleunigten Mobilität« scheint dennoch überzogen, zumal die Aufstiegsbarrieren im Bildungssystem nicht gebrochen wurden. D. Schoenbaum, Die braune Revolution. Eine Sozialgeschichte des Dritten Reiches, Köln 1970, S. 289 ff. Auf die (in ihrer quantitativen Wirkung begrenzten) NS-Ausbildungsinstitutionen als Aufstiegskanäle konzentriert sich W. Jannen, National Socialists and Social Mobility, in: Journal of Social History 9. 1976, S. 339-66. Nicht zu übersehen, aber noch kaum erforscht ist der Umstand, daß die DAF ähnlich wie früher die 1933 zerstörten Organisationen der Arbeiterbewegung Arbeitern einen Aufstieg ermöglichten. Hinweise bei Jannen, S. 366, Anm. 105; Mason, Sozialpolitik, S. 262, Anm. 152. Allerdings weist diese Form des Aufstiegs auf eine der Schwächen der Messung der Mobilität hin, denn die angestellten Funktionäre, Redakteure u. ä. haben sich in ihrer Funktion und in ihrem Selbstverständnis wohl nicht von der Arbeiterschaft entfernt, wie das sonst beim Aufstieg implizit mitgedacht wird.

22 Kleining, Soziale Mobilität, Teil I, S. 115 ff. In die gleiche Richtung weisen die Daten von R. Mayntz, Soziale Schichtung u. sozialer Wandel in einer Industriegemeinde, Stuttgart 1958, S. 154 ff.

23 Nach den Zahlen bei K. U. Mayer u. W. Müller, Soziale Ungleichheit. Prozesse der Statuszuweisung u. Legitimitätsglaube, in: K. H. Hörning, Soziale Ungleichheit, Darmstadt 1976, S. 116; Ballerstedt u. Glatzer, S. 311.

24 Vgl. den Überblick von L. Trommer-Krug u. L. Krappmann, Soziale

Herkunft u. Schulbesuch, in: Max-Planck-Institut für Bildungsforschung. Projektgruppe Bildungsbericht Hg., Bildung, Bd. 1, S. 217-82.

25 Ebd., Tabelle 6.

26 H. Kaelble, Chancenungleichheit u. akademische Ausbildung in Deutschland 1910-1960, in: GG 1. 1975, S. 124; Ballerstedt und Glatzer, S. 298 f.

27 Trommer-Krug, Tabelle 8.

28 So nannte ein älterer Arbeiter den schon länger zurückliegenden Besuch des Gymnasiums durch den Sohn eines Kollegen, mit dem bezeichnenden Zusatz: »Aber er hat (es) nicht absolviert, er wurde nachher auch bloß Elektriker«. Zit. bei B. Rabe, Der sozialdemokratische Charakter. Drei Generationen aktiver Parteimitglieder in einem Arbeiterviertel, Frankfurt 1978, S. 95.

29 S. Grimm, Die Bildungsabstinenz der Arbeiter, München 1966, S. 86 ff., 141 f. (Zitat).

30 Osterland, Lebensbilanzen, S. 278 ff., 284. K. U. Mayer, Ungleichheit u. Mobilität im sozialen Bewußtsein. Untersuchungen zur Definition der Mobilitätssituation, Opladen 1975, S. 174: Nur eine Minderheit (weniger als 25%) von 1969 befragten Arbeitern im Alter von 33 Jahren wollte für die Söhne eine Ausbildung für einen Arbeiterberuf. Die Hälfte der Facharbeiter und 31% der Un- und Angelernten wollte für sie das Abitur. Niedrigere Absichtsquoten aus Umfragen von 1972 nennt jedoch Trommer-Krug, S. 233, Tabelle 11.

31 Hinweise bei K. U. Mayer, Gesellschaftliche Entwicklung, Gesellschaftspolitik u. soziale Ungleichheit, in: W. Zapf Hg., Probleme der Modernisierungspolitik, Meisenheim 1977, S. 218, Anm. 26; Trommer-Krug, S. 233 f.

32 Vgl. H. Ortmann, Arbeiterfamilie u. sozialer Aufstieg. Kritik einer bildungspolitischen Leitvorstellung, München 1971, bes. 81 ff.

33 Über diese in der Mobilitätsforschung umstrittene und infolge methodischer Probleme fast unentscheidbare Frage nach zunehmender oder abnehmender Mobilität i. S. des Abbaus von Mobilitätsschranken vgl. zuletzt: R. Allerbeck u. H. R. Stork, Soziale Mobilität in Deutschland 1833-1970, in: KZfSS 32. 1980, S. 93-110. Die Autoren kommen aufgrund einer methodischen Sekundäranalyse der vorliegenden Mobilitätsstudien zu dem Schluß, daß die Mobilitätsschancen stagnierten.

34 Vgl. Mayer, Ungleiche Chancen u. Klassenbildung, S. 488 ff. insbes. Tabelle 9 (Q-Werte); ders., Soziale Ungleichheit u. Mobilität, in: Zapf Hg., Lebensbedingungen, S. 189 ff.

35 Vgl. J. Nothaas, Sozialer Aufstieg u. Abstieg im deutschen Volk. Statistische Methoden u. Ergebnisse, München 1930, S. 99, 102 f.

36 Schomerus, Arbeiter, S. 273 ff.; Borscheid, Textilarbeiterschaft,

S. 343 ff., 351, 527; K. Ditt, Familie und soziale Plazierung in den Bielefelder Unterschichten im 19. Jahrhundert, in: Kocka u. a., S. 310, 371; R. Ehrenberg u. H. Racine, Krupp'sche Arbeiterfamilien. Entwicklung u. Entwicklungsfaktoren von drei Generationen deutscher Arbeiter, Jena 1912, S. 381 ff. Ein direkter Vergleich jener Ziffer ist aber wegen unterschiedlicher methodischer Grundlagen nicht möglich! Vgl. Kaelble, Einführung, in: Conze u. Engelhardt Hg., Arbeiter, S. 26. Wegen der sozialen Sicherheit begehrt, trotz politischer Kontrolle und niedrigeren Löhnen als in der Industrie, waren im übrigen die Eisenbahnarbeiterstellen. Vgl. K. Saul, Konstitutioneller Staat u. betriebliche Herrschaft. Zur Arbeiter- u. Beamtenpolitik der preußischen Staatseisenbahnverwaltung 1890-1914, in: D. Stegmann u. a. Hg., Industrielle Gesellschaft u. politisches System. Festschrift für Fritz Fischer, Bonn 1978, S. 315-36, bes. S. 323 ff.

37 Mayer u. Müller, Soziale Ungleichheit, Prozesse der Statuszuweisung und Legitimitätsglaube, S. 116; zur Rekrutierung der industriellen Angestellten aus qualifizierten Arbeiterschichten während der Weimarer Republik s. H. Speier, Die Angestellten vor dem Nationalsozialismus. Ein Beitrag zum Verständnis der deutschen Sozialstruktur 1918-1933, Göttingen 1977, S. 44 ff.

38 Schomerus, Arbeiter, S. 273 ff.; Borscheid, Textilarbeiterschaft, S. 343 ff.; Ditt, Familie, S. 308 f., 371; R. Schüren, Familie u. soziale Plazierung in einer durch Heimgewerbe, Landwirtschaft u. Industrialisierung geprägten Gemeinde am Beispiel des Kirchspiels Borghorst im 19. Jahrhundert, in: Kocka u. a., S. 364, 236 ff.; D. Crew, Bochum. Sozialgeschichte einer Industriestadt, Berlin 1980, S. 100.

39 Zit. nach Wald, S. 15.

40 Ballerstedt u. Glatzer, S. 311.

41 Vgl. z. B. G. Schulz, Die Arbeiter u. Angestellten bei Felten & Guilleaume. Sozialgeschichtliche Untersuchung eines Kölner Industrieunternehmens im 19. und beginnenden 20. Jahrhundert, Wiesbaden 1979, S. 212 ff., 248, 309 ff.; J. Kocka, Unternehmensverwaltung u. Angestelltenschaft am Beispiel Siemens 1847-1914. Zum Verhältnis von Kapitalismus u. Bürokratie in der deutschen Industrialisierung, Stuttgart 1969, S. 125, 231; ebd., S. 226: Zitat von P. Göhre. Vetterli, S. 81 f. Über analoge Verhältnisse im Bergbau vgl. K. Tenfelde, Bildung u. sozialer Aufstieg im Ruhrbergbau vor 1914, in: Conze u. Engelhardt Hg., Arbeiter, S. 465-93.

42 Innerhalb der Geburtsjahrgänge 1920-1936 kamen bis 1971 in der »Arbeiterelite« der Meister u. ä. zwar 63,8% aus Arbeiterfamilien. Aber nur 3,7% bzw. 5,6% der Arbeitersöhne jener Geburtsjahrgänge war bis 1971 Meister oder Vorarbeiter geworden. Vgl. Müller u. Mayer, Soziale Ungleichheit, Prozesse der Statuszuweisung u. Legitimitätsglaube, S. 114, 116.

43 Vgl. oben S. 36 ff.; Schäfer, S. 208 ff.

44 Auch sonst finden sich Hinweise auf die »Überalterung« des selbständigen Handwerks, allerdings ohne hinreichende Analysen. Vgl. z. B. S. Volkov, The Rise of Popular Antimodernism in Germany. The Urban Master Artisans, 1873-1896, Princeton 1978, S. 27 f.; H. Knöpp, Das selbständige Handwerk in der öffentlichen Fürsorge, in: Soziale Praxis 41. 1932, S. 1549.

45 Weber, Wirtschaft u. Gesellschaft, S. 179.

46 Auf diese Berufe der aus Altersgründen aus der Fabrik ausscheidenden Industriearbeiter weist hin: A. Weber, Berufsschickal, S. 384; Reif, S. 37 ff.

47 In Tabelle 19 sind vor allem die Kategorien der Zielgruppen des Aufstiegs problematisch. Die Einstufung als Facharbeiter ist bei Mayer insofern restriktiver, als sie nicht mehr die Handwerker erfaßt, die Crew – in Anlehnung an die amerikanische Unterscheidung von »manual«- und »non-manual«-Berufen – noch den Facharbeitern zurechnet. »Mittelschicht« und Selbständige faßt Crew unter »non-manual« zusammen, während hier in der nach Mayer vorgenommenen Gruppierung die »Mittelschicht« alle Positionen von Nicht-Arbeiterberufen umfaßt mit Ausnahme der gewerblich Selbständigen. Mayer selber schränkt dagegen in seiner Tabelle die Kategorie »Mittelschicht« auf die mittleren und höheren Ränge der Angestellten und Beamten ein. In Tabelle 19 ist sie dagegen als Residualkategorie neben den anderen Abstromquoten errechnet worden, da aus Mayers unterschiedlichen Präsentationen der Daten die in Tabelle 19 angestrebte Verteilung der Übergänge in die einzelnen Kategorien nicht klar hervorgeht.

48 Vgl. Crew, Bochum, S. 78, 93 ff. Hauptsächlich zu den 1950er Jahren: B. Lutz u. F. Weltz, Der zwischenbetriebliche Arbeitsplatzwechsel. Zur Soziologie u. Sozialökonomie der Berufsmobilität, Frankfurt 1966.

49 Das Folgende nach: H. Hofbauer, Berufswege von Erwerbstätigen mit Facharbeiterausbildung, in: Mitteilungen aus der Arbeitsmarkt- u. Berufsforschung 14. 1981, S. 127-38; vgl. dazu auch ders., Statusmobilität in den siebziger Jahren, in: ebd. 13. 1980, S. 521-30.

50 Vgl. oben S. 52 ff.

51 Vgl. oben S. 21 ff. und Anm. 116 zu Kapitel II.

52 Vgl. die empirisch noch ungesicherte Auseinandersetzung zwischen Fröhlich und Kreckel: D. Fröhlich, Die Arbeiterschaft – »Bestandsmasse« oder »Durchgangsmasse«?, in: KZfSS 30. 1978, S. 283-304; R. Kreckel, Die Arbeiterschaft als sozialstatistische Manövriermasse. Eine Replik auf D. Fröhlichs »Die Arbeiterschaft – ›Bestandsmasse‹ oder ›Durchgangsmasse‹?«, in: ebd. 31. 1979, S. 145-50; D. Fröhlich, Kunstfehler in der sozialwissenschaftlichen Argumentation. Eine Er-

widerung auf R. Kreckel, in: ebd., S. 150-54. Fröhlichs in der Fragestellung interessante Kalkulationen über die kumulative Wirkung der verschiedenen Mobilitätsarten auf die soziale Zusammensetzung der Arbeiterschaft und damit auf die häufig angenommene sozialisationswirksame Homogenität der Arbeiterschaft kranken an methodischen Risiken, die Kreckel zu Recht moniert.

53 R. Dahrendorf, Gesellschaft u. Demokratie in Deutschland, München 1968, S. 103.

54 Jene klassische, weithin meinungsbildend gewordene Untersuchung von Popitz u. a. (Gesellschaftsbild) hat nicht das Gesellschaftsbild »der« Arbeiter, sondern der Hüttenarbeiter der Ruhr dokumentiert. Daneben sind Vergleiche mit dieser Untersuchung auch deshalb schwierig, weil diese Studie in ihrer Verknüpfung von eindringlicher Deskription und differenzierter Analyse bisher unerreicht geblieben ist. Die Aussagearmut von Umfragedaten, welche die Literatur weithin beherrschen, tritt gegenüber dieser Untersuchung deutlich hervor. Vgl. den Versuch, mit diesen Mitteln die Popitzsche Fragestellung aufzunehmen: D. Fröhlich, Ursachen eines dichotomischen Gesellschaftsbildes bei Arbeitern, in: KZfSS 33. 1981, S. 302-28.

55 Kmieciak, Tabellen III, 10b, 10c.

56 Nach Ballerstedt u. Glatzer, 2. Aufl., S. 368.

57 Mayer u. Müller, Soziale Ungleichheit. Prozesse der Statuszuweisung u. Legitimitätsglaube, S. 126 ff., Zitat S. 129.

58 IG-Metall Hg., Werktage müssen menschlicher werden, S. 21 f.

59 Vgl. die Hypothese bei Mayer u. Müller, Soziale Ungleichheit. Prozesse der Statuszuweisung u. Legitimitätsglaube, S. 113, 130.

60 Ebd., S. 129 f.; vgl. auch K. U. Mayer, Soziale Mobilität u. die Wahrnehmung gesellschaftlicher Ungleichheit, in: Zs. f. Soziologie 1. 1972, S. 156-76; ders., Ungleichheit u. Mobilität im sozialen Bewußtsein, Opladen 1975, S. 130 ff.

61 Die genannten Ziffern nach: K. Janowitz, Soziale Schichtung u. Mobilität in Westdeutschland, in: KZfSS 10. 1958, S. 1-38, hier S. 29; Mayer, Soziale Mobilität u. die Wahrnehmung gesellschaftlicher Ungleichheit, S. 175; Lepsius, Ungleichheit, in: Wehler Hg., Klassen, S. 188; weitere Ziffern in: ders., Sozialstruktur u. soziale Schichtung in der Bundesrepublik Deutschland, in: R. Löwenthal u. H.-P. Schwarz Hg., Die zweite Republik, Stuttgart 1974, S. 263-88, hier S. 277.

62 A. Evers, Solidarität u. Interesse. Die deutschen Gewerkschaften im Spannungsfeld von Anspruch u. Wirklichkeit, Frankfurt 1979, S. 274; C. Eckart u. a., Arbeiterbewußtsein, Klassenzusammensetzung u. ökonomische Entwicklung. Empirische Thesen zum »instrumentellen Bewußtsein«, in: Gesellschaft. Beiträge zur Marxschen Theorie, Bd. 4, Frankfurt 1975, S. 27.

63 Nach H. Daheim, Die Vorstellungen vom Mittelstand, in: KZfSS 12. 1960, S. 241.

64 Zit. nach Croon u. Utermann, S. 112; vgl. auch ebd., S. 107 ff. Vgl. die Meinungsbilder junger Arbeiter 1952, in: H. Schelsky Hg., Arbeiterjugend gestern und heute, Heidelberg 1955, S. 343 ff.

65 Vgl. Daheim, S. 253. Zur altersspezifischen Selbstzurechnung zu sozialen Schichten im Jahre 1978 vgl. Lepsius, Ungleichheit, in: Wehler Hg., Klassen, S. 189: Von allen Erwerbstätigen rechneten sich 23% der jungen Generation (18 bis 34 Jahre), 30% der mittleren Generation (35 bis 59 Jahre) und 39% der älteren Generation (über 60 Jahre) der Arbeiterschaft zu. Hierin spiegelt sich die generationenspezifische Betroffenheit durch die Umschichtung des Beschäftigungssystems, während eine altersspezifische Selbstzurechnung der Arbeiter zur Arbeiterschaft daraus nicht hervorgeht.

66 Vgl. dazu die Selbstaussagen von Arbeitern bei H. Moore u. G. Kleining, Das soziale Selbstbild der Gesellschaftsschichten in Deutschland, in: KZfSS 12. 1960, S. 103; s. auch oben S. 72, 217.

67 Vgl. Mayer, Soziale Mobilität u. die Wahrnehmung gesellschaftlicher Ungleichheit, S. 168 und Tabelle 4, S. 172: In einer Gruppe von 1969 33jährigen männlichen Facharbeitern (die mit ihrem Alter und ihrer regionalen Herkunft aus dem schwach industrialisierten Bodenseegebiet nicht repräsentativ sein kann) gaben 26% keine Antwort auf die Frage nach der Gliederung der Gesellschaftsstruktur; von denjenigen mit einer Antwort nannten 25% dichotomische und 34% hierarchische Vorstellungen, während 41% andere Einteilungen angaben. Ähnliche Verteilungen zeigten auch die un- und angelernten Arbeiter.

68 Vgl. M. R. Lepsius, Zum Wandel der Gesellschaftsbilder in der Gegenwart, in: KZfSS 14. 1962, S. 450 f.

69 Vgl. etwa die Darstellung des Wohnverhaltens bei H. Schomerus, Die Wohnung als unmittelbare Umwelt. Unternehmer, Handwerker u. Arbeiterschaft einer württembergischen Industriestadt 1850-1890, in: L. Niethammer Hg., Wohnen im Wandel. Beiträge zur Geschichte des Alltags in der bürgerlichen Gesellschaft, Wuppertal 1979, S. 211-22. Zur sozialmoralischen Kleinbürgerlichkeit, allerdings im Lichte der kommunistisch-kulturrevolutionären Kritik, vgl. O. Rühle, Illustrierte Kultur- u. Sittengeschichte des Proletariats, Bd. 1, Berlin 1930/Neudruck Frankfurt 1970; Bd. 2, Lahn-Gießen 1977, hier v. a. Bd. 2, Kapitel III: »Schatten der Vergangenheit«.

70 F. Fürstenberg, Die Soziallage der Chemiearbeiter. Industriesoziologische Untersuchungen in rationalisierten und automatisierten Chemiebetrieben, Neuwied 1969, S. 146 f., 152, 157, 160 f., 165, 182, 185; Mayer, Ungleichheit u. Mobilität im sozialen Bewußtsein, S. 100, 167 f. Vgl. oben S. 83.

71 Vgl. die Interpretation von D. Langewiesche u. K. Schönhoven, Zur Lebensweise von Arbeitern in Deutschland im Zeitalter der Industrialisierung, in: dies. Hg., Arbeiter in Deutschland, Paderborn 1981, S. 17 f.; hier auch weitere Literatur zu den Wanderungen. S. a. D. Crew, Modernität u. soziale Mobilität in einer deutschen Industriestadt: Bochum 1880-1901, in: H. Kaelble Hg., S. 169 f. Zu Wanderungsmotiven um 1970 (allerdings nicht nur für Arbeiter): K. Horstmann, Zur Soziologie der Wanderungen, in: R. König Hg., Handbuch der empirischen Sozialforschung, Bd. 5: Soziale Schichtung u. Mobilität, Stuttgart 1976², S. 142 ff.

72 Vgl. H.-U. Wehler, Vorüberlegungen zur historischen Analyse sozialer Ungleichheit, in: ders. Hg., Klassen, S. 21. Hier auch Nachweis des Schumpeter-Zitats.

73 Weber, Wirtschaft u. Gesellschaft, S. 179 f. Vgl. auch die begrifflichen Überlegungen bei Mayer, Statushierarchie u. Heiratsmarkt, in: Handl u. a., Klassenlagen, S. 159 ff.

74 Schomerus, Arbeiter, S. 307 f. Borscheid, Textilarbeiterschaft, S. 337.

75 Diese Zahlen stellte mir freundlicherweise Karl Ditt zur Verfügung. Vgl. auch ders., Familie, in: Kocka u. a., S. 289-326, mit methodisch anders konstruierten Ziffern zur konnubialen Mobilität. Die im Text genannten Ziffern basieren auf Berufsangaben für Bräutigam und Schwiegervater zum Zeitpunkt der Heirat.

76 Lepsius, Ungleichheit, in: Wehler Hg., Klassen, S. 183.

77 Ditt, Familie, in: Kocka u. a., S. 373; Nothaas, S. 115.

78 Diese Formulierung ist durch die Häufigkeitsverteilung der Eheschließungen in Tabelle 20b. noch nicht belegt, sondern erst durch ein anderes statistisches Maß, den Assoziationsindex. Vgl. dazu Mayer, Statushierarchie, S. 181 ff.

79 Vgl. ebd., S. 176, 180 und die zusammenfassende Darstellung der Tabelle bei Lepsius, Ungleichheit, in: Wehler Hg., Klassen, S. 184.

80 Vgl. Handl, Chancen von Frauen, S. 513, Tab. 4.

81 Die Bauern hatten 1971 mit 81% die weitaus höchste Selbstrekrutierungsquote in der Wahl der Ehefrauen. Ein den Bauern und Arbeitern nahe kommendes schichtenspezifisches Konnubium zeigen sonst nur noch die höheren Beamten. Vgl. Mayer, Statushierarchie, S. 174 ff.

82 Die historische Soziologie der Berufsfindung der Arbeiter gehört noch zu den am wenigsten erforschten Teilgebieten. Hinweise bei Bernays, Auslese, S. 125 ff.; familiäre Berufstraditionen am Beispiel der Umwalzer: Popitz u. a., S. 250 ff.; zum Einfluß der Familie Hinweise bei Neuloh u. a., S. 251, 256 f., 264 f. Ein expliziter Versuch bei Kocka u. a. In der Diskussion um die »wissenschaftliche Betriebsführung«, die nach dem Ersten Weltkrieg besonders intensiv geführt

wurde, nahmen die »dysfunktionalen« Bedeutungen und Motive bei der Berufswahl einen großen Raum ein. Vgl. z. B. B. Rauecker, Soziale Bedeutung der Berufsauslese u. der wissenschaftlichen Betriebsführung, in: Arbeit u. Beruf 1. 1921/22, S. 304-306. Unter neueren Studien: U. Beck u. a., Berufswahl u. Berufszuweisung. Zur sozialen Verwandtschaft von Ausbildungsberufen, Frankfurt 1979.

83 Vgl. unten S. 151 ff.

84 Lepsius, Ungleichheit, in: Wehler Hg., Klassen, S. 205.

85 Vgl. das Beispiel bei Wald, S. 69.

86 Lepsius, Ungleichheit, in: Wehler Hg., Klassen, S. 188.

87 Vgl. Speier, S. 66 ff. Allg. und zusammenfassend zum Arbeiter-Angestellten-Unterschied: J. Kocka, Angestellte zwischen Faschismus und Demokratie. Zur politischen Sozialgeschichte der Angestellten: USA 1890-1940 im internationalen Vergleich, Göttingen 1977, S. 49 ff. Zur Geltung von Angestelltenberufen s. unten S. 217.

88 Vgl. dazu exemplarisch und für die Unterschiedlichkeit der Ansätze: A. Lüdtke, Alltagswirklichkeit, Lebensweise und Bedürfnisartikulation. Ein Arbeitsprogramm zu den Bedingungen ›proletarischen Bewußtseins‹ in der Entfaltung der Fabrikindustrie, in: Gesellschaft. Beiträge zur Marxschen Theorie, Bd. 11, Frankfurt 1978, S. 311-50; G. A. Ritter Hg., Arbeiterkultur, Königstein 1979 (mit einer umfangreichen Bibliographie); J. Kocka Hg., Arbeiterkultur im 19. Jahrhundert = GG 5, 1979, H. 1; J. Reulecke u. W. Weber Hg., Fabrik – Familie – Feierabend. Beiträge zur Sozialgeschichte des Alltags im Industriezeitalter, Wuppertal 1978; H. Haumann Hg., Arbeiteralltag in Stadt und Land. Neue Wege der Geschichtsschreibung, Berlin 1982; R. Berdahl u. a., Klassen u. Kultur. Sozialanthropologische Perspektiven in der Geschichtsschreibung, Frankfurt 1982.

89 In dieser Intention kreuzten sich Autoren verschiedenster politischer Richtungen. Vgl. etwa die scharfe Polemik des belgischen Sozialistenführers H. de Man, der längere Zeit in Deutschland tätig und dem »ethischen« Sozialismus verpflichtet war: Zur Psychologie des Sozialismus, Jena 1928, S. 181 ff. Der bürgerliche Sozialreformer G. Kessler schrieb 1928: »Die deutsche Arbeiterschaft hat seit zwei Menschenaltern eine eigene Politik, sie hat Ansätze zu eigenen wirtschaftlichen Leistungen; eine eigene Kultur hat sie bisher noch nicht, und der Marxismus, der im geistigen Leben nichts sieht als einen mit der Mechanik von Technik und Wirtschaft sich automatisch wandelnden ›ideologischen Überbau‹ des materiellen Unterbaus, kann seinem Wesen nach eine eigene Arbeiterkultur auch nicht schaffen.« Kessler setzte daher Hoffnungen auf die kleine Gruppe der »religiösen Sozialisten«, die den »platten Rationalismus und Materialismus (der Arbeiter), der beschämender Weise nichts anderes ist als ›bürgerliche Erbmasse‹ aus den siebziger und achtziger Jahren« überwinden sollten.

G. Kessler, Die Lage der deutschen Arbeiterschaft seit 1914, in B. Harms Hg., Strukturwandlungen der deutschen Volkswirtschaft, Bd. 1, Berlin 1928, S. 456. Von einer ähnlichen Diagnose des Status quo ging der Kommunist Otto Rühle aus, als er 1930 schrieb, daß »das Proletariat erst jetzt« beginne, »eine eigene Kultur zu entwickeln und noch von bürgerlicher Kultur durchtränkt« sei, und seine Hoffnungen auf die kommunistische Arbeiterbewegungskultur setzte. Rühle, Bd. 1, S. 287. Vgl. auch R. Woldt, Die Lebenswelt des Industriearbeiters, Leipzig 1926, S. 28 ff. Die revolutionäre Variante stützte sich dabei auf das Kommunistische Manifest, das zwar nicht den Begriff Arbeiterkultur kennt, aber die Sache: »Der Proletarier ist eigentumslos; sein Verhältnis zu Weib und Kindern hat nichts mehr gemein mit dem bürgerlichen Familienverhältnis; die moderne industrielle Arbeit, die moderne Unterjochung unter das Kapital, dieselbe in England wie in Frankreich, in Amerika wie in Deutschland, hat ihm allen nationalen Charakter abgestreift. Die Gesetze, die Moral, die Religion sind für ihn ebenso viele bürgerliche Vorurteile, hinter denen sich ebenso viele bürgerliche Interessen verstecken.« (MEW, Bd. 4, S. 472). Auf der entgegengesetzten Seite gab es auch einen rechts-revolutionären, gewissermaßen vulgär-rousseauistischen Begriff von Arbeiterkultur. Vgl. die Hinweise bei Mason, Sozialpolitik, S. 73 ff.

90 Berdahl u. a., S. 11.

91 Vgl. oben Anm. 88. Für das 20. Jahrhundert ist bisher mehr über den Alltag im »Dritten Reich« als in der Weimarer Republik geschrieben worden. Vgl. zusammenfassend D. Peukert, Volksgenossen u. Gemeinschaftsfremde. Anpassung, Ausmerze u. Aufbegehren unter dem Nationalsozialismus, Köln 1982.

92 Als Überblicksdarstellungen zur Arbeiterfamilie vgl. H. Rosenbaum, Formen der Familie. Untersuchungen zum Zusammenhang von Familienverhältnissen, Sozialstruktur u. sozialem Wandel in der deutschen Gesellschaft des 19. Jahrhunderts, Frankfurt 1982, S. 381-475; Reck, Arbeiter; gute Quellensammlungen: K. Saul u. a. Hg., Arbeiterfamilien im Kaiserreich. Materialien zur Sozialgeschichte in Deutschland 1871-1914, Königstein 1982; W. Hubbard, Familiengeschichte. Materialien zur deutschen Familie seit dem Ende des 18. Jahrhunderts, München 1983.

93 M. v. d. Grün, Arbeit – was das war u. was das ist, in: Frankfurter Hefte 32, 1977/Heft 4, S. 15-18.

94 Croon u. Utermann, S. 107 f.

95 Vgl. zum Folgenden: Niethammer u. Brüggemeier, Wie wohnten Arbeiter?, Niethammer Hg., Wohnen im Wandel.

96 Niethammer u. Brüggemeier, Wie wohnten Arbeiter?, S. 84.

97 Vgl. ebd., S. 122 ff.; Brüggemeier, Leben, S. 52 ff.

98 So der Verf. einer Schrift über das Untermietwesen in Essen, zitiert nach: F. Brüggemeier u. L. Niethammer, Schlafgänger, Schnapskasinos u. schwerindustrielle Kolonie. Aspekte der Arbeiterwohnungsfrage im Ruhrgebiet vor dem Ersten Weltkrieg, in: Reulecke u. Weber Hg., S. 149. Vgl. Sombart, Proletariat, S. 16 ff., der bezeichnenderweise schließt: »Ein Geschlecht wächst heran, daß keine Hausmusik mehr kennt.« (S. 32)

99 Zur Differenzierung des Schlafgängerwesens vgl. Niethammer u. Brüggemeier, Wie wohnten Arbeiter?, S. 128 ff. Zum Wohnen der Arbeiter auf dem Land vgl. z. B. Dr. Fuchs, Die Verhältnisse der Industriearbeiter in 17 Landgemeinden bei Karlsruhe, Karlsruhe 1904, S. 170 ff. über das fehlende Schlafgängerwesen.

100 Vgl. die Zahlen in StDR, Bd. 407, S. 546 ff.

101 Vgl. P.-C. Witt, Inflation, Wohnungszwangswirtschaft u. Hauszinssteuer. Zur Regelung von Wohnungsbau u. Wohnungsmarkt in der Weimarer Republik, in: Niethammer Hg., Wohnen, S. 385-407.

102 Vgl. die Steigerung des Mobiliarwerts bei ländlichen Arbeitern: R.-E. Mohrmann, Ländliches Wohnverhalten im südlichen Niedersachsen von der Mitte des 19. Jahrhunderts bis um 1930, in: AfS 19. 1979, S. 439 ff. Zum Inventar, das sich vom kleinbürgerlichen nur graduell unterschied: Schomerus, Wohnung als unmittelbare Umwelt, in: Niethammer Hg., Wohnen, S. 211-32.

103 Die Kinderzahl in Arbeiterehen, die vor 1904 bzw. 1905/09 geschlossen wurden und 1939 noch bestanden, betrug im Durchschnitt 4,67 bzw. 3,82 Kinder; die entsprechende Zahl der Angestelltenehen war 3,39 bzw. 2,66 und bei Ehen von unteren/mittleren Verwaltungsbeamten 3,18 bzw. 2,52. Vgl. R. Spree, Angestellte als Modernisierungsagenten. Indikatoren u. Thesen zum reproduktiven Verhalten von Angestellten im späten 19. u. frühen 20. Jahrhundert, in: J. Kocka Hg., Angestellte im europäischen Vergleich, Göttingen 1981, S. 298.

104 P. Göhre, Drei Monate Fabrikarbeiter u. Handwerksbursche (1891), Gütersloh 1978, S. 39.

105 Vgl. M. Baum, Über das von einer Familie täglich zu leistende Arbeitspensum u. den Rhythmus des Familienlebens, in: AfSS 64. 1930, S. 595-615, bes. 602 ff.

106 Göhre, S. 39.

107 Vgl. Rosenbaum, S. 251-380.

108 H. Treitschke, Der Socialismus u. seine Gönner, in: Preußische Jahrbücher 34. 1874, S. 83.

109 Anonym, Ein Beispiel aus der gewerkschaftlichen Bildungsarbeit: Geschichte der Arbeiterbewegung Süd-Niedersachsens, in: A. Klönne, u. K. Vack Hg., Zur Geschichte der Arbeiterbewegung, H. 4, Offenbach 1978, S. 73.

110 Vgl. Osterland u. a., Materialien, S. 173 ff., 351.

111 Vgl. Daten ebd., S. 177 ff.; Schilderungen bei J. Roth, Armut in der Bundesrepublik. Untersuchungen u. Reportagen zur Krise des Sozialstaats, Hamburg 1979.

112 Die Arbeiterfamilien waren insgesamt gesehen Nachzügler in der innerehelichen Geburtenbeschränkung. Sie setzte wahrscheinlich zuerst bei den besser verdienenden Arbeitern in der Großstadt und hier schon vor 1914 ein. 1971 hatte eine Arbeiterehe nach mindestens 10jähriger Ehedauer durchschnittlich 2,2 Kinder (zum Vergleich s. oben Anm. 103). Vgl. G.-R. Rückert, Die Kinderzahl der Ehen in der Bundesrepublik Deutschland im Intergenerationenvergleich, in: Tegtmeyer Hg., Soziale Strukturen, S. 319-36. Die Geburtenbeschränkung und Familienplanung unter Arbeitern ist noch nicht zureichend erforscht. Wahrscheinlich war sie ein äußerst leidvoller Prozeß für die Frauen, da angesichts der Diskriminierung der Empfängnisverhütung durch kirchliche und konservative Kräfte die Abtreibung zum Mittel der Geburtenbeschränkung werden mußte. Vgl. A. Castell, Unterschichten im »Demographischen Übergang«: Historische Bedingungen des Wandels der Fruchtbarkeit u. Säuglingssterblichkeit, in: H. Mommsen u. W. Schulze Hg., Vom Elend der Handarbeit, Stuttgart 1981, S. 373-94; A. Bergmann, Frauen, Männer, Sexualität u. Geburtenkontrolle. Zur »Gebärstreikdebatte« der SPD 1913, in: K. Hausen Hg., Frauen suchen ihre Geschichte. Historische Studien zum 19. u. 20. Jahrhundert, München 1983, S. 81-109.

113 Osterland u. a., Materialien, Anhang Tab. 157. Als Standard ausreichender Wohnungsversorgung gilt heute ein Raum pro Person (Glatzer, Ziele, Standards u. soziale Indikatoren für die Wohnungsversorgung, in: Zapf Hg., Lebensbedingungen, S. 625 ff.). Die Zahlen von 1925 in Tab. 21 sind mit den genannten nur grob vergleichbar, da 1968 die Wohnparteien einschließlich der Untermietparteien, 1925 aber nur die Familien erhoben wurden. Der Indikator von 1925 ist also enger. Trotzdem macht er die Entwicklung der Verkleinerung der Haushalte deutlich. 30,5% der Arbeiterfamilien umfaßten 1925 fünf und mehr Personen (vgl. Tab. 21).

114 Vgl. Osterland u. a., Materialien, S. 179 ff.; Ermrich, S. 347 ff. (Struktur und Ausstattung der Wohnungen nach Bauperioden, jedoch nicht schichtenspezifisch differenziert).

115 Lehmann, Arbeiterdorf, S. 37 ff.; Wald, S. 37 ff.; Erinnerungen an das Wohnverhalten in den 1920er und 1930er Jahren bei Bergarbeitern: R. Günther, Eisenheim. Die Erfahrung einer Arbeiterkolonie, in: Niethammer Hg., Wohnen, S. 188-210, bes. S. 197 ff. (»In der Küche kannste sitzen, wie du rein kommst. Ohne dich umzuziehen.«)

116 O. Neuloh u. J. Kurucz, Vom Kirchdorf zur Industriegemeinde. Un-

tersuchungen über den Einfluß der Industrialisierung auf die Wertordnung der Arbeitnehmer, Köln 1967, S. 199.

117 L. Niethammer, Privat-Wirtschaft. Erinnerungsfragmente einer anderen Umerziehung, in: ders. Hg., »Hinterher merkt man, daß es richtig war, daß es schiefgegangen ist«. Lebensgeschichte u. Sozialkultur im Ruhrgebiet 1930 bis 1960, Bd. 2, Berlin 1983, S. 49.

118 Das bezeugen viele Umfragedaten. Vgl. Kmieciak, Wertstrukturen, Anhang Tabellen I/1 f., IV/12. Ermrich, S. 316; Mayer, Ungleichheit u. Mobilität, S. 120 ff., 132 (Relevanz der Familie für die Wahrnehmung der Mobilität). Für die 1950er Jahre: E. Reigrotzki, Soziale Verflechtungen in der Bundesrepublik. Elemente der sozialen Teilnahme in Kirche, Politik, Organisationen u. Freizeit, Tübingen 1956, S. 197 ff.: In den Wunschhierarchien standen Reisen (1. Stelle) und Familien hoch oben und besonders bei den niedrigen Einkommensgruppen (Arbeiter) noch deutlich vor dem nächsten Ziel, der beruflichen Fortbildung.

119 Zur Nachkriegszeit vgl. die noch nicht überholten Untersuchungen von H. Schelsky, Wandlungen der deutschen Familie in der Gegenwart, Stuttgart 1955[3]; G. Wurzbacher, Leitbilder des gegenwärtigen deutschen Familienlebens, Stuttgart (1952) 1968[4]. Untersuchungen über die Arbeiterfamilie in der großen Depression gibt es für Deutschland nicht. Vgl. aber exemplarisch: G. H. Elder, Children of the Great Depression. Social Change in Life and Experience, Chicago 1974, eine klassische Untersuchung über die amerikanische Depression.

120 Vgl. die Befunde der Befragung württembergischer Metallarbeiter 1979. Werktags konnten danach »nie mit der Familie frühstücken«: 64% der Arbeiter, 47% der Angestellten und 73% der Schichtarbeiter. An einem Arbeitstag waren länger als zehn Stunden von zu Hause abwesend: 51% der Arbeiter, 46% der Angestellten und 49% der Schichtarbeiter. IG Metall Hg., Werktage, S. 44, 46. Vgl. ferner die Schilderungen bei K. Wahl u. a., Familien sind anders! Wie sie sich selbst sehen: Anstöße für eine neue Familienpolitik, Reinbek 1980.

121 Das ist der zentrale Befund von Wahl u. a., am Beispiel ungelernter Arbeiter; vgl. bes. S. 246 ff.

122 Reck, S. 196.

123 Vgl. I. Ostner u. B. Pieper Hg., Arbeitsbereich Familie. Umrisse einer Theorie der Privatheit, Frankfurt 1980.

124 H. Vormweg, Lob der Veränderung, in: J. Habermas Hg., Stichworte zur ›Geistigen Situation der Zeit‹, Bd. 2, Frankfurt 1979, S. 596.

125 Vgl. exemplarisch: Wald, S. 66 ff.; Lehmann, Arbeiterdorf, S. 24 ff.; E. Pfeil, Die Großstadtfamilie, in: D. Claessens u. P. Millhofer Hg., Familiensoziologie, Frankfurt 1973, S. 144-68; viele Beispiele auch

bei W. Deppe, Drei Generationen Arbeiterleben. Eine sozio-biographische Darstellung, Frankfurt 1982.

126 Levenstein, Die Arbeiterfrage. Mit besonderer Berücksichtigung der sozialpsychologischen Seite des modernen Großbetriebs und der psycho-physischen Einwirkungen auf die Arbeiter, München 1912, S. 187, 198, 212, 243 ff.; eine typologische Auswertung dieser Umfrage bei Reck, S. 119 ff.

127 Zu entsprechend begründeten Forderungen nach Arbeitszeitverkürzung vgl. P. N. Stearns, Arbeiterleben. Industriearbeit u. Alltag in Europa 1890-1914, Frankfurt 1980, S. 262. Ein 1. Mai-Plakat des DGB aus den 1950er Jahren zeigte den Ruf eines kleinen Jungen: »Samstags gehört Vati mir.« Vgl. Faksimile in: Fünfundsiebzig Jahre Industriegewerkschaft. 1891 bis 1966. Vom Deutschen Metallarbeiterverband zur Industriegewerkschaft Metall, Hg. IG Metall, Frankfurt 1966, S. 395.

128 Wahl u. a., S. 170.

129 Niethammer u. Brüggemeier, Wie wohnten Arbeiter?, S. 127 f.

130 Diese Beobachtung machte schon H. Herkner, Seelenleben u. Lebenslauf in der Arbeiterklasse, in: Preußische Jahrbücher, 140. 1910, S. 410 f.

131 Charakteristisch für die ehemals typischen Konflikte: M. Th. Bromme, Lebensgeschichte eines modernen Fabrikarbeiters (1905), Hg. B. Neumann, Frankfurt 1971, S. 351 ff. Vgl. dazu E. Lucas, Vom Scheitern der deutschen Arbeiterbewegung, Frankfurt 1983, S. 45 ff. (»Arbeiterbewegung als Männerbewegung«). Die Spannungen zwischen Arbeiterfamilie und Arbeiterbewegung wurden seit 1900 teilweise gemildert durch die Integration der Ehefrauen von Genossen in die Partei, wodurch eine spezifische »Arbeiteraristokratie« entstand. Vgl. R. J. Evans, Sozialdemokratie u. Frauenemanzipation im deutschen Kaiserreich, Berlin 1979, S. 317 ff.

132 Vgl. F. Neidhart, Schichtenspezifische Vater- u. Mutterfunktionen im Sozialisationsprozeß, in: Soziale Welt 16. 1965, S. 339-48; T. Held, Soziologie der ehelichen Machtverhältnisse, Darmstadt 1978.

133 Vgl. z. B. O. Rühle, Die Seele des proletarischen Kindes (1925), wieder in: ders., Zur Psychologie des proletarischen Kindes, Hg. L. v. Werder u. R. Wolff, Frankfurt 1975, S. 70, 72; ders., Sittengeschichte, Bd. 2, S. 64.

134 Vgl. Evans; H. Niggemann, Emanzipation zwischen Sozialismus u. Feminismus. Die sozialdemokratische Frauenbewegung im Kaiserreich, Wuppertal 1981.

135 Vgl. Deppe, S. 143, 261, 295 ff.; A. Lehmann, Erzählstruktur u. Lebenslauf. Autobiographische Untersuchungen, Frankfurt 1983, S. 238 ff. (am Beispiel Hamburger Arbeiter). Hinweise auf die Wertschätzung der Ehefrau als »Kamerad«, »Berater« und »Stütze« finden

sich auch schon früher; vgl. z. B. A. Levenstein Hg., Aus der Tiefe. Arbeiterbriefe, Berlin 1909, S. 88, 115.

136 Vgl. exemplarisch: W. Gottschalch u. a., Sozialisationsforschung, Frankfurt 1971, S. 82 ff. Zur Falsifikation der Frustrations-Aggressions-Hypothese in der empirischen Forschung: K. Mollenhauer Hg., Soziale Bedingungen familialer Kommunikation. Eine quantifizierende u. fall-analytische Studie über das innerfamiliale Beziehungssystem u. seine Abhängigkeit von der Arbeitsplatzsituation, München 1975.

137 Zit. nach Deppe, S. 153; vgl. ebd., S. 67, 77 f., 179, 192.

138 Lehmann, Erzählstruktur, S. 246. Zum Bildungsverhalten vgl. oben S. 115 ff. Die Plazierungsanstrengungen bezogen sich zunächst stärker auf die Söhne. Zu den Töchtern vgl. die Beiträge von A.-K. Einfeldt und M. Schmidt in: Niethammer Hg., »Hinterher«.

139 Vgl. z. B. H. Schelsky, Die skeptische Generation. Eine Soziologie der deutschen Jugend, Düsseldorf 1957, S. 127 ff.; E. Pfeil, Die 23jährigen. Eine Generationenuntersuchung am Geburtsjahrgang 1941, Tübingen 1968, S. 138 ff. (über junge Arbeiter in Hamburg). Zu ähnlichen Befunden bei ungelernten Arbeitern in München 1977/78: Wahl u. a., S. 147 ff.

140 Vgl. oben S. 76.

141 Vgl. S. Pollard, Peaceful Conquest. The Industrialization of Europe 1760-1970, Oxford 1981.

142 Vgl. oben S. 48 ff. Diesen Aspekt betont auch Moore, Injustice, S. 175 ff.

143 Sombart, Proletariat, konzentriert sich wie viele andere auf diesen Typ; ähnlich G. Hermes, Die geistige Gestalt des marxistischen Arbeiters u. die Arbeiterbildungsfrage, Tübingen 1926. Einzelheiten finden sich natürlich in den vielen regionalen bzw. stadt- und betriebsgeschichtlichen Studien. Vgl. exemplarisch: A. Herzig u. a. Hg., Arbeiter in Hamburg. Unterschichten, Arbeiter u. Arbeiterbewegung seit dem ausgehenden 18. Jahrhundert, Hamburg 1983; (Autorenkollektiv), Arbeiterleben um 1900, Berlin 1983 (vornehmlich über Berlin); zu dem grundlegenden demografischen Phänomen der relativ »jugendlichen« Großstädte vgl. K. Tenfelde, Großstadtjugend in Deutschland vor 1914. Eine historisch-demographische Annäherung, in: VSWG 69. 1982, S. 182-218.

144 Vgl. Ausschuß (Anm. 24/Kap. II).

145 W. Troeltsch u. P. Hirschfeld, Die deutschen sozialdemokratischen Gewerkschaften. Untersuchungen u. Materialien über ihre geographische Verbreitung 1896-1903, Berlin 1905, S. 64 ff. (großbetriebliche Konzentration) und Anhang S. 106 ff. (großstädtische Konzentration). G. A. Ritter u. K. Tenfelde, Der Durchbruch der Freien Gewerkschaften Deutschlands zur Massenbewegung im letzten Vier-

tel des 19. Jahrhunderts, in: Vom Sozialistengesetz zur Mitbestimmung. Zum 100. Geburtstag von Hans Böckler, Hg. H. O. Vetter, Köln 1975, S. 61-120, hier S. 104 ff. Vgl. auch Schröder, Arbeitergeschichte, S. 49 ff.

146 Vgl. dazu und zum Folgenden: W. L. Guttsman, The German Social Democratic Party 1875-1933. From Ghetto to Government, London 1981, S. 87 ff.; Daten zur Organisationsgeschichte der SPD bei: D. Fricke, Die deutsche Arbeiterbewegung 1869-1914. Ein Handbuch über ihre Organisation und Tätigkeit im Klassenkampf, Berlin 1976.

147 Vgl. zu jenen Perspektiven auf das Vereinswesen: B. Emig, Die Veredelung des Arbeiters. Sozialdemokratie als Kulturbewegung, Frankfurt 1980; H. Wunderer, Arbeitervereine u. Arbeiterparteien. Kultur- u. Massenorganisationen in der Arbeiterbewegung (1890-1933), Frankfurt 1980; ein lokales Beispiel: J. Schult, Geschichte der Hamburger Arbeiter 1890-1919, Hamburg 1967; zu Mitgliederzahlen vgl. Tabelle 27, S. 189).

148 Vgl. Evans, Sozialdemokratie, S. 190 ff., passim.

149 Vgl. die Hinweise bei Evans, S. 329; Herzig u. a. Hg., S. 30. Diese Überlegungen erfordern eine Prosopographie der Führungsgruppen in der Arbeiterbewegung, für die erst elementare Ansätze existieren. Vgl. Herkunft u. Mandat. Beiträge zur Führungsproblematik in der Arbeiterbewegung, Frankfurt 1976.

150 Vgl. z. B. die bürgerliche Reaktion auf die zunächst so »kleinbürgerlich« erscheinende Arbeiterversicherung: V. Böge, »Werkzeug des Umsturzes« oder Instrument reformorientierter Arbeiterpolitik? Die Gründung der »Volksfürsorge« in Hamburg 1912-1914, in: Herzig u. a. Hg., S. 387-404.

151 Vgl. H. Croon, Das Vordringen der politischen Parteien im Bereich der kommunalen Selbstverwaltung, in: ders. u. a., Kommunale Selbstverwaltung im Zeitalter der Industrialisierung, Stuttgart 1971, S. 15-58.

152 Diese Selbstbezeichnung nach L. Niethammer Hg., »Die Jahre weiß man nicht«, S. 46. Generell zur katholischen Arbeiterbewegung: M. Schneider, Die christlichen Gewerkschaften 1894-1933, Bonn 1982. Zum Vereinswesen vgl. K. Tenfelde, Bergmännisches Vereinswesen im Ruhrgebiet während der Industrialisierung, in: Reulecke u. Weber Hg., S. 315-44. Zu den strukturellen Analogien zwischen den christlichen und sozialistischen Gewerkschaften (die aber nicht überall so ausgeprägt waren) vgl. am Beispiel der Portraits der jeweiligen Bergarbeiterführer Huë und Imbusch: K. Tenfelde, H. Imbusch. Einführung in Leben und Werk, in: H. Imbusch, Arbeitsverhältnis und Arbeiterorganisationen im deutschen Bergbau. Eine geschichtliche Darstellung. Mit einer Einleitung von K. Tenfelde, Berlin 1980, S. V bis XXXVIII.

153 Vgl. exemplarisch: H. Homburg, Arbeitsmarkt u. Organisation Arbeitsmarktstruktur, Gewerkschaften u. Unternehmen in der Berliner Metallindustrie 1890-1933, Diss. Bielefeld 1982.

154 Vgl. Arbeiterleben um 1900, S. 151 ff. Zur Verbreitung des Kinos vgl. die Anzeigen in der Wuppertaler Arbeiterzeitung im Jahr 1913: fünf Kinos der Stadt boten während einer Woche 14 Filme an: R. Boch u. M. Krause, Historisches Lesebuch zur Geschichte der Arbeiterschaft im Bergischen Land, Köln 1983, S. 120.

155 Zwischen 1900 und 1930 stieg die Zahl der Schwangerschaftsabbrüche von ca. 200-250 auf 500 Abtreibungen pro 1000 Geburten (Hubbard, S. 115). Vgl. die in Anm. 112/Kap. III angegebene Literatur.

156 Zu diesem monographisch noch wenig erschlossenen Typ vgl. z. B.: W. Kaschuba u. C. Lipp, Dörfliches Überleben. Zur Geschichte materieller u. sozialer Reproduktion ländlicher Gesellschaft im 19. u. frühen 20. Jahrhundert, Tübingen 1982; W. v. Hippel, Industrieller Wandel im ländlichen Raum. Untersuchungen im Gebiet des mittleren Neckar 1850-1914, in: AfS 19. 1979, S. 43-122; Borscheid, Textilarbeiterschaft, passim; Schüren, in: Kocka u. a., S. 214-88. Mayntz; Lehmann, Arbeiterdorf. Von älteren Untersuchungen sehr plastisch: Fuchs, Industriearbeiter. Viele Hinweise sind zu finden in Untersuchungen zu agrarsozialen Problemen, besonders der Kleinbauern. Vgl. etwa K. Hey, Die Parzellenwirtschaften im Königreich Sachsen, Tübingen 1903.

157 Beispiele für inselhafte, aber lokal starke Arbeiterbewegungen: K. Tenfelde, Proletarische Provinz. Radikalisierung und Widerstand in Penzberg/Oberbayern 1900 bis 1945, in: M. Broszat u. a. Hg., Bayern in der NS-Zeit, Bd. 4, München 1981, S. 1-382 (unter demselben Titel auch selbständig: München 1982); H.-J. Althaus u. a., Da ist nirgends nichts gewesen außer hier. Das ›rote Mössingen‹ im Generalstreik gegen Hitler. Geschichte eines schwäbischen Arbeiterdorfes, Berlin 1982.

158 Vgl. das Beispiel des kommunistischen »Überstundenbenni« bei Z. Zofka, Die Ausbreitung des Nationalsozialismus auf dem Lande, München 1979, S. 187.

159 Zu den industriellen Standorten vgl. Ausschuß (Anm. 24/Kap. II), S. 233 ff.; zur Hausindustrie 1925: StDR, Bd. 418, S. 80 ff. Die Hausindustrie ist übrigens noch nicht ausgestorben. 1970 waren in der Bundesrepublik rd. 220 000 Heimarbeiter tätig, 92% davon waren Frauen; vgl. IMSF, Teil II/2, S. 195 f. 1925 betrug der Frauenanteil unter den Heimarbeitern 67%, 1907 ›nur‹ 58%.

160 Hinweise bei H. Szagunn, Landwirtschaftliche Arbeitsverhältnisse in der Provinz Brandenburg im Jahre 1905, Berlin 1910, S. 31 f.

161 Beispiele dafür: Tenfelde, Provinz; das Dorf Kuchen in der Untersuchung von Borscheid, Textilarbeiterschaft. Ein Gegenbeispiel für eine

in die ländliche Klassengesellschaft vertikal integrierte Arbeitergruppe bei Kaschuba u. Lipp. Ein Beispiel für eine subtile Differenzierung bei Hey, S. 186: kaum Heiratsbeziehungen zwischen landbesitzenden, häufig von Bauern abstammenden Arbeitern (ebd. S. 134 ff.) und landlosen Arbeitern.

162 Vgl. etwa E. Übler, Vom Lebensraum des Arbeiters, in: Volksspiegel. Zs. f. deutsche Soziologie u. Volkswissenschaft 3. 1936, S. 273-78.

163 Dieser Eindruck ist freilich auch ein Ergebnis der unzureichenden Erhebungen von 1882 und 1907 (vgl. StDR, Bd. 211, S. 91 ff.). Andererseits dürften die Gebietserweiterungen bis 1939 die Zahl solcher Arbeiter relativ erhöht haben. Relativ gleiche Anteile zwischen 1882 und 1925, also absolute Zunahmen zeigen auch die Landnutzungsziffern von gewerblichen Angestellten und Arbeitern. Vgl. G. Stockmann, Das Werden der Verbindung von Landwirtschaft u. Gewerbe in Württemberg, in: Schmollers Jb. 58. 1934, S. 683.

164 »Insbesondere im vorrückenden Alter« wurde ein Drängen auf den landwirtschaftlichen »Nebenerwerb« – analog der abfallenden Verdienstkurve – behauptet (StDR, Bd. 211, S. 100, ohne quantitative Grundlage). Die Statistik der Landnutzung von Arbeiterfamilien (ohne Landarbeiter) im Jahr 1939 bestätigt diese Feststellung. Die Landnutzung nahm mit der Ehedauer kontinuierlich zu, bis in allen Gemeindegrößen nach einer etwa 20jährigen Ehedauer eine obere Grenze erreicht war. Von den Arbeitern, die 20 Jahre und länger verheiratet waren, hatten 1939 in Landgemeinden rd. 80%, in Klein- und Mittelstädten rd. 63% und in den Großstädten rd. 35% eine Landnutzung. Die entsprechenden Anteilsziffern für jung Verheiratete (Eheschließungsjahre 1935/37) waren 45%, 32% und 14% (errechnet nach StDR, Bd. 554, S. 62 ff.).

165 Vgl. Stockmann, S. 683, 676; Fuchs, S. 99 ff. (besonders zur Allmendnutzung). Zu den nordwestdeutschen Heuerlingen, mit weiterer Literatur: J. Mooser, Der Weg vom proto-industriellen zum fabrik-industriellen Gewerbe in Ravensberg, 1830-1914, in: K. Düwell u. W. Köllmann (Hg.) Rheinland-Westfalen im Industriezeitalter, Bd. 1, Wuppertal 1983, S. 73-95.

166 StDR, Bd. 554, S. 62 ff.

167 Stockmann, S. 683. Die Gartenwirtschaft war ein bedeutender Faktor in der Zunahme der Landnutzungen. Etwa die Hälfte der zwischen 1882 und 1925 hinzugekommenen Nutzungen waren »Schrebergärten«, die sich besonders in den Großstädten ausbreiteten. In Berlin z. B. stieg die Zahl der Landnutzungen zwischen 1882 und 1925 um 6000%, gleichwohl hatten 1925 nur 9% der Angestellten- und Arbeiterfamilien eine solche (ebd.). Vgl. ferner W. Voß, Städtische Kleinsiedlung, in: Archiv für exakte Wirtschaftsforschung (Thünen-Archiv) 9. 1912, S. 377-413.

168 So Stockmann, S. 696. Kritisch gegen die Leistungsfähigkeit der nebenberuflichen Landwirtschaft der Arbeiter: Fuchs, S. 116 ff.; skeptisch auch: V. Hentschel, Erwerbs- und Einkommensverhältnisse in Sachsen, Baden u. Württemberg vor dem Ersten Weltkrieg (1890-1914), in: VSWG 66. 1979, S. 64 ff. 1925 hielten immerhin 65% der 1,9 Mio. Inhaber von landwirtschaftlichen Parzellenbetrieben von einer Größe bis 50 Ar Kleinvieh, 36% fütterten auch Schweine. Vom Gesamtviehbestand fielen auf diese Betriebsgrößengruppe z. B. 10% der Schweine, 38% der Ziegen und 17% der Hühner (vgl. StDR, Bd. 410, S. 346 f.).

169 Die amtlichen Statistiker bemerkten dazu 1925: »Bei den Kleinstellen (unter 2 ha) sind 1925 hauptsächlich männliche Personen hinzugekommen (nämlich rd. 1 Mio. gegenüber 1907, J. M.). Das dürfte vermutlich darauf zurückzuführen sein, daß bei der Bewirtschaftung von Kleinstellen, die in der Vorkriegszeit fast allein von Ehefrauen und Kindern vorgenommen wurde, auch die Familienväter (Inhaber) nach Beendigung ihrer hauptberuflichen Arbeit (8-Stunden-Tag) noch selbst auf dem Grundstück mithelfen«. StDR, Bd. 410, S. 8.

170 Vgl. Deppe, S. 83 ff.

171 Merseburg: Jahresberichte der preußischen Gewerbeaufsichtsbeamten und Bergbehörden für 1921, Berlin 1922, S. 305. Ebd., passim noch viele Hinweise auf landwirtschaftlich gebundene Arbeiter. Sigmaringen: Jahresberichte der preußischen Gewerbeaufsichtsbeamten u. Bergbehörden für 1922, Berlin 1923, S. 393. Leipzig: Fricke, S. 235.

172 Vgl. die Erwägungen vom Mason, Sozialpolitik, S. 66 ff. Der Nazi-Arbeiter, der mit der Bestimmung der NSDAP als »Volkspartei«, »catch-all-party« in letzter Zeit stärker ins Blickfeld rückte, ist gleichwohl immer noch eine fast unbekannte Figur. Nach den einzelnen, noch kaum zu gewichtenden Beispielen zu urteilen, war sehr vieles möglich. Zuletzt hat Hamilton eruiert, daß auch ein nicht zu vernachlässigender Teil von großstädtischen, wahrscheinlich unorganisierten Arbeitern die Nazis wählte. Vgl. R. F. Hamilton, Who Voted for Hitler?, Princeton 1982, S. 89 f., 119 ff., 136 f., 168 ff., 386 ff. Da die Mehrzahl der Stimmen für die NSDAP jedoch aus der Provinz stammte, fallen diese Arbeiternaziwähler weniger ins Gewicht als diejenigen auf dem Land und in den Kleinstädten. Vgl. dazu auch die unten Anm. 229 angegebene Literatur.

173 Vgl. die Hinweise bei Zofka, S. 335 ff.

174 Vgl. W. Müller, Familie – Schule – Beruf. Analysen zur sozialen Mobilität u. Statuszuweisung in der Bundesrepublik, Opladen 1975, S. 83 ff. Entsprechend zeigte auch die subjektive Einschätzung der beruflichen Möglichkeiten in verschiedenen Gemeindegrößen keine dramatischen Unterschiede, wenngleich die Meinung, daß »jedem

alle Möglichkeiten einer guten Schul- und Berufsausbildung offenstehen«, in den größeren Städten etwas mehr verbreitet ist als in den kleinen Gemeinden. Vgl. Kmieciak, Anhang Tab. III, 10a u. 10b.

175 Diese Angaben nach: B. v. Dehnen, Arbeitnehmer in ländlichen Räumen, o. O., o. J. (Bonn 1958), S. 63 ff.; O. Poppinga, Bauern u. Politik, Frankfurt 1975, S. 93, 119 ff. Vgl. ferner R. G. Heinze, Soziale Lage u. Deutungsmuster von Arbeiterbauern, in: O. Poppinga Hg., Produktion u. Lebensverhältnisse auf dem Land, Opladen 1979, S. 194-209.

176 Osterland u. a., Materialien, S. 241.

177 Zur älteren Konstellation vgl. J. Mooser, Ländliche Klassengesellschaft 1770-1848. Bauern, Unterschichten u. ländliche Industrie im östlichen Westfalen, Göttingen 1984; zur neueren vgl. z. B. Lehmann, Arbeiterdorf.

178 Vgl. H. Kötter u. H. J. Krekeler, Zur Soziologie der Stadt-Land-Beziehungen, in: Handbuch der empirischen Sozialforschung, Bd. 10, Stuttgart 1977, S. 1-41.

179 Vgl. Langewiesche, Wanderungsbewegungen. Z. B. wurden in Preußen 1907 279 014 großstädtische Pendler gezählt, wogegen allein Berlin zwischen 1901 und 1910 ein Wanderungsvolumen (Zu- und Abzüge) von 4,8 Millionen hatte, also im (angenommenen) Durchschnitt dieser Jahre jeweils 480 000. (ebd., S. 13, 36 f., Anm. 89). Zu den berufstypischen Wanderarbeitern, die i. d. R. in regional homogenen und organisierten Gruppen auftraten und am Arbeitsort in Massenunterkünften untergebracht waren vgl. die Sonderberichte in: Jahresberichte der Preußischen Gewerbeaufsichtsbeamten u. Bergbehörden für 1927, Berlin 1928. Eine neuere Darstellung einer besonders markanten Gruppe, der lippischen Ziegler, bei: P. Steinbach, Der Eintritt Lippes in das Industriezeitalter. Sozialstruktur u. Industrialisierung des Fürstentums Lippe im 19. Jahrhundert, Lemgo 1976.

180 E. Körner, Pendelwanderungen im Rahmen der Arbeitsmarktpolitik, in: Arbeit u. Beruf 6. 1927, S. 257-60, ohne Zahlen. Allgemeine Zählungen (nach früheren lokal-regionalen Erhebungen) werden erst seit 1950 durchgeführt. Zum mitteldeutschen Industriegebiet: Übler, S. 276; H. Schmidt, Die Arbeiterpendelwanderungen im Regierungsbezirk Merseburg, Halberstadt 1929.

181 Diese Zahlen nach: Osterland u. a., Materialien, S. 188, 357; E. Ballerstedt, Zieldimensionen u. Indikatoren der Verkehrsversorgung, in: Zapf Hg., Lebensbedingungen, S. 494 ff.; Übler, S. 275 f.

182 Langewiesche u. Schönhoven, Lebensweise, in: dies. Hg., S. 16.

183 Vgl. K. M. Bolte u. a., Soziale Ungleichheit, Opladen 1974[3], S. 89 ff. H. Oswald, Die Ergebnisse der deutschen Gemeindesoziologie nach 1950, in: Archiv für Kommunalwissenschaften 5. 1966, S. 93-111.

184 Reigrotzki, S. 40 ff. Vgl. F. Croner, Statistik der katholischen Kir-

chengemeinden in Deutschland, in: D. Goldschmidt u. a. Hg., Soziologie der Kirchengemeinde, Stuttgart 1960, S. 196-208, hier S. 200 ff.

185 Vgl. Kmieciak, S. 284 ff. Sehringer, Formen der politischen u. sozialen Partizipation, in: Zapf Hg., Lebensbedingungen, S. 911 ff.

186 E. Blankenburg, Die politische Spaltung der westdeutschen Arbeiterschaft, in: Archive Européenne de Sociologie 10. 1969, S. 2-24, bes. S. 11. Die Prozentangaben addieren sich zusammen mit den Angaben zur Wahl anderer Parteien auf 100.

187 Vgl. auch Neuloh u. Kurucz, S. 231 ff. über unterschiedliche Werthaltungen bei eher ländlichen Arbeitern im Saargebiet und städtischen im Ruhrgebiet.

188 Vgl. W. Nickel, S. 129 ff., 172 ff. F. Deppe, Autonomie u. Integration. Materialien zur Gewerkschaftsanalyse, Marburg 1979, S. 56 f.

189 Vgl. Osterland u. a., Materialien, S. 170 f.; Schilderungen bei Lehmann, Leben in einem Arbeiterdorf, S. 24 ff. Die Bautätigkeit in der Provinz hat angehalten, ist in der jüngsten Zeit aber in eine Krise geraten. Arbeitslosigkeit und Ehescheidungen zerreißen die knappe Finanzierungsdecke und führen zu Zwangsversteigerungen, weil die Häuser gerade in diesen Gebieten unverkäuflich sind. Vgl. Süddeutsche Zeitung v. 3./4. März 1984, S. 31.

190 Blankenburg, S. 22 ff.

191 Vgl. unten Tabelle 29 (S. 210), F. U. Pappi, Parteiensystem u. Sozialstruktur in der Bundesrepublik, in: PVS 14. 1973, S. 191-214. Insbesondere 1972 waren die katholischen Arbeiter entscheidend für den Sieg der SPD. Vgl. M. Kaase, Die Bundestagswahl 1972: Probleme u. Analysen, in: PVS 14. 1973, S. 145-90, bes. S. 166.

192 Klassisch dazu: R. Michels, Zur Soziologie des Parteiwesens in der modernen Demokratie. Untersuchungen über die oligarchischen Tendenzen des Gruppenlebens (1911), Stuttgart 1957[2], bes. S. 236 ff. über die SPD.

193 Das Folgende ist kein Abriß der politischen Geschichte der Arbeiterbewegung. Vgl. dazu die Überblicksdarstellungen von H. Grebing, Geschichte der deutschen Arbeiterbewegung, München 1966 u. ö.; A. Klönne, Die deutsche Arbeiterbewegung, Düsseldorf 1980; D. Lehnert, Sozialdemokratie zwischen Protestbewegung u. Regierungspartei 1848 bis 1983, Frankfurt 1983. Dem folgenden Versuch am nächsten stehen in ihrer sozial- und mentalitätsgeschichtlichen Argumentationsform: Moore, Injustice; D. Geary, Arbeiterprotest u. Arbeiterbewegung in Europa, 1848-1939, München 1983.

194 Grundlegend dazu: M. R. Lepsius, Parteiensystem u. Sozialstruktur. Zum Problem der Demokratisierung der deutschen Gesellschaft, in: G. A. Ritter Hg., Deutsche Parteien vor 1918, Köln 1973, S. 56-80; zur Soziologie der Wahlen vgl. ferner: W. Conze, Politische Willensbildung im Deutschen Kaiserreich als Aufgabe historischer Wahlso-

ziologie, in: H. Berding u. a. Hg., Vom Staat des Ançien Régime zum modernen Parteienstaat. Festschrift für T. Schieder, München 1978, S. 331-47; G. A. Ritter u. M. Niehuss, Wahlgeschichtliches Arbeitsbuch. Materialien zur Statistik des Kaiserreichs 1871-1918, München 1980.

195 G. A. Ritter, Zu Strategie u. Erfolg der sozialdemokratischen Wählerrekrutierung im Kaiserreich, in: O. Büsch u. a. Hg., Wählerbewegung in der deutschen Geschichte, Berlin 1978, S. 323 f. schätzt für 1893 schon, daß mehr als ein Drittel der gewerblichen katholischen Arbeiter sozialdemokratisch wählte.

196 G. Beyer, Katholizismus u. Sozialismus, Berlin 1927, S. 135.

197 Vgl. G. Roth, The Social Democrats in Imperial Germany. A Study in Working-Class Isolation and National Integration, Totowa 1963; D. Groh, Negative Integration u. revolutionärer Attentismus. Die deutsche Sozialdemokratie am Vorabend des Ersten Weltkriegs, Berlin 1973 (hier S. 469 das Bernstein-Zitat); H. Mommsen Hg., Sozialdemokratie zwischen Klassen- u. Volkspartei, Frankfurt 1974; mit besonderer Berücksichtigung der Sozialpolitik: G. A. Ritter, Staat, Arbeiterschaft u. Arbeiterbewegung.

198 Das ist eine zentrale These von Moore, Injustice, bes. S. 185 ff.; vgl. Roth, S. 193 ff. Neben den Autobiographien ist eine Hauptquelle für die Einstellungen des »gewöhnlichen« Arbeiters Levenstein, Arbeiterfrage, bes. S. 283 ff.

199 Vgl. dazu und zur Christlichen Arbeiterbewegung generell: Schneider, Christliche Gewerkschaften. Weitere Überblicke bieten: F. Focke, Sozialismus aus christlicher Verantwortung, Die Idee eines christlichen Sozialismus in der katholisch-sozialen Bewegung u. in der CDU, Wuppertal 1978; F. Prinz S. J., Kirche u. Arbeiterschaft. Gestern – Heute – Morgen, München 1973. Sehr hilfreich ist eine neuere Quellensammlung: Texte zur katholischen Soziallehre, hg. vom Bundesverband der Katholischen Arbeitnehmer-Bewegung (KAB) Deutschlands, 2 Bde., Kevelaer 1976/77.

200 Vgl. U. Borsdorf u. a. Hg., Grundlagen der Einheitsgewerkschaft. Historische Dokumente u. Materialien, Frankfurt 1977, S. 50 ff.

201 Vgl. E. P. Thompson, Die ›moralische Ökonomie‹ der englischen Unterschichten im 18. Jahrhundert, in: ders., Plebeische Kultur, S. 66-129.

202 Alle Zitate nach Borsdorf u. a. Hg., S. 53 f. Die Arbeiterbewegung motivierte also nicht nur die Erfahrung der destruktiven Seiten des Kapitalismus und der Armut, sondern auch die Erfahrung schon erfolgter Veränderung und Verbesserung. Damit hängt wohl zusammen, daß die Trägergruppen der Arbeiterbewegung immer die schon relativ besser gestellten und nicht die ärmsten Arbeiter waren, wie Geary, S. 39 ff. betont.

203 Vgl. Roth, S. 199 ff.
204 R. Michels, A. Bebel, in: AfSS 37. 1913, S. 692 f.
205 Ebd., S. 693, 695.
206 Zur »negativen Integration« vgl. Groh; Roth, S. 311 ff.; eine wichtige Kritik daran übte R. J. Evans, The Sociological Interpretation of German Labour History, in: ders. Hg., The German Working Class 1888-1933. The Politics of Everyday Life, London 1982, S. 15-53.
207 Geary, S. 64.
208 Vgl. R. Boch, Solinger Gewerkschaften und Deutscher Metallarbeiterverband. Eine Fallstudie zur krisenhaften Ablösung alter durch neue Arbeiterschichten 1871-1914, Diss. Bielefeld 1983.
209 Vgl. Evans Hg., German Working Class.
210 Vgl. die Tabellen 25, 27, 28; für die Presse: Guttsman, S. 172. Zu den im Text genannten politischen Zeitungen kamen allerdings noch andere Periodika, darunter der populäre »Wahre Jacob«, der 1913 eine Auflage von 371 000 Stück hatte (ebd.). Die Statistik der Kulturorganisationen ist unvollständig, erfaßt jedoch die größeren Vereine. Vgl. dazu ferner: Wunderer; A. v. Saldern, Wilhelminische Gesellschaft u. Arbeiterklasse. Emanzipations- u. Integrationsprozesse im kulturellen u. sozialen Bereich, in: Internationale Korrespondenz zur Geschichte der deutschen Arbeiterbewegung, 13. 1977, S. 469-505, mit wichtigen Vergleichen zu bürgerlichen Arbeitervereinen (S. 492 ff.).
211 Vgl. am Beispiel Hamburgs: Herzig u. a. Hg., S. 359 ff., 387 ff., 471 ff.
212 Vgl. zum Folgenden: J. Kocka, Klassengesellschaft im Krieg 1914-1918, Göttingen 1978[2]; G. Feldman, Vom Weltkrieg zur Weltwirtschaftskrise, Studien zur deutschen Wirtschafts- u. Sozialgeschichte 1914-1932, Göttingen 1984; G. A. Ritter, Die sozialistischen Parteien in Deutschland zwischen Kaiserreich u. Republik, in: W. Pöls Hg., Staat und Gesellschaft im politischen Wandel. Festschrift für W. Bussmann, Stuttgart 1979, S. 100-55. Zur Revolution »von unten«: G. Feldman u. a., Die Massenbewegungen der Arbeiterschaft in Deutschland am Ende des Ersten Weltkrieges (1917-1920), in: PVS 13. 1972, S. 84-105; W. Mommsen, Die deutsche Revolution 1918-1920. Politische Revolution u. soziale Protestbewegung, in: GG 4. 1978, S. 362-91.
213 So Hilferding 1925. Sozialdemokratischer Parteitag 1925 in Heidelberg, Protokoll, Berlin 1925, S. 272, 294 f. Offensichtlich war jedoch jenes Wort innerhalb der Gesamtpartei mehr eine politisch folgenlose Floskel, denn gerade mit dem 1925 beschlossenen Heidelberger Programm wurden die evolutionären Perspektiven der Vorkriegszeit bekräftigt. Vgl. hierzu auch H. A. Winkler, Klassenbewegung oder Volkspartei? Zur Programmdiskussion in der Weimarer Sozialdemokratie 1920-1925, in: GG 8. 1982, S. 9-54.

214 Die KPD war nur dem Namen nach eine identische Partei. Wie in ihrer Ideologie und in ihren Führungsgruppen war sie auch in ihren Mitgliedern am Ende der Republik eine andere Partei als am Anfang. Vgl. O. K. Flechtheim, Die KPD in der Weimarer Republik, Frankfurt 1969, bes. S. 67.

215 Zit. nach Mommsen, Revolution, S. 378.

216 Vgl. Der DMV in Zahlen, Berlin 1932, S. 123 ff.; Preller, Sozialpolitik, S. 181 f.

217 Zit. nach Mommsen, Revolution, S. 379.

218 Die Statistik des DMV deutet darauf hin, daß vor allem ältere Arbeiter stabil waren. Der Anteil der über 46jährigen hat sich in den 20er Jahren gegenüber der Vorkriegszeit von 8,6% im Jahre 1913 auf 22,5% im Jahre 1931 mehr als verdoppelt, während sich gleichzeitig der Anteil der langjährigen Mitglieder (mehr als 10 Jahre) mehr als verdreifachte von 10% im Jahre 1913 auf 35% im Jahre 1931: DMV in Zahlen, S. 123 f.

219 Vgl. etwa Preller, S. 185; Focke, S. 141 ff.

220 Beispiel bei Reck, S. 162; ebd., S. 161 ff. zum Vereinswesen; vgl. ferner W. van der Will u. R. Burns, Arbeiterkulturbewegung in der Weimarer Republik, Berlin 1982. Kritisch über die »Subkultur«: A. Schifrin, ein Mitarbeiter Hilferdings in einer Analyse der Partei nach den Erdrutschwahlen von 1930. Hier nach: W. Luthardt Hg., Sozialdemokratische Arbeiterbewegung u. Weimarer Republik, 1927-1933, Bd. 2, Frankfurt 1978, S. 307 ff. Einen ähnlichen dialektischen Prozeß beschreibt Langewiesche für das »rote Wien«; ders., Arbeiterkultur in Österreich, in: Ritter Hg., Arbeiterkultur, S. 40-57.

221 Nach: Projektgruppe Arbeiterkultur Hamburg, Vorwärts u. nicht vergessen. Arbeiterkultur in Hamburg um 1930, Berlin 1982, S. 190 f.

222 So Schifrin, zit. nach Luthard Hg., Bd. 2, S. 308.

223 Vgl. S. Neumann, Die Parteien der Weimarer Republik (1932), Stuttgart 1974^4, S. 33; Hunt, S. 128 ff.

224 Vgl. z. B. Herzig u. a. Hg., S. 444 ff.; Blankenburg, S. 21.

225 Neumann, S. 35 f.

226 So T. Haubach, geb. 1896, Kriegsfreiwilliger 1914; zit. nach Luthardt Hg., Bd. 2, S. 319; zum Verhältnis von Jugend und SPD vgl. ebd., S. 56 ff.

227 Neumann, S. 36, 80 f., 87; Mason, Sozialpolitik, S. 63 ff.

228 N. Groß, Das Bollwerk, in: Texte zur katholischen Soziallehre, Bd. II/2, S. 1102 ff. Groß (1898-1945) war Bergmann, Funktionär der christlichen Gewerkschaften, Redakteur der Westdeutschen Arbeiterzeitung, gehörte zum Verschwörerkreis um Gördeler und wurde im Januar 1945 hingerichtet.

229 Mason, Sozialpolitik, S. 63. Zum (wahrscheinlichen) Sozialprofil der Arbeiternazis vgl. ebd., S. 63 ff.; T. Childers, The Social Basis of the

National Socialist Vote, in: Journal of Contemporary History 11. 1976, H. 4, S. 17-42; D. Mühlberger, The Sociology of the NSDAP: The Question of the Working-Class-Membership, in: ebd., 15. 1980, S. 493-511; G. Mai, Die Nationalsozialistische Betriebszellen-Organisation. Zum Verhältnis von Arbeiterschaft und Nationalsozialismus, in: VfZ 31. 1983, S. 573-613; J. W. Falter, Wer verhalf der NSDAP zum Sieg? Neuere Forschungsergebnisse zum parteipolitischen und sozialen Hintergrund der NSDAP-Wähler 1924-1933, in: Aus Politik u. Zeitgeschichte B 28/29, 1979, S. 3-21. Vgl. ferner oben Anm. 172/Kap. III.

230 Nach C. J. Fischer, The Occupational Background of the SA's Rank and File Membership during the Depression Years, 1929 to mid-1934, in: P. D. Stachura Hg., The Shaping of the Nazi State, London 1978, S. 131-59.

231 Vgl. dazu M. H. Kele, Nazis and Workers. National Socialist Appeal to German Labor, 1919-1933, Chapel Hill 1972.

232 R. Vierhaus, Auswirkungen der Krise um 1930 in Deutschland. Beiträge zu einer historisch-psychologischen Analye, in: W. Conze u. H. Raupach Hg., Die Staats- u. Wirtschaftskrise des deutschen Reiches 1929-1933, Stuttgart 1967, S. 162.

233 So Hilferding auf dem SPD-Parteitag 1925, Protokoll, S. 295. Marx' Bonapartismusschrift wurde erst in der Krise wieder entdeckt.

234 Vgl. Popitz u. a., S. 172 ff. u. ö.

235 Vgl. Focke, S. 175 ff.; J. Aretz, Katholische Arbeiterbewegung u. Nationalsozialismus: Der Verband katholischer Arbeiter- u. Knappenvereine Westdeutschlands, 1923-1945, Mainz 1978.

236 Vgl. zusammenfassend: D. Peukert, Der deutsche Arbeiterwiderstand 1933-1945, in: K. D. Bracher u. a. Hg., Nationalsozialistische Diktatur 1933-1945, Bonn 1983, S. 633-54.

237 Die Rekonstruktion dieser Situation ist das zentrale Ergebnis der Arbeiten von Mason; ders., Sozialpolitik; ders., Arbeiterklasse; ders., Die Bändigung der Arbeiterklasse im nationalsozialistischen Deutschland. Eine Einleitung, in: C. Sachse u. a., Angst, Belohnung, Zucht und Ordnung. Herrschaftsmechanismen im Nationalsozialismus, Opladen 1982, S. 11-53. Wie die Integrationsbemühungen umgesetzt wurden in (nur begrenzt wirksam werdende) Maßnahmen zur sozialpolitischen Nivellierung des Arbeiter-Angestellten-Unterschiedes zeigt M. Prinz, Vom »Neuen Mittelstand« zum »Volksgenossen«. Ausprägung und Entwicklung der Kragenlinie in der deutschen Sozialstruktur 1890-1945, Diss. Bielefeld 1983. Vgl. ferner Schoenbaum; M. Broszat u. a. Hg., Bayern in der NS-Zeit, 6 Bde., München 1977-1983.

238 Vgl. I. Kershaw, Der Hitler-Mythos. Volksmeinung u. Propaganda im Dritten Reich, Stuttgart 1980.

239 Eine Sozialgeschichte der Massenmedien im Dritten Reich steht noch aus. Zur Verbreitung von Kinos vgl. Ballerstedt u. Glatzer, S. 455: 1920 = 2299 ortsfeste Kinos; 1930 = 4968; 1940 = 7018. Mit dem bekannten »Volksempfänger«, der im August 1933 auf den Markt kam, stieg die Zahl der Rundfunkteilnehmer von 1 Mio. im Jahre 1926 auf 10 Mio. im Jahre 1939 (Nach P. Dahl, Arbeitersender u. Volksempfänger. Proletarische Radiobewegung u. bürgerlicher Rundfunk bis 1945, Frankfurt 1978, S. 211 ff.) Aber noch 1938 stellte der Präsident der Reichsrundfunkkammer fest, daß erst gut die Hälfte der Haushaltungen an das Rundfunknetz angeschlossen sei. Vom Rest sei »die Mehrzahl ... aus materiellen Gründen bisher nicht in der Lage gewesen, den Volksempfänger für 65 RM und daneben noch die Rundfunkgebühr von 2 RM im Monat zu bezahlen«. (Nach G. L. Mosse, Der nationalsozialistische Alltag. So lebte man unter Hitler, Königstein 1978, S. 228) Das wirft ein Licht auf den Lebensstandard trotz der Reallohnerhöhungen in den späten 30er Jahren!

240 Vgl. Ausschuß (Anm. 24/Kap. II), S. 246. Erinnerung eines Landarbeiters in Schleswig-Holstein: »Im Herrenhaus gab es schon seit ungefähr 1902 Strom, wir haben ihn erst 1938 gekriegt.« B. Secker, August. Ein Leben auf dem Lande, Bremen 1979, ohne Paginierung (letzte Seite).

241 Vgl. Mason, Arbeiterklasse, S. 810 ff., Zitat S. 813 f.

242 Hinweis bei Mason, Sozialpolitik, S. 285.

243 Mason, ebd., S. 296.

244 Schoenbaum, S. 339.

245 Umfragen bis 1967: G. Schmidtchen, Protestanten u. Katholiken. Soziologische Analye konfessioneller Kultur, Bern 1973, S. 230. 1975 teilten jenen Glauben noch 38% der befragten Bundesbürger. Allensbacher Jb. für Demoskopie. 6. 1976, S. 66.

246 R. Schmidt u. E. Becker, Reaktionen auf politische Vorgänge. Drei Meinungsstudien aus der Bundesrepublik, Frankfurt 1967, S. 102.

247 G. Schmidtchen, Die befragte Nation. Über den Einfluß der Meinungsforschung auf die Politik, Freiburg 1959, S. 165.

248 Jb. der öffentlichen Meinung 1958-1964, Hg. E. Noelle u. E. P. Neumann, Allensbach 1965, S. 368.

249 H. Symanowski u. F. Vilmar, Die Welt des Arbeiters. Junge Pfarrer berichten aus der Fabrik, Frankfurt 1963, S. 84 f. Die Erfahrungs- und Wirkungsgeschichte von Nationalsozialismus und Krieg sind zentrale Themen in Niethammer Hg., »Die Jahre weiß man nicht«; ders. Hg., »Hinterher merkt man«.

250 Symptomatisch dafür ist die vollständige Hilflosigkeit junger Arbeiter 1950 gegenüber dem Begriff »Proletariat«, der in der Weimarer Republik noch selbstverständlich war. Schelsky Hg., Arbeiterjugend, S. 346.

251 Beispiele bei Schoenbaum, S. 348 f.; D. Winkler, Frauenarbeit im »Dritten Reich«, Hamburg 1977, S. 111 ff. (Zitat S. 114), 136, 142. Niethammer Hg., »Hinterher merkt man«, S. 320, 351 u. ö.

252 Die Verhaltensweisen und Erfahrungen der Arbeiter in den beiden Weltkriegen und ihre Verarbeitung zur politischen Mentalität sind noch kaum erforscht. Ansätze bei: Kocka, Klassengesellschaft; Broszat u. a. Hg., Bayern in der NS-Zeit; insbesondere Niethammer, Heimat u. Front. Versuch, zehn Kriegserinnerungen aus der Arbeiterklasse des Ruhrgebiets zu verstehen, in: ders. Hg., »Die Jahre weiß man nicht«, S. 163-232. Ein vielleicht charakteristischer Hinweis auf die »Schizophrenie« des Kriegserlebnisses bei Symanowski u. Vilmar, S. 84: Einerseits die Unmenschlichkeit des Krieges, andererseits die für Arbeiter offenbar wichtige Erfahrung, Europa kennengelernt und Gelegenheit gehabt zu haben, »verantwortlich zu handeln und zu entscheiden, weil sie selbst als einzelne gefordert waren«.

253 T. Pirker, Die blinde Macht. Die Gewerkschaftsbewegung in der Bundesrepublik, Bd. 1, Berlin 1979 (1960), S. 21 ff.

254 T. Pirker, Die SPD nach Hitler. Die Geschichte der Sozialdemokratischen Partei Deutschlands 1945-1964 (1965), Berlin 1977, S. 55: 1932 = 5552, 1946 = 8132 Ortsvereine.

255 Beide Zitate: Pirker, ebd., S. 55 f.

256 Für die folgenden Überlegungen grundlegend: L. Niethammer, Rekonstruktion u. Desintegration: Zum Verständnis der deutschen Arbeiterbewegung zwischen Krieg u. Kaltem Krieg, in: H. A. Winkler Hg., Politische Weichenstellungen im Nachkriegsdeutschland 1945-1953, Göttingen 1978, S. 26-43; Eine zusammenfassende Darstellung über Politik und Gesellschaft in der frühen Bundesrepublik: C. Kleßmann, Die doppelte Staatsgründung. Deutsche Geschichte 1945-1955, Göttingen 1982.

257 Vgl. den Hinweis bei G. Beier, Volksstaat u. Sozialstaat. Der Gründungskongreß des DGB in München 1949 u. Hans Böcklers Beitrag zur Stellung der Gewerkschaften in Gesellschaft u. Staat, in: H. O. Vetter Hg., Vom Sozialistengesetz zur Mitbestimmung, S. 360 f. Ein Dokument des politischen Generationenkonflikts nach 1945: K. Bednarik, Der junge Arbeiter von heute – ein neuer Typ, Stuttgart 1953.

258 H. Schellhoss, Apathie u. Legitimität. Das Problem der neuen Gewerkschaft, München 1967, S. 37: 1949 war ein Drittel der DGB-Mitglieder in einem Alter, daß sie 1933 jünger als 14 Jahre waren, also vor 1933 keiner Gewerkschaft hatten angehören können. Nach einer Umfrage unter männlichen Erwachsenen im Jahre 1952 (»Können Sie sich erinnern, in welchem Jahr Sie ungefähr in die Gewerkschaft eingetreten sind?«) waren 1952 28% der männlichen Bevölkerung in den Gewerkschaften organisiert. Davon gaben als Beitrittsjahr an: Vor

1945 (!) = 9%; 1945/46 = 4%; 1947 = 4%; 1948 = 2%; 1949/50 = 6%; 1951/52 = 2%; unbekannt = 1%. Jb. der öffentlichen Meinung 1947-1955, Allensbach 1956, S. 238.

259 Zitate: Beier, Volksstaat, S. 361; Aussage eines damaligen Betriebsrates, in: Niethammer Hg., »Hinterher merkt man«, S. 330. Vgl. zu den Gewerkschaften in der unmittelbaren Nachkriegszeit ferner die Beiträge von A. v. Plato und M. Zimmermann, in: ebd.; Rede des Betriebsrates der Hanomag-Werke in Hannover im Mai 1946 auf dem SPD-Parteitag, in: Pirker, SPD, S. 46 ff.; ders., Blinde Macht, Bd. 1, S. 113 ff.

260 Proklamation an die Bergarbeiter an der Ruhr im April 1945 zit. nach C. Kleßmann u. P. Friedemann, Streiks u. Hungermärsche im Ruhrgebiet 1946-1948, Frankfurt 1977, S. 93. Dieser Aufruf – sofort nach dem Einmarsch der Alliierten – zur gewerkschaftlichen Einheit und Erfüllung alter Forderungen der Bergarbeiter ist ein Beispiel für die Initiative der lokalen Kader, die aber bald wieder zurückgedrängt wurde. Vgl. L. Niethammer u. a. Hg., Arbeiterinitiative 1945. Antifaschistische Ausschüsse u. Reorganisation der Arbeiterbewegung in Deutschland, Wuppertal 1976.

261 Vgl. Kleßmann u. Friedemann; G. Beier, Der Demonstrations- u. Generalstreik vom 12. November 1948. Im Zusammenhang mit der parlamentarischen Entwicklung Westdeutschlands, Frankfurt 1975.

262 Vgl. Kleßmann u. Friedemann, S. 66 ff.; C. Kleßmann, Betriebsräte u. Gewerkschaften in Deutschland 1945-1952, in: Winkler Hg., S. 44-74; ders., Politisch-soziale Traditionen u. betriebliches Verhalten von Industriearbeitern nach 1945, in: Mentalitäten u. Lebensverhältnisse. Beispiele aus der Sozialgeschichte der Neuzeit. Festschrift Rudolf Vierhaus, Göttingen 1982, S. 365-81; ders., Betriebsparteigruppen u. Einheitsgewerkschaft. Zur betrieblichen Arbeit der politischen Parteien in der Frühphase der westdeutschen Arbeiterbewegung 1945-1952, in: VfZ 31. 1983, S. 272-307.

263 Zum nationalen und internationalen Bedingungsgefüge für den Wandel der ehemaligen politischen Richtungsgewerkschaften zur parteipolitisch unabhängigen Einheitsgewerkschaft (nur um diesen Aspekt der Einheit geht es im folgenden) vgl. G. Beier, Einheitsgewerkschaft. Zur Geschichte eines organisatorischen Prinzips in der deutschen Arbeiterbewegung, in: AfS 13. 1973, S. 207-42; Borsdorf u. a. Hg., S. 217 ff.; Kleßmann, Betriebsparteigruppen; L. Niethammer, Strukturreform u. Wachstumspakt. Westeuropäische Bedingungen der einheitsgewerkschaftlichen Bewegung nach dem Zusammenbruch des Faschismus, in: Vetter Hg., S. 303-58.

264 Zur katholisch-sozialen Bewegung nach 1945 vgl. Focke, S. 195 ff.; D. Schuster, Die deutschen Gewerkschaften seit 1945, Stuttgart 1974, S. 119 ff.; Texte zur katholischen Soziallehre, Bd. II/1, S. 29 ff.,

Bd. II/2, S. 1115 ff.; Staatslexikon der Görresgesellschaft, Freiburg 1958[6], Bd. 2, Sp. 465 ff.; W. Krämer Hg., DGB-Grundsatzprogramm '81. Beiträge zur Diskussion (Reihe: Arbeiterbewegung und Kirche), Mainz 1981. Die Polemik gegen einen »sozialistischen« oder »kommunistisch unterwanderten« DGB wird freilich zu Wahlkampfzwekken noch gern benutzt. Vgl. die von der IG Metall hg. Sammlung von Presseausschnitten: F. J. Strauß u. die Einheitsgewerkschaft. Spalte u. herrsche, Frankfurt o. J. (1980).

265 Zit. nach Kleßmann, Betriebsräte, S. 70.

266 Vgl. Pirker, Blinde Macht, Bd. 1, S. 114.

267 Zit. nach Beier, Volksstaat, S. 363, 377.

268 H. Böckler, Die Aufgaben der deutschen Gewerkschaften in Wirtschaft, Staat u. Gesellschaft, Düsseldorf o. J. (1949), S. 5 f. Teilweise zit. bei Beier, Volksstaat, S. 377.

269 Pirker, Blinde Macht, Bd. 1, S. 252 ff. für die Gewerkschaftsführer; für die organisierte Arbeiterschaft: Popitz u. a., S. 177 u. ö. Zur Formel von der »Treue des ärmsten Sohnes«: Beier, Volksstaat, S. 363, 383. Dieses zum geflügelten anonymen Spruch populär gewordene Wort aus einem Gedicht des »Arbeiterdichters« Karl Bröger (1886-1944) verdeutlicht etwas von der schillernden Kontinuität in der Arbeiterkultur und der psychischen Integration. Es entstand im Ersten Weltkrieg und wurde auch von den Nationalsozialisten gebraucht, obwohl der Autor wegen seiner sozialdemokratischen Parteizugehörigkeit verfolgt wurde.

270 Vgl. die Tabellen 25 und 26; P. Gluchowski u. H.-J. Veen, Nivellierungstendenzen in den Wähler- u. Mitgliederschaften von CDU/CSU und SPD 1959 bis 1979, in: Zs. f. Parlamentsfragen 10. 1979, S. 312-31.

271 Vgl. M. McCauley, The German Democratic Republic Since 1945, London 1983, S. 29 ff. Jene Ziffer enthält nicht die Ergebnisse für Großberlin, wo SPD und SED noch getrennt kandidierten; hier erreichten die SPD 48,7% und die SED 19,8%. Zur Bundestagswahl 1949, die im Vergleich mit Weimar eine »verblüffend hohe territoriale Stabilität der Parteien« kennzeichnete vgl. auch J. W. Falter, Kontinuität u. Neubeginn. Die Bundestagswahl von 1949 zwischen Weimar u. Bonn, in: PVS 22. 1981, S. 260.

272 Zur Sozialpolitik vgl. V. Hentschel, Geschichte der deutschen Sozialpolitik 1880-1980, Frankfurt 1983, S. 176 ff. Zum reformorientierten Einstellungssyndrom am Beispiel von Metallarbeitern in süddeutschen Großbetrieben 1974: W. Kudera u. a., Gesellschaftliches u. politisches Bewußtsein von Arbeitern, Frankfurt 1979, S. 300 ff.

273 Zur schichtenspezifischen Rekrutierung: Ballerstedt u. Glatzer, S. 451; F. H. Pappi, Parteiensystem und Sozialstruktur in der Bundesrepublik, in: PVS 14. 1973, S. 191-213; ders., Sozialstruktur, ge-

sellschaftliche Wertorientierungen u. Wahlabsicht. Ergebnisse eines Zeitvergleichs des deutschen Elektorats 1953 und 1976, in: ebd., 18. 1977, S. 195-229; zum Generationenaspekt: M. R. Lepsius, Wahlverhalten, Parteien u. politische Spannungen, in: ebd., 14. 1973, S. 295-313.

274 Vgl. H. Rühe, Der Schrumpfungsprozeß der SPD – oder: die Tendenzwende ist da, in: Frankfurter Allg. Zeitung, 4. 8. 1982, S. 9. Die Meinungen setzten sich vermutlich jedoch nicht immer in Wahlentscheidungen um. Die Verluste der SPD bei der Bundestagswahl 1983 waren unter den Angestellten und Beamten größer als unter den Arbeitern. Vgl. M. Berger u. a., Regierungswechsel und politische Einstellungen. Eine Analyse der Bundestagswahl 1983, in: Zs. f. Parlamentsfragen 14. 1983, S. 556-82, hier S. 577 ff. Danach wählten von den gelernten bzw. ungelernten Arbeitern die SPD bei den Bundestagswahlen 1976, 1980 und 1983: 49% bzw. 62%; 57% bzw. 55%; 52% bzw. 50%. Diese Meinungsdaten wurden auf einer anderen methodischen Grundlage erfragt als die Daten in Tabelle 29, nämlich auf der Basis des Berufs von Haushaltsvorständen.

275 M. Schumann, Entwicklungen des Arbeiterbewußtseins, in: Gewerkschaftliche Monatshefte 30. 1979, S. 157.

276 Vgl. zu diesem noch wenig erforschten Komplex exemplarisch: F. Nitsch, Warum entstand nach 1945 keine Arbeitersportbewegung?, in: Sportwissenschaft 6. 1976, S. 172-99; zu den Konsumgenossenschaften vgl. Hasselmann, S. 509 ff.

277 Daten zur Vereinsmitgliedschaft: Ermrich, S. 594; Sehringer, Partizipation, in: Zapf Hg., Lebensbedingungen, S. 913 ff.; D. Fröhlich, Innerbetriebliche Arbeitssituation und Teilnahme an freiwilligen Vereinigungen, in: Zs. f. Soziologie 7. 1978, S. 56-71. Vgl. hingegen E. Noelle-Neumann u. E. Piel Hg., Eine Generation später. Bundesrepublik Deutschland 1953-1979, München 1983, S. 92 ff., 166 ff. zu dem gegenteiligen Befund einer in den letzten Jahrzehnten zunehmenden Vereinsfreudigkeit in der Gesamtbevölkerung, freilich unter Zugrundelegung eines sehr weiten Vereinsspektrums (z. B. Gewerkschaften als Vereine).

278 Vgl. Berger u. a., S. 578: 1976 wählten SPD 58% der gewerkschaftlich organisierten und 47% der unorganisierten Arbeiter; 1983 war die Differenz größer: 64% bzw. 42%.

279 Vgl. W. C. Witjes, Gewerkschaftliche Führungsgruppen. Eine empirische Untersuchung zum Sozialprofil, zur Selektion und Zirkulation sowie zur Machtstellung westdeutscher Gewerkschaftsführungen, Berlin 1976.

280 Pirker, SPD, S. 127.

281 H. Becker u. a., Die SPD von innen. Bestandsaufnahme an der Basis der Partei. Auswertung u. Interpretation empirischer Untersuchun-

gen in der SPD Nordrhein-Westfalen, Bonn 1983, S. 58 ff. Von den Mandatsträgern, Funktionären und Parteitagsdelegierten waren danach rd. 40% Akademiker, die Hälfte davon aus dem Zweiten Bildungsweg. Zur Mitgliederentwicklung und sozialen Zusammensetzung vgl. Tabelle 26.

282 Zur »alten« und »neuen« Politik vgl. Kmieciak; J. Matthes Hg., Sozialer Wandel in Westeuropa. Verhandlungen des 19. Deutschen Soziologentages 1979, Frankfurt 1979, insbesondere die Beiträge von Pappi, Inglehardt und Kaase/Klingemann. Ein Beispiel für die Polarisierung der politischen Generationen innerhalb der SPD, die die Arbeiter zuweilen in ohnmächtiges Schweigen drängte: Lehmann, Arbeiterdorf, S. 69 ff.

283 Zit. nach Nickel, S. 12.

284 Zit. nach: Projektgruppe Arbeiterfotografie Bielefeld, Rationalisierung – für wen? Reportagen: Arbeitswelt in der Krise, Hamburg 1978[3], S. 45 f.

285 Vgl. Nickel, S. 147 ff. Die genannten Zahlen zum gewerkschaftlichen Organisationsverhalten beziehen sich, sofern nicht anders angegeben, auf die Gesamtheit der DGB-Mitglieder. Ähnliche Befunde nur für Arbeiter zeigen auch Kudera u. a., S. 190 ff.; Schelsky Hg., Arbeiterjugend, S. 348.

286 Nickel, S. 163. Die Angaben beziehen sich auf das Eintrittsverhalten der 1964 noch zugehörigen Mitglieder, nicht auf die in den jeweiligen Zeiträumen überhaupt Eintretenden.

287 Vgl. Deppe, Autonomie, S. 54 f.

288 Nickel, S. 120.

289 Vgl. Der DMV in Zahlen, Berlin 1932, S. 38. Im Jahr 1925 waren im Organisationsbereich des DMV 58,5% der (männlichen und weiblichen) Arbeiter jünger als 30 und 41,5% älter als 30 Jahre; die entsprechenden Altersgruppenanteile im DMV betrugen 1925 50,4% bzw. 49,6%. Unterrepräsentiert waren 1925 die Jugendlichen unter 18 Jahren. Dazu zählten 17,5% aller Metallarbeiter, aber nur 8,6% der DMV-Mitglieder (errechnet nach: StDR, Bd. 402, S. 464 ff.; DMV in Zahlen, S. 123). Zur Altersstruktur der Gewerkschaften im Kaiserreich vgl. J. Feig, Alter u. Familienstand der organisierten Arbeiter, in: Festschrift für L. Brentano, München 1916, S. 149-94; K. Schönhoven, Expansion u. Konzentration. Studien zur Entwicklung der Freien Gewerkschaften im Wilhelminischen Deutschland 1890-1914, Stuttgart 1980, S. 68 ff.; weitere Hinweise: K. Tenfelde, Jugend u. Gewerkschaften in historischer Perspektive, in: Gewerkschaftliche Monatshefte, 32. 1981, S. 129-43.

290 Vgl. Tabelle 28. Die Organisationsquote von etwa 50% ergibt sich, wenn man die weniger organisationsfähigen ausländischen Arbeiter berücksichtigt; vgl. Deppe, Autonomie, S. 55.

291 Nickel, S. 269 ff.; vgl. Kudera u. a., S. 276 ff.

292 Vgl. Allensbacher Jb. f. Demoskopie 6. 1976, S. 77 ff.

293 Schmidtchen, Befragte Nation, S. 138: Nur 16% der Gesamtbevölkerung bzw. 12% der Arbeiter glaubten 1950, daß die »meisten Fabrikanten« »sozial eingestellt« seien; dagegen stimmten 60% bzw. 69% der Behauptung zu: »Denken nur an Gewinn«. Aus diesem Einstellungssyndrom nährt sich wohl auch der Beifall für eine radikalere Sprache: »Abschließend wiederholte Loderer (auf dem Gewerkschaftstag 1983) unter langanhaltendem Beifall seine Aussage vom Gewerkschaftstag der IG Metall 1974 in Hannover: ›Die Kapitalisten haben niemals ihren Frieden mit uns gemacht, und so werden wir niemals unseren Frieden mit dem Kapitalismus machen‹.« Bericht der Süddeutschen Zeitung, 13. 10. 1983, S. 2.

294 Vgl. Pirker, SPD, S. IV; Klönne, S. 354 f.; A. Gorz, Abschied vom Proletariat, Frankfurt 1980; J. Esser u. a., Krisenregulierung. Zur politischen Durchsetzung ökonomischer Zwänge, Frankfurt 1983, S. 188 ff. zum »hilflosen Arbeiter«. Nicht mehr berücksichtigt werden konnte: R. Ebbighausen u. F. Tiemann Hg., Das Ende der Arbeiterbewegung in Deutschland? Ein Diskussionsband zum sechzigsten Geburtstag von Theo Pirker, Opladen 1984.

Kapitel IV

1 Bislang bildeten Arbeiter und insbesondere solche ohne einen gelernten Beruf die Mehrheit der Arbeitslosen: 61% bis 66% in den Jahren 1980 bis 1982, wobei die Nichtfacharbeiter zwischen 48% und 50% stellten. Vgl. Jahresgutachten 1983/84 des Sachverständigenrates, S. 71.

2 Vgl. G. Heinze u. a., Sind die Gewerkschaften für alle da?, in: O. Jacobi u. a., Hg., Moderne Zeiten u. alte Rezepte. Kritisches Gewerkschaftsjahrbuch 1980/81, Berlin 1980, S. 62-77.

3 G. Briefs, Proletariat, in: A. Vierkandt Hg., Handwörterbuch der Soziologie, Stuttgart 1931, S. 453.

4 G. Schmoller, Was verstehen wir unter dem Mittelstande? Hat er im 19. Jahrhundert zu oder abgenommen?, in: Die Verhandlungen des achten Evangelisch-sozialen Kongresses, Göttingen 1897, S. 153 ff. Die politische Bedeutung von Schmollers Argumentation illustriert die aufatmend-enthusiastische Reaktion des Publikums. In einer Dankesresolution brachte der Evangelisch-soziale Kongreß, eine Vereinigung von protestantisch-bürgerlichen Sozialreformern, die »beruhigende« Überzeugung zum Ausdruck, daß der Mittelstand

nicht aufgerieben werde, sondern Träger des sozialen Ausgleichs sei (ebd., S. 161).

5 Eine systematische Rekonstruktion dieser Debatte steht noch aus. Ein Ansatz für das 19. Jahrhundert: H. Bausinger, Verbürgerlichung-Folgen eines Interpretaments, in: Langewiesche u. Schönhoven Hg., S. 98-117. Zur weitläufigen Diskussion in den 1920er Jahren vgl. Briefs, Proletariat, in: Grundriß der Sozialökonomik, S. 212 ff.; ders., Proletariat, in: Vierkandt Hg., S. 452 ff.; Michels, S. 236 ff.; Rühle, Sittengeschichte, Bd. 2, S. 3 ff. (über Familie); T. Geiger, Zur Kritik der Verbürgerlichung, in: Die Arbeit 8. 1931, S. 534-53; E. Lederer, Die Umschichtung des Proletariats und die kapitalistischen Zwischenschichten vor der Krise (1929), in: ders., Kapitalismus, Klassenstruktur u. Probleme der Demokratie in Deutschland 1910-1940, Hg. J. Kocka, Göttingen 1979, S. 172-85; M. Adler, Wandlung der Arbeiterklasse?, in: Der Kampf 26. 1933, S. 367-82, 406-14. Für die 1920er Jahre ist schließlich auch noch charakteristisch die antibürgerliche Deutung des Arbeiters von rechts, unter geschichtsphilosophischen Perspektiven bei Jünger, unter »nationalen« und »völkischen« bei anderen Autoren, die vereinzelt auch sozialistische »Renegaten« wie A. Winnig waren. Vgl. Der Glaube an das Proletariat = Süddeutsche Monatshefte, 22. 1924, Heft 3; E. Jünger, Der Arbeiter. Herrschaft und Gestalt, 1932, zuletzt Stuttgart 1982; ders., Maxima-Minima. Adnoten zum »Arbeiter«, 1964, zuletzt Stuttgart 1983.

6 Vgl. Allensbacher Jb. f. Demoskopie 6. 1976, S. 76; zur ähnlichen Bewertung von »Kleinbürgerlichkeit«, die jedoch als Begriff von sehr vielen abgelehnt wird, vgl. W. Fischer, Sozialer Wandel aus historischer Perspektive, in: E. Noelle-Neumann u. E. Piel Hg., Eine Generation später. Bundesrepublik Deutschland 1953-1979, München 1983, S. 53-59. Vgl. oben S. 130 f.

7 Vgl. dazu H.-U. Wehler, Typen deutschen Bürgertums seit dem 18. Jahrhundert, Bielefeld 1984, MS.

8 Mindestens ebenso ein Ausdruck wie ein Beitrag zum Ausweg aus dieser Krise ist: Die Arbeiterbewegung und der Wandel gesellschaftlichen Bewußtseins und Verhaltens. Ein Diskussionspapier der Kommission Grundwerte beim SPD-Parteivorstand, Bonn 1982; vgl. jetzt auch P. Glotz, Die Arbeit der Zuspitzung. Über die Organisation einer regierungsfähigen Linken, Berlin 1984.

9 E. Bernstein, Die Voraussetzungen des Sozialismus und die Aufgaben der Sozialdemokratie, 1899, hier nach G. Hillman Hg., Reinbek 1969, S. 157 f.

10 F. Tennstedt, Vom Proleten zum Industriearbeiter. Arbeiterbewegung u. Sozialpolitik 1800 bis 1914, Köln 1983, S. 493.

11 Ein eindrucksvolles theoretisches Dokument der Verknüpfung von Demokratie und Sozialismus, aber schon im Angesicht der Defen-

sive, ist R. Hilferdings Rede auf dem SPD-Parteitag 1927; ders., Die Aufgaben der Sozialdemokratie in der Republik, in: Luthardt Hg., Bd. 1, S. 369-93; vgl. dazu H. Heimann u. T. Meyer Hg., Reformsozialismus und Sozialdemokratie. Zur Theoriediskussion des Demokratischen Sozialismus in der Weimarer Republik, Berlin 1982.

12 Böckler, S. 20.

13 Vgl. die konservativen, uralten Klischees der negativen Wertung des »Proletariats« aktualisierende Interpretation von E. Noelle-Neumann, Werden wir alle Proletarier? Wertewandel in unserer Gesellschaft, Zürich 1978.

14 Zit. nach Hilferding, Aufgaben, S. 378. Vgl. dazu H.-P. Schwarz, In den Grenzzonen des gelobten Landes. Die Sozialdemokraten haben das bürgerliche Deutschland umgekrempelt, in: DIE ZEIT v. 22. 10. 1982, S. 9 f. Schwarz erklärt in seinem Wahlkampfartikel kurzerhand die Bundesrepublik von Adenauer und Erhard zur »bürgerlichen Gesellschaft« und zu Gegnern bzw. Gefährdern dieser Gesellschaft nicht nur die »Linken« in der SPD, sondern bezeichnenderweise auch die »guten«, »gemäßigten« Sozialdemokraten, die mit dem »nicht finanzierbaren« Sozialstaat »zwangsläufig« die Marktwirtschaft »ersticken« würden. Es zeugt von historischem Bewußtsein (was man sich öfter wünschte), wenn die »rechte« Annemarie Renger sich gegen die Umarmung durch das besitzbürgerliche Organ der Republik, die Frankfurter Allgemeine Zeitung, wehrte. Sie sei keine »Bürgerliche in der SPD«, sondern den »Idealen der freiheitlichen Arbeiterbewegung verbunden«. »Bürgerlich bin ich also nur in dem staatsbürgerlichen Sinne« der Verpflichtung gegenüber der demokratischen Verfassung; aber »nicht bürgerlich (bin ich insbesondere) in dem Sinne, daß ich in einer Biedermeier-Mentalität meinen Frieden mit dem Erreichten (in den sozialen und demokratischen Verhältnissen) geschlossen hätte«. Zuschrift A. Renger, Frankfurter Allg. Zeitung 30. 7. 1982, S. 6.

15 J. Kocka, in einer Titelergänzung zu E. Lederer, Zum sozial-psychischen Habitus der Gegenwart (1913/19), in: Lederer, S. 14-32.

16 Außer den hier zusammengetragenen Befunden vgl. dazu theoretisch vertiefend: U. Beck, Jenseits von Stand u. Klasse? Soziale Ungleichheit, gesellschaftliche Individualisierungsprozesse u. die Entstehung neuer sozialer Formationen u. Identitäten, in: R. Kreckel Hg., Soziale Ungleichheiten, Göttingen 1983, S. 35–74.

17 Vgl. E. Beck-Gernsheim, Vom »Dasein für andere« zum Anspruch auf ein Stück »eigenes Leben«. Individualisierungsprozesse im weiblichen Lebenszusammenhang, in: Soziale Welt 34. 1983, S. 307-40; W. Fuchs, »Jugendliche Statuspassage oder individualisierte Jugendbiographie?«, in: ebd., S. 341-71.

18 W. Abelshauser, Wirtschaftsgeschichte der Bundesrepublik Deutsch-

land 1945-1980, Frankfurt 1983, S. 8. Symptomatisch für diesen Bewußtseinszustand ist eine Artikelserie von D. Stolze in der BILD-Zeitung, für die auch in anderen großen Zeitungen geworben wurde: »Das Wirtschaftswunder läßt sich wiederholen«. Hier nach Frankfurter Allg. Zeitung 9. 4. 1984, S. 28.

Auswahlbibliographie

Vorbemerkung: Die folgende Bibliographie strebt angesichts der uferlosen Literatur zu den hier behandelten Problemen nicht einmal eine repräsentative Auswahl an. Sie enthält auch keine vollständige Dokumentation der in den Anmerkungen angegebenen oder sonst für die Darstellung verwendeten Literatur. Die Auswahl bietet Hinweise für eine weiterführende Lektüre und berücksichtigt insbesondere bibliographische und statistische Hilfsmittel, einige Memoiren bzw. Autobiographien als Quellen und solche, vorwiegend neuere Untersuchungen, die grundlegenden oder exemplarischen Charakter für die Sozialgeschichtsschreibung über die Arbeiter besitzen oder Überblicksdarstellungen bieten.

1. Bibliographien und Forschungsberichte

Klotzbach, K., Bibliographie zur deutschen Arbeiterbewegung 1914-1945. Sozialdemokratie, Freie Gewerkschaften, Christlich-soziale Bewegungen, kommunistische Bewegung u. linke Splittergruppen, Bonn 1981[3]

Tenfelde, K. u. G. A. Ritter, Bibliographie zur Geschichte der deutschen Arbeiterschaft u. Arbeiterbewegung 1863-1914. Berichtszeitraum 1945-1975, Bonn 1980

Tenfelde, K., Wege zur Sozialgeschichte der Arbeiterschaft. Regional- u. lokalgeschichtliche Forschungen (1945-1975) zur deutschen Arbeiterbewegung bis 1914, in: H-U. Wehler Hg., Die moderne deutsche Geschichte in der internationalen Forschung (= GG Sonderheft 4), Göttingen 1978, S. 197-255

Ders., Geschichte der Arbeiterschaft u. Arbeiterbewegung. Die internationale Forschung, München 1984

Thränhardt, D., Bibliographie Bundesrepublik Deutschland, Göttingen 1980

Wehler, H.-U., Bibliographie zur modernen deutschen Sozialgeschichte (18.-20. Jahrhundert), Göttingen 1976

2. Handbücher und statistische Quellen

Aubin, H. u. W. Zorn Hg., Handbuch der deutschen Wirtschafts- u. Sozialgeschichte, Bd. 2, Stuttgart 1976

Ballerstedt, E. u. W. Glatzer, Soziologischer Almanach. Handbuch gesellschaftlicher Daten u. Indikatoren, Frankfurt 1979[3]

Hohorst, G. u. a., Sozialgeschichtliches Arbeitsbuch. Materialien zur Statistik des Kaiserreichs 1870-1914, München 1975
Petzina, D. u. a., Sozialgeschichtliches Arbeitsbuch III. Materialien zur Statistik des Deutschen Reiches 1914-1945, München 1978

3. Autobiographien und Memoiren

Bauer, M., Kopfsteinpflaster. Erinnerungen. Mit einem Vorwort von Max von der Grün, Frankfurt 1981
Brandt, W., Links u. frei. Mein Weg 1930-1950, Hamburg 1982
Emmerich, W. Hg., Proletarische Lebensläufe. Autobiographische Dokumente zur Entstehung der Zweiten Kultur in Deutschland, 2 Bde., Reinbek 1974
Faller, F. u. E. Faller, Wir trugen die Last bis sie zerbrach. Ein deutscher Briefwechsel 1933-1938, Hg. M. Bosch. Mit einem Nachwort von M. Walser, Freiburg 1983
Fischer, G., Vom aufrechten Gang eines Sozialisten. Ein Parteiarbeiter erzählt, Berlin 1979
Wehner, H., Zeugnis, Hg. G. Jahn, Köln 1982

4. Untersuchungen

Abelshauser, W., Wirtschaftsgeschichte der Bundesrepublik Deutschland 1945-1980, Frankfurt 1983
Briefs, G., Das gewerbliche Proletariat, in: Grundriß der Sozialökonomik IX/1, Tübingen 1926, S. 142-240
Brüggemeier, F.-J., Leben vor Ort. Ruhrbergleute und Ruhrbergbau 1889-1919, München 1983
Conze, W. u. U. Engelhardt Hg., Arbeiter im Industrialisierungsprozeß. Herkunft, Lage u. Verhalten, Stuttgart 1979
Dies., Hg., Arbeiterexistenz im 19. Jahrhundert. Lebensstandard u. Lebensgestaltung deutscher Arbeiter u. Handwerker, Stuttgart 1981
Conze, W. u. M. R. Lepsius Hg., Sozialgeschichte der Bundesrepublik Deutschland. Beiträge zum Kontinuitätsproblem, Stuttgart 1983
Deppe, W., Drei Generationen Arbeiterleben. Eine sozio-biographische Darstellung, Frankfurt 1982
Ditt, K., Industrialisierung, Arbeiterschaft u. Arbeiterbewegung in Bielefeld 1850-1914, Dortmund 1982
Ebbighausen, R. u. F. Tiemann Hg., Das Ende der Arbeiterbewegung in Deutschland?, Opladen 1984

Evans, R. J. Hg., The German Working Class 1888-1933. The Politics of Everyday Life, London 1982
Gaus, G., Wo Deutschland liegt, Hamburg 1983
Grebing, H., Geschichte der deutschen Arbeiterbewegung, München 1966 u. ö.
Handl, J. u. a., Klassenlagen u. Sozialstruktur. Empirische Untersuchungen für die Bundesrepublik Deutschland, Frankfurt 1977
Hausen, K. Hg., Frauen suchen ihre Geschichte. Historische Studien zum 19. u. 20. Jahrhundert, München 1983
Hentschel, V., Geschichte der deutschen Sozialpolitik (1880-1980). Soziale Sicherung u. kollektives Arbeitsrecht, Frankfurt 1983
Herzig, A. u. a. Hg., Arbeiter in Hamburg. Unterschichten, Arbeiter u. Arbeiterbewegung seit dem ausgehenden 18. Jahrhundert, Hamburg 1983
Hörning, K. H. Hg., Der »neue« Arbeiter. Zum Wandel sozialer Schichtstrukturen. Frankfurt 1971
Institut für Marxistische Studien u. Forschungen Hg., Klassen- u. Sozialstruktur der BRD 1950-1970. Theorie, Diskussion, sozialstatistische Analyse, 2 Teile in 3 Bdn., Frankfurt 1974
Kaelble, H., Industrialisierung u. soziale Ungleichheit. Europa im 19. Jahrhundert, Göttingen 1983
Kern, H. u. M. Schumann, Industriearbeit u. Arbeiterbewußtsein. Eine empirische Untersuchung über den Einfluß der aktuellen technischen Entwicklung auf die industrielle Arbeit und das Arbeiterbewußtsein, 2 Bde., Frankfurt 1970 u. ö.
Kleßmann, C., Die doppelte Staatsgründung. Deutsche Geschichte 1945-1955, Göttingen 1982
Klönne, A., Die deutsche Arbeiterbewegung, Köln 1980 u. ö.
Kocka, J., Die Angestellten in der deutschen Geschichte 1850-1980. Vom Privatbeamten zum angestellten Arbeitnehmer, Göttingen 1981
Ders., Lohnarbeit u. Klassenbildung. Arbeiter u. Arbeiterbewegung in Deutschland 1800-1875, Berlin 1983
Kreckel, R. Hg., Soziale Ungleichheiten, Göttingen 1983
Kuczynski, J., Die Geschichte der Lage der Arbeiter unter dem Kapitalismus, 38 Bde., Berlin 1961-1972
Ders., Geschichte des Alltags des deutschen Volkes, 5 Bde., Köln 1981-1982
Kudera, W. u. a., Gesellschaftliches u. politisches Bewußtsein von Arbeitern, Frankfurt 1979
Langewiesche, D. u. K. Schönhoven Hg., Arbeiter in Deutschland. Stu-

dien zur Lebensweise der Arbeiterschaft im Zeitalter der Industrialisierung, Paderborn 1981
Lehmann, A., Das Leben in einem Arbeiterdorf. Eine empirische Untersuchung über die Lebensverhältnisse von Arbeitern, Stuttgart 1976
Lederer, E., Kapitalismus, Klassenstruktur u. Probleme der Demokratie in Deutschland 1910-1940, Hg. J. Kocka, Göttingen 1979
Lehnert, D., Sozialdemokratie zwischen Protestbewegung und Regierungspartei 1848-1983, Frankfurt 1983
Lepsius, M. R., Soziale Ungleichheit u. Klassenstrukturen in der Bundesrepublik Deutschland, in: Wehler Hg., Klassen, S. 166-209
Ders., Parteiensystem u. Sozialstruktur. Zum Problem der Demokratisierung der deutschen Gesellschaft, in: G. A. Ritter Hg., Deutsche Parteien vor 1918, Köln 1973, S. 56-80
Lichtheim, G., Kurze Geschichte des Sozialismus, Köln 1972
Luthardt, W. Hg., Sozialdemokratische Arbeiterbewegung u. Weimarer Republik. Materialien zur gesellschaftlichen Entwicklung 1927-1933, 2 Bde. Frankfurt 1978
Mason, T. W., Sozialpolitik im Dritten Reich, Arbeiterklasse u. Volksgemeinschaft, Opladen 1977
Mommsen, H. u. W. Schulze Hg., Vom Elend der Handarbeit, Stuttgart 1981
Moore, B., Ungerechtigkeit. Die sozialen Ursachen von Unterordnung u. Widerstand, Frankfurt 1983
Niethammer, L. Hg., »Die Jahre weiß man nicht, wo man die heute hinsetzen soll«. Faschismuserfahrungen im Ruhrgebiet, Berlin 1983
Ders., Hg., »Hinterher merkt man, daß es richtig war, daß es schief gegangen ist«. Nachkriegserfahrungen im Ruhrgebiet, Berlin 1983
Nolte, E., Marxismus u. Industrielle Revolution, Stuttgart 1983
Osterland, M. u. a., Materialien zur Lebens- u. Arbeitssituation der Industriearbeiter in der BRD, Frankfurt 1973 u. ö.
Pirker, T., Die blinde Macht. Die Gewerkschaftsbewegung in der Bundesrepublik, 2 Bde. (1960), Berlin 1979
Popitz, H. u. a., Das Gesellschaftsbild des Arbeiters. Soziologische Untersuchungen in der Hüttenindustrie. Tübingen 1957
Preller, L., Sozialpolitik in der Weimarer Republik (1949), Kronberg 1979
Reif, H., Soziale Lage u. Erfahrungen des alternden Fabrikarbeiters in der Schwerindustrie des westlichen Ruhrgebiets während der Hochindustrialisierung, in: AfS 22. 1982, S. 1-94
Reulecke, J. u. W. Weber Hg., Fabrik, Familie, Feierabend. Beiträge zur

Sozialgeschichte des Alltags im Industriezeitalter, Wuppertal 1978
Ritter, G. A. Hg., Arbeiterkultur, Königstein 1979
Ders., Staat, Arbeiterschaft u. Arbeiterbewegung in Deutschland. Vom Vormärz bis zum Ende der Weimarer Republik, Berlin 1980
Sauer, W. Hg., Der dressierte Arbeiter. Geschichte u. Gegenwart der industriellen Arbeitswelt, München 1984
Schäfer, H., Die Industriearbeiter. Lage u. Lebenslauf im Bezugsfeld von Beruf u. Betrieb, in: H. Pohl Hg., Sozialgeschichtliche Probleme in der Zeit der Hochindustrialisierung (1870-1914), Paderborn 1979, S. 143-216
Schelsky, H., Wandlungen der deutschen Familie in der Gegenwart, Stuttgart 1955[3]
Ders., Auf der Suche nach der Wirklichkeit. Gesammelte Aufsätze zur Soziologie der Bundesrepublik, München 1979
Schneider, M., Die Christlichen Gewerkschaften 1894-1933, Bonn 1982
Tegtmeyer, H. Hg., Soziale Strukturen u. individuelle Mobilität. Beiträge zur sozio-demographischen Analyse der Bundesrepublik Deutschland, Boppard 1979
Tenfelde, K. u. H. Volkmann Hg., Streik. Zur Geschichte des Arbeitskampfes in Deutschland während der Industrialisierung, München 1981
Vetter, H. O. Hg., Vom Sozialistengesetz zur Mitbestimmung. Zum 100. Geburtstag von H. Böckler, Köln 1975
Ders., Hg., Aus der Geschichte lernen – die Zukunft gestalten. Dreißig Jahre DGB. Wissenschaftl. Konferenz zur Geschichte der Gewerkschaften 12.-13. Okt. 1979, Köln 1980
Vetterli, R., Industriearbeit, Arbeiterbewußtsein u. gewerkschaftliche Organisation. Dargestellt am Beispiel der Georg Fischer AG (1890-1930), Göttingen 1978
Wehler, H.-U. Hg., Klassen in der europäischen Sozialgeschichte, Göttingen 1979
Winkler, H. A., Von der Revolution zur Stabilisierung. Arbeiter u. Arbeiterbewegung in der Weimarer Republik 1918-1924, Berlin 1984
Zapf, W. Hg., Lebensbedingungen in der Bundesrepublik. Sozialer Wandel u. Wohlfahrtsentwicklung, Frankfurt 1978[2]
Zwahr, H. Hg., Die Konstituierung der deutschen Arbeiterklasse von den dreißiger bis zu den siebziger Jahren des 19. Jahrhunderts, Berlin 1981